적색 수배령

적색 수배령

빌 브라우더 지음

김윤경 옮김

RED
NOTICE

푸틴과 검은 러시아에 맞선 미국 경제인의 실화

글항아리

적색 수배령: ⑲ 인터폴이 범인 인도를 목적으로 발령하는 체포 명령 조치. 인터폴의 적색 수배령은 오늘날 발부되는 국제 체포 영장에 가장 가까운 조치다.

내가 아는 가장 용감한 남자, 세르게이 마그니츠키를 위해

페르소나 논 그라타 Persona Non Grata

'기피 인물'을 뜻하는 외교 용어

2005년 11월 13일

숫자를 업으로 삼은 사람답게 내게 중요한 숫자 몇 개로 이야기를 시작해볼까 한다. 바로 260과 1, 그리고 45억이다.

이 숫자들이 의미하는 바는 이렇다. 나는 2주에 한 번 주말마다 모스크바를 떠나 내가 집이라 부르는 런던을 다녀온다. 지난 10년간 이렇게 오가던 횟수가 260번이다. 그리고 이 여행의 한 가지 목적은 전 부인과 함께 햄프스테드에 살고 있는, 당시 여덟 살이던 아들 데이비드를 만나는 것이었다. 전 부인과 이혼하면서 나는 무슨 일이 있어도 2주에 한 번 아들을 만나러 오겠다고 다짐했다. 그 약속은 한 번도 깨진 적이 없다.

그러면서도 런던을 뒤로하고 꼬박꼬박 모스크바로 돌아간 데에는 45억 가지 이유가 있었다. 모두 내 회사인 허미티지 캐피털Hermitage

Capital이 보유한 운용 자산의 총 가치 때문이었다. 창립자이자 CEO로서 나는 지난 10년간 많은 사람에게 큰돈을 벌어다주었다. 허미티지는 1996년 펀드를 개시한 이래 투자자들에게 1500퍼센트 수익률을 내주었고, 2000년에 이머징 마켓형 펀드 부문에서 세계 최고의 실적을 거두었다고 집계되었다. 이런 사업 성공은 내가 꿈꾼 것 그 이상이었다. 소련 붕괴 후 러시아 금융 시장에는 역사상 유례가 없을 정도로 좋은 투자 기회가 넘쳐났고, 수익성이 높은 만큼 위험하기도 해서 패기가 요구됐다. 한마디로 지루할 틈이 없었다.

런던과 모스크바를 오가는 여정을 수없이 반복했기에 그 과정을 속속들이 알았다. 히스로 공항에서 보안 검색대를 통과하는 시간, 비행기에 탑승하는 데 걸리는 시간, 이륙부터 러시아에 도착할 때까지 소요되는 시간을 꿰고 있었다. 11월 중순 모스크바는 추운 겨울로 접어들며 어두워지고 있었다. 비행 시간은 총 270분이었다. 중요한 이메일과 서류를 비롯해 『파이낸셜타임스』『선데이텔레그래프』『포브스』『월스트리트저널』을 훑어보기에 충분한 시간이었다.

비행기가 고도를 높이자 나는 서류 가방을 열어 그날 읽을거리를 꺼냈다. 각종 서류와 신문, 고급 잡지와 함께 작은 가죽 서류철도 있었다. 이 서류철에는 100달러짜리 지폐로 7500달러가 들어 있었다. 혼란에 빠진 조국이 폐허로 변하기 전에 가까스로 프놈펜이나 사이공을 탈출했던 사람들처럼, 비상시에 마지막 비행기를 타고 모스크바를 탈출할 수 있을 만큼의 돈이었다.

하지만 나는 모스크바에서 도망쳐 나오는 길이 아니라 그곳으로 돌아가는 길이었다. 일을 하러 모스크바로 가고 있었다. 그래서 신문 기사를 집중해 읽으며 그 주의 러시아 뉴스를 따라잡고자 했다.

비행이 끝나갈 무렵, 『포브스』의 한 기사가 눈길을 끌었다. 내가 졸업한 스탠퍼드대에서 MBA를 획득한 주드 사오라는 중국계 미국인에 관한 기사였다. 나보다 몇 년 뒤에 경영 대학원을 졸업해서 아는 사이는 아니었지만, 그는 나와 비슷하게 이국땅에서 성공을 거둔 사업가였다. 그의 사업 무대는 중국이었다.

사오는 일부 부패한 중국 관리들과 마찰을 빚었고, 상하이의 한 세무 공무원에게 뇌물 6만 달러를 주지 않아 1998년 4월에 체포되었다. 결국 그는 문서를 날조한 혐의로 유죄 판결을 받은 후 16년 형을 선고받았다. 일부 스탠퍼드 동문들이 그의 석방을 위해 막후교섭을 벌였지만 아무 소용이 없었다. 그 기사에 따르면 사오는 어느 중국 교도소에서 썩고 있었다.

등골이 오싹해졌다. 중국은 사업을 하기에 러시아보다 열 배는 안전한 나라였다. 비행기가 셰레메티예보 국제공항 상공 1만 피트 지점을 통과하는 몇 분 동안 내가 어리석은 행동을 했던 것은 아닌지 자문했다. 다년간 투자를 하면서 나는 주로 주주 행동주의주주들이 기업의 의사 결정에 적극적으로 영향력을 행사하여 자신들의 이익을 추구하는 행위의 방식을 취했다. 러시아에서 주주 행동주의는, 공산주의 몰락 이후 국부의 39퍼센트를 도둑질해 거의 하루아침에 억만장자가 된 스무 명 남짓의 신흥 재벌인 올리가르히oligarch의 부패에 맞서는 것을 의미했다. 올리가르히들은 러시아 주식 시장에 상장된 회사 대부분을 소유하고 있었으며 종종 거액을 갈취했다. 나는 올리가르히들과의 싸움에서 승리를 거두는 편이었다. 이 전략은 내게 펀드의 성공을 보장해주었지만 동시에 수많은 적을 만들기도 했다.

나는 사오의 기사를 덮으며 '괜히 걱정하지 말자. 내겐 살아갈 이유가 많잖아'라고 생각했다. 아들 데이비드 말고도 내게는 새로운 아내 옐레나가 있었다. 런던에 체류 중인 옐레나는 러시아 출신의 미인이고 굉장히 똑똑한 데다 우리의 첫아이까지 임신하고 있었다. 그러니 부정적인 생각은 이쯤 해두자.

그때 비행기 바퀴가 활주로에 닿았다. 나는 잡지들을 치우고 블랙베리 휴대전화의 전원을 켠 후 서류 가방을 닫았다. 휴대전화로 이메일을 확인하는 사이, 내 관심사는 자연스럽게 주드 사오와 내 가족, 올리가르히에서 비행기에 있는 동안 놓쳤던 일들로 옮겨갔다. 이제 비행기에서 내려 세관을 통과한 후 자가용을 타고 아파트로 돌아가야 했다.

셰레메티예보 국제공항은 이상한 곳이다. 내게 가장 익숙한 터미널인 셰레메티예보-2 터미널은 1980년 하계 올림픽을 위해 지어진 곳으로, 개항 당시에는 으리으리했는지 몰라도 2005년 무렵에는 더 이상 사용이 불가능할 정도로 낡은 상태였다. 땀 냄새와 싸구려 담배 냄새가 진동했고, 천장에는 녹슨 깡통 캔처럼 보이는 금속 원통이 줄지어 장식되어 있었다. 입국 심사장에는 공식적인 줄이 없어서 누가 새치기하지 못하도록 인파 속에서 자기 자리를 잘 지키고 있어야 했다. 가방이라도 부친 날은 더 골치가 아팠다. 여권에 도장이 찍힌 뒤에도 한 시간을 더 기다려 수화물을 찾아야 했다. 네 시간이 넘는 거리를 날아온 후 또 그렇게 하릴없이 시간을 허비하는 건 여간 힘든 일이 아니었다. 이 여행을 열흘에 한 번꼴로 하고 있는 내게는 더더욱 고역이었다.

나는 1996년부터 이런 식으로 러시아에 입국했지만, 2000년 무렵에 친구의 소개로 VIP 서비스를 알게 되었다. 1회당 추가 요금 125달러를 지불하면 약 한 시간에서 두 시간 정도를 절약해주는 서비스였다. 그리 호화로운 서비스는 아니었지만 시간을 아낄 수 있어서 추가 요금이 전혀 아깝지 않았다.

비행기에서 내려 곧장 VIP 라운지로 갔다. 벽과 천장이 완두콩 수프 같은 녹색으로 칠해진 곳이었다. 바닥은 황갈색 리놀륨이었다. 라운지 의자는 적갈색 가죽 제품이었고 웬만큼 편안했다. 기다리는 동안 종업원이 연한 커피나 진하게 우린 차를 내주었다. 나는 레몬 조각을 띄운 차를 고르고 출입국 관리소 직원에게 여권을 건넸다. 그러고는 이내 블랙베리의 이메일 더미에 정신을 빼앗겼다.

운전기사 알렉세이가 라운지에 들어와 출입국 관리소 직원과 잡담을 나누는 것도 거의 알아차리지 못했다. VIP 라운지를 마음대로 드나들 수 있던 그는 나와 동갑인 마흔한 살이었지만 나와 달리 키가 196센티미터에 몸무게가 109킬로그램이었고 금발에 인상이 험상궂었다. 모스크바 교통경찰국 대령러시아 경찰은 계급 및 조직 체계가 육군과 동일함 출신으로 영어는 한마디도 못 했지만 항상 정각에 도착했다. 가벼운 교통 체증쯤은 교통순경 몇몇을 구슬려 쉽게 모면할 수 있었던 까닭이다.

나는 둘의 대화를 모른 척하고 이메일에 답장을 보내고 미지근한 차를 마셨다. 잠시 후 내가 타고 온 비행기의 수화물이 준비됐으니 찾아가라는 장내 안내 방송이 나왔다. 그제서야 나는 고개를 들고 생각했다. 여기에 한 시간쯤 있었던가?

손목시계를 보았다. 그곳에 온 지 한 시간이 지나 있었다. 비행기가 착륙한 시각이 저녁 7시 30분쯤이었고 지금은 8시 32분이었다. 나와 같은 비행기를 타고 와 VIP 라운지에서 대기하던 다른 두 승객은 이미 떠난 뒤였다. 나는 알렉세이를 힐끗 보았다. '제가 알아보죠'라는 눈빛으로 그가 나를 돌아보았다.

알렉세이가 직원과 얘기하는 동안 나는 옐레나에게 전화를 걸었다. 런던은 오후 5시 32분밖에 안 됐기에 옐레나가 집에 있을 시간이었다. 아내와 통화하면서 나는 알렉세이와 출입국 관리소 직원의 대화를 주시했다. 대화는 아주 빠르게 언쟁으로 바뀌었다. 알렉세이가 책상을 툭툭 치자 직원이 그를 노려보았다. "뭔가 잘못됐어." 옐레나에게 말했다. 나는 자리에서 일어나 걱정보다는 짜증스러운 마음으로 두 사람이 있는 데스크로 다가가 무슨 일인지 물어보았다.

가까이 가서 보니 문제는 생각보다 심각했다. 나는 휴대전화를 스피커폰 모드로 바꾸었다. 옐레나가 날 위해 통역을 해주었다. 외국어는 내 주특기가 아니었기 때문에 10년이나 러시아에서 머물렀지만 내가 할 줄 아는 러시아어는 아주 기초적인 수준이었다.

대화가 빙빙 돌았다. 나는 테니스 시합을 구경하러 온 관중처럼 고개를 왔다 갔다 하며 지켜보았다. 어느 시점에 옐레나가 말했다. "비자 문제인 것 같은데 관리소 직원이 말을 안 하는 것 같아." 바로 그때 유니폼을 입은 출입국 관리소 직원 두 명이 라운지에 들어왔다. 한 사람은 내 휴대전화를 가리키고 다른 사람은 내 가방에 손짓을 했다.

내가 옐레나에게 말했다. "관리소 직원 두 명이 와서 전화를 끊고 자기들과 같이 가자고 하네. 여건이 되는 대로 다시 전화할게."

한 직원이 내 가방을 들었다. 다른 직원은 내 입국 심사 서류를 챙겼다. 두 직원을 따라가기 전 나는 알렉세이 쪽을 힐끗 보았다. 그는 어깨와 눈이 아래로 처진 채 입이 약간 벌어져 있었다. 어찌할 바를 모르겠다는 표정이었다. 러시아에서는 일이 한번 틀어지면 보통 걷잡을 수 없게 된다는 것을 그는 알고 있었다.

관리소 직원들과 함께 뱀처럼 구불구불한 셰레메티예보-2 터미널의 뒤쪽 복도를 지나 좀더 널찍한 일반 입국장에 도착했다. 서툰 러시아어로 질문을 해봤지만 직원들은 묵묵부답이었다. 나는 일반 구금실로 호송되었다. 눈이 부시는 불빛 아래, 플라스틱 의자가 줄 지어 바닥에 고정되어 있었다. 벽에 칠해진 베이지색 페인트는 여기저기 벗겨져 있었고, 다른 억류자 몇 명이 화난 얼굴로 널브러져 있었다. 아무도 말이 없었다. 다들 담배만 뻐끔거렸다.

날 데려온 직원들이 떠났다. 구금실 안쪽에는 유리 칸막이로 막힌 카운터가 있었고, 그 뒤로 유니폼을 입은 관리소 직원 여러 명이 보였다. 나는 그 근처에 자리를 잡고 사태를 파악하려고 애썼다.

무슨 이유에선지 휴대전화를 포함한 소지품은 모두 그대로 두었다. 휴대전화에 신호도 잡혔다. 이를 좋은 징조로 받아들이고 진정하려고 애썼다. 하지만 그럴수록 자꾸 주드 사오의 이야기가 떠올랐다.

손목시계를 확인했다. 저녁 8시 45분이었다. 옐레나에게 다시 전화를 걸었다. 그녀는 그다지 걱정하지 않았다. 지금 모스크바 주재 영국 대사관에 보낼 상황 설명 자료를 작성하고 있는데, 준비되는 대로 팩스로 보내겠다고 했다.

우리 회사에서 보안 자문관으로 일하는 아리엘에게 전화를 걸었다. 그는 이스라엘인으로 전직 모사드이스라엘의 비밀 정보기관 요원 출신이었다. 러시아 최고의 보안 자문관 중 한 명으로 통하는 그가 이 문제를 처리해줄 수 있으리라 확신했다. 자초지종을 들은 아리엘은 깜짝 놀라더니 전화를 몇 통 돌려보고 다시 전화를 주겠다고 했다.

10시 30분경 영국 대사관에 전화를 걸어 크리스 바워스라는 영사과 직원과 얘기를 나누었다. 그는 옐레나가 보낸 팩스를 받고 이미 상황을 알고 있었다. 적어도 내가 아는 만큼은 알고 있었다. 그는 생년월일, 여권 번호, 비자 발급일 등 내 정보를 빠짐없이 다시 확인했다. 그리고 지금은 일요일 밤이라서 할 수 있는 일이 별로 없겠지만 노력은 해보겠다고 말했다. 전화를 끊기 전에 그가 말했다. "브라우더 씨, 거기서 먹을 거나 마실 것을 주던가요?"

"아뇨." 내가 대답했다. 수화기 너머에서 작게 웅얼거리는 소리가 들렸다. 나는 진심으로 고맙다고 말한 뒤 전화를 끊었다.

플라스틱 의자에서 편히 쉬려고 애썼지만 그럴 수 없었다. 시간이 더디게 갔다. 자리에서 일어나 칸막이벽처럼 두터운 담배 연기 속을 서성거렸다. 나처럼 억류된 사람들의 멍한 시선을 보지 않으려고 애썼다. 이메일을 확인했다. 아리엘에게 다시 전화를 걸었지만 받지 않았다. 유리 칸막이까지 걸어가 서툰 러시아어로 관리소 직원들에게 말을 걸었지만 직원들은 아예 나를 못 본 체했다. 그 사람들에게 나는 아무것도 아니었다. 더 심하게는, 이미 죄수나 다름없었다.

러시아에서 개인의 권리는 존중의 대상이 아니라는 건 새로운 사실이 아니다. 국가의 필요를 위해서라면 국민은 얼마든지 방패나 거래 칩, 심지어 단순한 소모품으로도 이용될 수 있다. 필요하다면 누구든 제거할 수 있다. 이를 단적으로 표현한 스탈린의 유명한 말이 있다. "아무도 없다면 아무 문제도 없다."

『포브스』 기사에 실렸던 주드 사오가 또다시 내 의식을 파고들었다. 그동안 내가 너무 경솔했던 걸까? 올리가르히를 비롯한 러시아 부패 관리와 싸우는 데 너무 익숙해진 나머지, 누군가의 사주만 있다면 나도 얼마든지 사라질 수 있다는 사실에 무감해진 상태였다.

고개를 흔들며 머릿속에서 사오를 억지로 밀어냈다. 그러고는 다시 관리소 직원들에게 다가가 사소한 정보라도 알아내려고 노력했지만 헛수고였다. 내 자리로 돌아가 또다시 아리엘에게 전화를 걸었다. 이번에는 전화를 받았다.

"어떻게 돼가나요, 아리엘?"

"몇 사람과 통화를 해봤는데 아무도 얘기를 안 해주네요."

"아무도 얘기를 안 해준다니, 그게 무슨 말이죠?"

"그냥 말 그대로예요. 죄송하지만 시간이 더 필요해요. 지금은 일요일 한밤중이잖아요. 연락이 닿는 사람이 없어요."

"알겠어요. 그럼 무슨 소식이라도 듣는 대로 알려줘요."

"그럴게요."

전화를 끊고 대사관에 다시 전화를 걸었다. 아무 진전이 없기는 그쪽도 마찬가지였다. 러시아에서 정보를 막고 있거나 내가 대사관의 관리 대상이 아닌 듯했다. 아니면 둘 다든가. 전화를 끊기 전에 영사가 다시 물었다. "브라우더 씨, 거기서 먹을 거나 마실 것을 주던가요?"

"아뇨." 또다시 대답했다. 아무 의미 없는 질문 같았지만, 크리스 바워스는 분명 다른 식으로 생각했을 것이다. 그 역시 이와 비슷한 상황에 처한 경험이 있는 게 분명했다. 문득 음식이나 물을 주지 않는 게 다분히 러시아다운 전략이라는 생각이 들었다.

시곗바늘이 자정을 넘어가자 구금실에는 사람이 늘어났다. 전부 남자였고 하나같이 조지아인, 아제르바이잔인, 카자흐스탄인, 아르메니아인 등 구소비에트 연방 출신처럼 보였다. 짐은 없거나 혹여 있더라도 단순한 더플백 아니면 테이프로 꽁꽁 묶은 특대형의 나일론 쇼핑백이었다. 다들 쉴 새 없이 담배를 피웠다. 몇 사람은 작은 목소리로 얘기를 나누었다. 어떤 식의 감정이나 근심을 드러내는 사람은 아무도 없었다. 그리고 이들은 관리소 직원들만큼이나 내게 신경 쓰지 않았다. 초조한 얼굴에 파란색 블레이저 재킷을 걸치고 블랙베리를 들고 검은색 캐리어 옆에 앉아 있는 모습이 영락없이 물 밖에 나온 물고기 같았는데도.

옐레나에게 다시 전화를 걸었다. "아무 소식 못 들었어?"

그녀가 한숨을 쉬었다. "응. 당신은?"

"나도 마찬가지야."

옐레나가 내 목소리에서 근심을 읽었다. "아무 일 없을 거야, 여보. 단순한 비자 문제라면 내일 런던에 와서 다 해결할 수 있어. 확실해."

옐레나의 차분한 태도가 도움이 되었다. 손목시계를 보았다. 지금 영국은 밤 10시 30분이었다. "이만 자, 여보. 당신도 아기도 쉬어야지."

"알았어. 무슨 소식 들으면 바로 전화할게."

"나도."

"잘 자."

"잘 자. 사랑해." 내가 한마디 더 보탰지만 그녀는 이미 전화를 끊은 뒤였다.

그때 한 줄기 의심이 머리를 스치듯 지나갔다. 단순한 비자 문제가 아니라면 어떻게 하지? 다시 옐레나를 볼 수 없다면? 뱃속에 있는 우리 아가를 만날 수 없다면? 아들 데이비드를 볼 수 없다면?

이런 불길한 생각들과 씨름하면서 재킷을 베개 삼아 딱딱한 의자에 몸을 뉘였지만 의자는 잠이 달아나게 할 만큼 불편했다. 게다가 인상이 험악한 사람들이 주위를 둘러싸고 있는데, 어떻게 이런 사람들 틈에서 잠이 오겠는가?

잠이 올 리가 없었다.

의자에 앉아 블랙베리 자판을 눌러가며 그간 러시아와 영국, 미국에서 만난 사람들 가운데 내게 도움을 줄 만한 이들을 쭉 찾아보았다. 정치인, 사업가, 기자를 막론하고.

크리스 바워스가 교대 근무를 마치기 전에 마지막으로 한 번 더 전화를 주었다. 그는 교대 근무자에게 내 상황을 상세히 보고할 것이라며 안심시켰다. 그러고는 아직도 음식이나 물이 나오지 않았느냐고 물었다. 나는 그렇다고 대답했다. 자기가 어찌할 수 있는 일이 아닌데도 그는 사과했다. 필요할 때를 대비해 부당한 대우에 대한 기록을 남기고 있는 게 분명했다. 전화를 끊은 후 생각했다. 제기랄.

그때가 새벽 두세 시경이었다. 배터리를 아끼려고 블랙베리 전원을 끄고 다시 잠을 청했다. 가방에서 셔츠를 꺼내 눈을 덮었다. 누로펜비스테로이드성 소염 진통제 두 알을 물 없이 삼키며 지끈거리는 두통을 달랬다. 나는 모두 잊으려고 애쓰며 내일은 이곳을 떠나게 될 것이라고 스스로를 안심시켰다. 이건 단순한 비자 문제일 것이다. 그러니 어떤 식으로든 러시아를 떠날 수 있다.

잠시 후 잠이 들었다.

새벽 6시 30분쯤 잠에서 깼다. 새로운 억류자들이 한쪽에 몰려 있었다. 별반 달라진 건 없었다. 나 같은 사람은 한 명도 없었다. 담배 연기와 속삭이는 소리가 늘어났다. 땀 냄새는 백배 천배쯤 심해졌다. 입에서 냄새가 났고, 이곳에 온 이후 처음으로 심한 갈증을 느꼈다. 물이나 음식이 나오느냐고 물었던 크리스 바워스의 판단이 옳았다. 악취가 진동하는 화장실은 이용할 수 있었지만, 이 망할 자식들은 음식이나 물을 내주지 않았다.

그런데도 나는 절차상 착오가 생긴 것이라고 긍정적으로 생각하며 깨어났다. 일어나자마자 아리엘에게 전화를 걸었다. 그는 여전히 어떤 상황인지 알 수 없지만 다음 런던행 비행기가 오전 11시 15분에 출발한다고 얘기해주었다. 그 비행기에 내가 타고 있을 것이라며 스스로를 안심시켰다.

나는 최대한 바쁘게 움직였다. 평상시 일하는 것처럼 이메일에 답장을 썼다. 대사관 쪽에도 연락을 해보았다. 교대한 영사는 그날 업무가 시작되면 내 문제부터 처리해주겠다고 안심시켰다. 짐을 챙기고 한 번 더 관리소 직원들에게 말을 붙여보려고 했다. 내 여권을 돌려달라고 요구했지만 직원들은 계속 나를 못 본 체했다. 마치 그게 그 사람들의 일인 듯했다. 유리 칸막이 너머에 앉아 모든 억류자를 무시하는 게.

나는 서성거렸다. 9시. 9시 15분. 9시 24분. 9시 37분. 점점 초조해졌다. 옐레나에게 전화하고 싶었지만 런던은 아직 이른 시간이었다. 대신 아리엘에게 전화했지만 여전히 이렇다 할 성과가 없었다. 사람들에게 전화하는 일은 그만두었다.

10시 30분쯤 유리 칸막이를 쾅쾅 두드렸다. 관리소 직원들은 여전히 날 무시하며 직업 정신을 최대로 발휘하고 있었다.

옐레나에게서 전화가 왔다. 이번에는 그녀도 날 진정시킬 수 없었다. 어떤 상황인지 알아내겠다는 그녀의 약속도 이제는 중요하지 않았다. 어느새 주드 사오가 내 마음속에 크게 자리잡고 있었다.

10시 45분. 그때부터 나는 공황 상태에 빠졌다.

10시 51분. 어떻게 이토록 어리석었던 걸까? 시카고 사우스 사이드 출신의 평범한 남자 주제에 무슨 생각으로 러시아 올리가르히를 차례차례 무너뜨릴 수 있다고 자신했을까?

10시 58분. 멍청이, 멍청이, 멍청이! 오만하고 멍청하기 짝이 없는 놈! 콧대만 높은 헛똑똑이.

11시 02분. 난 러시아 감옥에 갈 거야. 난 러시아 감옥에 갈 거야. 난 러시아 감옥에 갈 거야.

11시 05분. 고압적인 모습의 관리소 직원 두 명이 구금실에 들어오더니 곧장 내 쪽으로 왔다. 그러고는 내 팔을 잡고 짐을 챙겨 구금실에서 끌어냈다. 나는 두 사람과 함께 홀 몇 개를 지나 계단을 올라갔다. 이젠 끝이었다. 아마 죄수 호송차에 실려 끌려갈 것이다.

그런데 그때 두 사람이 문 하나를 발로 차서 열었다. 우리는 출발 터미널을 빠르게 활보하고 있었다. 게이트 몇 개와 넋을 잃고 바라보는 승객들을 통과한 후 11시 15분 런던행 비행기가 대기하는 게이트 앞에 도착했다. 나는 안내에 따라 통로를 지나 비행기에 올라탔고, 비즈니스석을 지나쳐 이코노미석 중간 좌석에 놓였다. 관리소 직원들은 그때까지 한마디도 하지 않았다. 내 가방을 짐칸에 넣고는 여권도 돌려주지 않고 떠났다.

기내에 있던 사람들은 내 쪽을 보지 않으려고 무던히 애썼지만 어디 그게 마음대로 되는 일인가? 나는 사람들의 시선을 애써 무시했다. 다행히 러시아 감옥에 가는 게 아니었다.

옐레나에게 지금 집으로 가는 길이니 곧 볼 수 있을 것이라고 문자를 보냈다. 사랑한다는 말도 잊지 않았다.

비행기가 이륙했다. 바퀴가 쿵 소리와 함께 안으로 접힐 때 나는 생애 가장 큰 안도감을 느꼈다. 수억 달러의 돈을 벌고 잃는 것과는 비교가 되지 않았다.

비행기가 순항 고도에 이르자 기내식이 나왔다. 당시 24시간 넘게 공복 상태였다. 그날 점심으로 나온 메뉴는 형편없는 비프스트로가노프볶은 쇠고기에 러시아식 사워크림으로 만든 소스를 곁들인 요리였지만 내 인생에서 가장 맛있는 음식이었다. 모닝빵을 세 개 더 먹었고, 물은 네 병이나 마셨다. 그런 뒤 기절했다.

다시 깨어난 건 비행기가 영국의 활주로에 닿을 때였다. 비행기가 천천히 활주로를 달릴 때 마음속으로 지금부터 어떻게 해야 할지 정리했다. 우선 여권 없이 영국 세관을 통과하는 게 급선무였다. 하지만 그리 걱정할 일은 아니었다. 영국은 내게 집이자, 1990년대 후반 영국 국적을 취득한 이후로는 제2의 조국이었다. 사실 더 큰 문제는 러시아였다. 이 위기를 어떻게 헤쳐나가야 할까? 이 일의 책임자는 누구일까? 러시아의 누구에게 연락해야 할까? 아니면 서양의 누구에게?

비행기가 멈추고 안내 방송이 나온 뒤 안전벨트 표시등이 해제되었다. 나는 차례를 기다렸다가 통로를 따라 출구 쪽으로 걸어갔다. 내 정신은 완전히 다른 곳에 가 있었다. 출구가 가까워졌는데도, 조종사가 정면에 서서 내리는 승객들을 바라보고 있는 걸 알아채지 못했다. 내가 앞에 서자 조종사가 한 손을 내밀며 나를 가로막았다. 조종사의 손을 보았다. 그의 손에 내 영국 여권이 쥐여 있었다. 나는 말없이 여권을 받아들었다.

세관을 통과하는 데 5분이 걸렸다. 택시를 타고 런던에 있는 아파트로 향했다. 집에 도착한 후 옐레나와 긴 포옹을 했다. 다른 사람을 껴안는 일이 그렇게 감사하게 느껴진 건 처음이었다.

옐레나에게 너무 사랑한다고 말했다. 그녀가 아름다운 갈색 눈으로 환하게 웃어 보였다. 우리는 손을 맞잡고 집에 마련한 공동 사무실로 가는 동안 내 문제를 논의했다. 그리고 각자의 책상에 앉아 컴퓨터를 켜고 전화기를 들어 일을 시작했다.

러시아로 돌아갈 방법을 찾아야 했다.

세상은 어떻게 공산주의자 가족에게
반감을 드러내는가?

여기까지 읽은 사람이라면 아마 이렇게 묻고 싶을 것이다. "미국식 억양에 영국 여권을 가진 이 남자는 어쩌다 러시아 최대의 외국인 투자자의 자리에 올랐다가 이렇게 쫓겨나는 신세가 된 것일까?"

이 물음에 답하려면 오래전 어느 별난 미국 가정에서부터 이야기를 시작해야 한다. 할아버지 얼 브라우더는 캔자스주 위치토 출신의 노동조합 조직 책임자로, 뛰어난 일처리 솜씨 덕분에 공산주의자들의 눈에 들어 1926년에 소비에트 연방에 초청을 받았다. 모스크바에 도착하고 오래 지나지 않아, 할아버지는 여느 혈기 왕성한 미국 남자들처럼 예쁜 러시아 여자를 만났다. 그녀의 이름은 라이자 버크만으로, 러시아 최초의 여성 변호사 중 한 명이었다. 사랑에 빠진 두 사람은 결혼해 아들 셋을 낳았고, 그중 첫째가 1927년 7월 러시아의 수도에서 태어난 아버지 펠릭스였다.

1932년, 할아버지는 미국 공산당을 이끌기 위해 가족을 데리고 미국으로 돌아와 뉴욕주 용커스에 정착했다. 1936년과 1940년에는 공산당 공천 후보자로 대통령 선거에도 출마했다. 각각 8만 표 정도를 얻었을 뿐이지만, 할아버지의 출마는 대공황 시대의 미국이 주류 자본주의의 결함에 주목하고 모든 미국 정치인이 자신의 정책을 좌익 성향으로 수정하도록 하는 계기가 되었다. 할아버지는 유능한 정치인답게 1938년 '얼 브라우더 동지'라는 설명과 함께 『타임』 표지에도 실렸다.

하지만 이런 유능함은 루스벨트 대통령의 분노를 사기도 했다. 1941년 할아버지는 '여권법 위반'으로 체포되어 유죄 판결을 받은 후 조지아주에 소재한 애틀랜타 연방 교도소에서 4년을 복역하게 되었다. 하지만 다행히도 제2차 세계대전 당시 미국과 소련의 연합 덕분에 1년 후에 사면되었다.

전쟁이 끝난 뒤 할아버지는 몇 해를 정치적 황무지에서 보냈다. 그러던 차에 상원의원 조지프 매카시가 그 악명 높은 마녀사냥을 시작하며 마지막 공산주의자 한 명까지 미국에서 몰아내려는 작업에 착수했다. 1950년대는 공산주의의 위협으로 미국이 피해망상에 사로잡힌 시기였기에 선한 공산주의자인지 악한 공산주의자인지는 중요하지 않았다. 어차피 똑같은 공산주의자일 뿐이었다. 할아버지는 하원비미활동위원회House Committee on Un-American Activities에 소환되어 몇 달간 신문을 받았다.

할아버지의 신념과 그로 인한 정치적 박해는 나머지 가족을 무겁게 짓눌렀다. 러시아계 유대인 지식인이었던 할머니는 아들 중 누구도 정치라는 구정물에 발을 담그기를 원치 않았다. 할머니에게 가장 고귀한 소명은 학문, 특히 과학이나 수학이었다. 아버지 펠릭스는 할머

니의 기대에 부응하다 못해 이를 뛰어넘어 열여섯 살의 나이에 MIT
에 입학했을 뿐만 아니라, 단 2년 만에 학사 학위를 마치고 프린스턴
대에서 수학 석사 과정을 시작해 스무 살에 박사 학위를 땄다.

하지만 아무리 미국에서 내로라하는 젊은 수학자라고 해도 아버지
는 여전히 얼 브라우더의 아들이었다. 제2차 세계대전 이후 트루먼
대통령이 의무 병역제를 도입했을 때 아버지는 군 복무 연기를 신청
했지만, 아버지가 몸담고 있던 프린스턴 고등연구소에서 추천서를 써
주지 않았다. 아버지의 상관 중 누구도 유명 공산주의자의 아들을 옹
호했다는 기록을 남기고 싶지 않았던 것이다. 연기 신청서조차 낼 수
없었던 아버지는 즉각 징집되어 1953년부터 군 복무를 시작했다.

신병 훈련을 마친 후 아버지는 뉴저지주 포트몬머스에 있는 육군
정보 부대에 배속되어 몇 주간 복무했다. 하지만 부대장이 '브라우더'
라는 성을 알아차리면서 운명의 수레바퀴가 빠르게 방향을 틀었다.
어느 날 한밤중에 아버지는 침상에서 끌려 나와 군 차량에 실려 노
스캐롤라이나주 포트브래그로 끌려갔고, 2년 동안 기지 끝자락에 위
치한 주유소에서 기름을 주유하는 일을 맡았다.

1955년에 제대한 아버지는 처음 눈에 띈 채용 공고에 지원했다. 바
로 브랜다이스대의 조교수 자리였다. 브랜다이스 교수진은 프린스턴
출신의 출중한 수학자가 자신의 대학에 지원했다는 사실이 믿기지 않
았다. 하지만 교수들의 추천에도 평위원회는 미국 공산당 전직 서기
의 아들을 고용해야 할지 망설였다.

그즈음에 브랜다이스대 평위원회 의장은 엘리너 루스벨트가 맡고
있었다. 할아버지를 투옥시킨 당사자가 바로 그녀의 남편이었지만, 엘
리너는 "아버지가 누구라고 해서 훌륭한 학자에게 응당 내주어야 할

자리를 내주지 않는 것은 가장 미국인답지 못 한 행동”일 것이라고 말했다. 그녀 덕분에 아버지는 조교수 자리를 얻었고, 이후 예일대, 프린스턴대를 거쳐 시카고대에 입성한 후 수학과 학과장이 되었다. 아버지는 오랫동안 성공적으로 경력을 이어나가 1999년 클린턴 대통령으로부터 수학 부문에서 미국 최고의 권위를 자랑하는 국가과학상을 받았다.

어머니의 사연도 못지않게 놀랍다. 어머니 에바는 1929년 빈의 유대인 미혼모 밑에서 태어났다. 1938년 나치가 유대인을 공공연한 표적으로 삼으면서 모든 유대인은 기회만 되면 유럽에서 최대한 멀리 도망치려고 했다. 하지만 그 수가 너무 많았기 때문에 미국 비자를 얻는 건 하늘의 별 따기였고, 그래서 외할머니는 가슴 아프지만 어머니가 미국에서 더 나은 삶을 살 수 있도록 입양을 보내기로 결정했다.

어머니를 받아준 곳은 매사추세츠주 벨몬트에 사는 화목한 유대인 가정인 애플바움 가족이었다. 아홉 살의 나이에 어머니는 홀로 기차를 타고 유럽을 횡단한 후 새 가족을 만나러 미국으로 떠났다. 낯선 집에 도착한 어머니는 자신을 기다리고 있는 안식처에 깜짝 놀랐다. 그로부터 몇 년 동안 어머니는 자신만의 방과 애완견인 코커스패니얼, 잘 깎인 잔디가 있는 편안한 집에서 대량 학살에 대한 걱정 없이 살았다.

어머니가 새로운 삶에 적응해갈 무렵, 외할머니 에르나는 오스트리아를 가까스로 빠져나와 영국으로 도망쳤다. 딸과의 이별을 견딜 수 없었던 외할머니는 어린 딸과 재회하기 위해 미국 비자를 얻는 데 온 힘을 쏟았고, 드디어 3년 후 비자가 나왔다. 영국에서 보스턴까지 건너온 외할머니는 기쁜 재회를 기대하며 벨몬트에 있는 애플바움 가족의 집으로 갔지만, 외할머니를 맞이한 딸은 예전의 그 모습이 아니었다. 애플바움 가족과의 생활이 너무 편안해서 그곳을 떠나기 싫어하는 미국 소녀로 변한 것이다. 정신적으로 힘겨운 실랑이를 한 끝에 결국 외할머니가 이겼고, 두 모녀는 매사추세츠주 브루클린에 있는 단칸짜리 공동 주택으로 이사했다. 두 사람의 생계를 위해 외할머니가 재봉사로 일주일에 80시간씩 일했지만 가난에서 벗어날 순 없었다. 일주일에 한 번 시내 식당에 가서 쟁반 하나에 로스트비프와 매시트포테이토를 담아놓고 둘이 나눠 먹는 것이 가장 큰 사치일 정도였다. 가난한 생활에서 벗어나 편안한 생활을 하다가 다시 가난으로 돌아간 경험은 정신적 외상으로 남아 지금까지도 어머니는 일회용 설탕을 모으고 레스토랑 빵 바구니에서 모닝빵을 슬쩍해 핸드백에 넣어오곤 한다. 하지만 불우한 환경에도 어머니는 뛰어난 학업 성적으로 전액 장학금을 받고 MIT에 들어갔으며, 1948년 그곳에서 아버지 펠릭스를 만나 몇 달 만에 결혼했다.

나는 1964년에 이 이상하고 학구적인 좌파 가정에서 태어났다. 식사 중에 오가는 대화의 단골 주제는 수학적 정리에 관한 것이나 사기꾼 같은 사업가들로 인해 세계가 어떻게 지옥으로 변해가는가였다. 형 토머스는 아버지를 본받아 열다섯 살의 나이에 시카고대에 입학했고, 물리학과를 (당연히 수석으로) 졸업한 후 열아홉 살에 박사 과정에 들어가 지금은 세계 최고의 입자물리학자 중 한 명이 되었다.

반면 나는 공부와는 정반대의 길을 걸었다. 내가 열두 살 때 부모님은 1년 동안 안식 기간을 보내겠다면서 자신들과 함께 떠날 것인지 아니면 기숙 학교에 들어갈 것인지 선택하라고 했다. 나는 망설임 없이 후자를 택했다.

미안한 마음에 어머니는 내가 갈 학교를 직접 정할 수 있게 해주었다. 공부보다 스키에 관심이 많았던 나는 스키 리조트와 가까운 학교를 찾아보다가 콜로라도주 스팀보트스프링스에 자리한 화이트먼 스쿨이라는 작은 학교를 찾아냈다.

부모님은 두 분만의 학문적 세계에 푹 빠져 있어서 이 학교에 대해 조사할 생각을 전혀 하지 못했다. 만약 했다면 당시 화이트먼이 학생을 가리지 않고 받는 학교라는 사실을 알아냈을 것이다. 한마디로 이 학교는 다른 학교에서 퇴학을 당하거나 법적으로 말썽을 일으킨 문제 학생들이 모여드는 곳이었다.

이 기숙 학교에 들어가기 위해 나는 8학년을 건너뛰었다. 그래서 입학할 당시 열세 살 꼬마였고, 그 학교에서 가장 어리고 작은 학생이었다. 뼈만 남은 앙상한 몸에 파란색 블레이저 재킷을 걸친 내 모습을 보고 그곳 아이들은 단박에 희생양을 알아보았다. 첫날 밤이 되자 학생 몇 명이 내 방에 들어와 마구잡이로 서랍을 뒤지더니 마음대로 물건을 가져갔다. 내가 저항하자 그들은 달려들어 날 제압하고는 이렇게 외쳐댔다. "젖꼭지를 비틀어줄 시간이다, 빌 브라우더!"

처음 몇 주 동안 이런 일이 매일 밤 되풀이되었다. 온몸에 멍이 들고 굴욕감이 들었다. 밤마다 불이 꺼지면 그 아이들이 쳐들어올지도 모른다는 공포감에 몸을 떨었다.

10월 초쯤 어머니가 학교로 날 찾아왔다. 하지만 자존심 때문에 내가 무슨 일을 당하고 있는지 말하지 않았다. 모든 것이 죽을 만큼 싫었지만 그때는 견딜 만하다고 생각했다.

하지만 외식하러 가려고 어머니의 차에 올라타자마자 마음이 허물어졌다. 깜짝 놀란 어머니가 무슨 일이 있느냐고 물었다.

"여기가 너무 싫어요! 정말 끔찍해요!" 나는 눈물을 흘리며 소리쳤다. 매일 밤 얻어맞는다거나 젖꼭지를 비틀린다는 소리는 하지 않았다. 어머니는 이미 눈치챘는지도 몰랐다. "빌, 이곳이 싫으면 싫다고 말해. 그럼 엄마랑 같이 유럽에 가면 되니까."

나는 곧바로 대답하지 않고 어떻게 할지 고민했다. 레스토랑이 가까워질 때쯤 결심이 섰다. 어머니의 따뜻한 품으로 돌아가면 세상에 둘도 없이 행복할 것 같았지만, 패자의 모습으로 화이트먼을 떠나기는 싫었다.

우리는 레스토랑에 자리를 잡고 음식을 주문했다. 나는 음식을 먹으며 마음을 진정시켰고, 식사가 반쯤 끝났을 때 어머니를 보며 말했다. "전 여기에 남는 게 좋겠어요. 제가 어떻게든 해볼게요."

학교에서 떨어진 곳에서 주말을 함께 보낸 후, 일요일 밤에 어머니가 날 학교까지 데려다주었다. 작별 인사를 하고 내 방으로 돌아가는데, 2학년 기숙사를 지날 때쯤 두 남학생이 야유하는 소리가 들렸다. "빌 브라우더의 젖꼭지를 비틀 시간이다!"

걸음을 재촉했지만 이미 두 사람은 자리에서 일어나 날 따라오고 있었다. 마음속에서 분노와 굴욕감이 뒤엉켰다. 참다못한 나는 내 방으로 향하는 모퉁이를 돌려는 찰나에 몸을 휙 돌려 몸집이 더 작은 남학생에게 달려들었다. 코를 정통으로 때리자 그 남학생이 쓰러졌다. 그 위에 바로 올라타 그 학생의 얼굴에서 피가 튀도록 쉴 새 없이 주먹질을 해댔다. 이윽고 다른 남학생이 내 어깨를 잡고 옆으로 밀치더니 두 사람이 함께 나를 흠씬 두들겨 팼다. 사감 선생님이 말리러 오기 전까지.

하지만 그날 이후로 화이트먼 스쿨에서 날 건드리는 사람은 아무도 없었다.

1년을 꼬박 그곳에서 지내며, 그 학교에 가지 않았으면 절대 몰랐을 온갖 것을 배웠다. 담배를 피우고 한밤중에 기숙사를 몰래 빠져나가 독한 술을 사가지고 왔다. 말썽이란 말썽은 모두 부리고 다녀서 그해가 끝날 무렵에 퇴학을 당했다. 그러고 나서 시카고에 있는 가족에게 돌아갔지만 나는 더 이상 예전의 빌 브라우더가 아니었다.

우리 집에서는 영재가 아니면 어디에도 발붙일 곳이 없었다. 당시 부모님은 탈선에 빠져 있던 나를 어떻게 대해야 할지 몰랐다. 정신과 의사, 상담가, 의사에게 줄줄이 보내 날 '고칠' 방법을 찾으려고 했지만 그럴수록 반항기만 커졌다. 등교를 거부하는 것도 부모님을 골탕 먹이는 좋은 방법이었지만, 장기적으로 부모님의 속을 썩이려면 뭔가 다른 방법이 필요했다.

그러다 고등학교를 졸업할 무렵 좋은 생각이 떠올랐다. 나는 정장에 넥타이를 매는 자본가가 되기로 결심했다. 그것보다 우리 가족을 화나게 하는 일은 없을 테니까.

3

칩과 윈스럽

한 가지 문제가 있다면, 내가 지원한 대학 중에는 나 같은 불량 학생을 받아주는 곳이 없다는 것이었다. 결국 진로 상담 선생님이 중재에 나선 후에야 나는 재심 절차를 거쳐 볼더에 소재한 콜로라도대에 들어갈 수 있었다. 간신히 볼더에 입성한다는 사실이 굴욕적이었지만 이 대학교가 『플레이보이』지가 선정한 미국의 파티 스쿨 1위에 올랐다는 걸 알고 금방 자존심을 회복했다.

영화 「애니멀 하우스」를 수도 없이 본 사람으로서 나는 파티 스쿨에 가면 대학생활을 제대로 하기 위해 남학생 사교 클럽에 가입해야겠다고 결심했다. 델타 업실론 사교 클럽에 가입 신청서를 낸 후 필수 절차인 입회식을 거쳐 회원이 되었다. 이 사교 클럽에서는 모두에게 별명이 있었다. 스파키, 위프, 도어스톱, 슬림 등등. 내 별명은 곱슬곱슬한 검은 머리카락 때문에 브릴로강철 솜 수세미의 상표였다.

브릴로로 사는 생활은 재미있었지만, 몇 달 동안 술독에 빠져 여자

뒤꽁무니나 쫓아다니고 말도 안 되는 장난을 치며 주구장창 TV 스포츠 중계를 보노라니 계속 이렇게 살다간 장차 내가 자본을 쌓을 방법은 주차 단속 요원으로 팁을 모으는 것밖에 없겠다 싶은 생각이 들었다. 이 염증이 정점에 다다른 건 사교 클럽 회원 중 내가 우러러보던 친구가 코카인을 끊지 못해 돈을 구하려고 볼더 연방 은행을 털었다가 잡혔을 때였다. 그 친구가 연방 교도소 징역형을 선고받으면서 나도 정신을 차렸다. 이런 반항적인 생활을 계속해봤자 고통받을 사람은 결국 나뿐이라는 사실을 깨달았던 것이다.

그때부터 나는 파티를 끊고 매일 밤 도서관에서 공부하기 시작했고, 전 과목 A 학점을 받았다. 2학년 말에는 미국 일류 대학 여러 곳에 지원서를 넣고 시카고대로부터 합격 통지서를 받았다.

시카고에서는 더욱더 열심히 공부했고 덩달아 내 야심도 커졌다. 하지만 졸업이 다가오면서 앞으로 무엇을 하며 살지 결정하는 게 최우선 과제라는 생각이 들었다. 자본가가 되려면 무엇부터 시작해야 할까? 이 생각에 골똘히 잠겨 있을 때 경영 대학원 학장이 강연을 한다는 소식을 우연히 듣게 되었다. 나는 진로를 비즈니스 업계로 잡고 있었기에 참석하기로 했다. 강연 내용은 시카고대 MBA 졸업생들의 진로에 관한 것이었는데, 졸업생 모두가 고액 연봉을 받고 중요한 일을 하고 있는 듯했다. 경영 대학원은 내가 다음으로 밟아야 할 단계임이 확실해 보였다.

일류 경영 대학원에 들어가는 최고의 방법은 매킨지, 골드먼삭스 같은 기업이나 비슷한 약력을 지닌 다른 25대 기업 중 하나에서 2년간 인턴으로 일하는 것이었다. 나는 이 기업들에 닥치는 대로 구직 편지를 쓰고 전화를 해서 일자리를 달라고 요청했다. 하지만 일이 그렇게 간단할 리 없었다. 나와 비슷한 야심을 품은 다른 학생들도 모두 그렇게 하고 있었기 때문이다. 결국 나는 스물네 곳에서 불합격 통지를 받고 보스턴에 있는 업계 최고의 경영 컨설팅 회사 중 하나인 베인 앤컴퍼니에서만 일자리 제안을 받았다. 내가 어떻게 그 회사의 심사를 통과했는지는 알 수 없지만, 어쨌든 합격했으므로 쌍수를 들고 그 제의를 받아들였다.

베인앤컴퍼니는 학점이 우수한 명문대 출신에 2년간 주 7일씩 하루 16시간을 일할 준비가 된 학생들을 선발했다. 그리고 그 대가로 일류 경영 대학원 입학을 보장해주었다. 그러나 그해에는 문제가 좀 있었다. 베인앤컴퍼니가 다른 기업들처럼 인턴을 딱 20명만 선발한 게 아니라 급속도로 성장하는 사업을 보조하기 위해 머리 좋은 '노예 학생' 120명을 고용한 것이다. 불행하게도 이 전략은 경영 대학원의 등용문으로 통하던 회사의 이미지를 깎아내렸다. 일류 경영 대학원에서는 베인 출신의 젊은 컨설턴트도 선호했지만, 매킨지, 보스턴컨설팅그룹, 모건스탠리, 골드먼삭스 등 젊고 야심찬 자본가들의 노동을 착취하는 다른 기업들도 좋아했다. 그래서 베인 출신 중에서 일류 경영 대학원에 들어갈 수 있는 인원은 120명 전체가 아니라 최대로 잡아야 20명뿐이었다. 요컨대 연봉 2만8000달러를 받고 손가락 지문이 닳도록 일해도 돌아오는 보상은 기껏해야 하버드나 스탠퍼드에 들어갈 확률 16퍼센트였다.

그 결과 경영 대학원에 지원하는 과정은 베인에서 일하는 인턴 모두에게 위기로 다가왔다. 우리는 얼마간 서로를 견제하며 어떻게 하면 자신이 두각을 드러낼 수 있을지 고민했다. 나는 결코 우등생이 아니었다. 동기 중 대다수가 하버드, 프린스턴, 예일 출신에 베인에서의 인사 고과도 나보다 뛰어났다.

하지만 나에게는 믿는 구석이 있었다. 동기들의 이력이 아무리 화려하다고 해도 미국 공산당 서기의 손자라는 이력을 지닌 사람은 나 하나뿐이었다.

나는 하버드와 스탠퍼드 대학원에 지원하면서 뻔뻔스럽게 할아버지 이야기를 했다. 하버드에서는 지체 없이 불합격을 통보했지만, 놀랍게도 스탠퍼드에서는 합격 통보를 보내왔다. 나는 그해에 스탠퍼드에 들어간 베인 출신 세 명 가운데 한 명이 되었다.

1987년 8월 말 도요타 터셀 자가용에 짐을 꾸리고 미국을 횡단해 캘리포니아로 떠났다. 캘리포니아주 팰로앨토에 도착한 후 엘 카미노 리얼 도로샌프란시스코에서 실리콘밸리로 이어지는 간선 도로에서 우회전해 팜 드라이브로 들어섰다. 스탠퍼드대의 캠퍼스로 이어지는 이 길에는 양쪽에 야자나무가 줄지어 서 있었고 그 끝에 테라코타 지붕이 돋보이는 스페인 양식의 건물이 모여 있었다. 태양은 밝게 빛나고 하늘은 푸르렀다. 여기가 캘리포니아였다. 마치 천국에 온 듯한 기분이었다.

얼마 지나지 않아 나는 이곳이 정말로 천국이라는 사실을 깨달았다. 공기는 맑고 하늘은 파랬으며 매일매일 낙원에 사는 것 같았다. 스탠퍼드 대학원생들은 이곳에 오기 위해 죽도록 노력한 사람들이었다. 다들 베인 같은 노동 착취 현장에서 주 80시간씩 일하며 스프레드시트와 싸우고 책상에서 잠들며 성공을 위해 즐거움을 희생했다. 한때는 서로 경쟁하며 싸웠던 사람들이지만, 일단 이곳에 들어오면 패러다임이 완전히 바뀌었다. 스탠퍼드는 잠재적 고용자에게 학생들의 성적을 공개하지 않았기에 채용 결정은 인터뷰와 과거 경험을 토대로만 이루어졌다. 그 결과 전형적인 학업 경쟁이 사라지고 우리가 전혀 예상하지 못한 협동심, 학우애, 교우관계 같은 것이 그 자리를 대신했다. 스탠퍼드에서 성공하는 길은 여기서 잘하는 게 아니라 이 곳에 있는 그 자체라는 사실을 곧 깨달았다. 그럼 나머지는 알아서 굴러갔다. 그 시절은 나에게나 동기들에게나 모두 생애 최고의 2년이 었다.

단순히 대학원 생활을 즐기는 일 외에, 스탠퍼드 학생들의 다른 목적은 졸업 후에 무엇을 할지 결정하는 것이었다. 스탠퍼드에 도착한 순간부터 나와 동기들은 거의 매일 기업 설명회, 점심 좌담회, 저녁 연회, 만찬, 인터뷰에 다니며 수천 개의 일자리 가운데 어떤 게 제대로 된 것인지 알아내려고 애썼다.

입석만 가능한 P&G미국의 대표적인 비누·세제, 기타 가정용품 제조 업체 좌담회에 갔을 때는 파란색 주름치마에 하얀색 셔츠를 입고 나비넥타이를 한 마케팅 담당자 여성 세 명이 흥분한 목소리로 기업 특수 용어를 써가며 비누를 판매하는 엄청난 비법을 소개하고 있었다.

트래멀 크로부동산 개발 및 투자 컨설팅 전문 업체의 칵테일 리셉션에도 참석했다. 번드르르한 말솜씨에 얼굴도 잘생긴 텍사스 남자들이 서로의 등짝을 때리며 야구와 거액, (트래멀 크로의 사업이었던) 부동산 개발에 대해 말 같지 않은 소리를 지껄일 때는 오지 못할 곳이라도 온 것처럼 양말 속에서 발가락이 오그라들었다.

그런 뒤 참석한 드렉설 버넘 램버트정크 본드로 유명한 투자 은행 리셉션에서는 졸지 않으려고 무던히도 애를 썼다. 머리가 벗겨지기 시작하는 채권 세일즈맨들이 단체로 화려한 정장을 입고서 베벌리힐스 사무실에서 이루어지는 고수익 채권 거래의 짜릿한 세계에 대해 지겹게 읊어댔기 때문이다.

나는 속으로 생각했다. '됐습니다. 그런 일이라면 사양하죠.'

이런 행사에 다닐수록 기업이 나와 어울리지 않는 곳이라는 느낌이 더 강해졌다. 특히 한 인터뷰는 내게 쐐기를 박아주었다. JP모건에서 실시하는 여름 인턴 채용 인터뷰였다. 특별히 그곳에서 일하고 싶은 생각은 없었지만 월가 최고 기업 중 하나인 JP모건의 인터뷰 기회를 마다할 이유는 없었다.

경력 관리 센터에 있는 작은 사무실로 들어가자 훤칠한 키에 턱이 네모지고 어깨가 넓은 30대 초반의 남자 둘이 날 맞이했다. 한 명은 금발이고 다른 한 명은 갈색 머리였지만 두 사람 다 모노그램을 수놓은 버튼다운 셔츠와 어두운 색 계열의 브룩스 브라더스 정장을 입고 붉은 멜빵을 차고 있었다. 손을 뻗을 때마다 금발 남자의 손목 위로 아주 비싸 보이는 롤렉스 시계가 보였다. 두 사람은 책상 위에 쌓여 있는 명함을 각각 건넸다. 제이크 칩 브랜트 3세와 윈스럽 히긴스 4세 비스무리한 이름이 적혀 있었다.

인터뷰는 가장 일반적인 질문으로 시작했다. "왜 JP모건에서 일하려는 거죠?" 그야 그쪽에서 인터뷰를 제안했고 저도 여름 동안 일할 곳이 필요하니까요 하고 대답하고 싶었지만 그게 모범 답안이 아니라는 건 알았다. 대신 나는 이렇게 대답했다. "JP모건은 상업·투자 은행으로서 최고를 자랑할 뿐만 아니라 이런 결합은 월가에서 가장 강력한 성공의 공식이라고 생각하기 때문입니다."

속으로 생각했다. 내가 정말 그렇게 대답했단 말이야? 무슨 뜻인지 알고나 말한 거야?

내 대답이 마음에 들지 않기는 칩과 윈스럽도 마찬가지였다. 두 사람은 좀더 일반적인 질문으로 인터뷰를 이어갔고, 나는 무미건조하기는 매한가지인 답변을 두 사람에게 쏟아냈다. 서로의 공통분모가 될 만한 답변이 나올 수도 있겠다는 생각에서 윈스럽이 마지막으로 악의 없는 질문을 던졌다. "빌, 대학에서 어떤 운동을 했죠?"

어려울 게 없는 질문이었다. 나는 대학에서 운동을 해본 적이 없었다. 운동은 고사하고, 밥 먹고 화장실에 갈 시간도 아끼는 공부 벌레였다. 나는 심드렁하게 대답했다. "글쎄요, 사실 한 게 없어요…… 하지만 스키와 하이킹은 좋아해요." 그러면서 이 두 사람이 스키와 하이킹을 멋진 운동으로 봐주기를 기대했다.

기대는 빗나갔다. 칩도 윈스럽도 더 이상 말을 보태거나 일부러 이력서 더미에서 고개를 들려고 하지 않았다. 인터뷰가 끝났다.

그 건물을 나오면서 이 남자들이 내 말에는 관심이 전혀 없었다는 사실을 깨달았다. 두 사람이 알고 싶은 건 내가 JP모건의 문화에 '어울리는지'가 전부였다. 하지만 나는 결코 그런 사람이 아니었다.

불편하고 낙담한 기분으로 카페테리아에 갔다. 줄을 서서 음식을 담고 테이블로 가서 심란한 마음으로 먹고 있는데, 샌드위치를 다 먹었을 때쯤 절친한 친구인 켄 허시가 정장을 입고 카페테리아에 들어왔다. 차림새로 보아 이 친구도 방금 면접을 보고 온 것이 틀림없었다. "어이, 켄. 어디 갔다 오는 거야?" 내가 물었다. 켄이 의자를 빼고 앉았다. "JP모건에서 인터뷰를 하고 왔어."

"정말? 혹시 면접관이 칩이랑 윈스럽이었어? 결과는?"

켄이 내가 붙인 별명을 듣고 웃더니 어깨를 으쓱했다. "잘 모르겠어. 분위기가 계속 안 좋았는데 '칩'한테 이번 여름에 햄프턴스에 있는 클럽에서 폴로 전용 말을 탈 수 있게 해주겠다고 하니까 그때부터 분위기가 180도 달라졌어." 켄이 씁쓸히 웃음을 지었다.

켄은 텍사스주 댈러스의 중산층 유대인 가정에서 태어난 키 작은 친구였다. 이 친구가 폴로 전용 말을 가장 가까이서 본 건 댈러스에 있는 갤러리아 몰에서 랠프 로런 로고에 박힌 폴로 말을 봤을 때였을 것이다.

"넌 어떻게 됐어?"

"그럼 둘이 같이 일하게 되겠네! 나도 확실히 붙을 거야. 윈스럽한 테 케네벙크포트 요트 클럽에 있는 내 소형 보트를 태워준다고 말해 놨거든."

켄도 나도 그 일자리를 얻지 못했지만 그날 이후로 켄은 나를 칩이라고 부르고 나는 켄을 윈스럽이라고 불렀다.* JP모건 인터뷰 후 왜 내가 세상의 칩과 윈스럽들에게 퇴짜를 맞는 것인지 끊임없이 생각했다. 나는 그들과 달랐을 뿐만 아니라 그들을 위해 일하고 싶은 생각도 전혀 없었다. 부모님의 훈육 방식이 싫어서 이 길을 선택한 것이었지만 여전히 내가 브라우더라는 사실로부터는 도망칠 수 없었다.

생각이 거기까지 미치자 내게 맞는 일을 찾아 나서기 시작했다. 어느 날은 연합 철강 노동조합 위원장의 강연을 듣고 감명을 받았다. 위원장의 말을 듣고 있으니 할아버지의 목소리가 들리는 듯했다. 내 기억 속에서 할아버지는 백발에 콧수염을 기르고, 곳곳에 스며드는 달콤한 파이프 담배 냄새와 책들에 둘러싸인 채 서재에 앉아 있었다. 영감을 받은 나는 그 강연이 끝난 후 위원장에게 다가가 날 고용한다면 조합 편에 서서 착취를 일삼는 사측과 협상을 이끌어내겠다고 제안했다. 위원장이 관심은 고맙지만 노동조합 본부에서는 철강 노동자

---

* 바로 이 친구가 훗날 세계에서 가장 성공적인 에너지 사모 투자 전문 기업인 내추럴 개스 파트너스Natural Gas Partners를 경영하게 되는 그 켄 허시다.

만 고용한다고 말했다.

그렇지만 단념하지 않고 내가 따르고자 하는 할아버지 인생의 다른 면을 들여다보았고, 결국 동유럽에까지 생각이 미쳤다. 할아버지는 소비에트 연방에서 인생의 중요한 시기를 보냈고 그 경험 덕분에 일약 세계적인 인사가 되었다. 할아버지가 그곳에서 자신의 자리를 개척했다면 나라고 못 할 이유가 없었다.

하지만 이렇게 자아를 탐구하면서도 내가 꿈꾸는 유토피아가 결실을 맺지 못할 경우를 대비해 실질적인 취업 자리를 모색했다. 시카고에 있는 보스턴컨설팅그룹BCG 미 중서부 본부에서 사람을 뽑고 있었다. 나는 시카고 출신에다 베인에서 컨설팅 경험도 쌓았기에 이번 채용에서 요구하는 자격 요건을 모두 충족했다.

다만 시카고로 돌아가고 싶진 않았다. 그곳에서 나와서 넓은 세상을 보고 싶었다. 그리고 세계를 무대로 일하고 싶었다.(내가 정말 원했던 일은 나의 애장 영화 「가장 위험한 해The Year Of Living Dangerously」의 멜 깁슨처럼 되는 것이었다.) 내가 채용을 받아들이도록 하려고 BCG는 '채용의 날'에 나를 초대했다. 거기에는 다른 채용자들도 있었다. 우리는 눈을 반짝이는 1년 차, 2년 차 컨설턴트들과 연이어 미팅을 했다. 그들은 BCG 생활이 얼마나 즐거운지 늘어놓으며 우리 귀를 즐겁게 해주었다. 그들의 말처럼 회사가 정말 괜찮아 보이긴 했지만 그런 말들을 곧이곧대로 믿지는 않았다.

마지막 미팅은 시카고 지부 대표인 칼 스턴과 이뤄졌다. 이는 채용의 마지막 절차로, 대표와 악수를 하며 감사하다고 몇 번 말한 후 '좋습니다'라고 대답하면 되었다.

대표실에 들어가자 그가 따뜻한 목소리로 말했다. "빌, 자네 어떻게 할 생각인가? 우리 회사에 들어올 건가? 우리 쪽 사람들은 모두 자네를 마음에 들어하네."

나는 어깨가 으쓱했지만 그 제안을 받아들일 수 없었다. "정말 죄송합니다. 마음 편하게 일할 수 있는 회사라는 생각은 들지만 사실 전 시카고에 살면서 이곳에서 일하는 삶은 원치 않습니다."

그 전까지 시카고가 싫다는 이야기를 한 번도 하지 않았기에 그는 약간 당황했다. "그럼 BCG가 싫은 건 아니고?"

"네, 그렇습니다."

그가 몸을 앞으로 숙였다. "그렇다면 말해보게. 일하고 싶은 곳이 어딘가?"

그랬다. 어디로든 갈 수 있다면 솔직하게 말하는 편이 좋았다.

"동유럽입니다."

"아." 분명 허가 찔린 듯한 반응이었다. 지금까지 대표에게 동유럽에 가고 싶다고 말한 사람은 아무도 없었던 것이다. 그가 의자에 등을 기대고 천장을 보더니 말했다. "생각 좀 해보지…… 그래…… 자네도 알겠지만 동유럽에는 우리 지사가 없어. 하지만 런던 지사에 그 지역 전문가가 있네. 존 린드퀴스트라는 친구지. 자네가 마음을 돌릴 생각이 있다면 그 친구를 만날 수 있게 주선해주겠네."

"그렇다면 마음을 돌려보겠습니다."

"잘 생각했네. 그 친구 일정을 알아보고 자네에게도 알려주겠네."

2주 후 나는 런던으로 떠났다.

"원한다면 밤에 안고 잘 여인네도 구해다주겠소"

BCG의 런던 지사는 메이페어런던 하이드파크 동쪽에 위치한 고급 주택 지구 중심부에 자리하고 있었다. 지하철 노선 중 하나인 피커딜리 라인을 타고 그린파크 역에서 내리면 바로 위에 지사 건물이 있었다. 나는 안내 데스크에 이름을 말한 후 안내를 받아 존 린드퀴스트의 사무실로 갔다. 사방에 책과 문서가 쌓여 있는 모습이, 영락없이 연구에 몰두하느라 다른 일에는 신경을 쓰지 못하는 여느 교수의 방과 닮아 있었다.

처음 만난 순간 나는 존이 변칙을 즐기는 인물이라는 걸 단박에 눈치챘다. 그는 미국인이지만 새빌 로런던의 고급 양복점들이 늘어서 있는 거리에서 만든 수제 양복에 에르메스 넥타이를 하고 뿔테 안경을 썼는데, 마치 칩이나 윈스럽이 좀더 세련되게 차려입은 듯 보였다. 하지만 그에게는 학구파 특유의 어색한 분위기도 느껴졌다. JP모건에서 만난 여느 젊은 엘리트들과 달리, 존은 부드럽다 못해 거의 속삭임에 가까운 목소리로 말했고 사람의 눈을 직접 쳐다보는 법이 없었다.

사무실에 자리를 잡자 그가 말했다. "자네가 동유럽에서 일하고 싶어한다고 시카고 지부 대표가 그러더군, 맞나? 지금껏 BCG에서 일하면서 동유럽에 가고 싶다는 사람은 자네가 처음일세."

"네, 믿으실지 모르겠지만 그렇습니다."

"왜지?"

나는 존에게 할아버지의 이야기를 들려주었다. 어떻게 할아버지가 모스크바에 정착했다가 다시 미국으로 돌아와 대통령 선거에 출마하고 미국 공산주의를 대표하는 얼굴이 되었는지를. "저도 할아버지처럼 재미있는 일을 해보고 싶습니다. 제 자신과 직접적으로 관련된 일 말입니다."

"저런, 우리 회사에 공산주의와 관련된 업무는 없다네." 존이 한쪽 눈을 찡긋하며 말했다. 그러더니 자세를 바로 하고 다시 말했다. "지금으로선 동유럽에 갈 일이 전혀 없지만 말일세. 내 약속하지. 자네가 여기서 일하겠다면 우리 쪽에 들어오는 첫 동유럽 건은 무조건 자네에게 맡기겠네. 알겠나?" 그가 매듭이라도 짓는 것처럼 말끝마다 "맞나?" "알겠나?"를 붙인다는 사실을 곧 알아차렸다.

이유를 콕 집어 말할 순 없지만 나는 존이 마음에 들었다. 즉석에서 그의 제안을 받아들이고 BCG의 동유럽 전담 파트의 첫 직원이 되었다.

1989년 8월 런던으로 왔고, 마침 런던에서 새로운 일을 시작하려던 스탠퍼드 동기 두 명과 함께 첼시에 작은 집을 빌렸다. 그리고 9월 첫째 주 월요일에 BCG의 동유럽 사업을 책임질 각오를 하며 떨리는 마음으로 피커딜리 라인에 올라탔다.

다만 동유럽과 관련된 업무가 없었을 뿐이다. 어쨌든 아직은.

하지만 얼마 지나지 않아 1989년 11월 10일, 스탠퍼드 친구들과 거실에 앉아 텔레비전을 보고 있는데 내 눈앞에서 세계가 변화를 맞기 시작했다. 베를린 장벽이 막 무너져내린 것이다. 동독과 서독 주민들이 큰 망치와 끌을 들고 나와 벽돌 하나하나를 뜯어냈다. 역사적 순간이 펼쳐지고 있었다. 몇 주가 안 되어 벨벳 혁명1989년 체코슬로바키아의 공산 정권 붕괴를 불러온 시민 혁명이 체코슬로바키아를 뒤덮으며 공산주의 정부를 무너뜨렸다.

이제 곧 도미노처럼 연쇄적으로 동유럽의 모든 국가가 독립을 선언할 터였다. 미국 공산주의를 대표했던 지도자의 손자인 나는 이 역사적 사건을 지켜보며 동유럽 제일의 자본가가 되겠다고 결심했다.

1990년 6월에 첫 기회가 찾아왔다. 존 린드퀴스트가 내 사무실에 고개를 불쑥 내밀더니 말했다. "이보게, 빌. 자네 예전에 동유럽에 가고 싶다고 했지, 맞나?" 나는 고개를 끄덕였다. "잘됐군. 세계은행에서 폴란드에 갈 리스트럭처링발전 가능성이 있는 방향으로 사업 구조를 바꾸거나 비교 우위에 있는 사업에 투자 재원을 집중적으로 투입하는 경영 전략 자문 위원을 찾고 있네. 어떻게 도산 직전의 버스 회사를 회생시킬지 제안서를 써내보게, 알겠나?"

"알겠습니다. 그런데 제안서를 아직 써본 적이 없는데, 어떻게 해야 하죠?"

"볼프강에게 가보게. 어떻게 하는지 알려줄 걸세."

볼프강. 볼프강 슈미트. 듣기만 해도 소름끼치는 이름이었다.

볼프강은 BCG에서 몇 개 팀을 이끌어가는 팀장으로, 런던 지사에서 같이 일하기 가장 힘든 상사로 알려져 있었다. 30대의 오스트리아인인 그는 소리 지르는 걸 좋아하고 철야 근무를 강요하며 젊은 컨설 턴트들을 잘근잘근 씹어대는 게 특기였다. 그래서 아무도 그의 밑에서 일하려 하지 않았다.

하지만 폴란드에 가려면 볼프강과 일할 수밖에 없었다. 그의 사무실에 한 번도 가본 적은 없지만 어디에 있는지는 알았다. 가급적이면 그 사무실을 피하기 위해 모두가 그 위치를 알아두었다.

그의 사무실에 가니 아수라장이 따로 없었다. 빈 피자 상자와 구겨진 종이 뭉치, 산더미 같은 보고서가 사무실을 온통 뒤덮고 있었다. 볼프강은 큼직한 서류철 위로 몸을 숙이고 손가락으로 서류를 훑는 중이었다. 이마의 땀이 형광등 불빛에 반짝였고 헝클어진 머리카락이 여기저기 삐져나와 있었다. 잘 다려진 고급 맞춤 셔츠 한쪽으로 둥근 배가 드러나 보였다.

나는 헛기침을 했다. 그러자 그가 고개를 내 쪽으로 추켜세웠다.

"누구지?"

"빌 브라우더입니다."

"용건이 뭐야? 나 바쁜 거 안 보이나?"

돼지우리 같은 사무실을 치우느라 바빠야 하는 것 아닌가 하는 생각이 들었지만 그렇게 말하지는 않았다. "폴란드 버스 회사 리스트럭처링 건으로 제안서를 써야 해서요. 팀장님께 도움을 청해보라는 지시를 받았습니다."

"제기랄." 그가 툴툴거렸다. "잘 듣게, 브라우너. 그건 아주 간단한 일이야. 우선 트럭이든, 버스든, 자동차든 그런 쪽에 경험이 있는 BCG 컨설턴트들의 이력서를 찾아보게. 될 수 있는 한 많이."

"알겠습니다. 찾아서 팀장님께 가져다드리면 되……?"

"잔말 말고 해!" 그는 다시 눈길을 돌려 서류를 읽기 시작했다.

그의 사무실을 나와 자료실로 갔다. 이력서 책자를 훑어보니 BCG가 왜 그렇게 국제적으로 명성을 떨치는지 이해가 되었다. 이 기업은 다방면에 걸친 전문가를 세계 곳곳에 확보하고 있었다. 클리블랜드 지사의 한 컨설턴트 팀은 자동차 제조업 전문이었고, 도쿄의 어느 팀은 일본 자동차 회사에 적합하게 재고 없이 필요한 만큼만 생산하는 적기 공급 생산 방식을 도입했으며, 로스앤젤레스의 몇몇 컨설턴트는 오퍼레이션 리서치시스템이나 조직 운영의 개선에 관한 문제들에 대해 담당 관리자에게 최적의 해답을 제공해주는 데 유효하게 쓰이는 과학적인 방법이나 기법 전문가들이었다. 나는 이 자료들을 복사한 후 바로 볼프강의 사무실로 돌아갔다.

"빨리도 왔군, 브로워."

"브라우더입니다, 제 이름은……."

"그래, 알았네. 잘 듣게. 폴란드 쪽 일은 그것 말고도 두 건이 더 있네. 그 건에 대한 제안서를 쓰고 있는 친구들이 이제 도와줄 거야. 난 이러고 있을 시간이 없거든. 알았으면 이제 그만……." 볼프강이 출입문 쪽으로 손을 휙 움직이며 나가라고 지시했다.

나는 볼프강이 말한 컨설턴트들을 찾아갔다. 고맙게도 두 사람은 기꺼이 날 도와주었다. 몇 주 동안 우리는 일정표와 작업 기획서를 작성하고 BCG가 얼마나 훌륭한 회사인지에 대한 다량의 정보를 수집했다. 마침내 완성된 프레젠테이션 자료는 아주 세련되고 빈틈이 없었기 때문에 우리가 탈락하리라고는 생각하지 않았다. 존 린드퀴스트가 그 자료를 세계은행에 제출했고, 우리는 결과를 기다렸다.

2개월 후 볼프강이 평소답지 않게 쾌활하고 차분한 모습으로 내 사무실에 들렀다. "빌, 짐 싸게. 폴란드에 가야지."

"우리가 따낸 건가요?"

"그래. 진짜 일은 지금부터야."

그 소식을 듣고는 마냥 행복했다. "제안서에 이름이 들어간 전문가들에게 폴란드에 함께 갈 수 있는지 연락해봐야겠죠?"

볼프강이 눈살을 찌푸렸다. "무슨 소리를 하는 건가? 그럴 필요 없네. 이 건을 맡을 사람은 자네 한 사람이야." 그러면서 손바닥으로 문틀을 치고 뒤돌아 쿵쿵거리며 가버렸다.

믿을 수가 없었다. 제안서에 써넣은 그 화려한 이력의 전문가들을 놔두고 나만 폴란드에 간다고? 버스는커녕 그 방면의 사업에 대해 눈곱만큼도 아는 게 없는 어소시에이트일반 사원 1년 차만? 간담이 서늘했지만 애써 불안감을 드러내지 않았다. 이건 내가 꿈꾸던 일이었다. 그냥 입 다물고 해내야 했다.

베를린 장벽이 무너진 지 1년가량 지난 1990년 10월 말, 존과 볼프강, 다른 1년 차 어소시에이트 두 명과 함께 나는 LOT* 항공기를 타고 바르샤바로 향했다. 공항에 도착하자 세계은행 관계자 네 명과 우리가 파산에서 구해줘야 할 문제의 버스 회사인 오토산Autosan의 직원 두 명이 나와 있었다. 짐을 찾은 후 우리는 오토산 버스 한 대를 타고 사노크폴란드 동남부 포드카르파츠키에주에 위치한 도시에 자리한 본사로 향했다.

먼 길이었다. 바르샤바에서 얼마 가지 않아 가을이 한창인 폴란드의 전원 지대가 나왔다. 그림 같은 풍경이었지만 조금은 우울하기도

---

* 폴란드 국적 항공사.

했다. 공산주의 정권이 최근에 무너져서인지 현지 상황이 생각보다 열악했다. 마치 타임머신을 타고 1958년도를 여행하는 기분이었다. 거리에는 구식 자동차들이 다녔고, 길가를 따라 말들이 마차를 끌었다. 농장은 황폐했으며, 어디서나 흔히 볼 수 있는 소비에트식 콘크리트 주택들은 허물어져내리고 있었다. 폴란드 사람들은 식량 부족, 극심한 인플레이션, 정전 등 여러 문제로 고통받고 있었다.

그럼에도 덜커덩거리는 버스 유리창에 이마를 대고 앉은 채 머릿속에 들었던 생각은 이랬다. 이곳이 바로 내가 오고 싶었던 곳이야. 앞에 펼쳐진 길은 무한한 가능성으로 가득해.

여섯 시간 뒤 우리는 폴란드 동남부의 도시 사노크에 도착했다. 사노크는 우크라이나 국경에서 16킬로미터가량 떨어진 곳으로, 수목이 우거진 구릉지에 주민 약 5만 명이 모여 살고 있었다. 오토산 회사 식당 앞에 도착한 우리는 오토산 관리팀, 세계은행 간부들과 만찬을 하기 위해 안으로 들어갔다. 하지만 손님 중 누구도 포크를 들려는 사람이 없었다. 기름진 돼지갈비, 과하게 삶은 감자, 돼지고기가 약간 들어간 짭짜름한 젤리 같은 것이 놓여 있었기 때문이다. 입맛을 떨어뜨리는 음식도 문제였지만, 근처 공장에서 풍기는 공업 용제 냄새가 은근하게 공기 중을 떠돌았다. 사노크 사람을 제외하고 다들 그곳을 빨리 나가고 싶어하는 것 같았다. 그러나 버스 회사 관리팀은 우리를 보내줄 생각이 없는지 저녁 시간을 훌쩍 넘어서까지 축배를 들었다. 결국 밤 11시 15분이 되자 커피가 나오는 틈을 타 세계은행 팀이 어색하게 자리에서 일어나더니 양해를 구한 후 버스를 타고 제대로 된 호텔이 있는 인근 도시 제슈프로 떠났다.

BCG 동료들은 세계은행 팀이 완전히 사라질 때까지 기다렸다가 자리에서 일어나 양해를 구하고 밖으로 나갔다. 볼프강이 택시 기사 두 명과 흥정을 한 후에 그들은 꼬박 여섯 시간을 걸려 다시 바르샤바로 돌아갔다.

이제 남은 사람은 나 혼자뿐이었다. 이 회사를 재앙에서 구하는 일은 컨설팅 경력 1년을 가진 스물여섯 살 MBA에게 달려 있었다.

커피를 마신 후 나는 관리팀에게 작별 인사를 했다. 그들은 방금 떠난 사람들에 비하면 내 경력이나 실력은 아무것도 아니라는 사실을 모르는 눈치였다. 나는 안내를 받아 앞으로 몇 달간 묵게 될 투리스타 호텔로 갔다.

투리스타 호텔은 퀴퀴한 냄새가 나는 4층짜리 콘크리트 건물로, 산강폴란드 동남부와 우크라이나 서부에 있는 강으로, 비스와강의 지류에서 몇 블록 떨어져 있었다. 승강기가 없어서 계단을 이용해야 했다. 복도는 좁고 불빛은 어둑했다. 내 방은 아주 작았다. 방이라기보다는 복도에 가까웠다. 양쪽 벽에 트윈 베드가 하나씩 딱 붙어 있고 바닥 공간은 두 침대 사이의 간격이 유일했다. 한쪽 침대 위편에는 13인치 흑백 TV가 벽에 고정되어 있었다. 침대 사이에는 밋밋하고 볼품없는 머리맡 탁자가 놓여 있었다. 탁자 위에 램프 하나가 놓여 있었고 램프 위쪽으로 공터가 내려다보이는 작은 창문이 나 있었다. 포시즌스 같은 특급 호텔은 아니었지만, 폴란드에 와 있다는 사실만으로도 너무 흥분돼서 그런 건 아무래도 상관없었다.

플라스틱 다이얼식 전화기를 들어 전화가 되는지 걸어보았지만 유일하게 연결되는 사람은 프런트에서 일하는 아주머니였고, 영어를 한마디도 할 줄 몰랐다. 짐을 풀고 옷장에 옷을 채워넣었다. 방이 춥고 라디에이터가 작동하지 않아, 다가올 겨울을 대비해 가져온 파카를 입었다. TV를 켜보았다. 채널은 세 개뿐이었고 모두 폴란드어로 나왔다. 한 채널은 뉴스, 한 채널은 축구, 한 채널은 양에 관한 프로그램이었다. TV를 껐다. 런던에서 가져온 단파 방송용 라디오의 눈금판을 이리저리 조작해보았지만 아무것도 잡히지 않아 그만두었다.

침대에 들어가 잠을 청했지만 그러기엔 너무 추웠다. 라디에이터를 툭툭 쳐보고 바닥 가까이에 있는 밸브를 돌려보았지만 온기는 나오지 않았다. 평소 같으면 프런트에 전화를 했겠지만 언어 장벽 때문에 그것도 힘들었다. 옷장에서 옷을 더 꺼내고 반대편 침대에 있는 담요를 끌고 와서 그 속에 파묻혔다. 파카까지 입었는데도 추위는 여전했다. 나는 밤새 몸을 뒤척이다가 잠을 설쳤다. 해가 떠오르기 시작하자 최소한 몸을 덥힐 수 있기를 바라는 마음으로 샤워기를 틀었다. 따뜻한 물이 나오기를 기다리고 또 기다렸지만 계속 미지근한 물만 흘러나왔다.

샤워를 건너뛰고 옷을 입은 후 통역원과 첫인사를 나누기 위해 호텔 식당으로 내려갔다. 몸에 안 맞는 회색 폴리에스테르 양복을 입은 날씬한 남자가 나를 보자마자 곧장 일어섰다. 그는 둘둘 만 신문지를 팔에 끼우고 손을 내밀었다. "윌리엄 씨 맞죠?"

나는 악수를 했다. "네, 접니다."

"안녕하세요. 전 레스헤크 시코르스키라고 합니다." 그가 의욕적으로 말했다.

레스헤크는 나보다 한두 살 정도 많아 보였고 키가 좀더 컸다. 연한 갈색 머리에 눈동자는 밝은 녹색이었고 수염이 단정하게 손질되어 있었다. 얼핏 보면 잘생긴 얼굴이지만 볼품없는 양복과 들쑥날쑥한 치아 때문에 그럴 가능성이 희박했다.

"앉으시죠." 레스헤크가 의자를 가리키며 말했다. "간밤에는 잘 주무셨나요?" 그가 말끝을 유난히 올리며 물었다.

"실은 너무 추웠어요. 방에 난방이 안 되더군요."

"맞아요. 공식적인 겨울이 될 때까지는 난방을 안 틀거든요!" 그가 또 시끄럽게 말끝을 올렸다. 말이 부자연스러운 것으로 보아 벌리츠세계적인 어학 교육 브랜드 테이프로 영어를 배운 게 틀림없었다.

웨이트리스가 다가와 내게 차를 따라주는 동안 레스헤크가 폴란드어로 뭐라고 얘기했다. 웨이트리스가 간 뒤 내가 물었다. "웨이트리스한테 뭐라고 한 거예요?"

"아침을 가져다주라고 했어요."

"메뉴판이 없나요?"

"네, 없어요. 아침 메뉴는 하나뿐이거든요!"

몇 분 뒤 아침 식사가 나왔다. 과하게 익힌 소시지와 이상한 폴란드산 가공 치즈였다. 배가 너무 고팠기 때문에 나온 음식을 모두 먹어치웠다.

레스헤크는 싫증을 내거나 흥분하는 기색도 없이 예의 바르게 식사를 했다. 식사를 반쯤 마쳤을 때 그가 입에 음식을 가득 넣은 채 물었다. "런던에서 오신 것 맞죠?"

"맞아요."

그의 얼굴에 미소가 번졌다. "그럼 제 부탁 좀 들어주세요." 그가 목소리를 낮추고 속삭였다. "저한테 서맨사 폭스 좀 소개시켜주세요." 서맨사 폭스는 가슴이 풍만한 영국 팝 가수로, 『선』에서 발행하는 타블로이드판 『페이지3』에서 상반신 누드모델로 활약하기도 했다.

나는 레스헤크에게 재미있다는 표정을 지어 보이면서 말했다. "미안하지만 안 돼요. 난 그 여자를 몰라요."

그는 미심쩍은 얼굴로 의자 등받이에 등을 기대고는 고집을 부렸다. "그건 말이 안 돼요. 런던에서 오셨다면서요."

"레스헤크, 나도 도와주고 싶지만 런던에는 700만 명이 살고 있어요." 예의 없이 굴긴 싫었지만 이건 말도 안 되는 부탁이었다. 영국의 상반신 누드모델에 혈안이 되어 있는 이 이상한 남자의 통역만 믿고 어떻게 망해가는 버스 회사를 되살릴 수 있을지 걱정이 되기 시작했다.

아침을 먹은 후 레스헤크와 나는 호텔을 나와 작은 빨간색 폴스키 피아트 자동차에 몸을 실었다. 내가 여기서 지내는 동안 쓰도록 버스 회사에서 내준 차량이었다. 여러 번 시도한 끝에 엔진에 시동이 걸렸다. 레스헤크가 웃으면서 강 근처에 자리한 7층짜리 하얀 콘크리트 건물인 오토산 본사로 날 데려갔다. 주차하고 로비를 지나갈 때, 전날 저녁에 맡았던 불쾌한 공업 용제 냄새가 풍겨왔다. 레스헤크와 나는 승강기를 타고 꼭대기 층에 올라가 사장실로 향했다. 사장이 넓은 어깨로 출입문을 막고 바리케이드처럼 서 있었다. 짙은 콧수염 아래로 환한 미소가 엿보였다. 내 나이의 두 배쯤 되어 보였고, 평생을 오토산에서 일한 사람이었다. 가까이 다가가자 그는 노동자의 굵은 손을 내밀었다. 손을 맞잡으니 마치 탈수기로 빨래를 짜듯 내 손을 꽉 쥐고 흔들었다.

그는 레스헤크와 나를 사무실로 안내한 후 폴란드어로 빠르게 이야기를 시작했다. "사노크에 온 걸 환영해요." 레스헤크가 통역을 해주었다. "사장님께서 이곳에 온 기념으로 건배도 할 겸 브랜디를 마실 건지 물어보시네요."

"전 괜찮습니다." 아침 10시에 독한 술을 마시자는 제안을 거절하는 게 문화적인 실례는 아닌지 궁금해하며 어색하게 대답했다.

그러자 사장이 내가 이곳에 와서 기쁘다는 말을 다시 한번 하고는 사정을 얘기하기 시작했다. 오토산은 사노크에서 가장 큰 회사이고, 많은 일자리를 제공하고 있어서 이 회사가 망하면 도시도 함께 무너진다는 설명이었다. 오토산의 모든 임직원은 BCG가(어쩌다 보니 내가) 회사를 파산 위기에서 구해낼 수 있을 것이라고 믿고 있었다. 나는 진지한 얼굴로 한마디 한마디에 고개를 끄덕이며 자신감 있는 모습을 보여주려고 했지만, 마음속으로는 막중한 책임감에 적잖이 당황했다.

사장이 얘기를 끝마치며 말했다. "브라우더 씨, 혹시 사노크에서 지내는 데 불편한 점이 있소? 있다면 일을 본격적으로 시작하기 전에 말해주시오."

사실 나는 사장실에 들어온 순간부터 이 사무실이 몹시 따뜻하다고 생각했다. 냉동고 같은 내 방에서 간밤을 힘들게 보낸 후라 더더욱 따뜻하게 느껴졌다. 사무실 한쪽을 보니 실내 난방기가 조용하게 윙윙거리며 주홍빛을 내뿜고 있었다. 나는 난방기를 쳐다보며 초조하게 물었다. "제 방에도 저런 난방기 한 대만 놔주실 수 있겠습니까?"

레스헤크가 통역을 하자 순간 침묵이 흘렀다. 잠시 후 사장의 얼굴이 환해졌다. 볼이 발그레해진 사장이 한쪽 눈을 찡긋하며 말했다. "브라우더 씨, 우리가 해줄 수 있는 게 그것뿐이겠소? 원한다면 밤에 안고 잘 여인네도 구해다줄 수 있소!"

나는 소심하게 발끝을 내려다보며 말을 더듬거렸다. "아…… 아닙니다. 실내 난방기면 충분합니다."

곧장 일을 시작했다. 폴란드에서 맞는 첫 주는 그야말로 내 인생

최대의 문화 충격이었다. 냄새, 언어, 풍습 등 사노크의 모든 게 낯설었다. 하지만 무엇보다 힘든 건 음식이었다. 나오는 고기는 죄다 돼지고기뿐인 데다 어디에나 빠지지 않고 나왔다. 하루도 빠짐없이 아침은 소시지, 점심은 햄 샌드위치, 저녁은 돼지갈비였다. 과일이나 채소는 구경하기 힘들었다. 닭고기는 별미에 속했다. 무엇보다 최악은 매 끼니가 기름 범벅이라는 사실이었다. 폴란드에서는 마치 기름이 무엇이든 맛있게 만드는 마법의 양념이라도 되는 양 듬뿍 사용했지만, 맛은 그렇지 않았다.

닷새째가 되자 배가 고파 죽을 지경이었다. 이대로는 안 되겠다 싶어 바르샤바에 있는 매리엇 호텔에 가서 제대로 된 음식을 맛보기로 결심했다. 호텔에 도착하자마자 방에 가방을 내려놓고 식당으로 향했다. 살면서 호텔 뷔페에 와 있다는 사실이 그렇게 행복한 적은 없었다. 샐러드와 프라이드치킨, 로스트비프, 치즈, 바게트를 접시에 담아 걸신들린 사람처럼 먹었다. 두 번째 접시도 비우고 세 번째 접시도 비웠다. 디저트를 먹을 즈음 배가 꾸르륵거리기 시작했다. 빨리 화장실에 가지 않으면 큰 봉변을 치를 수도 있는 상황이었다.

최대한 빠른 걸음으로 화장실로 향했다. 그런데 로비를 지나가려고 하는데 볼프강 슈미트가 내 앞에 떡하니 서 있었다.

"브라우너! 바르샤바엔 대체 무슨 일이지?" 그가 따지듯이 물었다.

너무 깜짝 놀란 나머지 무슨 말을 해야 할지 몰랐다. "그게…… 금요일 밤이기도 하고 해서……."

"금요일 밤? 지금 장난하나? 당장 사누크로 돌아가게." 그가 빽빽거렸다.

"사노크입니다." 나는 엉거주춤하게 한 발 한 발 걸음을 옮기며 지명을 바로잡았다.

"이거나 그거나. 얼른 돌아가. 주말은 의뢰인들과 어울려 지내야지. 이런 사업은 그렇게 돌아가는 법일세."

배 안에서 요동을 치는 바람에 볼프강의 말을 듣는 둥 마는 둥 했다. "알겠습니다. 돌아가겠습니다. 정말 죄송합니다." 화장실이 코앞에 있는데 시간만 늘어지고 있었다.

"알겠네, 브라우너." 마침내 볼프강이 옆으로 비켜주었고 나는 전속력으로 화장실로 달려갔다.

볼프강에게 그렇게 꾸지람을 들은 후 주눅이 들어 바르샤바에는 두번 다시 발을 들이지 않았다. 대신 주말마다 폴스키 피아트를 끌고 음식을 찾아 전원 지대를 누볐다. 작은 식당이 보이면 안으로 들어가 음식을 시켰는데, 폴란드어는 한마디도 못 했기에 메뉴판에 있는 요리 서너 개를 손으로 짚으며 그중 하나라도 먹을 만하기를 바랐다. 닭고기가 나오기를 기도했고 가끔은 소원이 이뤄지기도 했다. 폴란드 즈워티폴란드의 화폐 단위가 폭락한 상태여서 모든 요리 가격이 미국 화폐로 45센트에 불과했기 때문에 여러 개를 주문해도 충분히 감당할 수 있었다. 사노크에서 벗어나는 일은 즐거웠지만, 아무리 멀리 가도 음식 맛은 대부분 형편없었다. 일을 맡은 지 8주가 됐을 때 나는 6킬로그램 넘게 살이 빠졌다.

식량 사정은 폴란드의 상황이 얼마나 심각한지 보여주는 여러 신호 가운데 하나였다. 오토산은 금방이라도 재난이 닥칠 수 있는 엉망진창의 상태였다. 공산주의 붕괴 후 시행한 경제적 '충격 요법'에 따라 폴란드 정부는 오토산 버스에 대한 주문을 뚝 끊어버렸고, 그 결과 오토산의 매출이 90퍼센트나 떨어지면서 완전히 새로운 고객층을 찾든지 생산 비용을 과감하게 줄이든지 결단을 내려야 하는 상황에 처했다.

당시 오토산이 생산하는 버스는 세계적인 기준에 비해 형편없었기에 새로운 고객을 찾는 건 거의 불가능했다. 그나마 오토산이 파산을 면하려면 직원들을 대량 해고해야 했지만, 도시 주민들의 생계가 이 회사에 달린 만큼 이는 절대 피해야 할 사항이었다. 나도 그런 처방만은 하고 싶지 않았다. 이 모든 상황에 멀미가 났고 동유럽에서 일해보겠다던 낭만은 빠르게 자취를 감추었다. 하지만 이 사람들을 다치게 하고 싶지 않았다.

크리스마스 연휴 3주 전, 더욱 커져가는 두려움을 안고 늘 그렇듯 아침을 먹기 위해 레스헤크와 만났다. 서맨사 폭스와의 소개팅 같은 터무니없는 대화를 피하려면 그냥 조용히 있으면 되었다. 그럼 레스헤크도 그 뜻을 존중해주었다. 처음 만났을 때는 다소 어색했지만, 그는 성실하고 쓸모가 있었고, 두 달을 매일같이 붙어다니다 보니 좋아지기 시작했다. 그 친구가 오토산 관리팀에 나의 극단적인 처방을 전달해야 한다는 사실이 안타까웠다. 사노크를 떠나게 되면 그가 그리워질 게 분명했다.

그날 아침 나는 소시지를 깨지락거리며, 식탁 건너편에서 레스헤크가 읽고 있는 신문을 흘깃 보았다. 그는 개인 광고 면을 보고 있는 듯했다. 나는 신문을 자세히 들여다보았다. 작은 네모 칸 안에 숫자(금전적인 수치)들이 적혀 있고 그 주위로 내가 알아볼 수 없는 글자들이 적혀 있었다.

나는 상체를 앞으로 숙이며 물었다. "레스헤크, 이게 다 뭐예요?"

"폴란드에서 처음으로 민영화되는 회사들이에요!" 그가 자랑스럽게 말해주었다.

폴란드가 국영 기업을 민영화한다는 소식은 들었지만, 오토산 일에 너무 몰두한 나머지 자세한 내용을 전혀 따라가지 못하고 있었다. "그거 재미있군요…… 그 숫자는 뭐죠?" 나는 페이지 상단에 적힌 수치를 가리켰다.

"그건 주가예요."

"그럼 이건요?"

"작년 수익이요."

"그럼 저건 뭐죠?"

"모집하는 주식 수예요."

나는 재빨리 계산을 해보았다. 이 회사는 8000만 달러의 주가가 매겨졌지만 작년 수익은 1억6000만 달러였다. 이는 폴란드 정부가 이 회사를 작년 수익의 반값에 팔고 있다는 의미였다! 어안이 벙벙했다. 쉽게 말해서, 이 회사에 투자했을 때 6개월간 사업을 유지만 한다면 사실상 투자한 돈을 그대로 돌려받을 수 있었다.

빠트린 부분이 없는지 확인하기 위해 방금 전 질문을 재차 반복했다. 빠트린 부분은 없었다. 구미가 확 당겼다. 신문에 실린 다른 몇몇 회사에도 똑같은 실습을 해보았고 결과는 거의 똑같았다.

나는 살면서 주식을 한 주도 사본 적이 없었지만, 그날 밤 침대에 누웠을 때 폴란드 민영화가 머릿속을 떠나지 않았다. 그리고 생각했다. 이건 꼭 해야 해. 이런 걸 하려고 경영 대학원에 간 거잖아.

당시 나의 순자산은 총 2000달러였다. 주식을 사는 게 사칙 위반이 아니라는 사실을 존 린드퀴스트에게 확인한 후 전 재산을 이 민영화 기업들에 투자하기로 결심하고 레스헤크에게 도와줄 수 있는지 물었다. 점심시간에 우리는 현지 저축 은행에 가서 줄을 서고 내 돈을 폴란드 즈워티로 환전한 다음, 우체국에 가서 민영화 기업들에 대한 청약 신청서를 작성했다. 이 과정은 매우 복잡해서 레스헤크가 네 번이나 창구에 가서 신청서의 자세한 작성법을 물어보고 와야 했다. 마침내 나는 동유럽의 첫 민영화 기업들에 대한 주식 청약을 무사히 마쳤다.

12월 중순 런던으로 돌아와 오토산과 세계은행에 제출할 BCG의 최종 프레젠테이션을 준비했다. 발표는 크리스마스 연휴가 끝난 후 있을 예정이었다. 갈등이 이만저만이 아니었다. 분석 결과에 따르면, 오토산은 사업을 유지하기 위해 직원 대부분을 해고해야 했다. 하지만 그 사람들과 많은 시간을 보내고 나니 대량 해고가 대량 살상과 다름없다는 걸 깨달았다. 내가 아는 그곳 사람들이 앞으로 어떻게 살아남을지 짐작할 수 없었다. 나는 레스헤크와 그의 대가족을 떠올려보고 그 가족이 감내하고 있을 어려움을 그려보았다. 회사에 해고를 권하는 것은 옳았지만 그 충격을 완화하고 싶었다. 그래서 보고서에는 몇 가지 '전략적 대안' 가운데 하나로 해고를 언급하기로 하고, 다른 대안으로 폴란드 정부가 오토산에 계속 보조금을 지원하는 쪽을 고려해주기를 제안하려 했다.

하지만 볼프강에게 이 '충격 완화용' 프레젠테이션 자료를 보여주자 불같이 화를 냈다.

"지금 뭐 하자는 거야?"

"여러 대안을 적어본 겁니다."

"자네 바보야? 대안 같은 소리 하고 있네. 전 직원을 해고하는 방법밖에는 다른 대안이 없다고, 브라우더." 볼프강은 찔러도 피 한 방울 안 나올 것처럼 굴었지만 이번엔 내 이름을 정확히 말했다.

볼프강은 다른 대안을 모두 삭제하도록 지시한 후 다른 컨설턴트가 분석을 수정하도록 프레젠테이션 자료를 넘겼다. 결국 BCG는 오토산에 대다수 직원을 해고하도록 권하는 결론을 내렸다.

우리는 사노크로 돌아갔다. 볼프강은 내가 대표로 결론을 애기하게 했다. BCG와 세계은행, 오토산의 모든 고위 경영진이 회사에서 제일 큰 회의장에 모였다. 불빛이 어둑한 상태에서 나는 프로젝터를 켜고 슬라이드를 보여줄 준비를 했다. 우선 전체적인 해고 규모를 정리한 슬라이드를 보여주었다. 거친 숨소리들이 귓가를 울렸다. 그런 뒤 부서별 해고 권고안을 설명했다. 레스헤크가 초조하게 내 말을 빠짐없이 통역했다. 새로운 슬라이드가 등장할 때마다 충격은 약해지고 분노는 커져갔다. 사방에서 내 말에 이의를 제기하는 목소리가 터져나왔다. 세계은행 대표들은 존과 볼프강이 나서기를 바라는 마음으로 두 사람을 쳐다보았지만, 두 사람 모두 의뢰인의 시선을 피한 채 한마디도 하지 않았다. 발표를 마치자 회의장에 있던 모든 사람이 날 노려보았다. 그중에서도 오토산 사장이 입을 다문 채 몹시 실망한 눈빛으로 날 바라보고 있었다.

나는 오토산 사람들이 바라는 갑옷을 입은 기사가 아닌 배반자가 되어 있었다. 분노와 회의, 굴욕감이 서로 뒤섞이며 날 감쌌다. 결국 동유럽은 내가 있을 곳이 아니었는지도 모른다.

하지만 폴란드를 떠나면서 한 가지는 분명해졌다. 나는 컨설팅이 싫었다.

그로부터 몇 달간 오토산을 곧잘 떠올리며 그 후로 무슨 일이 일어났고 내가 달리 할 수 있는 일이 없었을까 궁금해했다. 그 사람들과 연락하는 건 거의 불가능했지만 나중에 폴란드 정부가 BCG의 권고를 싹 무시하고 계속 오토산에 보조금을 지급했다는 소식을 들었다. 일반적으로 컨설턴트는 고객이 자신의 조언을 받아들이길 바라지만, 오히려 이번 경우엔 그렇지 않아서 몹시 감격했다.

폴란드에 남아 있는 유일한 연결고리는 보잘것없는 주식 포트폴리오뿐이었다. 나는 정기적으로 주가를 확인했다. 사노크를 떠나온 후 주식은 꾸준히 올랐다. 주가가 한 포인트 한 포인트 오를 때마다 천직을 찾았다는 확신이 점점 더 강해졌다. 내가 정말 하고 싶은 일은 동유럽 민영화 전문 투자자가 되는 것이었다.

나중에 확인한 일이지만, 그 당시의 내 판단은 그보다 더 정확할 수 없었다. 이듬해 투자금은 두 배로 불었다가 거기서 또 두 배로 뛰었고, 결국 거의 열 배까지 올랐다. 모르는 분들을 위해 간단히 설명하자면, 수익률이 10배가 되는 '대박 종목'을 찾았을 때의 기분은 크랙_{코카인소량의 코카인을 소다와 물에 섞고 건조시켜서 만든 매우 중독성이 강한 코카인의 한 종류}을 흡입했을 때의 기분과 맞먹을 것이다. 일단 한번 하면, 할 수 있을 때까지 계속계속 하고 싶어진다.

5

'부도 수표'

이제 내가 무엇을 하며 살고 싶은지 정확히 알게 되었지만, 그 일이 거의 존재하지 않는 분야라는 문제가 남았다. 아무리 철의 장막이 걷혔다고 해도 동유럽에 돈을 투자하려는 사람은 아무도 없었다. 나중에는 상황이 변하리라 예상했지만, 그동안은 그냥 BCG에 남아 있는 게 최선이었다. 회사에서 나가라고 하면 어쩔 수 없겠지만.

사노크에서 낭패를 보고 돌아온 후 나는 고개를 숙이고 다니며 볼프강이 날 해고하라는 건의서를 내지 않았기를 기도했다. 천만다행히도 그는 정신없이 바빠서 그 일을 잊어버린 모양이었다. 해고 통지서를 들고 내 사무실에 온 사람은 아무도 없었다. 비로소 내가 안도한 건 1991년 1월 말 존 린드퀴스트가 함께 기사를 써보자고 제안했을 때였다. 날 내보내려 했다면 회사의 핵심 파트너 한 사람이 같이 기사를 쓰자고 할 리가 없었기 때문이다.

존이 염두에 둔 기사는 동유럽 투자에 관한 내용으로, 『M&A 유럽』이라는 업계지에 기고할 예정이었다. 조사해보니 『M&A 유럽』은 발행고가 거의 없는 잡지였지만 그다지 개의치 않았다. 동유럽 투자 전문가로서 날 알릴 수만 있다면 무엇이든 할 준비가 되어 있었다.

기사를 작성하려고 닥치는 대로 자료를 분석했다. 200편이 넘는 보도 기사를 읽고 난 후 지난 10년간 구소비에트 연방에서 이루어진 사업 거래는 스무 건도 되지 않는다는 사실을 알아냈다. 그중 가장 많은 투자를 한 사업가는 영국의 억만장자이자 160킬로그램에 육박하는 독불장군 로버트 맥스웰이었다. 그는 원래 체코슬로바키아 출신으로 스무 건의 거래 중 세 건을 성사시킨 인물이었다.

맥스웰 조직의 내부인과 인터뷰를 따내면 존이 기뻐할 것이라는 생각에 맥스웰의 홍보 담당 부서에 연락해 기사 얘기를 꺼냈다. 맥스웰 커뮤니케이션즈 코퍼레이션MCC의 부회장인 장피에르 앙셀미니와의 만남이 너무도 쉽게 주선된 것으로 보아, MCC에서는 『M&A 유럽』에 대한 조사를 제대로 하지 않은 게 분명했다.

그다음 주에 플리트가와 홀본 서커스 사이의 뉴 페터 레인에 자리한 현대적인 건물인 맥스웰 하우스를 찾아갔다. 영어를 사용하는 50대 후반의 정중한 프랑스 남자 앙셀미니가 고급 사무실에서 날 맞아주었다.

한담을 나누는 동안 테이블에 준비해온 문서를 보기 좋게 나열했다. 내가 첫 질문을 하려고 하자 앙셀미니가 앞에 놓인 서류 하나를 가리키며 물었다. "이게 뭐죠?"

"제가 작성한 동유럽 사업 거래 목록입니다." 만반의 준비를 하고 온 것을 뿌듯해하며 대답했다.

"한번 봐도 되겠소?"

"물론입니다." 나는 그 서류를 반대편으로 밀었다. 앙셀미니가 서류를 검토하고는 긴장하며 말했다. "브라우더 씨, 세상에 어떤 기자가 M&A 거래 목록을 작성합니까?" 그때까지 나는 준비가 다소 지나칠 수도 있다는 생각은 전혀 하지 않았다.

"브라우더 씨가 일하는 잡지사에 대해 좀더 말해주겠소?"

"사실…… 전 잡지사 기자가 아닙니다. 보스턴컨설팅그룹 소속이죠. 동유럽 투자에 관심이 많아서 프리랜서로 이 기사를 쓰려는 겁니다."

그는 의자에 등을 기대고 생각에 잠긴 듯 눈살을 찌푸리며 날 보았다. "동유럽엔 왜 그렇게 관심을 쏟는 거요?"

앙셀미니에게 폴란드 첫 민영화 사업에 투자해 재미를 본 일과 오토산 건, 동구권 투자자로 성공하고 싶은 나의 야망에 대해 이야기해주었다.

내가 맥스웰이나 회사를 염탐하러 온 게 아니라는 사실이 분명해지자 앙셀미니가 긴장을 풀기 시작했다. "때마침 여기를 찾아오다니 운이 아주 좋군요." 그는 턱 끝을 쓰다듬었다. "우리 회사에서 '맥스웰 중·동유럽 파트너십'이란 투자 펀드를 창설하는 중이라오. 브라우더 씨는 딱 우리가 찾는 인재라는 생각이 드는데 혹시 관심 있소?"

물론 관심이 있었다. 애써 속마음을 감추려고 했지만 그럴 수가 없었고, 그 자리에서 취업 인터뷰 날짜를 잡았다.

2주 동안 인터뷰를 준비하면서 로버트 맥스웰을 상사로 모시는 게 어떤 일인지 알 만한 사람들을 수소문했다. 『데일리 미러』의 소유주였던 맥스웰은 단순히 괴짜 정도가 아니라 오만하고 화를 잘 내는 데다 상대하기 어려운 인물로 알려져 있었다. 그래서 슬슬 걱정되기 시작했다.

실비아 그린이란 전직 BCG 컨설턴트가 한때 맥스웰의 회사에서 일했다는 걸 알고 그녀에게 전화를 걸어 조언을 구했다. 긴 침묵 끝에 그녀가 말했다. "저기, 빌. 내 말이 다소 거칠어도 용서해요. 내가 볼 때 맥스웰 밑에서 일하는 건 완전히 정신 나간 짓이에요."

"어째서요?"

"로버트 맥스웰은 괴물이에요. 그 사람은 시도 때도 없이 직원을 막 자른다고요."

실비아가 감정을 넣어 말했기 때문에 혹시 그녀도 그 피해자 가운데 한 명이 아닌가 싶었다.

"정말 살벌하네요."

그녀가 잠시 말을 멈췄다. "맞아요. 해줄 이야기가 많지만 항간에 떠도는 대표적인 일화 하나만 얘기할게요. 6개월 전쯤 맥스웰이 플로리다주에서 전용기를 탔을 때의 일이에요. 비행기가 활주로 쪽으로 천천히 달리고 있을 때 맥스웰이 비서에게 서류에 서명할 펜을 가져다달라고 했어요. 그런데 평소에 사용하던 몽블랑 펜 대신 다른 볼펜을 비서가 건네자 불같이 화를 내며 어떻게 펜 하나도 제대로 못 가져올 정도로 멍청하냐고 따져 물었어요. 비서가 제대로 대답을 하지 못하자 맥스웰이 그 자리에서 해고하고 활주로에 내려놨어요. 에식스가 집이었던 이 불쌍한 스물여섯 살 아가씨는 결국 혼자 힘으로 런던까지 돌아와야 했죠."

전직 맥스웰 직원을 세 명 더 찾아냈지만 역시나 충격적이고 파란만장한 일화를 들려주었다. 모두가 공통적으로 '맥스웰은 누구나 거침없이 해고한다'라고 이야기했다. 골드만삭스에 다니는 친구도 한마디 보탰다. "네가 맥스웰 밑에서 1년을 버틸 가능성은 제로야, 빌."

인터뷰 날짜가 다가오면서 주위의 충고를 신중하게 고려했지만 이런 이야기들이 날 겁주지는 못했다. 해고되면 뭐 어떤가? 이력서에 스탠퍼드 MBA와 BCG 경력이 들어가니 필요하면 얼마든지 다른 일자리를 구할 수 있을 것이다.

두어 차례 인터뷰를 했고, 마지막 인터뷰를 하고 며칠 지나지 않아 합격 통지를 받았다. 사람들의 경고를 무시하고 나는 맥스웰의 일을 받아들였다.

새로운 일은 1991년 3월에 시작되었다. 연봉이 오른 까닭에 햄프스테드에 있는 작고 아담한 집으로 거처도 옮겼다. 나의 출근길은 집에서 나와 좁은 길을 따라 걷다가 노던 라인을 타고 챈서리 레인에 내려서 맥스웰 하우스까지 이어졌다. 로버트 맥스웰이 이 건물을 구입한 데에는 아마 런던에서 옥상에 헬리콥터 착륙장을 만들 수 있는 건물이 단 두 곳뿐이고 이 건물이 그중 하나라는 점이 작용했을 것이다. 덕분에 맥스웰은 옥스퍼드의 헤딩턴 힐에 있는 자기 집에서 사무실까지 교통 체증에 대한 걱정 없이 헬리콥터로 출퇴근할 수 있었다.

상사의 이런 출근 방식은 직접 겪어보기 전까지만 해도 감동적으로 다가왔다. 그러던 어느 따뜻한 봄날, 열어둔 창문 사이로 헬리콥터의 짧고 날카로운 빙빙 소리가 들렸다. 헬리콥터가 가까워질수록 소리는 더욱 강렬해졌다. 헬리콥터가 머리 바로 위까지 왔을 때는 사무실의 종이가 사방으로 날리기 시작했다. 소음 때문에 전화 통화도 모두 중단해야 했다. 헬리콥터가 안전하게 착륙하고 회전 날개가 멈췄을 때에야 비로소 상황이 정상으로 돌아왔다. 이 시련은 총 4분간 지속되었다.

출근 첫날, 맥스웰의 비서에게 고용 계약서 한 부를 받으라는 얘기

를 들고, 10층으로 올라가 비서가 내 일을 처리해줄 때까지 안내 데
스크 앞에서 기다렸다. 연차 보고서를 휙 훑어보고 있는데 맥스웰이
사무실에서 뛰쳐나왔다. 그의 얼굴은 시뻘겋게 달아올랐고 셔츠 겨드
랑이 부분에 동그랗게 땀 얼룩이 배어 있었다.

"왜 여태 존 모건 경에게 전화 연결을 안 해준 거야!" 맥스웰이 비
서에게 소리를 질렀다. 검은 치마를 입은 금발의 비서는 이 느닷없는
화풀이에 깜짝 놀라거나 불쾌해하지도 않고 오히려 침착했다.

"통화하신다는 말씀이 없으셨으니까요." 그녀가 차분하게 안경 위
쪽 너머로 시선을 던지며 대답했다. 맥스웰이 빽빽거렸다. "분명히 말
하는데, 난 자네한테 모든 걸 일일이 말해줄 시간이 없어. 눈치껏 알
아서 하지 않으면 자네나 나나 좋을 게 없단 말이야."

나는 앉아 있던 의자로 살금살금 돌아가 상사의 눈에 띄지 않으려
고 애썼다. 맥스웰은 육중한 몸을 이끌고 사무실을 뛰쳐나오던 그 속
도로 다시 사무실로 들어갔다. 비서가 하던 일을 마치더니 내게 눈짓
을 하며 봉투 하나를 건넸다. 나는 봉투를 받아 8층으로 돌아왔다.

사무실 책상 근처에서 일하는 비서 한 명에게 그 이야기를 했더니
그녀가 씩씩거리며 말했다. "그건 약과예요. 몇 주 전에는 헝가리 신
문사에서 취재온 사람한테도 큰소리로 고함을 치는 바람에 그 사람
이 심장마비를 일으켰다니까요."

나는 계약서를 들고 책상으로 돌아왔다. 손에 든 계약서가 갑자기
무겁게 느껴졌다. 그날 저녁 맥스웰의 헬리콥터가 요란스럽게 떠나는
소리가 들리자마자, 모두에게 맥스웰이 어떤 존재인지 보여주기라도
하듯 엄청난 환호가 사무실 전체를 가득 메웠다. 이런 의문을 갖지
않을 수 없었다. 이 회사에 온 건 큰 실수일까?

출근 둘째 주 월요일에 사무실에 나가니 새로운 직원이 보였다. 나보다 몇 살 많은 금발의 영국인 남자가 책상에 앉아 있었다. 그는 자리에서 일어나 손을 내밀었다. "안녕하세요, 난 조지예요. 조지 아일랜드. 이제부터 같이 일하게 될 거예요." 처음에는 그의 영국식 억양이 너무 명확하고 상류층의 말투라서 일부러 발음을 흉내 내는 것이라고 생각했다. 조지는 검은색 정장을 입고 있었고 책상에는 『데일리 텔레그래프』한 부가 놓여 있었다. 단정하게 접은 검은색 우산이 서류 캐비닛에 기대어 세워져 있었다. 완벽한 영국 신사의 모습을 어설프게 따라하는 듯한 느낌이었다.

나중에 알게 된 사실이지만, 조지는 맥스웰의 개인 비서로 일했다가 여느 비서들과 달리 해고당하기 전에 퇴사를 했다고 한다. 하지만 맥스웰의 아들 케빈과 죽마고우이자 옥스퍼드 룸메이트였기에 다른 직무로 다시 입사할 수 있었다. 직원들에게 온갖 굴욕을 주는 맥스웰이었지만, 희한하게도 가족에 대한 충성심은 뛰어나서 그 호의가 조지에게까지 뻗은 것이다.

조지를 만나자마자 나는 그가 의심스러웠다. 혹시 내 말을 상사에게 보고하진 않을까?

소개가 끝나고 조지와 나는 각자 책상에 앉았다. 몇 분 후에 그가 물었다. "빌, 혹시 유진 못 봤어요?" 유진 캐츠는 맥스웰의 측근에서 일하는 재무 담당자 가운데 한 명이었다.

"못 봤어요. 맥스웰이 미국의 어느 회사로 실사하라고 파견했다고 들었는데요." 퉁명스럽게 말했다.

조지는 의심스러운 듯이 코웃음을 쳤다. "다른 회사에 실사를 보냈다니! 그렇게 말도 안 되는 소리는 처음 들어보네요. 유진은 회사에 대해 쥐뿔도 몰라요. 차라리 현지 선술집 주인한테 실사를 맡기는 게 나을걸요." 조지가 '실사'라는 단어를 강조하며 말했다.

둘이 함께 일한 첫날부터 조지는 이 회사에 내가 공경할 만한 누군가가 있을 것이라는 생각을 완전히 단념시켜주었다. 부조리와 위선을 알아보는 눈이 남다른 데다 재치까지 번뜩이는 조지 덕분에 나는 대화 중에 맥스웰의 최측근에 관한 뒷얘기가 나올 때마다 웃음을 참느라 곤욕을 치렀다. 대화를 나누며 조지가 스파이가 아니라는 사실을 깨달았다.

조지의 중계방송에 따르면 맥스웰은 대표적인 다국적 기업이 아니라 구멍가게를 운영하듯 회사를 경영하고 있었다. 경영 전반에 족벌주의, 기능 장애, 잘못된 의사 결정이 만연했다. 그런데도 나는 여전히 내가 세계 최고의 직장에 발을 들여놓았다고 생각했다. 동유럽 투자자가 되겠다는 목표를 달성했기 때문이다. 맥스웰은 동유럽에 투자하는 유일한 사람이었기에 동유럽의 사업가가 자금을 조달하려면 이 회사로 올 수밖에 없었다. 하여 모든 사업 거래를 조사할 수 있었고 동유럽에서 이루어지는 금융 거래를 하나하나 효과적으로 모니터링할 수 있었다. 그때 내 나이는 젊디젊은 스물일곱 살이었다.

1991년 가을 무렵, 나는 300건이 넘는 동유럽의 거래를 조사하고 구소비에트 연방에 속해 있던 거의 모든 나라에 다녀왔으며 '중·동유럽 파트너십' 펀드에서 중요한 투자 세 건을 책임지고 있었다. 이게 바로 내가 꿈꾸던 모습이었다.

그러던 어느 날, 11월 5일 점심을 먹고 들어와서 컴퓨터를 켰더니 빨간 글씨로 '맥스웰, 바다에서 실종'이라고 적힌 로이터통신의 헤드라인이 떴다. 나는 킬킬 웃으며 의자에서 몸을 휙 돌렸다. "어이, 조지. 이거 어떻게 한 거야?" 조지는 항상 장난을 쳤기 때문에 이번에도 그런 장난이라고 생각했다.

일하느라 고개도 들지 않은 채 그가 말했다. "대체 무슨 소리를 하는 거야, 빌?"

"여기 로이터통신 화면에 뜬 기사 말이야. 아주 그럴듯한데."

"무슨 기사가 떴다고 그래?" 그가 의자 바퀴를 굴려 내 책상으로 오더니 기사를 보았다. "내가……." 그가 천천히 입을 열었다. 그제서야 이 상황이 장난이 아니라는 걸 깨달았다.

우리가 일하는 작은 사무실은 실내 벽이 유리로 되어 있어서 그 순간 안색이 창백해진 유진이 승강기 쪽으로 뛰어가는 모습이 보였다. 이어서 고위 간부 몇 명이 하나같이 당황한 얼굴로 서둘러 지나갔다. 로버트 맥스웰이 진짜로 바다에서 실종된 것이었다. 끔찍한 소식이었다. 맥스웰이 몹쓸 사람이긴 했어도 어쨌거나 이 조직의 명실상부한 창시자였다. 좋고 나쁘고를 떠나, 그런 그가 사라져버렸다.

사무실의 누구도 어떤 상황인지 자세히 몰랐기 때문에 조지와 나는 로이터통신에 딱 달라붙어 있었다. (이때는 인터넷이 나오기 전이었기에 뉴스 속보를 접할 곳은 로이터통신밖에 없었다.) 첫 헤드라인이 뜨고 여섯 시간이 지난 후 스페인 해군의 탐색 구조 헬리콥터가 맥스웰의 거구를 대서양에서 건져올려 카나리아 제도로 싣고 갔다는 소식을 알게 되었다. 당시 맥스웰의 나이는 예순여덟 살이었다. 오늘까지도 그의 사인이 사고인지 자살인지 타살인지 알지 못한다.

맥스웰이 죽고 그 이튿날 MCC의 주가는 곤두박질쳤다. 이 정도는 예상한 일이었지만, 맥스웰이 자사의 주식을 담보로 자금을 빌렸기에 상황은 좀더 심각했다. 여러 은행에서 이 융자금에 대한 회수를 독촉

하기 시작했지만, 어떤 돈을 얼마나 갚을 수 있을지 아는 사람은 아무도 없었다. 이런 불확실성이 가져다주는 가장 가시적인 효과는 잘 차려입은 은행원들의 행렬이 끝없이 이어지는 장면이었다. 은행 직원들은 자사의 대출금을 상환받기 위해 유진을 만나려고 초조한 얼굴로 줄을 섰다.

맥스웰의 죽음으로 충격에 빠져 있는 한편, 우리의 미래를 걱정하지 않을 수 없었다. 직장은 안전할까? 연말 상여금은 받을 수 있을까? 이 회사가 살아남기는 할까?

맥스웰이 죽은 지 일주일 남짓 지났을 때 상사가 날 사무실로 부르더니 말했다. "빌, 올해는 상여금을 좀 일찍 주려고 하네. 자네가 일도 잘하고 해서 5만 파운드를 줄 생각이야."

어안이 벙벙했다. 5만 파운드는 내가 평생 구경해본 돈보다 많을 뿐만 아니라 기대했던 금액의 두 배였다. "우와, 감사합니다."

상사가 수표를 건넸다. 경리과에서 발행하는 수표가 아니라 수기로 쓴 수표였다. "지금 즉시 은행에 가서 이 수표를 자네 계좌로 신속하게 결제해달라고 하게. 결제가 끝나면 바로 와서 어떻게 됐는지 보고하고."

사무실을 나와 빠른 걸음으로 은행에 가서 초조한 얼굴로 출납원에게 수표를 내밀고 즉시 내 계좌로 결제해달라고 했다.

"자리에 앉아 계시겠습니까?" 출납원이 이 말을 하고 사라졌다. 뒤쪽에 있는 낡은 갈색 소파에 가서 앉았다. 초조하게 발로 바닥을 치며 저축 예금에 관한 책자를 읽고 있었다. 5분이 지났다. 뮤추얼펀드에 관한 다른 전단을 집어들었지만 집중할 수가 없었다. 그래서 일이 모두 마무리되면 크리스마스 휴가로 예약할 타이 여행에 대해 생각하기 시작했다. 30분이 흘렀다. 뭔가 잘못된 모양이었다. 아니면 왜 이렇게 오래 걸리겠는가? 마침내 한 시간이 지나고 갈색 양복에 머리가 벗겨진 중년 남자와 함께 출납원이 돌아왔다.

"브라우더 씨, 저는 은행 지점장입니다." 그가 발을 이리저리 움직이며 발끝을 보더니 조심스럽게 날 쳐다보았다. "죄송합니다만 계좌에 이 수표를 결제할 잔고가 부족합니다."

믿을 수가 없었다. 어떻게 수십억 파운드 규모의 기업인 MCC에 5만 파운드 수표 하나를 처리해줄 돈이 없단 말인가? 나는 미결제 수표를 들고 재빨리 회사로 가서 상사에게 그 소식을 알렸다. 그의 상여금은 나보다 열 배, 아니 백 배는 많았을 테니 그가 이야기를 듣고 슬퍼했다는 건 그나마 가벼운 표현이었다.

그날 저녁 풀이 죽은 채 집으로 갔다. 하루 종일 직장에서 천국과 지옥을 오갔지만, 공교롭게도 그날은 타국 살이를 하는 친구들이 매주 모여 하는 포커 게임이 우리 집에서 열리는 날이었다. 신경이 몹시 날카로워진 터라 게임할 정신이 아니었지만, 여섯 친구는 이미 우리 집으로 오고 있었다. 휴대전화가 나오기 전 시절이라서 한 명 한 명에게 모임을 취소하자고 연락하는 게 불가능했다.

집에 오자 친구들이 한 명씩 도착했다. 대부분은 은행원과 컨설턴트였고 『월스트리트저널』의 기자 한 명이 새로 왔다. 모두 모이자 우리는 맥주를 따고 딜러스 초이스딜러가 게임의 종목을 그때그때 불러서 결정하는 게임를 시작했다. 게임이 한두 차례 진행됐을 때 메릴린치에 다니는 호주인 친구 댄이 이미 500파운드를 잃었다. 우리 게임에서 그 정도면 크게 잃은 것이었다. 몇몇 친구는 댄이 포기하고 집에 갈 것이라고 생각했지만 댄은 태연한 척했다. "걱정 말라고, 친구들. 내가 멋지게 만회할 거니까. 게다가 곧 상여금이 나올 텐데 500파운드 잃는 게 뭐 대수겠어?" 그가 자만하며 말했다.

맥주 몇 잔이 들어가고 허풍을 떠는 분위기에 곧 다가올 댄의 급여일 이야기까지 나오니 나도 가만히 있을 수 없었다. 친구들을 돌아보며 말했다. "오늘 내가 겪은 일을 들으면 다들 깜짝 놀랄걸."

나는 이야기를 시작하면서 당부도 잊지 않았다. "다들 이 일은 비밀로 하겠다고 약속해줘." 테이블에 둘러앉은 친구들이 고개를 끄덕이자 그날 사건을 이야기해주었다. 은행계에서 일하는 친구들이 그대로 얼어붙었다. 상여금은 투자 은행 직원들이 신경 쓰는 유일한 것이라 수표를 받아도 현금으로 바꿀 수 없다는 건 투자 은행 직원에게 최악의 악몽이었다.

자정 직후에 게임이 끝났다. 댄은 결국 잃은 돈을 만회하지 못했고, 다들 집으로 돌아갔다. 나도 게임으로 250파운드를 잃었지만 그날 밤 내 이야기가 큰 주목을 받은 사실에 만족했다.

이튿날 늘 그랬듯이 일터에 나갔지만, 사무실에 들어가자 낯선 사람들이 안내 데스크 앞에 모여 있었다. 왠지 위화감을 주는 사람들이라서 조지에게 그 사람들에 관해 물었다. 조지가 의자 바퀴를 굴려서 내 자리로 왔다. 우리는 함께 그 사람들을 살펴보았다.

전날 보았던 검은색 정장의 은행원 행렬과 다르게, 이 남자들은 몸에 안 맞는 블레이저 재킷과 레인코트를 입고 있었고 굉장히 불편해 보였다. 그들은 잠시 모였다가 여러 사무실로 흩어져 들어갔다. 우리 사무실에는 많아야 스물다섯 살처럼 보이는 젊은 남자가 들어왔다. "안녕하십니까." 그가 심한 런던 토박이 말씨로 말했다. "우리가 왜 여기 왔는지 모르실 겁니다. 제 이름은 존스입니다. 그리고 여기는……."

그가 거창한 몸짓으로 팔을 흔들었다. "이제 범죄 현장입니다."

존스는 우리의 신상 정보를 파악한 후 조지와 내가 지켜보는 앞에서 책상과 컴퓨터 화면, 서류 가방에 하얀 증거 테이프를 붙이기 시작했다. 그러더니 우리에게 사무실에서 나가라고 했다.

"언제 돌아오면 될까요?" 내가 초조하게 물었다.

"죄송하지만 그건 저도 모릅니다. 일단은 나가주십시오. 어서요."

"제 서류 가방은 가져가도 될까요?"

"안 됩니다. 그것도 수사 대상입니다."

조지와 나는 서로를 쳐다보다가 코트를 집어 재빨리 건물을 빠져나왔다. 밖에 나오니 입구에 기자들이 벌 떼처럼 모여 있었다.

"사기 범죄에 가담하셨습니까?" 한 기자가 얼굴 쪽으로 마이크를 내밀며 소리쳤다.

"연금 기금은 어디 있습니까?" 또 다른 기자가 물었다. 그의 어깨 너머로 카메라가 돌아가고 있었다.

"맥스웰을 위해 어떤 일을 하셨죠?" 세 번째 기자가 외쳤다.

기자들을 밀치고 도망 나오면서 아무 생각도 할 수 없었다. 기자 몇 명이 반 블록 정도 우리를 쫓아오다가 포기했다. 우리는 뭘 해야 할지 몰라서 링컨스 인 필즈 쪽으로 성큼성큼 걷다가 존 손 경 박물관으로 몸을 쏙 숨겼다. 안전한 걸 확인하자마자 조지가 웃기 시작했다. 그는 이 모든 게 쇼라고 생각했다. 반면 나는 충격에 빠졌다. 주위 사람들이 맥스웰에 대해 얘기해줬을 때 왜 멍청하게 그 충고를 듣지 않았던 걸까? 그날 오후 집에 도착해 TV를 켜니 뉴스 채널마다 MCC의 연금 기금에서 4억6000만 파운드가 빠져나간 사건을 주요 기사로 다루고 있었다. 맥스웰은 떨어지는 회사 주가를 떠받치기 위해 기금에 손을 댔고, 그 결과 연금 수령자 3만2000명이 평생을 바쳐 모은 돈을 잃게 생겼다. BBC 채널은 회사 입구에서 벌어진 아수라장도 방송했다. 심지어 내가 군중을 헤치고 나가는 모습까지 어렴풋이 나왔다. 그날 밤 늦게, BBC는 맥스웰 사건이 영국 역사상 가장 큰 기업 사기 사건이라고 보도했다.

마음을 진정하려고 애쓰고 있는데 전화벨이 울렸다. 포커 게임에서 만났던 『월스트리트저널』 기자였다. 지금 맥스웰 사기 사건에 대한 기사를 쓰고 있는데, 포커 게임에서 내가 이야기했던 부도 처리된 수표도 함께 기사에 싣고 싶다고 했다. 덜컥 겁이 났다. 내가 기자들에게 정보를 누출한 걸 알면 동료들이 펄쩍 뛸 터였다. 하지만 그는 굴하지 않고 내 신분이 드러나지 않게 기사를 쓰겠다며 안심시켰다. 나는 마지못해 그러라고 했지만, 전화를 끊자마자 모멸감을 느꼈다.

월요일 아침 평화로운 집에서 나와 햄프스테드 지하철역까지 걸어 갔다. 『월스트리트저널』을 사서 보니 그 기자 친구의 기사가 실려 있었다. 기사 말미에 맥스웰을 '부도 수표Bouncing Czech' 'Czech'는 '체코슬로바키아인'이라는 뜻으로 맥스웰이 체코슬로바키아 출신인 것과 수표를 뜻하는 'cheque'의 발음이 유사한 것을 이용해 말장난을 한 것로 표현한 후 다음과 같이 썼다. '맥스웰의 한 고참 사원은 이번 주에 봉급 수표를 현금으로 바꾸려고 했지만 결국 결제를 받지 못했으며, 그런 다음 금요일에 사무실에 나와 보니 비리 조사청 수사관들이 자신의 서류철을 치우고 있었다고 한다.'

지하철에 올라타 그 기사를 다시 읽었다. 내 이름이 언급되지는 않았지만 나와 같이 일하는 사람이라면 그 사원이 나라는 사실쯤은 알 것이라고 확신했다. 나는 어처구니없는 실수를 했다고 느꼈다. 왜 그냥 입을 다물고 있을 수는 없었던 걸까?

회사에 도착해 서로 밀치락달치락하는 기자들을 헤치고 8층으로 올라갔다. 사무실에 들어선 다음 동료들의 눈을 피한 채 앞만 보고 곧장 내 책상으로 갔다. 조지가 몇 분 뒤에 도착했다. 그는 내 경솔한 행동을 전혀 눈치채지 못했다. 하지만 마음을 다잡고 내가 저지른 어리석은 행동을 털어놓으려고 하는데, 낯선 사람들이 안내 데스크에 나타났다. 이번에는 파산 관재인들이었다. 그중 한 사람이 우리 앞으로 걸어오더니 고개를 불쑥 내밀고는 말했다. "강당으로 모이세요. 중요한 발표가 있을 예정입니다."

조지와 나는 그의 지시에 따라 강당으로 가서 두 자리가 연달아 비어 있는 좌석을 찾아냈다. 약 30분 뒤에 중년 남자가 서류를 들고 나타났다. 소매를 걷어올리고 넥타이를 매지 않은 모습이었다. 머리는 손가락으로 대충 몇 번 빗어 넘긴 듯 형클어져 있었다. 그가 연단에 올라서서 준비된 발표문을 읽기 시작했다.

"안녕하십니까, 여러분. 저는 아서앤더슨1913년에 설립된 다국적 컨설팅 전문 회사의 데이비드 솔렌트입니다. 어젯밤 맥스웰 커뮤니케이션즈 코퍼레이션을 비롯한 모든 산하 회사는 법정 관리에 들어갔습니다. 법원에서는 저희 아서앤더슨을 이 회사의 폐업을 책임질 파산 관재인으로 임명했습니다. 우선 정해진 절차에 따라 정리해고를 하고자 합니다." 그러고 나서 그는 해고될 직원의 이름을 알파벳순으로 부르기 시작했다. 여기저기서 비서들이 울음을 터트렸다. 한 남자는 자리에서 일어나 심한 욕지거리까지 퍼부었다. 그 남자는 연단에 접근하려 하다가 경호원 두 명에게 붙들려 밖으로 끌려나갔다. 이어서 로버트 맥스웰의 아들 케빈의 이름과 함께 조지의 이름이 불리고, 내가 아는 거의 모든 직원의 이름이 불렸다.

놀랍게도 내 이름은 불리지 않았다. 이 회사에서 일하기 전 내게 모두가 경고했던 일들 가운데 분명히 일어나리라 확신했던 한 가지, 즉 내가 해고되는 일은 일어나지 않았다. 얼마 지나지 않아 내가 무사한 이유는 파산 관재인들이 동유럽 투자 건을 어떻게 처리할지 몰랐기 때문이라는 사실을 알게 되었다. 동유럽 쪽 일을 처리해줄 사람이 필요했던 것이다.

나는 이 작은 승리를 꼭 붙들었다. 이 일 덕분에 MCC를 나간 후에도 새로운 직장을 찾기가 더 쉬울 것이라고 여기면서. 하지만 불행하게도 내 판단은 완전히 빗나갔다. 나는 더 이상 업계의 총아가 아니었다. 이력서에 적힌 맥스웰 경력은 독이나 다름없었고, 이제 런던에서 날 받아줄 곳은 아무 데도 없다는 것을 곧 깨달았다.

무르만스크 트롤 선단

단 한 곳만 예외였다. 그 회사는 바로 살로몬브라더스Salomon Brothers였다.

1991년 맥스웰이 영국에서 대형 스캔들을 일으켰듯이 미국에서는 살로몬브라더스가 똑같은 일을 저질렀다. 지난가을, 미 증권거래위원회SEC는 살로몬의 고위급 트레이더 몇 명이 미 재무성 채권 시장을 조작하려고 한 정황을 적발했다. SEC가 사건 조사를 어디까지 밀고 나갈지, 과연 살로몬이 살아남을지는 불확실했다. 1년 전 이와 유사한 사건이 드렉셀버넘램버트에서 일어났을 때 결국 그 투자 은행은 파산하고 수많은 사람이 직장을 잃었다. 살로몬도 비슷한 운명을 맞을지 모른다는 두려움에 훌륭한 직원들이 대거 회사를 떠나 다른 직장을 구했다.

살로몬은 이렇게 생긴 공백을 다시 채워넣어야 했고, 나는 일자리가 절실히 필요했다. 이런 힘든 상황이 아니었다면 살로몬에서 채용을 거절했겠지만, 거기도 나만큼이나 절박한 상황이었다. 연이어 압박 면접을 거친 후 살로몬은 내게 런던의 동유럽 투자 은행 업무팀 어소시에이트 자리를 제안했다. 딱히 하고 싶은 일은 아니었다. 내 꿈은 주식 매각을 계획하는 투자 은행 직원이 아니라 어떤 주식을 매입할지 결정하는 투자자가 되는 것이었다. 게다가 직급이 맥스웰에 다닐 때보다 낮아서 봉급이 상당히 깎이게 되었다. 하지만 찬밥 더운밥을 가릴 처지가 아니었기 때문에 감사하게 그 제안을 받아들였다. 내경력을 다시 궤도에 올려놓기 위해 바짝 엎드린 자세로 무슨 일이든하기로 결심했다.

불행히도 그러기에는 살로몬은 너무 냉정한 곳이었다. 마이클 루이스가 쓴 『라이어스 포커』를 읽어본 사람은 알겠지만 살로몬브라더스는 월가에서 아귀다툼이 가장 심한 기업 가운데 하나였다. 근무 첫날내가 안절부절못했다는 건 최대한 절제한 표현이다.

1992년 6월 버킹엄 팰리스 로드의 빅토리아 역 바로 위에 자리잡은살로몬 지사에 도착했다. 유난히 따뜻하고 화창한 날이었다. 큰 연철대문으로 들어간 뒤 긴 에스컬레이터를 타고 세 층을 올라가 메인 안내 데스크에 도착했다. 날 맞아준 사람은 잘 차려입은 바이스 프레지던트로 나보다 나이가 들어 보였다. 그는 퉁명스럽고 참을성이 없었으며 자신이 신입 직원을 맞아야 한다는 사실에 화가 난 듯했다. 우리는 중앙 홀과 몇 개의 유리문을 지나 투자 은행 사업부로 갔다. 그는내 책상이 어딘지 알려주고는 명함 상자를 가리켰다. "잘 들어요. 여기 일은 아주 간단해요. 지금부터 12개월 내에 봉급의 다섯 배를 벌어들이면 무사할 거고, 그렇지 않으면 해고예요. 알아들었어요?"

고개를 끄덕이자 그가 떠났다. 그게 다였다. 훈련 과정이나 멘토,

오리엔테이션도 없었다. 그냥 일하거나 아니면 해고였다.

무엇을 어떻게 할지 모른 채 '불펜', 즉 하급 직원들이 모여 일하는 탁 트인 사무실에 자리한 의자에 편히 앉으려고 애썼다. 살로몬브라더스 직원 안내서를 대충 넘겨보고 있는데, 그때 근처에 있던 한 비서가 헝가리행 항공편에 대해 전화로 시끄럽게 떠드는 소리가 들렸다. 나는 그녀가 수화기를 내려놓자 다가가 말했다. "엿들어서 죄송한데 전 새로 온 직원이에요. 헝가리에 대해 얘기하는 소리가 들리던데, 이 회사는 헝가리에서 어떤 일을 하고 있죠?"

"엿들어도 상관없어요." 그녀가 안심시키며 말했다. "여기선 다들 그렇게 하니까. 방금 전 통화는 다음 주에 말레브헝가리 제1항공사 민영화 팀이 부다페스트에 가게 돼서 항공편을 예약하고 있던 거예요."

"그 건은 누가 진행하죠?"

"직접 보세요." 그녀가 유리창이 달린 회의실에 앉아 있는 남자들을 가리켰다. 불펜에서 약간 떨어진 회의실이었다. 근무를 시작한 지 한두 시간밖에 지나지 않았지만, 가만히 앉아 있어서는 이곳에서 살아남을 수 없음을 깨달았다. 비서에게 고맙다고 말한 뒤 그 회의실로 걸어갔다. 회의실 문을 열자 말레브 팀원 여섯 명이 대화를 멈추고 내 쪽으로 고개를 돌리더니 빤히 쳐다보았다.

"안녕하세요, 빌 브라우더라고 합니다." 어색함을 감추려고 애쓰며 말했다. "동유럽 팀에 새로 온 직원이죠. 이 팀에 도움이 돼드릴까 해서 왔습니다." 불편한 침묵을 깨고, 나보다 어려 보이는 팀원 두 명이 나지막하게 낄낄거렸다. 이윽고 팀장이 말했다. "들러줘서 고맙네, 빌. 그런데 우리는 이미 인력이 충분하네."

좀 창피했지만 그냥 그러려니 했다. 나는 눈에 불을 켜고 이리저리 알아보다가 며칠 후에 또 다른 기회를 찾아냈다. 폴란드 전기 통신 민영화 팀이 프로젝트의 다음 단계를 논의하기 위해 회의 중이었던 것이다. 이 팀이 받게 될 수수료는 말레브 팀보다 훨씬 더 많기 때문에 팀원이 한 명 더 늘어난다고 해서 그렇게 싫어하진 않을 것이라고 생각했다.

회의 중에 내가 나타나자 팀장으로 보이는 사람이 말레브 팀장과 다르게 기분 나쁜 반응을 보였다. "누가 여기 오라고 했지?" 그가 따지듯 물었다. "우리가 진행 중인 폴란드 사업에 자네 도움 따위는 필요 없네!"

다들 나처럼 '다섯 배' 공식을 채우려고 분투 중이어서 아무도 수익을 나누려고 하지 않았다. 모두가 동유럽에서 자기 밥그릇을 지키기 위한 싸움을 하고 있었다. 몇 주 동안 머리를 쥐어짜며 살로몬에서 어떻게 살아남을지 고민했다. 그러다 흥미로운 사실을 발견했다. 러시아를 건드리는 사람은 아무도 없었다. 즉 내가 러시아를 겨냥할 경우 경쟁자가 한 명도 없다는 뜻이었다. 일단 해보기로 마음먹었다. 나 자신을 러시아 담당자로 공표한 뒤, 이의를 제기하는 사람이 있는지 숨죽이고 기다렸다. 아무도 없었다.

그 순간부터 러시아는 내 구역이었다.

하지만 다른 사람들이 러시아에 관심을 두지 않은 데는 그럴 만한 이유가 있었다. 러시아에는 보수가 주어지는 투자 은행 업무가 없었다. 러시아는 정치적으로 자유로운 나라였지만, 투자 은행 직원에게는 모든 면에서 여전히 소비에트 같았다. 하지만 고집스럽게 이 사실을 무시하고 내가 할 수 있는 일을 찾기 시작했다. 런던 전역에서 열리는 러시아와 관련된 콘퍼런스와 회의, 오찬, 인맥 만들기 행사에 줄

기차게 참석하며 무슨 일이라도 굴러 들어오기를 바랐다.

석 달이 지나도록 나는 살로몬에 한 푼도 벌어다주지 못했고 앞으로도 그럴 가능성이 다분해 보였다. 하지만 그때, 인맥 만들기 행사에서 만난 한 변호사에게서 북극권 북쪽 200킬로미터 지점에 위치한 러시아 조업 업체 무르만스크 트롤 선단이 자문을 구한다는 정보를 입수했다. 이 선단은 민영화에 관한 자문을 구하고자 입찰을 공고한 상태였다. 나는 조업에 대해 전혀 몰랐지만, BCG에서 탁월한 제안서를 만드는 법을 배웠기 때문에 일단 일에 착수했다.

살로몬의 거래 데이터베이스를 뒤지며 트롤선이나 조업 관련 정보가 있는지 찾아보았다. 놀랍게도 15년 전에 도쿄 지사에서 일본 어업 회사들을 포함한 여러 건의 거래에 참여한 기록이 있었다. 15년이면 아주 오래전인 데다 민영화가 아닌 채무 거래 건이었지만, 알게 뭔가? 나는 일본 사례를 모두 제안서에 집어넣고 깔끔하게 정리해 무르만스크에 보냈다.

몇 주 후 전화벨이 울렸다. 이리나라는 여자가 무르만스크 트롤 선단의 회장을 대신해 전화를 주었다.

"브라우더 씨." 그녀는 두드러진 러시아어 억양으로 말했다. "저희 쪽에서 브라우더 씨의 제안서를 수락하기로 했습니다." 나는 나 말고도 제안서를 제출한 사람이 있는지 궁금해졌다. "언제 무르만스크로 오실 수 있죠?" 그녀가 어설프게 물었다. 마치 서양의 투자 은행 직원과 처음 통화를 해보는 듯한 인상이 들었다.

수익성 사업을 처음으로 따냈다는 사실에 마냥 행복했지만, 입찰 공고에는 수수료 금액이 나와 있지 않았다. 그때까지 봉급의 다섯 배를 버는 목표에 아무런 진척이 없었기에 나는 수수료가 웬만큼 되기를 기대했다. 연륜이 많고 신뢰할 수 있는 사람이란 인상을 주기 위해 짐짓 격식을 차린 목소리로 말했다. "저희 회사를 선택해주셔서 무척 영광입니다. 혹시 이 일에 얼마큼의 수수료를 책정하고 있는지 여쭤어도 되겠습니까?"

이리나가 배후에 있는 누군가와 러시아어로 얘기를 나눈 뒤 말했다. "브라우더 씨, 저희가 2개월간 이 일에 투자할 예산은 5만 달러인데, 수락하실 건가요?"

가슴이 철렁 내려앉았다. 투자 은행 직원에게 5만 달러는 그야말로 표현하기 어려울 만큼 적은 액수다. 1980년대에 활동한 슈퍼 모델 린다 에반젤리스타가 한때 공언했던 유명한 말이 있다. "난 하루에 1만 달러도 안 되는 돈을 벌려고 잠자리에서 일어나진 않아요." 투자 은행 직원에게 최소한의 액수는 100만 달러다. 하지만 지금까지 살로몬에 벌어다준 수익이 전혀 없는 데다 무일푼인 것보다는 5만 달러가 훨씬 더 나았기 때문에 결국 제안을 수락했다.

일주일 후 무르만스크로 떠났다. 첫 여정은 오전 9시 30분에 영국 항공 비행기를 타고 상트페테르부르크로 가는 것이었다. 비행에 4시간 반이 소요되고 3시간의 시차가 있어서 오후 늦게 상트페테르부르크 풀코보 국제공항에 도착했다. 비행기가 터미널로 천천히 이동할 때 창밖을 내다보다가 아에로플로트 여객기의 불탄 잔해가 활주로 옆쪽에 흩어져 있는 모습을 보고 깜짝 놀랐다. 어떻게 그 잔해가 거기 있게 된 것인지 알 수 없었다. 항공사 입장에서는 잔해를 치우는 작업이 대단히 성가신 일이었던 게 분명했다.

이렇게 러시아가 날 반겨주었다.

아에로플로트 항공사는 주로 한밤중에 국내선을 편성하기 때문에 그곳에서 무르만스크로 가려면 새벽 3시 30분까지 또 10시간을 공항에 앉아 있어야 했다. 어느 공항에서나 10시간을 기다리는 일은 고역이지만, 풀코보 공항은 특히 더 그랬다. 에어컨이 없는 데다 북극인데도 공기가 후텁지근했다. 다들 담배를 피우며 땀을 흘리고 있었다. 나는 사람들과 담배 연기에서 벗어나려고 애쓰며 한 줄이 모두 비어 있는 자리로 옮겼지만 거구의 남자가 내 옆에 와서 털썩 앉았다. 남자는 한마디도 하지 않고, 우리 사이에 있는 팔걸이에서 내 팔을 밀어내고는 바로 담배에 불을 붙이고 일부러 내 쪽으로 연기를 내뿜었다. 자리에서 일어나 다른 곳으로 옮겼다.

드디어 새벽 3시 30분 직전에 낡은 아에로플로트 투폴레프 134기에 탑승했다. 좌석이 닳아빠지고 움푹 들어가 있었으며, 객실에서는 담배 냄새와 퀴퀴한 냄새가 났다. 창가 좌석에 자리를 잡았지만, 의자가 단단히 고정되어 있지 않아 등을 기댈 때마다 의자가 뒷좌석에 앉은 사람의 무릎까지 넘어갔다. 그래서 등을 기대지 않았다.

객실 문이 닫히고 안전 시범도 없이 비행기가 활주로로 이동했다. 이륙 후 비행기가 잠깐이지만 심하게 덜컹거렸다. 무르만스크가 가까워질 무렵 조종사가 러시아어로 뭐라고 안내 방송을 했다. 영어가 통하는 다른 승객의 설명에 따르면, 무르만스크 공항에 문제가 생겨 그곳에서 차로 한 시간 반 정도 떨어진 군용 공항으로 비행기가 우회한다는 내용이었다.

드디어 비행기가 땅으로 하강하자 안도했다. 하지만 이 안도감은 오래가지 않았다. 활주로가 움푹 패인 데다 심하게 굽어 있고 착륙이 어찌나 거친지 비행기에서 바퀴가 떨어져나갈 것 같았다.

새벽 5시 30분에 비행기에서 내렸을 때 나는 완전히 기진맥진했다.

그곳은 북쪽 끝이었기에 늦여름 해가 하늘에 낮게 아슬아슬하게 걸려 있었다. 군용 공항에는 터미널이 없었다. 그저 창고 같은 작은 건물에 주차장뿐이었지만, 트롤 선단의 회장 유리 프룻코프가 여기까지 마중 나온 걸 보고 무척 기뻤다. 다리가 길쭉하고 쌀쌀맞아 보이는 인상에 화장이 진한 금발의 이리나도 함께 있었다. 프룻코프는 오토산의 사장과 거의 판박이였다. 50대 후반에 덩치가 큰 그는 마치 공구를 꽉 움켜쥐듯 악수했다. 나는 그와 함께 회사 차 뒷좌석에 앉았고 이리나는 조수석에 앉아 몸을 틀고 통역을 했다. 자동차는 황량한 툰드라 풍경을 가로지르며 달렸다. 90분 후 우리는 무르만스크에 도착했다.

자동차가 무르만스크에서 가장 좋은 호텔인 아틱에 나를 내려주었다. 체크인을 하고 내 방으로 갔다. 화장실에서 소변 냄새가 나고 변기 의자가 없었으며 세면기는 도자기가 뭉텅뭉텅 떨어져나간 상태였다. 창문의 방충망도 부서진 상태여서 골프공만 한 모기들이 자유롭게 드나들었다. 햇빛을 막아줄 커튼도 없었고 침대 매트리스는 25년간 한 번도 바꾸지 않은 것처럼 울퉁불퉁하고 중간이 푹 꺼져 있었다. 나는 짐도 풀지 않았다. 머릿속에는 단 한 가지 생각뿐이었다. 언제 이곳에서 나갈 수 있을까?

몇 시간 후 프룻코프가 다시 와서 선단 견학 차 부둣가로 나를 태워 갔다. 우리는 녹이 슬어가는 판자를 건너 한 트롤선에 올라탔다. 그 배는 수백 미터의 길이에 100명이 넘는 선원이 일하고 생선과 얼음을 수천 톤씩 수용할 수 있는 거대한 원양 항해 공장이었다. 갑판에 내리자 썩은 생선의 악취가 코를 찔렀다. 프룻코프가 얘기하는 내내 나는 토할 것 같았지만 놀랍게도 프룻코프는 냄새에 동요하지 않앗다. 잠시 피신할 곳도 없이 6개월을 연이어 이런 배에서 일하는 일꾼들이 딱해 보였다.

우리는 20분간 선박을 시찰한 뒤 트랄로바야가 12번지에 자리잡은 선단 사무소로 향했다. 선박만큼이나 노후하고 금방이라도 무너질 듯한 건물이었지만, 다행히 냄새는 나지 않았다. 복도의 조명은 약하고 초록빛이었으며 안내 데스크의 벽은 수십 년 동안 페인트칠을 하지 않은 듯했다. 이 사업장 자체가 감각에 대한 모욕이라는 생각이 강하게 들었다. 하지만 자리에 앉아 미지근한 차를 마시며 이 회사의 재정 상태를 논의하면서 점차 생각이 바뀌기 시작했다.

"프롯코프 씨, 선박 한 척당 가격이 얼마인지 말씀해주십시오." 내가 물었고 이리나가 통역을 했다.

"동독 조선소에서 2000만 달러를 주고 새것을 구입해왔소." 그가 대답했다.

"배가 몇 척이죠?"

"100척쯤 되오."

"선령은요?"

"평균 7년이오."

계산을 해보니 2000만 달러짜리 트롤선이 100척이라는 말은 이 회사가 보유한 선박의 가치가 총 20억 달러라는 얘기였다. 거기에 선령이 7년쯤 됐다면 가치가 절반 정도 하락해서 현재 시장가로는 선단의 가치가 10억 달러쯤 된다고 볼 수 있었다.

나는 깜짝 놀랐다. 이 사람들이 날 고용한 이유는 러시아 민영화 사업에 따라 선단의 51퍼센트를 250만 달러에 구입할 권리를 행사할지 말지 조언을 구하기 위해서였다. 10억 달러 이상의 가치가 있는 선단의 절반이나 되는 지분을 250만 달러에 살 수 있다니! 이건 당연히 사야 했다! 생각할 필요도 없었다. 이런 일에 왜 다른 사람의 조언이 필요한지 이해할 수 없었다. 무엇보다 그 51퍼센트를 매입하는 데 나도 낄 수 있다면 얼마나 좋을까 생각했다.

프룻코프와 이 논의를 하는 동안, 나는 뱃속에서 낯설지 않은 화학 물질이 분비되는 것을 느꼈다. 폴란드에서 대박 종목을 찾았을 때 느꼈던 기분이었다. 문득 궁금증이 일었다. 이런 거래는 무르만스크 트롤 선단에서만 특별히 이루어지는 걸까, 아니면 러시아 전역에서 벌어지고 있는 일일까? 전역에서 일어나는 현상이라면 내가 어떻게 여기에 발을 들여놓을 수 있을까?

나는 이튿날 런던으로 돌아갈 예정이었지만, 너무 들뜨고 흥분한 나머지 모스크바행 편도 티켓을 끊었다. 다른 러시아 회사의 지분도 이렇게 저렴한 가격에 구입할 수 있는지 알아내기 위해서였다. 어차피 런던에는 날 그리워할 사람이 없었다. 그들은 내 존재조차 잘 몰랐다.

모스크바에 도착해 짐을 찾은 후 공항 키오스크신문이나 음료 등을 파는 매점에 가서 영어로 된 작은 비즈니스용 전화번호부를 샀다. 나는 모스크바에 와본 적도 없었고 러시아어는 한마디도 못 했으며 러시아에 관해 아무것도 몰랐다. 공항 택시를 잡고 기사에게 붉은 광장에 있는 메트로폴 호텔에 가달라고 말했다.(당시 택시 기사는 날 손쉬운 돈벌이 상대로 생각했던 게 분명하다. 정상 요금의 네 배를 청구했다는 걸 나중에 알게 되었다.) 택시는 축구장보다 넓은 레닌그라드스키 대로에서 교통 체증에 걸려, 똑같이 생긴 수백 채의 소비에트 시대 아파트 건물과 이상한 발음의 회사를 홍보하는 옥외 광고판들을 천천히 지나갔다.

두 시간 뒤에 택시가 볼쇼이 극장 맞은편에 위치한 메트로폴에 멈취 섰다. 나는 호텔방에 들어가 모스크바에서 일한 적 있는 런던의 친구에게 전화를 걸었다. 친구가 운전사와 통역가의 번호를 각각 알려주었다. 한 사람당 하루에 50달러가 들었다. 이튿날 아침 러시아 민영화 사업에 대해 알려줄 만한 사람을 찾기 위해 전화번호부를 뒤져가며 관련되어 있을 것 같은 아무에게나 무작정 전화를 걸었다. 그렇게 정보를 알아낸 후 미국 대사관 관리들과 언스트앤영Ernst&Young 세계 최고 수준의 국제 회계 법인의 몇 사람, 러시아 민영화부의 하급 관리, 아메리칸 익스프레스에서 일했던 스탠퍼드 동창생과 만났다. 나흘 동안 총 30건의 미팅을 하고, 그 내용을 종합해 러시아 민영화가 어떻게 이루어지고 있는지 전말을 파악했다.

그 결과 러시아 정부가 공산주의에서 자본주의로 전환하기 위해 국유 재산의 대부분을 국민에게 넘겨주기로 결정했다는 사실을 알아냈다. 러시아 정부는 여러 방법을 통해 이 일에 착수했지만, 가장 흥미로운 건 바우처 민영화였다. 이 사업을 위해 러시아 정부는 전 국민, 그러니까 대략 총 1억5000만 명에게 민영화 증서를 한 장씩 배포했고, 이를 모두 합치면 모든 러시아 기업의 30퍼센트와 교환할 수 있었다.

바우처 1억5000만 장에 바우처의 시장가 20달러를 곱하면 30억 달러인데, 이 바우처를 모두 합치면 모든 러시아 기업 주식의 약 30퍼센트와 맞바꿀 수 있었기에 이는 다시 말하면 러시아 경제의 전체 가치가 고작 100억 달러라는 의미였다! 100억 달러는 당시 월마트 가치의 6분의 1이었다!

러시아는 세계 천연가스의 24퍼센트, 세계 석유의 9퍼센트를 보유하고 세계 강철의 6.6퍼센트를 생산하는 나라였다. 그런데 이 엄청난 자원의 보고를 고작 100억 달러에 거래할 수 있다니!

더욱 믿기 힘든 건 이 바우처를 구매할 수 있는 대상에 제한이 없다는 사실이었다. 나도 살 수 있고 살로몬에서도 살 수 있고 누구나 살 수 있었다. 폴란드 민영화가 수익성이 있는 정도라면 러시아에서는 막대한 이득을 낼 수 있었다.

나는 무언가에 홀린 사람처럼 런던으로 돌아갔다. 살로몬 사람들에게 러시아에서 공짜로 돈을 뿌리고 있다고 말하고 싶었다. 우선 동유럽 투자 은행 업무를 맡은 부서 사람에게 조사 결과를 들고 갔다. 하지만 그는 축하한다는 말은커녕 눈살을 찌푸리며 물었다. "이 일에 자문료는 있는 거야?" 마음먹기에 따라 수익이 100배까지 뛸 수 있는데 어떻게 그걸 모를 수가 있지? 자문료? 지금 장난해? 누가 자문료 따위에 신경을 쓴다고!

다음으로 투자 관리 부서로 갔다. 평생 구경하기도 힘들 정도의 입이 떡 벌어질 만한 투자 기회를 나눠주려는 것이니 나를 얼싸안고 고마워하리라고 기대하면서. 그런데 그는 얼싸안기는커녕 마치 내가 화성에 투자하라고 제안한 듯이 의아하게 쳐다보았다.

그래서 이번에는 이머징 마켓 부서의 한 트레이더에게 갔는데, 그는 재미있다는 듯이 날 쳐다보며 물었다. "이 바우처의 마진과 거래 규모가 어떻게 되지?" 뭐라고? 지금 마진이 1퍼센트인지 10퍼센트인지 따질 때가 아니야! 예상 마진은 1만 퍼센트라고!

살로몬에는 편협한 시각에서 벗어날 수 있는 사람이 아무도 없었다. 내가 좀더 교묘하고 영리한 사람이었다면 그들의 근시안을 깨트릴 방법을 찾았겠지만, 나는 그런 사람이 아니었다. 정치적 수완도 없었기에 무작정 몇 주 동안 내 생각을 거듭해서 이야기했다. 계속 얘기하다보면 누군가는 결국 알아듣겠지 하는 마음으로.

덕분에 나는 살로몬브라더스 내에서 완전히 평판을 잃었다. '러시아에 대해 쉴 새 없이 떠들어대는 미친놈'으로 통했기 때문에 아무도 나와 상종을 하지 않으려고 했다. 나와 어울려 다녔던 직원들도 더 이상 점심을 같이 먹자거나 퇴근하고 함께 술 한잔 하자는 얘기를 하지 않았다.

1993년 10월, 살로몬브라더스에 입사한 지도 1년이 넘었지만, 나는 사내에서 조롱거리가 된 데다 무엇보다도 총 매출이 5만 달러밖에 되지 않았다. 이는 내가 금방이라도 해고될 몸이라는 뜻이었다. 해고가 임박했다는 생각에 절망하고 있을 때 전화벨이 울렸다. 뉴욕 내선 번호인 2723이 떴지만 알아보지 못한 채 수화기를 들었다. 상대편 남자가 조지아주 보안관처럼 미국인 특유의 질질 끄는 말투로 말했다. "안녕하시오. 빌 브라우더 맞나요?"

"네. 누구시죠?"

"난 보비 루트비히일세. 자네가 러시아에 대해 뭔가를 알아냈다고 하던데."

처음 들어보는 이름이었고, 그가 누군지 궁금했다.

"그렇습니다. 저희 회사 분인가요?"

"그렇네. 지금 뉴욕에 있지. 혹시 여기 와서 자네 의견을 말해줄 수 있겠나?"

"어, 물론이죠. 제 일정을 확인해서 다시 연락드려도 될까요?"

"되고말고."

전화를 끊은 후 바로 뉴욕에서 일한 적 있는 이머징 마켓 부서의 지인에게 전화해 루트비히라는 사람에 대해 물었다.

"보비 루트비히 말이야?" 어떻게 그 사람을 모를 수 있냐는 듯이 그가 물었다. "보비는 이 회사에서 최고의 실적을 내는 사람이라고. 그런데 좀 기이한 분이야. 어떤 사람들은 미쳤다고도 얘기해. 그래도 해마다 수익을 내니까 하고 싶은 대로 다 하지. 그런데 그건 왜 물어 보는 거야?"

"그냥. 고마워."

보비야말로 이 틀에 박힌 생활에서 나를 꺼내줄 사람이었다. 곧바로 그에게 전화했다. "안녕하세요. 방금 전 통화한 빌입니다. 제가 뉴욕에 가서 러시아에 대해 프레젠테이션을 해드리겠습니다."

"금요일 괜찮나?"

"물론입니다. 그럼 그때 뵙겠습니다."

이틀 밤을 연달아 새우며 러시아 주식에 관한 프레젠테이션을 준비했다. 그리고 목요일 저녁 6시에 출발하는 비행기를 타고 뉴욕으로 향했다. 비행기 안에서 영화도 보지 않고 프레젠테이션 자료를 검토하고 또 검토했다. 이 기회를 날릴 순 없었다.

금요일 아침 제7 세계 무역 센터에 있는 살로몬브라더스 본사에 도착했다. 쌍둥이 빌딩이 밝은 아침 햇살을 받아 반짝였다. 안내에 따라 36층으로 올라가니 보비의 비서가 맞아주었다. 비서를 따라 문을 열고 트레이딩 플로어로 들어갔다. 책상이 끝도 안 보일 만큼 놓여 있었고 공기에서는 열기가 느껴졌다. 노골적이고 공격적인 자본주의가 곳곳에 스며 있는 듯한 장소였다.

트레이딩 플로어 한쪽을 따라 걸으며 열댓 줄의 책상을 지나갔고, 좁은 복도를 통과해 보비의 사무실로 들어갔다. 비서가 내 이름을 말하고 나갔다. 보비는 책상 뒤편에서 창밖의 뉴욕 항을 바라보고 있었다. 쉰 살쯤 되었지만 헝클어진 붉은 머리카락과 입가까지 내려오는 지저분한 콧수염 때문에 훨씬 더 나이가 들어 보였다. 보고서가 어지럽게 쌓여 있는 것만 빼면 사무실은 간소했다. 자신이 쓰는 책상과 의자 외에 가구는 작은 원탁과 의자 두 개가 전부였다. 앉으라고 말할 때 보니 보비는 닳아빠진 가죽 슬리퍼를 신고 얼룩이 묻은 빨간색 넥타이를 매고 있었다. 나중에 알게 된 사실이지만, 그 넥타이는 보비에게 행운의 넥타이로, 단 한 번의 거래로 5000만 달러를 벌어들인 후 거의 매일 매고 다닌다고 했다. 보비가 앉자 나는 프레젠테이션 자료를 꺼내 그의 앞에 한 부를 놓고 발표를 시작했다.

보통 누군가 발표를 하면 듣는 사람은 재미있다거나 지루하다거나 호기심이 인다거나 하는 표시를 해주기 마련이지만, 보비는 아무 내색도 하지 않았다. 그저 멍한 시선으로 휙휙 넘어가는 차트와 그래프를 바라보았다. 흐음 소리를 낸다거나 고개를 끄덕이지도 않으면서 내 말이 잘 전달되고 있다는 표시를 전혀 하지 않았다. 그저 멍한 눈으로 빤히 쳐다볼 뿐이었다. 이게 사람을 불안하게 했다. 그러다 파워포인트 슬라이드가 반쯤 넘어갔을 때 보비가 갑자기 일어서더니 아무말 없이 사무실을 나가버렸다.

뭐가 뭔지 알 수 없었다. 살로몬에서 내 자리를 보전할 마지막 기회가 날아가는 듯했다. 내가 뭘 잘못했나? 이 미팅을 어떻게 좋게 마무리하지? 발표 속도를 높여야 하나? 늦춰야 하나? 대체 뭘 어떻게 하라는 거야?

공포와 불안으로 마음을 졸였다. 거의 40분이 지난 후 보비가 다시 사무실로 돌아오는 모습이 보였다. 그는 잠시 비서에게 뭔가를 지시한 후 천천히 사무실로 들어왔다. 나는 필요하다면 그에게 애원할 준비까지 하면서 자리에서 일어났다.

하지만 내가 말을 꺼내기도 전에 보비가 말했다. "브라우더, 내 평생 이렇게 굉장한 투자 아이디어는 처음이네. 방금 리스크 위원회에 가서 러시아에 투자할 2500만 달러를 받아냈네. 더는 시간 낭비할 것 없어. 좋은 기회를 놓치기 전에 어서 모스크바로 가서 이 돈을 불려보란 말이야. 알아들었나?"

그렇다. 나는 아주 분명하게 알아들었다.

레오폴다 빌라

보비의 말은 모든 걸 바꾸어놓았다. 나는 그가 시키는 대로 런던으로 돌아가 2500만 달러를 투자하는 일에 바로 착수했다. 하지만 불행히도 투자지역이 러시아였기 때문에 무작정 브로커에게 전화할 수 없었다. 러시아에는 아직 주식 시장조차 없었다. 러시아에서 투자를 하려면 일을 진행하면서 시장도 함께 형성해가야 했다.

뉴욕에서 돌아오고 월요일에 출근한 뒤 불펜에 있는 책상에 앉아 어떻게 일을 진척시킬지 알아내기 위해 무작위로 전화를 걸기 시작했다. 다섯 번째 전화를 걸 때쯤 심각한 얼굴을 한 중년 남자가 무장한 경비원 두 명을 대동하고 내 쪽으로 빠르게 걸어오는 것이 보였다. 가까이 다가온 그가 비난하는 어조로 나무랐다. "브라우더, 난 회계 감사부 부장이네. 지금 뭘 하고 있는 건지 말해주겠나?"

"뭐라고 하셨어요? 제가 뭘 잘못했나요?"

그가 고개를 끄덕였다. "자네가 투자 은행 사업부에서 증권 거래를 한다는 정보를 입수했네. 자네도 알겠지만 그건 임직원 행동 강령에 위배되는 것일세."

잘 모르는 분들을 위해 설명하자면, 투자 은행은 두 부분, 즉 주식을 사고파는 세일즈&트레이딩 사업부와 회사들을 상대로 합병이나 신주新株 발행 같은 일에 자문을 해주는 사업부로 나뉘어 있다. 이 두 사업부는 차단벽Chinese Wall 다양한 금융 투자업을 겸업하는 금융 회사 내 계열사 간 정보 교류를 차단하는 장치를 중국 만리장성에 빗대어 표현한 용어으로 분리되어 있기 때문에 주식 트레이더는 투자 은행 사업부 직원이 고객에게 입수한 기밀 정보를 가지고 거래를 할 수 없게 되어 있다. 나는 투자 은행 사업부에서 일하고 있었기에 주식 거래가 허용되지 않았다. 현실적으로 말하면, 이는 러시아 주식을 사는 방법을 알아내게 되면 내 자리를 트레이딩 플로어로 옮겨야 한다는 걸 의미했다. 하지만 그 방법을 알아내려면 아직 멀었다.

"증권을 산 게 아닙니다. 어떻게 사는 건지 알아보려고 한 것뿐이에요." 소심하게 대꾸했다.

"자네야 그렇게 생각하고 싶겠지, 브라우더. 지금 하는 일을 당장 멈추게." 회계 감사부 부장이 지시했다.

"하지만 전 투자를 한 게 아니라 투자 방안을 찾아내려고 한 겁니다. 뉴욕 본사 상부에서 모두 동의한 일이에요. 전 잘못한 게 없습니다." 나는 애원하듯 말했다.

회사를 도산 직전까지 몰고 간 재무성 채권 스캔들 이후 살로몬브라더스는 어떤 모험도 하지 않으려고 했다. "미안하지만 책상을 비워주게." 그가 경비원들에게 고갯짓을 하면서 무뚝뚝하게 말했다. "자네는 이제 투자 은행 사업부에서 일할 수 없네."

내가 짐을 싸자 경비원들이 간만에 힘쓸 필요가 없다는 사실에 기뻐하며 앞으로 다가와 팔짱을 끼고 서 있었다. 그러더니 투자 은행과 트레이딩 플로어를 분리하는 문으로 나를 끌고 갔다. 도중에 헝가리 팀에서 일하는 젊은 사원 한 명을 지나쳤는데, 그가 윙크를 하며 조용히 입 모양으로 말했다. '썩 꺼지시지.' 누가 날 밀고했는지는 물어보나 마나였다.

트레이딩 플로어에 도착하자 경비원들이 투자 은행 사업부 출입증을 넘겨달라고 하더니 짐 상자와 함께 나를 두고 가버렸다. 트레이더들이 힐끔 쳐다보며 지나갔다. 몹시 창피했고 기숙사 학교에 들어간 첫날 느꼈던 기분이 되살아났다. 뭘 어떻게 해야 할지 몰라 짐 상자를 근처 책상 밑에 밀어넣고 전화기를 찾아 보비에게 연락했다.

"보비, 방금 회계 감사부가 저를 투자 은행 사업부에서 쫓아냈어요. 지금 트레이딩 플로어에 있는데 자리가 하나도 없어요. 어떻게 하면 좋죠?" 내가 헐떡이며 말했다.

그는 궁지에 빠진 나를 전혀 걱정하지 않는 듯했다. 지난주에 러시아 프레젠테이션을 들을 때처럼 아무런 공감도 해주지 않았다. "나도 모르겠네. 일단 앉을 자리를 찾아봐야지. 그럼 난 다른 데서 전화가 와서 이만." 그는 얘기하다 말고 전화를 끊어버렸다. 드넓은 트레이딩 플로어를 쭉 둘러보았다. 축구장만큼 넓었다. 수백 명이 줄줄이 이어진 책상에 앉아 전화기에 대고 소리를 지르며 팔을 흔들고 모니터를 가리키면서 온갖 금융 상품의 작은 시세 차익이라도 내기 위해 안간힘을 쓰고 있었다. 이렇게 분주한 벌집 가운데에도 이따금씩 빈 책상이 있었지만, 그렇다고 무턱대고 아무 자리에나 앉을 수는 없었다. 누군가에게 허락을 받아야 했다.

애써 불편한 마음을 감추고 이머징 마켓 채권부에 갔다. 그쪽 팀장과 안면이 있는 사이였기 때문이다. 상황을 설명하자 그도 동정을 표했지만, 남는 자리가 없다면서 유럽 주식부를 추천했다. 하지만 거기도 사정은 마찬가지였다.

다음으로 파생 상품부에 가보았다. 거기에는 빈자리가 몇 개 있다고 했다. 최대한 자신감 있게 팀장에게 다가가서 날 소개하고 보비 루트비히의 이름을 언급했다. 하지만 팀장은 내가 말할 때 뒤돌아보지도 않아서 그의 대머리 뒤통수에 대고 얘기해야 했다.

내가 말을 마치자 그가 홱 돌더니 의자에 등을 기대고 불쑥 말했다. "뭐 하는 짓이야? 무작정 찾아와서 자리를 내놓으라니! 이런 막무가내가 어디 있어? 앉을 자리가 필요하면 관리부에 가서 해결을 보라고." 그는 코웃음을 치며 다시 스크린 쪽으로 의자를 돌리고 불이 깜빡이는 전화통 수화기를 들었다.

어리벙벙한 상태로 그곳을 나왔다. 아무리 트레이더가 예의와는 담을 쌓은 사람들이라고 해도 이건 너무하지 않은가. 할 수 없이 보비에게 다시 전화를 걸었다. "보비, 하라는 대로 해봤는데 아무도 책상을 내주지 않네요. 제발 뭐라도 좀 해주세요."

이번에는 보비가 짜증을 냈다. "빌, 왜 자꾸 이런 일로 귀찮게 하는 건가? 책상을 안 내주면 집에서 일하면 되잖나. 자네가 어디서 일하건 난 상관없어. 지금 중요한 건 러시아지, 책상이 아니네."

"그래요, 알겠어요." 나는 보비와의 일을 그르치고 싶지 않았다. "그런데 출장 승인이나 비용 환급 같은 건 어떻게 받죠?"

"그건 내가 해결해주겠네." 무뚝뚝하게 말하고 그는 전화를 끊었다.

이튿날 미리 서명된 출장 승인서 스무 장이 들어 있는 익일 배송 소포가 집에 도착했다. 나는 승인서 한 장에 세부 사항을 작성한 후 살로몬 출장 관리 부서에 팩스로 보냈고, 이틀 뒤 모스크바행 티켓을 받았다.

모스크바에 도착한 다음 모스크바강 남안에 위치한 발츠추크 켐핀스키 호텔 방에 임시 사무실을 차렸다. 이 호텔 건너편에는 성바실리 대성당이 있었다. 투자 사업의 첫 단계는 자금을 러시아로 가져오는 것이었다. 그러려면 자금을 받아 바우처를 사게 도와줄 은행이 필요했다. 다행히 살로몬 직원 한 명의 친척이 러시아에 은행을 소유하고 있었다. 보비는 잘 알지도 못하는 러시아 은행에 돈을 송금하느니 이쪽이 더 나을 것이라고 생각해 후선 부서back office 인사, 전산, 회계 등 후선 업무를 담당하는 부서에 서류를 준비시킨 뒤 시범으로 100달러를 이체했다.

열흘 후에 나머지 돈이 입금되었고, 그 돈으로 나는 바우처를 구매했다. 우선 은행에서 자금을 수금해야 했다. 내가 지켜보는 앞에서 은행 직원이 금고에서 빳빳한 100달러짜리 지폐를 꺼내 운동 가방 크기의 황마 자루에 넣었다. 현금으로 100만 달러를 보기는 처음이었지만, 이상하게 별 감흥이 없었다. 거기서부터는 보안 요원 팀이 돈 자루를 들고 장갑차를 타고는 바우처 거래소로 이동했다.

모스크바 바우처 거래소는 붉은 광장에서 몇 블록 떨어진 굼 백화점* 맞은편에 자리한 오래된 회색 빛깔의 소비에트 컨벤션 홀에 있었다. 천장에 전광판이 달려 있고 그 아래 피크닉 테이블이 여러 개의

---

* 굼GUM은 영국의 데번햄스Debenhams 같은 대형 백화점이었다.

동심원 모양으로 놓여 있었다. 모든 거래는 현금으로 이루어졌으며, 일반에 완전히 공개되었기에 누구든 바우처나 현금을 들고 와서 거래할 수 있었다. 하지만 경비원이 없기에 은행에서 보안 요원을 상시적으로 붙여주었다.

바우처들이 모스크바까지 오게 된 경위는 그 자체로 흥미로운 이야깃거리였다. 러시아 국민은 국가에서 무료로 배포한 바우처를 어떻게 처리할지 몰라서 대부분 7달러짜리 보드카 한 병이나 두툼한 돼지고기 몇 조각과 맞바꾸는 것으로 만족했다. 몇몇 수완 있는 사람들은 작은 마을에서 바우처를 있는 대로 사들인 후 도시에 가서 중간 업자에게 장당 12달러에 판매했다. 중간업자는 모스크바에 와서 거래소 바깥쪽에 자리한 피크닉 테이블에서 바우처 1000~2000장을 묶어 장당 18달러에 팔았다. 마지막으로 좀더 큰 거래인들이 이 묶음을 2만5000장이나 그 이상의 꾸러미로 통합해 중앙 테이블에서 장당 20달러에 판매했다. 가끔은 개인이 이 과정을 모두 건너뛰고 거래소 주변에 숨어서 소량을 좋은 값에 내다 팔 기회를 엿보기도 했다. 이렇게 현금과 증서가 넘쳐나다 보니 야바위꾼, 사업가, 은행원, 사기꾼, 무장 경비원, 브로커, 모스크바 시민, 지방에서 온 구매자와 판매자 등 다양한 사람이 이곳에 모여들었다. 이들은 미지의 땅을 개척하러 온 카우보이 같았다.

첫 입찰은 19.85달러짜리 바우처를 1만 장 구매하는 것이었다. 이 입찰 내용이 발표되자 장내에 소란이 일면서 한 남자가 숫자 12가 인쇄된 카드를 들어올렸다. 나는 은행 직원과 보안 요원들을 따라 12 표시가 되어 있는 피크닉 테이블로 갔다. 우리 팀이 현금을 내밀자 테이블에 있던 사람들이 바우처를 내밀었다. 판매자들이 100달러짜리 지폐로 이루어진 1만 달러 뭉치를 차례차례 지폐 계수기에 넣었다. 기계가 윙윙 돌아가다가 19만8500달러에서 멈췄다. 그사이 우리 팀 두 명이 바우처를 검사하며 위조품이 없는지 살폈다. 약 30분 후 거래가 끝났다. 그리고 바우처를 장갑차에 실었고, 12번 테이블의 거래인도 현금을 자기 쪽 장갑차에 실었다.

몇 주 동안 이런 과정을 되풀이해 2500만 달러어치 바우처를 구입했지만, 이제 절반쯤 왔을 뿐이었다. 지금부터는 러시아 기업의 주식에 바우처를 투자해야 했다. 이 과정은 이른바 바우처 경매에서 이루어졌다. 바우처 경매는 경매가 끝날 때까지 구매자가 자신이 치르게 될 값을 모른다는 점에서 여느 경매와 달랐다. 만약 경매 참가자가 단 한 사람뿐이고 그가 바우처 한 장을 제시한다면 경매 중인 전체 주식은 그 바우처 한 장에 팔리게 된다. 반면 모스크바 전체 인구가 경매에 참여해 그들이 보유한 바우처를 모두 건다면 그 주식은 해당 경매에 제시된 바우처 수의 비율에 맞게 분배된다.

이런 시나리오는 오용될 여지가 다분했다. 경매에 주식을 내놓은 대부분의 회사는 내부자가 싼값에 주식을 살 수 있도록 다른 사람들이 경매에 참여하지 못하게 조치를 취하곤 했다. 시베리아에 있는 큰 정유 회사인 수르구트네프테가스는 자사의 바우처 경매가 열리기 전날 밤 공항이 폐쇄된 사건의 배후로 지목되었고, 또 다른 정유 회사는 자사의 경매일에 다른 사람들이 참여하지 못하도록 불타는 타이어로 방어벽을 쳤다고 한다.

이런 식의 경매는 너무 특이하고 분석하기 어려워서 참여자가 별로 없었다. 특히 서양인은 더 드물었다. 그래서 수요가 무척 적었고, 이에 따라 가격이 러시아 기준으로도 상당히 낮은 편이었다. 모든 경매에서 살로몬의 입찰 방식은 거의 맹목적이었지만, 사실 나는 과거에 있었던 주요 바우처 경매를 모두 꼼꼼하게 분석한 후 이때 팔린 주식들이 상당한 할증금이 붙은 가격으로 거래된다는 사실을 알아냈다. 간혹 두세 배가 뛴 주식도 있었다. 앞으로 변수만 없다면 살로몬은 경매에 참여한 것만으로도 기본적으로 상당한 수익을 보장받을 수 있었다.

바우처가 쌓이기 시작하자 나는 정부의 경매 발표를 눈에 불을 켜고 지켜본 후 보비에게 러시아 정유 회사인 루크오일, 국영 전력 회사인 통합전력시스템UES, 국영 통신 업체인 로스텔레콤을 포함한 여섯 회사의 경매에 참여하자고 제안했다.

경매를 모두 마쳤을 때 살로몬브라더스는 역사상 가장 저평가된 주식 2500만 달러어치의 주인이 되어 있었다. 하지만 보비와 나는 살로몬이 떼돈을 벌 것이라고 확신했다. 다만 때를 기다려야 했다.

오래 기다릴 필요는 없었다. 1994년 5월 『이코노미스트』가 '러시아에 베팅할 때인가?'라는 제목의 기사를 발표했다. 이 기사는 내가 처음 모스크바에 갔을 때, 러시아 기업들의 가치를 계산했던 것과 비슷한 내용을 쉬운 말로 정리해 보여주었다. 기사가 난 후 며칠 동안 억만장자와 헤지펀드 매니저, 다른 투기꾼들이 러시아 주식을 조사해달라고 담당 브로커들에게 연락하기 시작했다. 이런 현상은 초기 단계에 있던 러시아 시장이 비약적으로 발전하도록 기름을 부었다.

얼마 되지 않아 우리의 2500만 달러 포트폴리오는 1억2500만 달러로 변신했다. 무려 1억 달러의 수익을 낸 것이다!

이 성공으로 나는 살로몬브라더스 런던 지사 트레이딩 플로어의 영웅이 되었고, 마침내 책상도 생겼다. 이전에는 점심을 같이 먹자거나 술 한잔 하자고 권하지 않던 그 '친구들'이 이제는 매일 아침 내가 출근하기도 전에 내 책상 앞에 줄을 서 있었다. 러시아 주식 시장에서 연봉의 다섯 배를 벌 수 있게 내 손에서 콩고물이라도 떨어지기를 기대하면서 말이다.

그로부터 몇 주 동안 살로몬 최고의 기관 투자 세일즈맨들도 찾아와 자신의 주요 고객들을 만나줄 수 있는지 물었다. "빌, 와서 조지 소로스에게 브리핑을 해줄 수 있겠어요?" "빌, 줄리안 로버트슨*이 러시아 쪽 정보를 듣고 싶어하네." "빌, 존 템플턴 경**에게 시간 좀 내주실 수 있나요?"

당연히 낼 수 있고말고! 정말 우스운 일이었다. 세계에서 내로라하는 투자자들이 나 같은 스물아홉 살짜리 바이스 프레지던트***의 말을 듣고 싶어한다니. 나는 살로몬브라더스 출장비로 1등석을 타고 샌프란시스코, 파리, 로스앤젤레스, 제네바, 시카고, 토론토, 뉴욕, 바하마, 취리히, 보스턴 등 전 세계를 누비고 다녔다. 그리고 미팅이 끝나면 여지없이 이런 말을 들었다. "빌, 러시아에서 우리 자금을 운용해줄 수 있겠소?"

그 자리에서 바로 대답하진 않았다. 당시 우리 부서는 회사 자금만을 운용하기 위해 개설되었기 때문에 외부 자본을 받을 수 없었다. 그래서 대신 이렇게 말했다. "잘 모르겠어요. 일단 가능한지 상부에 알아보겠습니다."

---

* 업계에서 가장 성공적인 헤지펀드 중 하나인 타이거 매니지먼트Tiger Management Corp. 의 창립자.

** 세계에서 가장 큰 뮤추얼 펀드 회사 중 하나인 템플턴자산운용Templeton Asset Management의 창립자.

*** 이름만 보면 대단한 직위 같지만, 사실 살로몬에는 비서보다 바이스 프레지던트가 더 많았을 것이다.

이런 유의 결정에는 보비의 손이 닿지 않았다. 그가 회사 최고의 투자자일지는 몰라도 조직 관련 문제를 결정할 권한을 갖진 않았다. 그래서 나는 런던으로 돌아온 후 세일즈&트레이딩 사업부장의 고급 사무실로 가서 그가 이 아이디어를 받아들이도록 설득했다. 아무도 러시아에 관심을 두지 않았을 때와는 달리, 그는 무척 따뜻하게 날 맞아주었다. "훌륭한 생각이네, 빌. 아주 마음에 들어. 그럼 이렇게 해보지. 그쪽을 분석할 프로젝트 팀을 따로 구성하는 거야."

프로젝트 팀이라니! 뭐 하자는 거야? 나는 코웃음쳤다. 이 사람들 하고는 무엇 하나 쉽게 되는 일이 없었다. 천재일우의 기회가 코앞에 와 있는데, 회사에서는 웃기지도 않는 조직 관련 절차를 꺼내들었다.

나는 책상으로 돌아갔다. 자리에 앉은 지 10분이 지났을 때 발신인이 표시되지 않는 외부 전화가 걸려왔다. 수화기를 들었다. 상대는 살로몬 세계 투어에서 만났던 카리스마 넘치는 이스라엘의 억만장자 베니 스타인메츠였다. 베니는 30대 후반에 강렬한 회색 눈과 짧게 깎은 뻣뻣한 갈색 머리카락을 지닌 남자였다. 또한 그는 가족 사업인 다이아몬드 원석 사업 지휘권을 물려받았고 살로몬의 가장 중요한 개인 고객 가운데 한 명이었다.

"빌, 몇 주 전에 뉴욕에서 했던 프레젠테이션에 대해 많이 생각해 봤어요. 지금 내가 런던에 있는데 포시즌스 호텔에 와서 내 동료들을 좀 만나줬으면 해요."

"언제요?"

"지금이요."

베니는 부탁이 아니라 요구하는 것이었다.

그날 오후에 미팅 몇 건이 예정되어 있었지만, 러시아에 투자하려는 억만장자만큼 중요한 상대는 아니었기에 일정을 모두 취소하고 블랙캡런던의 명물 택시을 잡아타고 하이드파크 코너로 갔다. 호텔 라운지에 들어서자 베니가 자신의 다이아몬드 회사에서 일하는 몇 사람과 함께 앉아 있었다. 그가 사람들을 소개해주었다. 남아공 출신의 니르, 벨기에 앤트워프에서 온 데이브, 이스라엘 텔아비브에서 온 모이쉐였다. 베니는 농담도 생략하고 단도직입적으로 말했다. "빌, 우리 같이 사업을 해보죠."

베니 같은 자산가가 내 생각에 이렇게 열렬히 호응해주어서 무척 기뻤지만, 그와 그가 데려온 다이아몬드 딜러 동료들을 바라보며 이런 오합지졸과 사업할 일은 없으리라고 생각했다. 내가 무슨 말을 꺼내기도 전에 베니가 이어서 말했다. "초기 자금으로 2500만 달러를 내놓을게요. 어떻게 생각해요?"

나는 멈칫했다. "구미가 당기는 제안이네요. 이 사업을 어떻게 시작하려 하시죠?"

그러자 베니와 동료들이 장황하고 두서없는 논의를 시작했고 자신들이 자산 운용 사업에 대해 거의 아는 게 없음을 드러냈다. 이 사람들이 아는 거라곤 자신들에게 자금이 있고, 이를 불리고 싶어한다는 사실뿐이었다. 미팅이 끝났을 때 나는 신나기도 하면서 동시에 실망스러웠다.

이거야말로 내가 하고 싶었던 일이지만 이런 사람들과는 같이 하고 싶지 않다고 생각하며 호텔을 나왔다. 그 순간부터 그날 밤을 지새우면서 머릿속으로 이 딜레마를 곰곰이 생각했다. 회사에서 독립해 사업을 하려면 종잣돈이 필요하겠지만, 베니 무리와 동업한다고 해도 출발이 순조로울 리 없었다. 그들은 자산 운용 경험이 없었고 그건 나도 마찬가지였기 때문이다. 결국 베니의 제안을 거절해야 했다.

이튿날 아침 그에게 전화를 걸어, 억만장자의 제의를 거절할 때 닥칠 수 있는 어려움을 각오하고 말했다. "베니, 제안은 정말 솔깃하지만 유감스럽게도 받아들일 수 없어요. 죄송하지만 전 자산 운용에 관해 잘 아는 파트너가 필요해요. 사업 수완이 뛰어난 분이란 건 알지만 이 일은 전문 분야가 아니잖아요. 이해해주셨으면 해요."

지금껏 베니 스타인메츠의 제안을 거절하는 사람은 없었을 것이다. 그런데도 베니는 실망한 기색 하나 없이 대답했다. "아, 그럼요. 이해하고말고요, 빌. 자산 운용 경험이 있는 사람이 필요하다면 그런 사람을 영입할게요."

나는 움찔했다. 혹시나 그가 작은 증권 중개업 회사를 운영하는 사촌을 데려와 내가 한 번 더 거절해야 하는 곤란한 상황을 만드는 건 아닌가 싶었다. 20분 후 다시 전화를 걸어왔다. "에드몬드 사프라가 우리 거래를 돕는다면 어떻겠어요, 빌?"

에드몬드 사프라라니! 사프라는 리퍼블릭 내셔널 뱅크 오브 뉴욕의 소유주로, 그의 이름은 프라이빗 뱅킹 업계에서 금싸라기와도 같았다. 에드몬드 사프라가 우리 사업에 합류한다면 복권에 당첨되는 거나 마찬가지였다.

"그럼 해볼 만하겠는데요. 구미가 확 당기네요, 베니."

"좋아요. 내가 미팅을 주선해보죠."

그날 오후 그가 다시 전화했다. "다 준비됐어요. 니스로 날아와서 내일 정오까지 칸에 있는 칼튼 부두로 나와요."

내일은 출근해야 하는데. 속으로 생각했다. "베니, 다음 주에 제가 시간이 될 때 가면……."

"사프라는 내일 만날 수 있대요, 빌." 베니가 짜증을 내며 내 말을 가로막았다. "사프라와 만나는 게 쉬운 일인 거 같아요?"

"어, 물론 아니죠. 알겠어요, 말씀하신 대로 할게요."

바로 니스행 티켓을 샀다. 그리고 이튿날 아침 정장을 입고 곧장 히스로 공항으로 가서 오전 7시 45분에 출발하는 비행기를 타기 위해 탑승 수속을 밟았다. 탑승 전 트레이딩 데스크에 전화를 걸어 가짜로 목이 쉰 듯한 목소리로 기침을 하며 하루 쉬어야겠다고 말했다.

니스에 도착한 뒤 베니의 지시에 따라 택시를 타고 칸에 있는 칼튼 호텔에 내렸다. 벨보이는 내가 체크인을 할 것이라고 예상한 듯했지만, 나는 부두로 가는 길을 물었다. 벨보이가 크루아제트 대로 건너편에 있는 긴 잿빛 부두를 가리켰다. 부두는 해변을 지나 파란 지중해까지 뻗어 있었다. 나는 햇빛 때문에 눈을 찡그린 채(구름이 낀 런던에 선글라스를 두고 왔다) 길을 건너 부두로 갔다. 널빤지를 걸으며 앙증맞은 수영복을 입고 아름답게 피부를 그을린 사람들을 지나쳤다. 그들은 창백할 정도로 하얀 피부에 검은색 모직 정장을 입은 나를 별나라에서 온 사람처럼 여겼을 것이다. 부두 끝에 도착하자 땀이 비 오듯 흐르고 있었다. 손목시계를 보았다. 정오 5분 전이었다.

몇 분이 지나자 밝은 색 쾌속정 한 대가 서쪽에서 다가왔다. 배가 가까워지자 베니가 타고 있는 게 보였다. 약 14미터 길이의 청백색 선시커영국의 호화 요트 제작 업체가 시끄러운 소음을 내며 부두 끝에 멈춰서고 베니가 소리쳤다. "빌, 타요!"

베니는 코트다쥐르프랑스 남부 마르세유에서 이탈리아 국경에 이르는 지중해에 면해 있는 지역의 플레이보이처럼 밝은 살구색 셔츠에 하얀색 리넨 바지를 입고 있었다. 우리 둘의 모습은 극명한 대조를 이루었다. 나는 휘청거리며 배에 뛰어올랐다. "신발 벗어요!" 그가 지시했다. 신발을 벗자 발목까지 끌어올려 신은 검은색 양말이 드러났다.

베니는 조심스럽게 보트를 움직이다가 서행 구역을 벗어나자마자 속도를 올렸다. 사프라와의 미팅 얘기를 하려고 했지만 엔진과 바람 소리 때문에 도저히 말을 할 수가 없었다. 30분 동안 니스를 향해 동쪽으로 힘껏 내달렸다. 앙티브반도를 돌고 천사의 만을 지나 마침내 빌프랑슈쉬르메르 항구에 도착했다.

베니가 비어 있는 정박지에 배를 대더니 배를 묶어놓고 항만 관리소장에게 오후 동안 배를 정박시켜놓겠다는 이야기를 불어로 속사포처럼 내뱉었다. 얘기가 끝난 후 우리는 주차장으로 가서 무장 경호원 두 명의 안내에 따라 대기 중인 검은색 메르세데스에 탔다. 구불구불한 오르막 도로를 따라 빌프랑슈에서 가장 높은 곳 가운데 하나로 올라 갔다. 마침내 제멋대로 뻗어나가는 것처럼 보이는 사택 안에 들어갔다. 나중에 알고 보니 그곳은 세계에서 가장 비싼 주택인 레오폴다 빌라였다. 베르사유 궁전과 흡사했지만, 다른 점이 있다면 여기서는 검은색 전술 장비를 착용한 모사드 출신의 경호원들이 우지 기관 단총과 시그 자우어 권총을 들고 사택 내를 순찰한다는 것이었다.

차에서 내려 뾰족한 사이프러스 나무들이 물줄기가 쏟아지는 분수대를 둘러싸고 있는 화려한 정원을 걸어서 통과했다. 이어서 바다가 내려다보이는 널찍하고 장식이 화려한 거실로 안내되었다. 금색 나무 틀에 끼운 18세기 유화들이 벽을 덮고, 거대한 크리스털 샹들리에가 머리 위에 높이 걸려 있었다. 사프라는 그곳에 없었다. 당연한 일이었다. 자기 시간을 낭비하는 일이 없도록 손님이 자리를 잡고 미팅을 시작할 준비가 됐을 때 나타나는 것이 억만장자의 일반적인 에티켓이었다. 아무리 억만장자여도 서열상 아래에 있었기 때문에 베니 역시 이런 대우를 받았다. 15분 후 사프라가 도착했다. 우리는 자리에서 일어나 그를 맞았다.

사프라는 키가 작고 머리가 벗겨진 남자로, 통통한 얼굴에 뺨이 발그스레하고 미소가 따뜻한 사람이었다. "안녕하시오, 브라우더 씨." 그가 두드러진 중동 억양으로 말했다. "앉으세요."

이전까지 나는 사진으로라도 사프라를 본 적이 없었는데, 실제로 보니 그의 외모는 일반 사람들이 상상하는 네모난 턱의 전형적인 우주의 지배자Master of the Universe 엄청난 성공을 거둔 사업가를 관용구처럼 표현한 말의 상과는 거리가 멀었다. 그는 황갈색 바지에 기품 있는 이탈리아 수제 셔츠를 넥타이 없이 간편하게 입고 있었다. 이 업계의 수많은 칩과 원스럽은 다림질한 양복과 붉은색 멜빵, 롤렉스 시계로 분장하는 게 보통이다. 사프라 같은 사람에게 그런 것은 중요하지 않아 보였다. 사프라는 진짜배기였다.

베니가 짧게 말문을 연 뒤 내가 사프라에게 의례적인 프레젠테이션을 했다. 사프라는 집중하는 시간이 짧아서 5분마다 한 번씩 전화를 받거나 걸어 눈앞의 주제와는 아무 관련 없는 용무를 보았다. 프레젠테이션 중간에 하도 딴짓을 해서 미팅이 끝났을 때 그가 내 말을 하나라도 알아들었는지 확신이 들지 않았다.

프레젠테이션을 마치자 미팅이 끝났다는 의미로 사프라가 자리에서 일어섰다. 그는 내게 시간을 내줘서 고맙다고 말한 후 작별 인사를 했다. 그게 끝이었다.

사프라의 비서 한 명이 날 공항까지 데려다줄 택시를 불렀다. 택시를 기다릴 때 베니가 말했다. "일이 잘된 것 같군요."

"정말이요? 제 생각은 좀 다른데요."

"난 에드몬드를 알아요. 잘된 거예요." 베니가 안심시키며 말했다.

돌아오는 금요일은 살로몬 프로젝트 팀 회의가 열리는 날이었다. 나는 출근하자마자 이사회실로 갔다. 그렇게 큰 공간을 예약해두었다는 사실에 깜짝 놀랐다. 오전 10시가 다가오자 이사회실에 사람이 차기 시작하더니 15분 만에 마흔다섯 명이 도착했다. 대부분은 처음 보는 사람들이었다. 전무 이사, 상무 이사, 이사, 시니어 바이스 프레지던트들이 자리했고 그 속에 내가 있었다. 회의가 시작되자 누가 이 러시아 신사업에 대한 공훈을 차지할 것인지에 대한 뜨거운 논쟁이 벌어졌다. 마치 격투기를 방불케 하는 모습이었다. 러시아 신사업과 털끝만큼도 관련 없는 사람들이 앞으로 발생할 수익에 자신의 몫이 있다고 저리도 설득력 있게 주장할 수 있는지 감탄스러울 따름이었다. 누가 이 싸움의 승자가 될지 알 수 없었지만 패자만큼은 확실히 알 순 있었다. 그건 다름 아닌 나였다.

회의 내용이 너무 속상했던 나머지 며칠 동안 밤잠을 이룰 수 없었다. 내가 벌어들인 돈은 내 연봉의 5배가 아니라 무려 500배였다. 하는 일 없이 자리나 꿰차고 있는 늙은이들에게 이 사업을 도둑맞을 수 없었다.

결단을 내렸다. 프로젝트 팀 회의가 열린 그다음 월요일에 출근해서 용기를 내어 세일즈&트레이딩 사업부장의 사무실에 가 사표를 제출했다. 그러고는 모스크바에 가서 투자 회사를 세울 것이라고 밝혔다.

회사 이름은 허미티지 캐피털로 할 것이다.

그린에이커스

살로몬브라더스를 나오는 게 옳은 결정이라는 확신은 들었지만, 회사 밖은 더 전쟁터 같을지도 모른다는 걱정이 앞섰다. 살로몬브라더스의 명함 없이도 내게 기회가 찾아올까? 사람들이 날 진지하게 받아줄까? 지금 내가 간과하고 있는 건 뭘까?

이런 의문이 머릿속을 빙빙 도는 가운데, 햄프스테드 집에서 앞으로 운용할 펀드에 대한 사업 설명서와 프레젠테이션 자료를 부지런히 만들었다. 자료가 보기 좋게 완성되자 뉴욕행 특별 할인 티켓을 산 후 미팅을 잡기 위해 투자자들에게 전화를 돌리기 시작했다.

첫 미팅 상대는 장 카루비라는 아주 쾌활한 프랑스인이었다. 장은 헤지펀드 전문 자산 관리 회사를 운영하는 50세의 금융업자였다. 지난봄 모스크바행 비행기에서 처음 만났을 때, 펀드를 차리면 자신을 찾아오라고 말한 적이 있었다.

그의 사무실은 5번가와 57번가의 교차로에 자리한 크라운 빌딩에 있었다. 버그도프 굿맨 백화점에서 조금만 내려오면 있는 건물이었다. 사무실에 들어가자 그가 오랜 친구처럼 맞아주었다. 나는 프레젠테이션 자료를 꺼내 그의 앞에 있는 테이블에 놓았다. 그가 독서용 안경을 끼고, 내가 한 쪽 한 쪽 설명할 때마다 따라오면서 신중하게 내용을 검토했다. 프레젠테이션을 마치자 그가 안경을 코끝으로 내리더니 흐뭇한 표정을 지었다. "이거 굉장하군요, 관심이 생기네요. 말해봐요, 지금까지 자금을 얼마나 모았죠?"

"그게, 한 푼도 못 모았습니다. 이게 첫 미팅이거든요."

그가 수심에 잠긴 얼굴로 턱을 문질렀다. "이렇게 하죠. 최소 2500만 달러가 모이면 그때 나도 300만 달러를 투자할게요. 알겠죠?"

전적으로 합리적인 제안이었다. 투자가 가져올 이익과는 상관없이 첫 테이프도 끊지 않은 펀드에 투자할 마음이 없는 게 당연했다. 뉴욕에서 진행된 미팅은 거의 이런 식이었다. 투자자 대부분은 내 제안에 만족했고 투자에 관심도 보였지만, 최소한의 자본금도 모으지 못한 상황에 뛰어들려는 사람은 한 명도 없었다.

첫 테이프를 끊을 수 있게 거액의 수표를 써줄 사람이 필요했다. 그 사람이 에드몬드 사프라라면 더할 나위 없이 완벽하겠지만, 그는 레오폴다 빌라에서 미팅한 후 감감무소식이었다. 그렇다면 다른 고정 투자자를 찾아야 했다. 선택의 폭을 넓혀보았다.

몇 주 후 로버트 플레밍이라는 영국 투자 은행에서 가장 긍정적인 답변을 보내왔다. 플레밍은 이머징 마켓에서 성공을 거두었을 뿐만 아니라 러시아 투자안을 고려하고 있었기에 날 초대해 런던의 간부 몇 명을 만나게 해주었다.

미팅은 순조로웠고, 이후 한 번 더 초대를 받아 이사 한 명에게 비숫한 프레젠테이션을 했다. 그다음 주에 다시 플레밍을 찾아가자 입구에서 만난 보안 요원이 이사회실까지 안내해주었다. 이사회실은 실내장식가가 고풍스런 영국 명문 머천트 뱅크외국환 어음의 인수나 증권 발행 업무를 하는 금융 기관의 정석으로 여길 법한 모습 그대로였다. 동방에서 온 카펫 위에 고풍스런 마호가니 회의 탁자가 놓여 있고 플레밍 가문의 여러 인물을 그린 유화가 벽을 장식했다. 흰색 외투를 입은 집사가 찻잔에 차를 따라주었다. 이렇게 한껏 영국 상류층 분위기를 연출한 건 나 같은 사람들이 세련되지 못한 외부인이라는 기분을 느끼게 하기 위해서라는 생각이 절로 들었다.

몇 분 후 50대 초반의 남자가 들어와 힘없이 악수를 청했다. 머리가 희끗했고 약간 구겨진 수제 양복의 어깨 부분에 비듬이 내려앉아 있었다. 자리에 앉자 그가 투명한 서류철에서 메모를 꺼내 자기 앞에 조심스럽게 놓았다. 나는 거꾸로 된 상태에서 메모를 읽었다. 제목이 '브라우더 펀드 제안서'였다. "브라우더 씨, 와줘서 정말 고맙소." 맥스웰 시절 동료인 조지 아일랜드의 말투를 똑같이 흉내 낸 듯한 영국 억양으로 그가 말했다. "지난주에 러시아의 가능성을 주장하는 프레젠테이션을 듣고 동료들도 나도 무척 감동했소. 이제 희망 연봉과 상여금에 대해 논의하고 싶소만."

희망 연봉과 상여금? 도대체 이 사람은 어느 대목에서 내가 취업면접을 하러 이곳에 왔다고 생각한 것일까? 나는 살로몬브라더스의 잔혹한 뱀 구덩이를 겪은 후 사업가 행세를 하며 '그럼요'라는 무의미한 감탄사나 내뱉는 아마추어 상사의 시종으로 사는 일만큼은 피하고 싶었다.

"죄송하지만 뭔가 오해를 하신 것 같군요." 침착한 목소리로 말했다. "전 이곳에 취업 면접을 보러 온 게 아닙니다. 플레밍이 제 펀드의 고정 투자자가 되어주십사 제안하러 방문한 겁니다."

"아." 당혹스러운 표정을 지으며 그가 브리핑 서류를 만지작거렸다. 이런 상황은 그가 생각한 각본에 없었던 것이다. "그럼 우리와 하고 싶은 거래가 뭐요?"

나는 그의 눈을 똑바로 쳐다보았다. "전 사업의 지분 50퍼센트를 가져가는 대신 2500만 달러를 투자해줄 분을 찾고 있습니다." 그가 내 눈길을 피하며 이사회실을 휙 훑었다. "흠. 헌데 우리가 사업의 50퍼센트를 가지면 나머지 50퍼센트는 누가 갖소?" 정말 몰라서 묻는 말인지 확신이 들지 않았다. "제가 갖습니다."

그의 얼굴이 굳어졌다. "제안서에 적힌 대로 러시아 시장이 껑충 뛴다면 브라우더 씨는 돈방석에 앉게 될 거요."

"네, 그게 핵심이죠. 플레밍도 그렇게 될 거고요."

"정말 미안하오, 브라우더 씨. 그런 식의 거래는 여기서 절대 성공하지 못할 거요." 자신의 말이 얼마나 터무니없는지 전혀 인지하지 못한 채 그가 말했다. 건방진 외부인을 부자로 만드는 일은 오랜 영국 계급 제도의 원칙에 어긋나는 일이기 때문에 차라리 일확천금을 벌 기회를 놓치는 쪽을 택하겠다는 심산인 듯했다. 예의를 차리며 미팅을 끝냈지만, 그곳을 나오면서 나는 두번 다시 이런 거만한 은행에 발을 들이지 않겠다고 맹세했다.

그 후로도 몇 주 동안 첫 단추도 끼우지 못한 채 막다른 골목에 이르기를 여러 번 반복하다가 마침내 예감이 좋은 투자자 후보를 만나게 되었다. 바로 미국의 억만장자 론 버클이었다. 만남을 주선해준 사람은 예전에 살로몬에서 브로커로 활동했던 켄 압달라로, 소개의 대가로 한몫 떼어주기를 바라고 있었다.

버클은 43세의 캘리포니아 독신남으로, 엷은 갈색 머리에 피부가 보기 좋게 그을려 있었다. 미국 서부 해안에서 사모 펀드로는 가장 탁월한 인물 가운데 한 명이었다. 그는 차입 매수LBO 차입 자금을 이용해 회사를 매수하는 것를 통해 성공적으로 슈퍼마켓을 잇달아 인수해, 계산대에서 손님의 물건을 담아주던 백보이bagboy에서 『포브스』리스트에 오른 가장 성공한 미국인 가운데 한 명이 되었다. 사업적인 성공 외에도 할리우드 연예인, 클린턴 대통령 같은 유력 정치인들과 함께 찍힌 사진이 정기적으로 사회면에 올랐다.

1995년 9월 어느 맑고 화창한 날, 로스앤젤레스에 도착했다. 렌터카를 타고 호텔에 체크인을 한 후 버클의 집 주소를 찾았다. 베벌리힐스 그린에이커스 드라이브 1740번지였다. 다시 차를 타고 언덕 위를 천천히 달리며 수많은 대문이 달린 집과 꽃이 만발한 앞뜰을 지나쳤다. 야자나무, 단풍나무, 오크나무, 특이한 시커모어단풍나무 같은 게 서 있었다. 그린에이커스 드라이브는 선셋 대로에서 약 1.6킬로미터 떨어져 있었고, 1740번지는 막다른 골목 끝에 위치했다. 검정 철문에 차를 세우고 인터폰을 누르자, 대문으로 들어와 주차를 하라는 말소리가 들렸다. "현관에서 봐요, 빌." 남자가 말했다.

대문이 활짝 열리자 양편에 뾰족한 사이프러스 나무들이 늘어선 진입로를 따라 차를 고리 모양으로 운전했다. 중심부에 들어서자 내 평생 본 것 중 가장 호화로운 대저택이 떡하니 서 있었다. 레오폴다 빌라가 세계에서 가장 비싼 주택이라면, 1920년대 말 무성 영화 스타 해럴드 로이드가 지은 그린에이커스는 가장 큰 주택 가운데 하나였다. 본채는 방이 44개에 면적이 4180제곱미터에 이르는 이탈리아식 궁전이었고, 깔끔하게 손질된 잔디와 테니스코트, 수영장, 분수대 등 상상할 수 있는 모든 부의 상징이 그 주변을 에워싸고 있었다. 나는 다른 사람의 재산을 보고 특별히 경외감을 느끼는 편이 아니지만, 그린에이커스를 보고는 감탄하지 않을 수 없었다. 캘리포니아주 퍼모나 출신의 평범한 남자였던 버클은 무일푼으로 시작해 사우디 왕자 못지 않은 삶을 누리고 있었다.

초인종을 눌렀다. 버클이 직접 대답했고, 그의 바로 뒤에는 켄 압달라가 서 있었다. 버클이 반갑게 맞아주더니 잠깐 집을 구경시켜주었다. 그런 다음 우리 세 사람은 버클의 서재로 가서 계약 조건을 논의했다. 버클은 놀랄 만큼 느긋했고 내가 제시한 조건, 즉 50퍼센트의 사업 지분을 받는 대가로 2500만 달러를 투자한다는 조건을 받아들였다. 사업 개시일, 채용 결정권, 사무실 운영 자본 같은 그다지 중요하지 않은 조건에 대해서는 별로 말이 없었다. 월가에서 손에 꼽히는 맹수로 통하는 사람치고는 너무나 느긋해 보였다.

미팅을 마친 후 버클은 켄과 내게 식사를 대접하고 자신이 즐겨 가는 나이트클럽에 데려갔다. 나는 버클이 굉장히 유쾌한 사람이라는 사실에 놀랐다. 예상과 달리 월가 특유의 허세는 어디서도 찾아볼 수 없었다. 저녁 시간이 끝나고 내가 차에 올라타려고 하자 그가 변호사들에게 계약서 초안을 맡긴 후 런던으로 보내겠다고 약속했다. 이튿날 비행기를 타고 집으로 날아오면서 나는 사업의 시작을 가로막던 큰 장애물을 해치운 것 같은 기분을 느꼈다. 비행기 안에서 레드 와인 한 잔을 시켜 행운을 빌며 조용히 건배를 한 후 영화를 보다가 잠이 들었다.

약속대로 나흘 후 햄프스테드 집에 있는 팩스기에서 버클의 변호사들이 보낸 긴 문서가 흘러 나왔다. 초조하게 문서를 받아들고서 모든 게 제대로 되어 있는지 확인하기 시작했다. 첫 페이지는 괜찮아 보였다. 둘째 페이지도, 셋째 페이지도 문제가 없었다. 그런데 일곱째 페이지에서 '자본금'이란 제목이 적힌 항이 이상했다. '유카이파Yucaipa*는 펀드에 2500만 달러를 투자한다'라고 적혀 있어야 할 자리에 '유카이파는 2500만 달러의 투자금을 모으기 위해 최선을 다할 것이다'라고 적혀 있었다. '최선'을 다한다는 게 무슨 의미지? 이건 내가 동의한 사항이 아니었다. 혹시나 잘못 이해했을까봐 계약서를 다시 읽었다. 잘못 이해한 게 아니었다. 버클은 최대한 자금을 모아보겠다는 약속만 하고 자신의 돈은 한 푼도 쓰지 않을 생각이었다. 그리고 최선을 다한다는 명목으로 사업 지분 50퍼센트를 가져갈 요량이었다.

그러니 협상 자리에서 그렇게 느긋했던 게 당연했다. 그는 아무런 위험 부담도 지지 않았다!

나는 즉시 그의 사무실에 연락했다. 출타 중이라고 비서가 정중하게 알려주었다. 세 번 더 전화를 걸었지만 그는 계속 자리에 없었다. 그래서 켄 압달라에게 전화를 걸었다.

"론한테 연락이 안 돼서 전화한 거 알아요." 방금 전까지 해변을 거닐다 온 사람처럼 켄이 경쾌한 캘리포니아 억양으로 말했다. "그나저나 무슨 일이죠?"

"잘 들어요, 켄. 방금 계약서를 받았는데 론이 펀드에 직접 자금을 대는 게 아니라 자금을 모으도록 도움만 준다고 돼 있어요. 그건 내가 동의한 사항이 아니잖아요."

---

* 버클의 투자 회사 명칭.

"빌, 내가 증인이에요. 그날 론이 말한 내용이 바로 그거였어요."
그가 캘리포니아 멋쟁이의 말투 대신 무척 냉담한 어조로 말했다.

"그럼 론이 자금을 모으지 못하면 어떻게 되죠?"

"간단해요. 50퍼센트 지분이 다시 당신한테 돌아가는 거죠."

이 사람들이 지금 뭐 하자는 거지? 버클은 전화 몇 통 걸어 자금을 모은 대가로 내 사업의 50퍼센트, 사실상 무료 옵션을 갖는다. 반면 버클이 너무 바빠서 전화를 못 하거나 그의 친구들이 투자를 원치 않으면 나는 모스크바의 텅 빈 사무실에 앉아 있게 된다.

켄은 나의 화난 기색을 읽었지만, 이 거래를 망쳐 자신의 몫을 잃고 싶지 않은 듯했다. "걱정 말아요, 빌. 론은 미국에서 알아주는 금융업자예요. 2500만 달러를 모으겠다고 말하면 정말로 2500만 달러를 마련할 사람이에요. 이런 정도의 거래는 눈 감고도 스무 번이고 성사시킨다고요. 그러니 진정해요. 다 잘될 거예요. 확실해요."

전혀 확신이 들지 않았지만, 다시 생각해보겠다고 약속했다. 아마도 나는 듣고 싶은 말을 듣는 데 혈안이 되어, 버클이 2500만 달러를 투자하겠다고 말한 줄 알았던 모양이다. 상황이 어떻든 간에 이런 식의 전개는 불쾌했다. 이 계약을 당장 철회하고 싶었지만, 다른 대안이 없는 데다 시간이 째깍째깍 흘러가고 있었다. 러시아에서 기다리고 있는 기회가 사라질 수 있었다. 그러다 러시아 시장이 오르기 시작하면 일확천금을 얻을 일생일대의 기회를 놓치게 될 것이다.

내가 정말 동업하고 싶은 사람은 버클이 아니라 에드몬드 사프라였기에 마지막으로 사프라와의 거래를 한 번 더 시도해보기로 했다. 직접 전화를 걸 수 없어서 앤트워프에 있는 베니에게 연락했다. 벨이 한번 울리자 그가 전화를 받았다.

"안녕하세요, 베니. 저 빌이에요. 그동안 연락 못 드려서 죄송해요. 하지만 예의상 러시아 펀드 건은 론 버클과 계약할 예정이라는 사실을 알려드려야 할 것 같아서요."

베니는 잠시 말이 없었다. 예의상 건 전화가 아니라는 사실은 둘 다 알고 있었다.

"그게 무슨 말이에요? 버클이 누군데요?"

"미국의 슈퍼마켓 재벌이에요."

"자산 관리를 잘 아는 사람을 원한다고 했던 거 아닌가요? 그 버클이란 사람이 자산 관리에 대해 뭘 안다는 거죠?"

"저도 모르겠어요. 하지만 당신과 사프라는 이 투자 건에 흥미를 잃은 것 같아서요."

또다시 침묵한 후 베니가 말했다. "기다려요, 빌. 우린 흥미를 잃은 게 아니에요. 내 연락이 올 때까지 아무것도 하지 말아요. 지금 당장 에드몬드에게 연락해볼게요."

나는 전화를 끊고 햄프스테드 집을 서성거리며 초조하게 기다렸다. 한 시간 후 베니가 전화를 걸어왔다. "빌, 방금 에드몬드와 얘기했어요. 이제 사업에 투자할 준비가 됐대요."

"정말요? 확실한가요? 이렇게 갑자기요?"

"그래요, 빌. 내일모레 오른팔인 샌디 코이프만을 런던으로 보내겠다는군요. 나도 런던으로 갈게요. 그럼 그때 일을 진행하죠."

이런 전개에는 억만장자들의 전형적인 심리가 작용했다. 만일 경쟁을 붙이지 않았다면 사프라는 아무것도 하지 않았을 것이다. 하지만 또 다른 협상이 진행 중이라는 소식을 듣고 나니 사프라도 내가 제시한 조건을 거부하기 어려웠을 것이다.

이틀 후 오전 11시에 버클리 광장에 있는 화려한 6층짜리 타운하우스에서 베니와 샌디를 만났다. 샌디는 키 182센티미터에 40세쯤 되어 보였고 까무잡잡하고 지중해 사람 같은 얼굴을 하고 있었다. 이스라엘 전투기 조종사 출신으로, 금융 시장에서 과감한 베팅을 하고 페라리를 몰며 사프라가 곤경에 빠지지 않게 신중을 기하는 인물로 정평이 나 있었다. 서재에 자리를 잡으면서 샌디가 날 지켜보고 있는 걸 느꼈다. 그는 어떤 사업을 하든 시작하기 전에 상대를 닦달하곤 했지만, 사프라가 지시한 건 계약을 성사시키는 일이었기에 군말 없이 그대로 따랐다.

제안은 간단하고 공평했다. 에드몬드 사프라와 베니 스타인메츠는 펀드에 2500만 달러를 넣어 사업에 쓸 종잣돈을 제공한다. 거래 정산과 펀드 평가, 모든 서류 업무는 사프라의 은행에서 해야 한다. 가장 중요한 건 내가 펀드를 잘 운영하면 사프라가 자신의 고객을 내게 소개해준다는 조건이었다. 사프라는 세계에서 가장 부유하고 영향력 있는 가문들을 고객으로 두고 있었다. 그 대가로 사프라는 사업 지분의 절반을 가져가고 그중 일부를 베니에게 주선비로 나눠줄 것이다. 이 제안을 수락하는 일은 생각할 필요도 없이 쉬운 결정이었기에 즉석에서 계약이 이뤄졌다.

이 계약이 특히 좋았던 건, 사프라가 자신의 가문 대대로 알아온 사람들과만 사업을 하기로 유명했다는 점이다. 나 같은 이방인과 사업을 하는 건 전례가 없는 일이었다. 어째서 이런 예외를 뒀는지 알 수 없었지만, 내게 찾아온 행운을 의심할 생각은 없었다. 샌디가 내 생각을 읽은 듯, 내가 제안을 받아들인 후 말했다. "축하해요, 빌. 에드몬드는 이 계약이 성사돼 기쁘겠지만, 앞으로 내가 당신을 계속 눈

여겨볼 거요."

일주일 후 사프라의 변호사들에게서 받은 계약서는 버클의 계약서와 달리 내가 생각한 그대로였고, 그래서 바로 서명을 했다. 그런 다음 버클에게 같이 사업을 하지 않겠다고 통보하자 그가 버럭 화를 내며 욕을 하더니 고소하겠다고 협박했다. 비록 얻은 건 없었지만, 이 일을 계기로 버클이 소문대로 강압적이고 거친 사람이라는 건 확실히 알게 되었다.

이제 준비가 되었다. 크리스마스 전 몇 달간 마지막 마무리를 하면서 모스크바로 떠날 채비를 했다. 다만 혼자 가는 건 아니었다. 당시 한 여자를 만나고 있었기 때문이다.

그녀의 이름은 사브리나였고, 우리는 6개월 전에 캠던타운의 한 소란스러운 파티에서 만났다. 그녀는 아름답고 머리색이 짙은 유대인 여자로 런던 서북부 출신이었고 내가 알던 누구와도 달랐다. 싹싹한 겉모습 이면에는 불같은 투지와 금방이라도 깨질 듯한 연약함이 뒤섞여 있어 거부할 수 없는 매력을 풍겼다. 고아로 태어난 그녀는 런던 동부의 가난한 가정에 입양됐지만, 어떻게든 이스트엔드전통적으로 노동자 계층이 사는 런던 동부 지역를 떠나와 런던내기 말씨를 버리고 영국 연속극 배우가 되었다. 처음 만난 날 밤, 우리는 함께 파티장을 빠져나와 곧장 그녀의 집으로 향했고 그 순간부터 떼어놓을 수 없는 사이가 되었다. 2주 뒤 그녀에게 우리 집 열쇠를 주었다. 이튿날 조깅을 하고 돌아와보니 복도에 커다란 여행 가방 두 개가 놓여 있었고, 사전에 상의도 없이 우리는 동거를 시작했다. 다른 사람이라면 천천히 관계를 발전시켜 나갔겠지만, 그때는 그녀의 매력에 푹 빠져 있었기에 그녀가 뭘 하든 개의치 않았다.

사프라와의 계약서에 서명을 한 후, 법률 회사 사무실에서 그녀에게 전화를 걸어 이따 저녁에 켄 로스 레스토랑에서 만나 축하를 하자고 했다. 그곳은 우리가 즐겨 가는 중국 식당으로, 빅토리아 역 근처에 있었다. 식사하는 동안 그녀는 이상하게 슬퍼 보였지만, 나는 왜 그런지 알 수 없었다. 그러다 후식을 먹을 때 그녀가 몸을 앞으로 숙이고 말했다. "빌, 당신이 잘돼서 정말 기쁘지만 당신을 잃고 싶진 않아."

"그게 무슨 소리야? 난 당신이랑 함께 갈 거라고!" 내가 열정적으로 말했다.

"빌, 내가 모든 걸 포기하고 모스크바로 가길 원한다면 결혼해줘. 난 서른다섯 살이고 너무 늦기 전에 아이도 낳고 싶어. 단순히 재미로 당신과 세계를 떠돌 순 없다고." 태평하고 섹시하고 열광적인 그녀의 이면에는 가족을 꾸리고 싶어하는 평범한 유대인 여자의 모습도 있었다. 그 모든 면이 그날 밤 켄 로스 레스토랑에서 드러났다. 나도 그녀와 헤어지고 싶진 않았지만, 만난 지 1년도 안 돼서 결혼하는 건 성급한 듯했다. 나는 대답하지 않았고, 집으로 돌아온 후 그녀는 가방을 싸기 시작했다.

택시가 도착하자 그녀가 한마디 말도 없이 문을 열더니 거리 쪽으로 나 있는 자갈길을 따라 멋쩍게 여행 가방을 끌고 갔다.

그녀가 떠난다는 생각에 감정이 북받쳤다. 그리고 마음을 정했다. 아무려면 어때? 한번 시작한 일은 끝을 내고 봐야지. 그런 뒤 그녀를 쫓아가서 앞을 가로막았다. "사브리나, 나도 당신을 잃고 싶지 않아. 우리 결혼하자. 모스크바에 가서 함께 새로운 삶을 시작하는 거야." 그녀의 두 눈에 눈물이 그렁거렸다. 그녀는 여행 가방을 두고 내 품에 안겨 키스했다.

"그래, 빌. 당신과 함께라면 어디든 갈 수 있고 뭐든 할 수 있어. 사랑해. 그래그래. 결혼하자."

9

다보스의 호텔 방바닥에서 잠을 청하다

모든 것이 자리를 잡아갔다. 사프라가 투자한 2500만 달러의 훌륭한 투자안이 있었고, 사랑하는 여자와 모스크바에서 신나는 모험을 시작하려던 참이었다. 하지만 자칫 모든 일을 수포로 돌릴 수 있는 옥에 티가 하나 있었으니, 바로 다가오는 1996년 6월에 열릴 러시아 대통령 선거였다.

민주적 절차에 따라 선출된 첫 대통령인 보리스 옐친이 재선을 노리고 있었지만, 상황은 그에게 불리하게 돌아갔다. 러시아를 공산주의에서 자본주의로 전환하려는 옐친의 계획은 보기 좋게 실패했다. 1억5000만 러시아 국민이 대규모 민영화의 성과를 나눠 갖기는커녕, 스물두 명의 올리가르히가 국부의 39퍼센트를 소유하고 나머지 국민은 가난에 허덕이며 살게 되었다. 먹고살기 위해 교수는 택시 기사가 되고 간호사는 매춘부가 되었으며 미술관에서는 벽에 걸린 그림들을 떼어다 팔았다. 거의 모든 러시아인이 굴욕감을 느끼며 주눅이 들었고, 옐친을 몹시 싫어하게 되었다. 1995년 12월, 내가 모스크바로 떠날 준비를 하고 있을 때 옐친의 지지율은 5,6퍼센트에 불과했다. 반면 그의 정적이자 공산당 당수인 겐나디 주가노프는 여론 조사에서 지지도가 상승해 다른 후보들보다 높은 지지율을 자랑하고 있었다.

주가노프가 대통령이 되면 사유화된 재산을 몰수할까봐 두려워하는 사람이 많았다. 극심한 인플레이션, 파업, 식량 부족, 길거리 범죄 등 여러 문제는 그들이 감당할 만했지만, 정부가 모든 재산을 압류해 자본주의가 끝났다고 선언해버리면 상황이 완전히 달라질 터였다.

어떻게 하면 좋을까? 옐친이 당선될 가능성이 남아 있었기에 사프라와의 거래를 취소하지는 않을 생각이었다. 그렇다고 하루아침에 재산을 몰수당할지도 모르는 나라에 사프라의 돈을 쏟아부을 수는 없었다. 나는 일단 모스크바로 가서 기다리는 게 최선이라는 결정을 내렸다. 누가 당선될지 분명해질 때까지 펀드 자금은 모두 현금으로 보유해둘 수 있었다. 최악의 경우에는 현금을 챙겨서 사프라에게 돌려주고 나는 런던으로 돌아와 다시 시작하면 되었다.

계획이 어떻든 간에, 샌디 코이프만은 자기 나름대로 어떻게 사프라의 이익을 보호할지 생각해두고 있었다. 1996년 1월, 그는 내게 전화해 운영 절차 설명서라는 서류를 작성해야 자금을 내줄 수 있다고 말했다. 도대체 운영 절차 설명서가 뭔데? 나는 생각했다. 이건 계약 사항에 없었다. 분명 초조함을 느낀 사프라가 일을 계속 진행시킬지 아니면 자금 투입을 철회할지 결정할 시간을 벌기 위해 이런 고상한 방법을 생각해낸 듯했다.

이 문제로 샌디와 싸울 수도 있었지만, 불확실한 상황에서 빨리 결정하라고 강요하고 싶진 않았다. 그래서 샌디가 요구한 설명서를 준비하는 동시에 러시아 여론 조사를 주시하며 상황이 유리하게 바뀔지 관찰했다.

운영 절차 설명서를 작성하기 시작한 지 일주일이 지났을 때 친구 마크 홀츠만에게서 전화가 걸려왔다. 마크는 5년 전 맥스웰에서 일할 때 부다페스트에서 만난 친구였다. 그는 동유럽과 러시아에 중점을 둔 부티크 투자 은행을 운영했으며 내가 만나본 사람 가운데 가장 유능한 마당발이었다. 개발도상국 어디든 인맥을 이용해 24시간 내에 그 나라의 대통령, 외무부 장관, 중앙은행장과의 미팅을 주선할 수 있었다. 내 또래였지만, 그가 능수능란하게 정치적 수완을 발휘할 때마다 옆에 있는 내가 아마추어처럼 느껴질 정도였다.

"나야, 빌. 이번에 다보스에 가려고 하는데 같이 안 갈래?" 내가 전화를 받자마자 마크가 물었다.

마크는 스위스 다보스에서 열리는 세계경제포럼WEF을 말하는 것이었다. 이 포럼은 CEO, 억만장자, 국가수반이 참석하는 연례행사로, 재계 최고 수준을 자랑하는 A급 회의였다. 한 나라 또는 세계 주요 기업을 운영해야 하고 참가비 5만 달러를 내야 하는 등 참가 조건이 까다로워 마크와 나 같은 일반인이 '다보스에 가는 건' 상상도 할 수 없었다.

"나도 가고 싶지만 초청장이 없는걸." 당연한 사실을 알려주었다.

"그게 뭐? 나도 없어!"

현실은 안중에 없고 대담하면서도 모험심으로 똘똘 뭉친 마크의 말에 나는 고개를 절레절레 흔들었다. "그건 그렇다 치고 묵을 곳은 있어?" 주변의 수 킬로미터 내에 있는 호텔이란 호텔은 모두 1년 전부터 예약이 차 있기 때문에 숙박도 장애물 가운데 하나였다.

"아, 그건 해결했지. 시내 중심에 있는 보세주르 호텔에 싱글룸 하나가 비어 있더라고. 겨우 잠자리만 해결된 거지만 그래도 재미있을 거야. 같이 가자!"

확답을 할 수 없었다. 해야 할 일이 많았다. 그러자 마크가 흥분하며 말했다. "빌, 너도 와야 해. 내가 겐나디 주가노프와의 만찬을 준비해뒀다고."

겐나디 주가노프라고? 마크는 그런 일을 도대체 어떻게 성사시킨 걸까?

보아하니 마크는 선견지명을 발휘해, 다른 사람들이 주가노프를 정치적으로 주목하기 훨씬 전부터 그와 관계를 다져놓은 듯했다. 그리고 주가노프가 다보스 포럼에 참석할 것이라는 발표가 나자 그에게 전화를 걸어 말했다. "제가 아는 많은 억만장자와 『포춘』 선정 500대 기업 CEO가 당수님을 몹시 뵙고 싶어합니다. 다보스에서 간소하게 비공개 만찬을 열 생각인데 혹시 참석할 의향이 있으십니까?" 주가노프는 당연히 참석할 의향이 있었다. 그런 뒤 마크는 다보스에 참석하는 억만장자와 CEO에게 일일이 편지를 썼다. '러시아 차기 대통령이 되실 겐나디 주가노프께서 직접 뵙기를 원하시는데, 1월 26일 저녁에 시간이 되십니까?' 당연히 그들도 시간이 되었다. 이렇게 마크는 일을 성사시켰다. 어설픈 전략이었지만 효과는 놀라웠다.

주가노프에 대한 이야기를 들은 후 딥석 제안을 받아들였다. 화요일에 취리히로 날아가 기차를 타고 다보스에 도착했다. 다보스는 고급 휴양지로 유명했지만, 막상 가보니 전혀 화려하지 않았다. 산업이 발달한 실용적인 도시라는 느낌이 강했다. 다보스는 스위스 알프스산맥 지역에서 인구가 가장 많은 도시 가운데 하나로, 풍치로 이름난 스위스 스키 휴양지에서 기대할 법한 이미지보다는 공영 주택을 연상시키는 크고 실용적인 아파트 건물이 줄 지어 서 있었다.

마크와 나는 보세주르 호텔에 도착했다. 체크인할 때 데스크 직원이 야릇한 표정을 지었지만(성인 남자 둘이서 싱글룸을 나눠 쓰는 것이었으니까), 우리는 개의치 않고 위층으로 올라가 짐을 풀었다. 마크가 침대를 썼고 나는 바닥을 차지했다.

참 터무니없는 일이었다. 우리는 침입자나 다름없었다. 초청장도 받지 못했고 참가비도 내지 않았으며 회의장에 들어갈 자격도 전혀 되지 않았다. 하지만 그중 어느 것도 중요하지 않았다. 우리 관심을 끄는 활동은 선스타 호텔에서 벌어지기 때문이었다. 그 호텔 로비는 모든 러시아인의 회합 장소였다.

우리는 짐 정리를 끝내자마자 선스타 호텔로 가서 로비를 한 바퀴 순회했다. 러시아에서 온 다양한 군상이 모여 있었다. 곧 보리스 표도로프라는 잘 아는 사업가를 발견했다. 그는 모스크바의 작은 증권회사 회장으로, 1993년부터 1994년까지 러시아 재무 장관을 지냈다. 통통한 편이었고 짧은 갈색 머리에 뺨이 둥그스름했으며 말똥말똥 빛나는 눈에 네모난 안경을 쓰고 있었다. 표도로프는 마흔 살도 안 된 사람치고는 터무니없을 만큼 거만한 인상을 풍겼다. 표도로프가 커피를 마시고 있는 테이블에 마크와 함께 다가가자 그가 거들먹거리며 영어로 물었다. "자네가 여긴 어쩐 일이지?"

그 말을 들으니 불현듯 고등학교 시절이 떠올랐다. 그가 한때는 러시아의 재무 장관이었는지 몰라도 지금은 한낱 시시한 증권 중개인에 불과했다.

"2500만 달러를 러시아에 투자할 생각이거든요. 하지만 그 전에 엘친이 선거에서 어떻게 될지 이것저것 따져봐야 해요. 그래서 여기까지 온 거죠." 사무적인 어투로 답했다.

'2500만 달러'라는 말을 듣는 순간 표도로프의 태도가 180도 달라졌다. "어서 여기 좀 앉아보게, 빌. 옆에 있는 친구 분 이름은 뭔가?" 마크를 소개한 후 자리에 앉았다. 착석하기가 무섭게 표도로프가 말했다. "선거는 걱정 말게, 빌. 틀림없이 엘친이 이길 테니까."

"그게 가당키나 한가요? 지금 엘친의 지지율은 겨우 6퍼센트인데." 마크가 따져 물었다.

표도로프는 손을 내밀어 손가락으로 로비를 훑었다. "그건 저들이 해결해줄 거요."

그가 가리키는 곳에는 세 명의 남자가 있었다. 보리스 베레좁스키, 블라디미르 구신스키, 아나톨리 추바이스였다. 이 삼인조는 구석에서 열심히 밀담을 나누고 있었다. 베레좁스키와 구신스키는 가장 유명한 러시아 올리가르히에 속했으며 각자의 방식으로 악착같이 다른 사람들을 제치고 은행과 텔레비전 방송, 기타 주요 산업체를 소유한 억만장자가 되었다. 추바이스는 러시아에서 가장 노련한 정치 수완가 가운데 한 명으로, 결과는 처참했지만 엘친의 경제 개혁의 일환인 대규모 민영화 사업의 설계자였다. 1996년 1월, 그는 꺼져가는 엘친의 선거운동 불씨를 되살리는 데 온 힘을 쏟기 위해 공직에서 물러났다.

당시에는 몰랐지만, 선스타 호텔 로비에서 벌어진 이 장면이 바로 그 유명한 '악마와의 거래Deal with the Devil' 사건이었다. 이 거래를 통해 올리가르히들은 모든 미디어와 재원을 동원해 엘친의 재선을 지지하기로 결정했다. 그 대가로 그들은 아직 민영화되지 않은 러시아 기업들을 거의 거저로 차지하려 했다.

로비를 돌아다니며 여러 올리가르히, 미니가르히minigarch 올리가르히의 자녀들과 얘기를 나눠보니 모두 옐친이 재선에 성공할 것이라는 표도로프의 말을 반복했다. 어쩌면 사실일지도 모르지만, 그저 자신들이 바라는 결과를 예측해서 말하는 것일 수도 있었다. 러시아 올리가르히들은 상황이 좋을 때에도 신뢰하기 어려운 사람들이었고, 대통령 당선에 필요한 51퍼센트를 얻기까지 옐친이 가야 할 길은 너무나 멀어 보였다.

그러니 옐친이 낙선하면 모든 걸 잃을 처지에 있는 사람들의 몽상에 귀를 기울이기보다는 우승 후보의 의중을 가늠하는 편이 훨씬 더 나았다. 이 여행의 목적은 전적으로 주가노프의 의중을 파악하는 것이었고, 마크가 마련한 만찬에서 그 기회를 잡게 될 것이다.

만찬이 열리는 저녁이 되자 플루엘라 호텔로 향했고 북적이는 비공개 만찬실로 갔다. 플루엘라는 다보스에서 유일하게 별 다섯 개가 붙은 두 호텔 가운데 한 곳으로, 마크는 그곳에서 만찬을 주최해 엄청난 성과를 일구어냈다. 그날 밤 마크가 주선한 만찬은 다보스에서 가장 인기 있는 행사였다.

테이블은 큰 정사각형 모양으로 배열되었고 그 바깥쪽으로 의자가 놓였다. 나는 손님들이 도착하면 얼굴을 보고 자리를 안내했다. 이렇게 대단한 사람들이 한자리에 모인 모습을 보기는 처음이었다. 그중에는 조지 소로스, 지멘스의 CEO 하인리히 폰 피에러, 제너럴일렉트릭의 CEO 잭 웰치, ABB그룹스위스의 전기 및 자동화 시설 생산 업체의 CEO 퍼시 바네빅도 있었다. 모두 합쳐 20~30명 정도의 억만장자와 CEO가 자리했고, 그 속에 마크와 내가 있었다. 나름대로 내 역할에 어울리게 가장 좋은 양복을 골라 입었지만, 그날 밤 호텔 방바닥에서 자게 될 사람은 그 만찬실에서 내가 유일했으리라.

모두가 착석하고 몇 분 후, 주가노프가 통역관과 경호원 둘을 대동하고 당당하게 입장했다. 그가 자리에 앉자 마크가 자기 잔으로 쨍그랑 소리를 내며 일어섰다.

"오늘 저녁에 함께해주신 여러분께 대단히 감사하다는 말씀을 드립니다. 러시아 공산당 당수이자 대통령 후보인 겐나디 주가노프를 위해 이 자리를 마련하게 되어 무척 영광입니다." 주가노프도 마크를 따라 일어나려고 했지만, 마크가 자연스럽게 말을 이어갔다. "또한 이 모임이 가능하도록 도와준 공동 주최자인 빌 브라우더에게도 고마움을 전하고 싶습니다." 마크가 손바닥을 위로 향한 채 내 쪽으로 손을 내밀었다.

나는 자리에서 반쯤 일어나 형식적으로 손을 흔든 후 재빨리 앉았다. 몹시 당황스러웠다. 마크가 내 수고를 알아주는 건 고마운 일이었지만, 그 순간에는 그냥 관심을 끌지 않고 조용히 있고 싶었다.

식사가 끝나자 주가노프가 일어나더니 통역관을 통해 연설을 했다. 중요하지 않은 온갖 화제를 꺼내며 장광설을 늘어놓다가 마침내 이렇게 말했다. "제가 사유 재산을 다시 국유화할까봐 걱정하시는 분들을 위해 말씀드리는데, 그럴 일은 없습니다."

퍼뜩 정신이 들었다.

주가노프가 덧붙였다. "요즘 공산주의자는 그저 이름표에 불과합니다. 지금 러시아에서 진행 중인 사유화의 흐름은 되돌릴 수 없습니다. 만일 사유 재산을 다시 국유화한다면 칼리닌그라드러시아 연방 공화국 서부부터 하바롭스크러시아 극동부까지 사회 불안이 확산될 겁니다." 그러고는 퉁명스럽게 고개를 끄덕이며 말을 이었다. "제가 러시아 대통령이 됐을 때 여러분을 다시 뵙고 싶습니다."

다들 놀라서 할 말을 잃은 가운데, 주가노프가 자리에 앉아 자신의 은그릇에 담긴 디저트를 먹었다. 주가노프가 정말 재국유화를 배제할 생각인가? 방금 한 말은 분명 그렇게 들렸다.

얼마 지나지 않아 만찬이 끝나고 마크와 나는 호텔 방으로 돌아왔다. 나는 바닥에 누워 빠르게 머리를 굴렸다. 주가노프가 한 말이 사실이라면 당선자가 누구든 상관없이 러시아에서 사업을 할 수 있었다. 최대한 빨리 이 소식을 샌디 코이프만에게 알려줘야 했다.

이튿날 아침 일찍 제네바에 전화를 걸어 이 이야기를 했지만, 샌디는 시큰둥한 반응이었다. "그자의 말을 진짜로 믿는 건 아니죠, 빌? 정치인이 무슨 말인들 못 하겠어요?"

"하지만 세계 기업 총수들 앞에서 한 말이에요! 아무 말이나 지껄였을 리 없어요."

"별 의미 없는 말이에요. 사람들은 거짓말을 해요. 정치인도 그렇죠. 정신 차려요, 당신이 만난 그 사람은 러시아 정치인이라고요. 정치인이 하는 말을 곧이곧대로 믿었다면 사프라는 지금쯤 빈털터리가 됐을 거예요."

이 상황을 어떻게 봐야 할지 몰랐다. 하지만 다보스에서 얻은 정보를 종합해볼 때 앞으로 상황이 좋게 풀릴 가능성이 있었고, 그렇게 되도록 무슨 일이든 할 작정이었다.

우선주

다보스에 다녀오고 6주가 지난 후에 드디어 샌디가 주문한 운영 절차 설명서 작성을 끝마쳤다. 샌디는 이제 사프라가 펀드에 넣은 자금을 보내주든가 거래를 철회해야 했다.

옐친의 지지율이 5.6퍼센트에 머물렀다면 분명 샌디는 철회를 선택했을 것이다. 하지만 올리가르히들의 계획이 효과를 발휘하는 듯 보였다. 3월 초, 옐친의 지지율이 14퍼센트까지 오르면서 샌디는 궁지에 몰렸다. 계약서의 한 조항에는 사프라가 중간에 손을 뗄 경우 수백만 달러의 위약금을 물어야 한다고 적혀 있었다. 하지만 샌디가 자금을 내줬다가 옐친이 재선에 성공하지 못하면 사프라는 그보다 훨씬 더 많은 돈을 손해볼 수도 있었다. 시간을 좀더 벌기 위해 샌디는 먼저 운영 자본 10만 달러를 내주었다. 최소한 모스크바에서 사무실을 차릴 수 있는 금액이었다.

궁지에 몰리긴 나도 마찬가지였다. 실질적인 일거리도 없이 모스크바로 거처를 옮기는 게 마음에 들지 않았지만, 그렇다고 빠른 결정을 강요하는 것도 이치에 맞지 않았다. 사프라가 지금 손을 떼겠다고 하면 러시아 대선 전까지 3개월 동안 2500만 달러를 내줄 다른 투자자를 찾아야 하는데 현실적으로 불가능했다.

묵묵히 할 일을 하면서 사브리나와 모스크바로 떠날 준비를 계속했지만, 우리 사이에 복잡한 문제가 생겼다. 청혼을 받자마자 그녀가 임신을 했고 심한 입덧을 하기 시작했다. 그녀의 상태가 몹시 좋지 않았기 때문에 나는 몇 번이나 그녀를 병원에 데려가 수액을 맞게 해야 했다.

모스크바로 떠나기 전날 밤 침실에서 짐을 싸고 있을 때, 결국 내가 크게 두려워하던 말을 사브리나가 꺼냈다.

"빌, 밤새도록 생각해봤는데, 나는……"

"뭔데 그래?"

"미안하지만 난 러시아에 못 갈 거 같아."

"입덧 때문에?"

"응. 그리고……"

"뭔데? 당신은 입덧이 끝나고 오면 되잖아, 안 그래?"

그녀가 혼란스러운 표정을 지으며 고개를 돌렸다. "그래. 그러니까 내 말은 나도 그렇게 생각한다고. 잘 모르겠어, 빌. 나도 모르겠어."

그녀와 함께 모스크바에 가고 싶었지만, 그녀를 나무랄 수는 없었다. 그녀는 내 아내가 될 사람이었고 우리 아기까지 배고 있었다. 무슨 결정을 하든 간에, 그녀의 안정과 행복이 가장 중요했다.

사브리나는 런던에 남기로 했다. 이튿날 아침 사브리나가 날 히스로 공항까지 태워다주었다. 길가에서 작별 인사를 한 후 나는 매일

두 번씩 전화하겠다고 약속했다. 그런 다음 키스를 하고, 하루빨리 그녀가 모스크바에 오기를 바라며 공항으로 들어갔다.

비행기가 동쪽으로 날아가는 동안 앞서 일어난 모든 일을 생각했다. 하지만 셰레메티예보 공항에 도착해 인파와 대혼란을 마주하자, 당장 모스크바에서 어떻게 살아갈지를 고민하는 것 외에 다른 일을 생각할 겨를이 없었다. 할 일의 목록이 두 페이지나 되었는데, 그중 첫 번째는 사무실을 찾는 것이었다. 내셔널 호텔에 체크인한 후 최근 모스크바에 사무실을 차린 마크 홀츠만에게 전화를 걸었다. 그가 자기 사무실 근처에 빈 사무실이 있다고 알려주었고 나는 당장 보러 가겠다며 약속을 잡았다.

이튿날 택시를 잡기 위해 호텔에서 나왔다. 도로에서 손을 내밀자마자 앰뷸런스 한 대가 중앙 차선에서 위험하게 방향을 틀더니 내 앞에서 급정거했다. 운전사가 몸을 굽히고 창문을 내리더니 말했다. "쿠다 비 예데테Kuda vy edete?" 내가 어디로 가는지 알고 싶어했다.

"파루스 비즈니스 센터요." 조금의 러시아 억양도 없이 대답했다. "트베르스카야 얌스카야 드바체트 트레Tverskaya Yamskaya dvacet tre." 러시아어로 된 거리 주소였다. 여기까지가 내 러시아어 실력의 전부였다. 모스크바에 사는 여느 서양인들과 달리, 나는 러시아 문학을 공부한 적도, 첩보원 훈련을 받은 적도, 러시아에서 살아가는 데 도움이 될 만한 걸 배워본 적도 없었다.

"퍄트 테예시치 루블레이Piat teesich rublei." 운전사가 말했다. 5000루블이었다. 약 3킬로미터를 가는 비용이 대략 1달러였다. 그와 얘기하는 사이, 내가 앰뷸런스를 퇴짜 놓을 때를 대비해 다른 차량 네 대가 무작위로 멈춰 서서 대기했다. 시간이 많지 않았기에 바로 앰뷸런스에 올라탔다. 시신이나 부상자가 타고 있지 않기를 바라는 마음으로 조수석에 앉으며 어깨 너머로 뒤를 돌아보았다. 다행히 아무도 없었다. 차 문을 닫자 앰뷸런스가 차량들 속으로 진입하며 트베르스카야 거리로 향했다.

얼마 지나지 않아 나는 모스크바에서 앰뷸런스가 승객을 태우는 게 드문 일이 아니라는 사실을 깨달았다. 자가용, 쓰레기차, 경찰차를 가리지 않고 모든 차량은 잠재적 택시였다. 모두가 돈에 굶주린 상태였기에 어떤 차든 손님을 태우고 요금을 받으려고 했다.

10분 후 앰뷸런스가 파루스 비즈니스 센터 앞에 멈춰 섰다. 운전사에게 돈을 주고 차에서 내려 지하도를 통해 맞은편으로 건너갔다. 건물 안으로 들어가서 1층에 있는 쉐보레 대리점을 지나친 후 건물 관리인을 만났다. 그는 언변이 뛰어난 오스트리아인이었다.

그리고 나를 4층에 있는 빈 사무실로 안내했다. 면적이 겨우 18제곱미터로, 보통 가정집의 안방 크기밖에 되지 않았다. 고작 몇 센티미터 정도 열리는 판유리 창은 서쪽의 주차장을 내려다보고 있었고, 그 너머로 낡은 소비에트 아파트 건물이 여러 채 보였다. 공간이 예쁘지는 않았지만 실용적으로 보였고 전화 콘센트가 여러 개 있었으며 복도를 따라가면 바로 마크의 사무실이 있었다. 관리인은 월 4000달러를 불렀다. 이 정도면 모스크바에서 제곱미터당 가장 비싼 사무 공간에 속했다. 흥정을 하려고 했지만 관리인은 날 보고 웃을 뿐이었다. 좀더 입씨름을 한 후 결국 포기하고 그 사무실을 임대했다.

사무실이 마련되자 이번에는 업무를 도와줄 사람들이 필요했다. 생계를 꾸릴 돈벌이가 간절한 러시아인은 수천만 명에 이르렀지만, 모스크바에서 영어가 유창한 직원을 고용하기란 하늘의 별 따기였다.

70년간 진행된 공산주의 때문에 러시아 국민의 노동관은 완전히 무너진 상태였다. 과거 러시아인은 개인의 자주성을 조금이라도 내비치면 굴라크소련의 정치범 강제 노동 수용소에 끌려갔다. 소련 정부가 독립적인 사상가들을 처벌했기 때문에 자연스럽게 사람들은 스스로를 보호하기 위해 최대한 몸을 사리고 누구의 눈에도 띄지 않기를 바라게 되었다. 이러한 심리는 엄마의 젖을 빠는 순간부터 평범한 러시아인에게 자리잡았다. 따라서 서양식으로 사업을 하려면 새파란 러시아 젊은이를 데려다 효율성과 명확한 사고의 미덕에 대해 철저히 세뇌시키든가 공산주의의 억압에 반감을 느끼는 천성을 타고난 사람을 찾는 기적을 바라야 했다.

다행히 운이 좋았다. 서양의 방식에 익숙한 직원이 많았던 현지 증권 회사가 최근 파산한 덕분에, 모스크바에 도착한 지 일주일도 안 돼서 유능한 직원 셋을 고용할 수 있었다. 영국 출신의 주니어 트레이더 겸 리서처인 클라이브, 영어를 완벽하게 구사하는 비서 스베틀라나, 러시아어밖에 할 줄 모르는 노련한 운전기사 알렉세이였다.

세 사람을 사무실에 들인 후 스베틀라나에게 가구를 사오게 했다. 그녀는 검정 머리에 키가 작고 예쁘장하며 성격이 쾌활한 스물두 살의 리투아니아인이었다. 그리고 자기 임무를 열정적으로 수행했다. 가구점에 도착한 후 예쁜 이탈리아제 의자와 책상이 있는데 사무실에 잘 어울릴 것 같다고 전화로 알려주었다.

"얼만데?" 내가 물었다.

"1만5000달러쯤 되네요."

"1만5000달러? 지금 장난해? 다른 제품은 없어?"

"많진 않아요. 볼품없는 피크닉 테이블이랑 접의자가 있어요."

"그건 얼마지?"

"600달러쯤 해요."

"그럼 그걸로 하지."

그날이 끝나갈 무렵, 사무실에는 피크닉 테이블 네 개와 접의자 여덟 개, 거기에 스베틀라나가 자주성을 발휘해 사온 분재 화초가 놓였다. 그런 뒤 컴퓨터도 몇 대 사서 설치했다. 일주일이 지나자 내 사업은 걸음마를 뗄 준비를 마쳤다.

사무실 정리가 끝났을 무렵, 옐친의 여론 조사 결과는 우리가 기대한 방향으로 흘러가고 있었지만 선거를 치르려면 아직 10주가 더 남아 있었기에 샌디는 여전히 펀드 자금을 내주려고 하지 않았다. 그동안 나는 사프라가 2500만 달러에 대한 약속을 지킬 거라는 전제 아래, 자금을 투자할 회사를 조사하기 시작했다.

첫 목표로 삼은 회사는 MNPZ로 알려진 모스크바 정유사였다. 살로몬에 다닐 때 러시아 석유 관련 기업들에 투자해 많은 돈을 벌었던 기억 덕분에 대형 모스크바 정유사는 첫발을 내딛기에 유망한 곳처럼 보였다.

스베틀라나가 MNPZ의 경리부장과 약속을 잡았다. 4월 초 경리부장을 만나러 회사 본사로 갔다. 통통하고 금발에 50대인 그녀는 유행에 뒤떨어진 고동색 바지 정장을 입고 있었다. 우리는 낡고 볼품없는 건물 입구에서 만나 같이 안으로 들어갔다. 건물은 수명을 다한 것처럼 보였다. 전등이 깜빡거리고 바닥의 타일이 떨어져 나갔으며 벽이 아주 더러웠다.

경리부장의 사무실에서 나는 기본적인 질문들을 던졌다. "작년 수익이 어떻게 되죠?" "이익률은 어느 정도인가요?" "유통 주식 수가 얼마나 되죠?" 흔하디흔한 질문이었지만, 러시아에는 회사의 정보를 공식적으로 확인할 방법이 없기에 정보를 얻는 유일한 길은 해당 회사에 가서 물어보는 것뿐이었다.

수익과 이익률 질문에 대한 경리부장의 답변을 스베틀라나가 통역해주었다. 유통 주식 수에 대한 질문에는 경리부장이 반문했다. "보통주를 말씀하시는 건가요, 우선주를 말씀하시는 건가요?"

'우선주'란 용어를 들어본 적은 있었지만, 그녀가 무슨 말을 하는지 정확히 알 수 없었다. "그게 뭐죠?"

"우선주는 민영화 과정에서 근로자들에게 주어지는 주식이에요."

"보통주하고는 어떻게 다른 거죠?"

"수익의 40퍼센트를 배당금으로 지불해줘요."

"보통주는 얼마나 지불해주는데요?"

"어디 보자." 경리부장이 책상에 있던 큰 바인더를 들고 얼룩이 묻은 여러 장의 서류를 검토하더니 말했다. "작년에는 지불금이 없었다고 되어 있어요."

"그럼 우선주는 수익의 40퍼센트에 해당되는 배당금을 줬고 보통주는 배당금이 없었던 거네요." 이런 차이를 의아해하며 재차 확인했다.

"네, 맞아요."

미팅이 끝나자마자 스베틀라나와 나는 알렉세이의 낡아빠진 지굴리에 올라타고 사무실로 돌아왔다. 지굴리는 모스크바에서 아주 흔하게 볼 수 있는 상자 모양의 소련제 소형차였다.

한낮의 도로 위를 천천히 달리는 동안, 내가 좋아하는 현지 브로커 가운데 한 명인 유리 부르진스키에게 전화를 걸었다. 유리는 뉴욕에 살던 러시아인 이주자로, 오스트리아의 크레디탄스탈트 투자 은행과 모스크바의 그랜트 파이낸셜 그룹의 합자 회사인 크레디탄스탈트-그란트에서 일하기 위해 최근 모스크바로 돌아왔다. 그는 여느 브로커들과 다르게, 일명 관광 주식tourist stock을 거래하지 않았다. 관광 주식은 피지 사람들이 시내에서 20센트에 사먹는 코코넛을 현지 해변에서 10달러에 파는 꼴이라고 할 수 있는 금융업이었다.

유리는 20대 초반이었고 비밀 얘기라도 하는 것처럼 낮은 목소리로 말하는 경향이 있었다. 그래서 종종 그가 하는 말을 알아듣기 힘들기도 했지만, 그와 알고 지내보니 알려주는 정보가 대체로 흥미로웠다.

"저기, 유리. MNPZ의 우선주 가격을 알고 있어요?" 내가 물었다.

"글쎄요, 잘 모르겠는데요. 한번 확인해볼게요." 그가 수화기를 내려놓고는 트레이더에게 웅얼거렸다. 수화기 뒤편에서 잘 알아들을 수 없는 외침이 들리더니 유리가 다시 수화기를 들고 말했다. "네, 10만 주를 50센트에 구해줄 수 있어요."

"그럼 보통주는 얼마죠?"

그가 또다시 웅얼거리더니 답했다. "10만 주에 7달러예요."

"확실한 건가요?"

"네. 가격이 그렇게 돼요."

속내를 드러내고 싶지 않았지만, 그때부터 가슴이 빠르게 뛰기 시작했다. "그럼 또 문의할게요."

전화를 끊고 궁리를 해보았다. 이 우선주는 보통주보다 훨씬 더 쏠쏠한 것 같군. 이 주식에 무슨 문제라도 있는 걸까? 어째서 보통주보다 95퍼센트 낮춘 가격으로 판매하는 거지?

사무실에 도착한 뒤 스베틀라나를 다시 MNPZ에 보내 회사 설립

허가서를 한 통 떼어오게 했다. 거기에 여러 종류의 지분권에 대한 설명이 상세히 나와 있을 터였다. 두 시간 후 스베틀라나가 돌아왔고 허가서를 세세히 읽어보았다. 우선주와 보통주의 실질적인 차이는 우선주에 의결권이 없다는 것뿐이었다. 어차피 우리 같은 외국인 투자자들은 러시아에서 열리는 연차 주주 총회에서 의결권을 행사본 적이 없기에 그건 문제가 되지 않을 듯했다.

대폭 할인에는 뭔가 이유가 있을 것이라고 확신한 나는 며칠 동안 그 이유를 조사했다. 우선주는 액면 가격이 다른가? 아니었다. 소유권이 근로자에게만 국한되나? 아니었다. 높게 책정된 배당금을 회사 마음대로 바꾸거나 취소할 수 있나? 아니었다. 우선주는 주식 자본금의 극히 일부분에만 해당되나? 아니었다. 우선주의 가격이 왜 그렇게 낮은지에 대해 마땅한 이유를 전혀 찾을 수 없었다. 한 가지 유추할 수 있는 것은 내가 관심을 갖기 전에는 아무도 우선주에 대한 문의를 하지 않았기 때문이라는 정도였다.

놀랍게도 이런 이례적 현상은 MNPZ에만 나타나지 않았다. 러시아의 거의 모든 회사가 우선주를 보유하고 있었고 대부분이 보통주보다 크게 할인한 가격에 거래되었다. 노다지가 될 가능성이 충분했다.

대선 전까지 샌디를 내버려둘 생각이었지만, 상황이 상황이니만큼 가만있을 수가 없었다. 우선주는 보통주보다 95퍼센트 낮은 가격에 거래되고 있었고, 보통주는 서양의 동종 기업들의 주식보다 90퍼센트에서 99퍼센트까지 낮은 가격에 거래되고 있었다. 주가노프의 당선 여부에 대한 샌디의 걱정이 어떻든 간에, 이렇게 평가액이 정상 수준에서 이탈하는 현상은 희귀했기에 그냥 지나치기가 힘들었다. 어떤 상품을 30퍼센트, 50퍼센트 할인가로 사도 대박인데, 이렇게 90퍼센트가 넘는 할인가의 주식 거래는 유례를 찾아보기 힘든 일이었다. 샌디에게 연락해 이 사실을 알려야 했다.

그 수치를 듣자마자 샌디가 정신이 번쩍 든 듯 더 자세히 말해보라며 닦달했다. 대화 도중에 샌디의 머릿속에서 계산기 두드리는 소리가 들리는 듯했다. 그는 사프라에게 이 투자가 옳았다는 걸 증명해야 했다.

이틀 후 레바다*에서 옐친의 최근 지지율을 발표했다. 지지율은 14퍼센트에서 22퍼센트로 뛰어올랐다. 이 발표 후 3분쯤 지났을 때 전화벨이 울렸다. "빌, 여론 조사 봤어요?" 샌디가 흥분하며 말했다.

"네. 굉장하죠?"

"잘 들어요, 빌. 이제부터 그 우선주란 걸 사야 할 것 같아요. 내일 200만 달러를 송금할게요."

나는 클라이브와 스베틀라나에게 이 반가운 소식을 알린 후 하이파이브를 했다. 전 직장인 모스크바 교통경찰국에서 하이파이브를 배웠을 리 없는 알렉세이한테까지 가서, 어색하게 그의 팔을 붙잡아 허공으로 올리고 손뼉을 마주쳤다. 알렉세이가 점잖게 싱긋 웃었다. 이 낯선 미국 관습의 일원이 되어 기쁜 모양이었다.

이제 만반의 준비를 갖추었다. 이튿날 새롭게 송금된 자금을 모두 러시아 우선주에 투자했다. 그로부터 3주에 걸쳐 옐친의 지지율은 22퍼센트에서 28퍼센트로 급등했다. 옐친이 선거전에 들어간 이후 처음으로, 사람들이 그의 당선 가능성을 점치기 시작했다. 새로운 구매자들이 주식 시장에 진입하면서 펀드는 15퍼센트 올랐다.

---

* 영국의 여론 조사 기관 유고브YouGov에 맞먹는 러시아의 여론 조사 기관.

인생의 여느 결정들과 달리, 투자는 시장 가격에 근거해 내가 옳았는지 틀렸는지 금방 알 수 있다. 애매모호함이란 없다. 첫 200만 달러로 30만 달러의 수익을 본 것이 샌디에게는 어떤 말이나 분석보다 더 큰 확신을 주었다. 그는 토요일 오후에 전화를 걸어 월요일 오전에 300만 달러를 펀드에 송금하겠다고 알려주었다.

대재앙의 가능성이 서서히 사라지고 있는 데다 그 반향으로 주식 시장이 상승하기 시작했기에 점점 더 많은 투자자가 좋은 기회를 놓치지 않으려고 이 작고 비유동적인 주식 시장에 뛰어들었다. 패닉 바잉panic buying 가격의 높고 낮음에 관계없이 최대한의 물량을 확보하기 위해 매점·매석하는 행위도 뒤따랐다. 사프라가 추가로 300만 달러를 보내고 그다음 주에 펀드는 21퍼센트 더 올랐다. 몇 주 전부터 발 빠르게 투자한 덕분에 우리 펀드는 총 40퍼센트 상승했고, 이는 헤지펀드 투자세계에서 경이적인 일이었다. 그런 성과가 불과 3주 만에 나왔다!

돌아오는 월요일에 샌디는 나한테 말도 없이 500만 달러를 추가로 송금했다.

이렇게 흥분에 휩싸인 가운데 나는 결혼식에 참석해야 했다. 바로 내 결혼식이었다. 사브리나와 나는 러시아 대선이 실시되기 불과 3주 전인 1996년 5월 26일에 결혼식을 올렸다. 결혼식 전 수요일에 준비차 런던으로 황급히 들어갔다.

우리는 전 세계 하객 250명을 초대했다. 사브리나와 함께 마블 아치 유대교회당 연단에 섰을 때 그녀는 죽는 날까지 날 사랑하고 아껴주겠다고 서약했다. 몹시 감동했다. 지금껏 들은 어떤 말보다 진실하게 느껴졌다. 서약을 하는 동안, 아름답고 여린 내 아내를 눈물을 글썽이며 바라보았다. 결혼식 후 피로연은 이스라엘 밴드를 불러 시끌

벅적하게 했다. 밴드가 연주한 첫 곡은 '하바 나길라Hava Nagila'이스라엘 민요곡였다. 우리 두 사람은 의자에 앉은 채 허공으로 들어올려져 밤새도록 춤을 추었다. 친구와 가족들이 함께한 감동적인 결혼식이었다. 마치 모든 행성이 우리를 위해 일렬로 줄지어 있는 듯했다.

나는 사브리나에게 신혼여행을 가겠다고 약속했지만, 어쨌든 러시아 대선 후에나 가능한 일이었기에 다음 주 월요일에 기진맥진하지만 행복한 기분으로 다시 모스크바로 돌아왔다. 출근을 하자 클라이브가 사프라한테서 500만 달러가 더 들어왔다고 알려주었다. 그로부터 2주 동안, 500만 달러가 두 차례 더 송금되었다. 그리하여 대선이 열리기 딱 일주일 전인 6월 둘째 주 무렵, 사프라는 2500만 달러를 모두 투자하게 되었고 허미티지 펀드는 개설 때보다 65퍼센트 올랐다.

러시아 대선 1라운드는 6월 16일에 치러졌다. 클라이브와 스베틀라나, 알렉세이 그리고 나는 모스크바보다 7시간 빠른 러시아 극동 지역의 투표 결과를 확인하기 위해 새벽 6시에 출근했다. 결과는 옐친에게 유리했다. 사할린에서 옐친은 29.9퍼센트 대 26.9퍼센트로 주가노프를 앞질렀다. 서쪽으로 이동하며 차례차례 투표 결과가 나왔다. 크라스노야르스크러시아 중부의 지구에서는 옐친이 34퍼센트를 획득했고, 대망의 모스크바 지역에서는 61.7퍼센트의 표를 얻었다. 모든 지역의 득표를 종합한 결과 옐친은 35.3퍼센트 대 32퍼센트로 주가노프를 이겼고, 나머지 표는 다른 약소 후보들에게 돌아갔다. 옐친이 이겼지만, 러시아 헌법상 대통령이 되려면 51퍼센트의 표를 얻어야 하기에 7월 3일에 2라운드가 치러지게 되었다.

2주 동안, 옐친의 재선에 이권이 달린 모든 사람이 올인을 했다. 승패를 가리기 어려운 경쟁이 될까봐 좀 걱정했지만, 그럴 필요가 없었다. 7월 3일 정오경, 옐친이 대통령직을 유지할 것이 확실해졌다. 투표를 최종적으로 집계해보니 옐친은 주가노프를 거의 14퍼센트 포인트나 따돌렸다.

주식 시장이 날뛰었고 펀드는 개시 이후 125퍼센트가 상승했다. 바로 이것이었다. 나는 진정으로 사업을 하고 있었다.

11

시단코

1996년 8월 어느 금요일 늦은 오후, 흥미로운 투자 아이디어가 하나 떠올랐다. 몹시 무더운 날이었다. 사무실에서는 컴퓨터가 조용히 돌아가는 소리, 에어컨이 윙윙거리는 소리, 간간이 커다란 말파리가 윙윙대는 소리만 들릴 뿐이었다. 사무실 밖 도시는 이상하리만큼 고요했다. 여름이 되면 모스크바 사람들은 금요일마다 다차dacha라고 부르는 시골 별장으로 몰려갔다. 그래서 그날 오후 모스크바에 남아 있는 사람은 우리뿐인 듯한 기분이 들었다.

일을 마치고 다 같이 퇴근을 하려는데, 전화벨이 울렸다. "허미티지, 즈드랍스트부이테zdravstvuite." 스베틀라나가 지루한 듯한 목소리로 말했다. 그러더니 의자를 휙 돌리고 수화기를 손으로 막았다.

"사장님, 유리예요."

"유리? 바꿔줘."

수화기를 들자 그가 소곤거렸다. "저기요, 빌. 시단코Sidanco 주식

4퍼센트가 들어왔는데 혹시 관심 있어요?"

"거기가 어딘데요?"

"서부 시베리아에 있는 큰 석유 회사인데 아직 사람들에게 잘 알려지지지 않았어요."

"지배권이 누구한테 있죠?"

"포타닌을 필두로 한 몇 명이요." 블라디미르 포타닌을 모르는 사람은 없었다. 얼굴에 곰보 자국이 있고 인상이 험상궂은 러시아의 억만장자 올리가르히로, 러시아의 부총리를 지내기도 했다.

"4퍼센트에 얼마인데요?"

"3660만이요." 펀드가 성장세이긴 했지만, 그렇게 비싼 주식은 아무리 쏠쏠해 보여도 대량으로 살 수 없었다. 그러나 구미가 당기는 주식이라면 일부는 살 만했다. 나는 말없이 고민했다.

"관심 없으면 그냥 못 들은 걸로 하세요." 유리가 말했다.

"아뇨, 그런 게 아니에요. 구미가 당기긴 해요. 생각해볼 시간을 좀 줘요."

"그렇게 하세요."

"시간을 얼마나 줄 수 있죠?"

"글쎄요. 일주일 정도는 기다릴 수 있을 거예요. 그 후엔 판매자들이 슬슬 압박을 시작하겠죠. 하지만 2류주株를 찾는 사람이 많은 것 같진 않아요."

전화를 끊고 우리는 퇴근했다. 하지만 그날 집으로 돌아오는데 갑자기 배가 얼얼하고 크게 당기는 느낌을 받았다. 폴란드에 투자한 2000달러가 거의 10배로 뛰었을 때나 러시아 바우처 제도를 처음 알게 됐을 때와 비슷한 느낌이었다. 유리가 나 몰래 그 정보를 다른 사람에게 알릴 사람은 아니었지만, 좋은 기회는 오래가지 않는 법이다.

일요일 아침 일찍 사무실에 나가 애널리스트 보고서와 기사를 훑어보며 시단코에 대한 정보를 찾으려고 했지만, 갖고 있던 자료에는 아무 정보도 없었다. 월요일 아침에 직원들이 도착하자마자 클라이브를 내 자리로 불렀다. "시단코에 대한 정보를 찾아봤는데, 하나도 안 나오네. 우리 브로커들에게 전화를 돌려서 그 회사에 관한 정보가 있는지 물어봐주겠어?" 그는 바로 알아보겠다고 했다.

연달아 외부 미팅을 한 후 정오쯤 사무실에 들어와 클라이브에게 알아낸 것이 있는지 물었다. 대답은 부정적이었다. 조사 보고서, 기사, 데이터, 심지어 믿을 만한 소문도 없었다. 시단코에 대한 정보는 전무했다. 실망스러운 결과였지만 이해가 되기도 했다. 주식의 67퍼센트가 시장에 유통되는 루크오일 같은 회사는 거래량이 많아 브로커에게 많은 수수료가 떨어졌다. 이 수수료는 주식을 찾는 투자자들을 위해 애널리스트가 보고서를 쓰는 대금으로 지불되었다. 반면 시단코는 주식의 4퍼센트만 시장에 유통되기 때문에 애널리스트가 조사보고서를 작성하는 데 시간을 쏟을 만큼 충분한 수수료가 발생하지 않을 것이다.

"직접 찾아가서 정보를 얻는 수밖에 없겠군."

러시아에서 정보를 얻는 길은 토끼굴과 같다. 질문을 하면 수수께끼가 돌아오고 단서를 쫓아가면 벽에 부딪힌다. 분명히 드러나는 건 아무것도 없다. 70년간 KGB가 심어준 피해망상 속에 살다보니, 러시아인은 자기 정보를 지키는 데 신중했다. 누군가의 건강 상태를 물어보는 것조차 국가 기밀을 캐내는 것처럼 힘들었기에 한 회사의 상황에 대해 문의하는 건 그보다 수천 배 더 어려운 일이었다.

그래도 나는 겁내지 않았다. 생각해보니 스탠퍼드 동기 한 명이 석유와 가스를 전문으로 다루는 월간 업계지를 운영하고 있었다. 그 친구에게 시단코에 대한 정보가 있을지도 몰랐다. 전화를 걸었더니 그 친구는 시단코 얘기는커녕 잡지 구독 신청을 권유했다. "1만 달러밖에 안 해!" 그가 쾌활하게 말했다. 하지만 나는 잡지 구독에 전혀 관심이 없었다.

"내가 생각하는 가격대에서 좀 벗어나는군."

그가 웃었다. "그럼 스탠퍼드 동문이고 하니 과월호 몇 권을 공짜로 보내줄게."

"좋은데. 고마워."

그러고 나서 책상에 있는 명함 더미에 눈을 돌렸다. 내가 아직도 런던의 투자 은행 직원이었다면 두꺼운 제지에 돋을새김을 한 명함들이 롤로덱스회전식 명함 정리기를 꽉 채웠겠지만, 러시아에서 받은 명함들은 초라하기 짝이 없었다. 어떤 건 판지에 인쇄했고, 어떤 건 주황색이거나 초록색이거나 연청색이었다. 어떤 명함은 가정용 컴퓨터로 인쇄한 듯 보였다. 싸구려 잉크 때문에 명함 두 개가 딱 붙어 있기도 했다. 그런데도 일일이 명함을 살펴보았다.

명함 두 개를 떼어내다가 그동안 잊고 지냈던 이름을 발견했다. 러시아의 한 금융 회사에 다니는 컨설턴트인 드미트리 세베로프였다. 살로몬브라더스에서 일할 때 만난 사람인데, 기억하기로는 러시아의 여러 석유 회사에 은행 대출을 받는 법에 대해 홍보하는 일을 한다고 했다. 그 사람이라면 시단코에 대해 아는 게 있을 듯했다. 수화기를 들고 그의 사무실에 전화해 미팅을 제안했다. 찾는 사람이 많지 않은지 그는 바로 제안을 수락했다.

드미트리의 사무실은 크렘린 궁 북쪽의 어느 조용한 골목길에 자리한 주거형 아파트 건물에 있었다. 모스크바에서 크렘린 인근만큼 살기 좋은 지역은 그리 많지 않았다. 경비원 한 명이 검정 유니폼을 입고 담배를 피우며 아파트 입구 경비실에 앉아 있었다. 그가 신고 있던 고무 샌들만 아니었다면 특수 부대 군인이라고 해도 믿을 정도였다. 경비원은 고개도 들지 않은 채 내게 지나가라는 듯 엘리베이터 쪽으로 손을 흔들었다.

스베틀라나가 적어준 주소를 꺼내고는 얼굴을 찌푸렸다. 드미트리의 사무실은 4.5층에 있었다. 도대체 어떻게 가라는 건지 알 수 없었다. 엘리베이터를 타고 4층까지 가서 걸어 올라가야 할까, 5층까지 가서 반층을 걸어 내려가야 할까?

한 남자가 내 옆을 스치고 지나가더니 호출 버튼을 눌렀다. 엘리베이터는 아주 느리게 도착했고 공중전화 박스만큼 좁았다. 그 남자 옆에 끼여 타야 했다. 아니면 또 10분을 기다렸다 타야 했다. 남자가 '4층'을 누르고 의심스러운 눈으로 날 쳐다보았다. 나는 바닥을 보며 아무 말도 하지 않았다.

엘리베이터에서 내려 그와 나는 각자의 길을 갔다. 길게 이어진 담배꽁초를 따라 계단참을 반쯤 올라갔다. 통통하고 나이가 지긋한 여자가 나와 안으로 들여보내주었다. 드미트리의 어머니인지 비서인지 헷갈렸다. 그녀는 드미트리가 점심을 먹고 있다면서 부엌으로 날 안내했다.

"앉아요, 앉아요!" 내가 들어서자 드미트리가 회색 빵이 든 바구니와 설탕이 가득 찬 유리병을 옆으로 치우며 말했다. 나는 드미트리의 맞은편 의자에 앉아, 그가 빵으로 양배추 수프를 훑어내는 모습을 보지 않으려고 애썼다. "뭘 도와드리면 되죠?" 음식을 입에 넣은 채 그가 물었다.

"제가 석유 회사를 조사 중이거든요."

"잘됐네요! 제대로 찾아오셨어요."

"시단코에 대해 아는 것이 있으면 말해줄래요?"

"물론이죠. 시단코라면 뭐든지 알고 있어요." 그가 자리에서 일어나 부엌을 나가더니, 잠시 후 커다란 종이를 들고 나타났다.

"알고 싶은 게 뭐죠?"

"우선 매장량이 얼마나 되는지 궁금해요."

같이 자료를 훑어보던 중 드미트리가 수치 하나를 가리켰다. 그가 가진 데이터에 따르면 시단코가 보유한 석유 매장량은 60억 배럴이었다. 주식 4퍼센트의 가격에 25를 곱해 시단코 전체의 가격을 계산해 봤다. 총 9억1500만 달러였다. 다시 이 금액을 매장된 석유의 양으로 나누어본 결과, 시단코는 땅속에 매장된 석유를 배럴당 0.15달러 꼴로 거래하고 있었다. 당시 석유 값은 배럴당 평균 20달러였기에 이는 말도 안 되는 가격이었다.

얼굴을 찌푸렸다. 뭔가가 이상했다. 이 수치가 정확하다면 시단코는 믿을 수 없을 정도로 헐값이었다.

"믿을 수가 없군요." 내가 작은 목소리로 말했다.

드미트리에게 고맙다고 말한 후 아파트를 나왔다. 그리고 사무실로 돌아와 클라이브에게 러시아에서 가장 큰 석유 회사인 루크오일의 가치를 계산해보게 했다. 브로커의 전화를 끊은 후 클라이브가 계산 결과를 건네주었다.

나는 몇 초 동안 그 수치를 응시했다.

"설마 이럴 리가."

"브로커가 알려준 수치예요." 클라이브가 방어적으로 말했다.

이건 말이 안 되었다. 두 회사가 겉으로는 별반 다를 것이 없어 보이는데도, 루크오일은 매장 석유를 시단코보다 배럴당 6배 높은 가격으로 거래하고 있었다.

"어째서 루크오일의 가치가 훨씬 더 높은 거지?"

클라이브가 눈을 가늘게 떴다. "시단코에 뭔가 문제가 있는 게 아닐까요?"

"그럴지도. 하지만 그게 아니라면? 그냥 싼 걸 수도 있잖아."

"그럼 더할 나위 없이 좋겠죠. 확실히 알 방법이 없을까요?"

"가서 물어봐야지. 말 안 해주면 다른 데 물어봐서라도 알아내고."

이튿날 바로 조사에 착수했다. 우선 시단코부터 시작했다. 시단코 지사는 모스크바강 서쪽 제방에 자리한 옛 황제의 대저택에 있었으며 영국 대사의 저택에서 멀지 않았다. 스베틀라나가 나와 함께 갔다. 연필처럼 가는 힐을 신은 긴 금발 머리의 예쁜 비서가 안내 데스크에서 맞아주더니 작은 베니어판 탁자와 빛이 바랜 무명 벨벳 소파가 놓인 1970년대식 회의실로 안내했다. 그러고는 이사님이 곧 오실 거라고 말해주었다.

30분이 지나서야 기획 개발부 이사가 회의실에 들어왔다. 그는 오전 내내 미팅 장소 여기저기를 오가는 이사회 의장의 분위기를 풍겼다. 키가 크고 말랐으며 30대 초반으로 보였지만 벌써 머리가 벗겨지기 시작했다. 그는 러시아어로 내가 알아듣지 못하는 말을 중얼거렸다.

"오래 기다리게 해서 죄송하대요. 무슨 일로 오셨느냐고 묻네요."
스베틀라나가 통역해주었다.

"차를 마실 건지 물어요." 이사와 나 사이에 있는 가죽 의자에 어색하게 앉은 채 스베틀라나가 말했다. 이사가 시계를 확인했다. 마음이 조급해진 나는 차를 마시지 않겠다고 했다.

"이사님께 시단코의 석유 매장량이 얼마나 되느냐고 물어봐." 이미 알고 있는 수치가 있었지만 그것이 정확한지 확인하고 싶었다. 이사가 내 말을 이해한 듯 의자에서 몸을 꿈틀했지만 스베틀라나가 통역할 때까지 기다렸다. 그러고는 입술 양끝을 올려 딱딱한 미소를 짓더니 한쪽 다리를 다른 쪽 다리에 올려놓고 설명을 시작했다.

몇 분 후 그는 말을 멈추고 스베틀라나가 통역하게 해주었다. "석유 매장량에 관해 가장 중요한 건 회사의 시추 기술이래요. 시단코는 러시아 최고의 장비와 엔지니어를 확보하고 있다고 하네요."

내가 대화에 끼어들기도 전에 그가 손을 들어 입을 다물게 했다. 그리고 그가 시추와 파이프 라인 병목 지역, 마케팅 전문 자회사에 대해 지겹게 러시아어로 떠들어대는 동안, 스베틀라나는 충실하게 통역해주었다.

"또 궁금한 게 없는지 묻는데요." 그녀가 갑자기 말했다.

"석유 매장량에 대해 물어봐주겠어?"

"이미 물어봤는걸요." 그녀가 당황하며 대답했다.

"하지만 대답을 안 해줬잖아. 다시 물어봐."

스베틀라나가 얼굴을 붉히며 다시 이사 쪽을 쳐다보았다. 그는 의자에 등을 기댄 채 그녀의 말이 끝나기를 기다렸다. 그러더니 마침내 질문을 이해했고 모든 것을 말해주겠다는 듯이 고개를 끄덕였다.

설명은 아까보다 좀더 길었다. 그가 스베틀라나에게 통역할 시간을 주지 않을 생각이라는 걸 눈치챈 나는 그녀에게 종이와 펜을 건넸다.

그녀는 재빨리 이사가 하는 말을 휘갈겨 쓰기 시작했다. 5분이 지나자 스베틀라나가 계속 받아 적어야 하나 싶어 초조하게 날 힐끗 보았다. 10분 후 그녀의 손이 멈췄다.

마침내 이사가 설교를 마치고 앞을 보고 앉았다. 그는 스베틀라나에게 통역을 해도 된다는 듯이 고개를 까닥였다. 그녀가 종이를 쳐다보았다. "러시아에서 가장 좋은 석유는 서부 시베리아에서 나온대요. 타타르스탄러시아 중동부에 있는 자치 공화국과 바시코르토스탄러시아 서부의 공화국의 중부 지역에서 나오는 중유重油보다 훨씬 더 좋대요. 그리고……."

"매장량이 얼마나 되는지 말했어?" 그녀의 말을 끊으며 물었다.

"아뇨."

"확실해?"

"네."

"그럼 다시 물어봐."

스베틀라나가 얼어붙었다.

"어서." 내가 살살 밀어붙였다. "괜찮아."

스베틀라나가 천천히 이사 쪽으로 몸을 돌렸다. 그의 얼굴에는 웃음기가 사라져 있었다. 화난 얼굴로 호주머니에서 휴대전화를 꺼내더니 화면 메뉴를 훑기 시작했다. 스베틀라나가 순순히 세 번째로 똑같은 질문을 했다.

이사가 자리에서 일어나더니 스베틀라나에게 퉁명스럽게 말했다.

"다른 미팅에 너무 늦었다고 하네요." 그녀가 조용한 목소리로 통역했다. 분명 그는 내 질문에 대답할 생각이 없었다. 왜 그렇게 매장량을 말하기 두려워하는지 이해할 수 없었다. 그도 모르는 것일 수 있지만, 아마 다른 사람에게 진짜 정보를 제공하면 나쁜 일만 생긴다는 러시아인의 통념에 따른 듯했다. 러시아인이 단도직입적인 질문에 대처하는 최선의 방법은 몇 시간 동안 무의미한 말을 하면서 그 화제에 대한 의사 진행을 근본적으로 차단하는 것이다. 대부분의 사람은 예의를 차리느라 이런 상황에 끼어들지 못하거나 종종 애초에 자기가 했던 질문을 잊어버린다. 그러므로 능수능란한 러시아 위선자들과 동석할 때는 엄청나게 집중해야만 필요한 정보를 알아낼 기회라도 잡을 수 있다.

"궁금증이 모두 풀렸길 바란다고 하네요."

스베틀라나의 통역이 끝나고 이사가 악수를 청했다.

"조만간 또 찾아오시죠. 서양 투자자들과의 만남은 언제나 환영하니까요." 그가 완벽한 영어로 말했다.

분명 시단코 사람들은 자사 정보를 내게 알려줄 생각이 조금도 없었다. 그래서 나는 다른 석유 회사들과 미팅을 잡아 경쟁사에 대한 정보가 있는지 알아보기로 했다.

루크오일에서는 몸수색과 함께 엑스레이 소지품 검색을 받고 미팅이 끝날 때까지 휴대전화와 여권을 맡겨둬야 했다. 그런 뒤 외국인을 상대하기 위해 IR기업이 자본 시장에서 정당한 평가를 얻기 위해 주식 및 사채 투자자들을 대상으로 실시하는 홍보활동 부서에서 고용한 전직 KGB 요원에게 인도되었다. 그는 한 시간짜리 파워포인트 프레젠테이션을 통해 석유 굴착 장치의 모습을 보여주었다. 사진 속 굴착기 주변에는 만면에 희색을 띤 경영진들이 안전모를 쓰고 포즈를 취하고 있었다.

유간스크네프테가스라는 석유 회사에서는 최고 재무 책임자가 나와 새 정유 공장에 들어가는 비용을 지불할 수 있게 자사에 15억 달러를 빌려달라고 열심히 설득했다. 다른 곳보다 규모는 작지만 그래도 큰 편에 속하는 타트네프트의 모스크바 지사에서는 날 초대해 고속도로를 지을 수 있게 도와달라고 부탁했다. 매번 미팅이 이런 식이었다. 낙관적인 희망을 품고 미팅을 시작했지만, 상관없는 부탁 공세만 받고 아무 유용한 정보도 얻지 못한 채 나왔다.

그 무렵 시단코에 대한 조사는 너무 많은 시간과 에너지를 잡아먹고 있었다. 모든 투자 은행의 애널리스트가 시단코를 무가치하다고 평가한 마당에 나는 뭘 알고 싶은 걸까? 아무도 그 4퍼센트의 주식에 관심을 갖지 않은 데에는 그럴 만한 이유가 있을 것이다.

마지막 미팅을 마치고 시단코 투자를 포기하려는 마음을 먹고 사무실로 돌아오자 스베틀라나가 갈색 봉투를 내밀었다.

"미국에서 방금 도착했어요. 그때 통화하셨던 업계지 친구 분께 온 거예요." 그녀가 들뜬 목소리로 말했다.

"그냥 버려." 나는 봉투를 쳐다보지도 않고 말했다. 아마 석유 굴착 장치에 투자할 때의 혜택을 홍보한 마케팅 자료에 가까울 것이라고 생각했다. 그러다 생각을 바꾸었다. 어쩌면 저 안에 뭔가가 있을지도 몰랐다.

"잠깐만." 내가 불렀다. "다시 가져와봐."

잡지를 대충 훑어본 뒤 나의 스탠퍼드 친구가 보물단지, 즉 이 모든 퍼즐을 풀어줄 황금 티켓을 보냈다는 걸 깨달았다. 이 무명의 석유 전문 잡지에는 러시아 석유 회사들에 대한 모든 관련 자료가 담긴 부록이 있었다. 거기에는 알아내기 힘든 시단코에 관한 정보까지 담겨 있었다. 석유 매장량, 생산량, 정제 등 내가 알고 싶은 정보가 모두 한데 모여 있었고, 꽤 믿을 만하고 정확해 보였다.

종이 한 장을 꺼내 세로 기둥을 두 개 그렸다. 첫 번째 기둥 상단에 시단코라고 적고 두 번째 기둥에 루크오일이라고 적은 후, 잡지에 적힌 각 회사에 대한 정보를 모두 적어 내려갔다. 그런 뒤 누적된 정보를 살펴보았다. 두 회사는 사실상 차이점이 없었다. 소련이 붕괴된 이후 사회 기반 시설이 거의 발전하지 못한 탓에 두 회사 모두 녹슨 유정탑과 기름이 새는 파이프 라인을 사용했으며 쥐꼬리만 한 봉급을 받는 생산성 낮은 일꾼들을 고용했다.

한 가지 뚜렷한 차이가 있다면, 루크오일은 잘 알려진 회사이고 많은 브로커가 보고서를 작성하는 반면 시단코는 그렇지 않다는 것뿐이었다. 한 브로커가 쓴 보고서에 실린 루크오일에 관한 정보와 잡지에 나온 정보를 서로 비교해보니 완벽하게 일치했다. 따라서 시단코에 대한 정보도 신뢰할 만했다.

이는 놀랄 만한 정보였다. 루크오일은 영국의 석유 화학 전문 회사인 BP와 동일한 양의 석유와 가스를 관리했지만 BP에 비해 10배나 쌌고, 그래서 횡재나 다름없다는 건 누구나 아는 사실이었다. 그런데 시단코는 석유 보유량이 루크오일보다 많이도 아니고 아주 조금 적을 뿐이었지만 가격이 6배나 저렴했다. 다시 말해 시단코의 가격은 BP의 60분의 1이었다!

이건 내 평생 가장 확실한 투자 아이디어 가운데 하나였다. 그래서 한 주당 4달러의 가격으로 시단코 주식의 1.2퍼센트를 사들여 펀드에서 약 1100만 달러를 투자했다. 단번에 이렇게 많은 돈을 투자하기는 처음이었다. 에드몬드 사프라도 이 소식을 듣고 즉시 나와 동일한 양을 사들였다.

일반적으로 어떤 회사가 공개 상장되면 시장이 그 주식의 가격을 정한다. 하지만 시단코는 특정 투자 그룹이 96퍼센트를 보유하고 우리를 포함한 소주주들이 4퍼센트를 차지했기에 주식 거래가 거의 이루어지지 않았다. 따라서 우리가 잘한 건지 못한 건지 알 수 없었다. 얼마 동안은 이 사실이 마음을 편안하게 했지만 몇 달이 지나면서 점점 걱정되기 시작했다. 충분히 발품을 팔았기에 어느 정도 자신감은 있었지만, 행여나 투자를 망치면 펀드의 상당 부분을 잃을 수 있었다. 시간이 지날수록 그냥 대세를 따르면서 너무 과감한 모험은 하지 말았어야 했나 하는 의문이 들었다. 그 두려움과 맞서 싸우면서 결국엔 좋은 일이 있을 거라고 억지로 희망을 품었다. 마침내 1년이 좀 지났을 때 정말 그 좋은 일이 일어났다.

1997년 10월 14일, BP에서 블라디미르 포타닌이 보유한 시단코 주식 96퍼센트 가운데 10퍼센트를 우리가 1년 전 지불한 가격에 600퍼센트 프리미엄을 붙여 사들이겠다고 발표한 것이었다.

그야말로 홈런이었다.

12

마법의 물고기

1996년은 정말 다사다난한 한 해였다. 우여곡절 끝에 사업이 출발하고 안정 궤도에 올랐을 뿐만 아니라 더 중요하게는 11월에 아들 데이비드가 태어났다. 사브리나가 약속대로 아들과 함께 모스크바로 오면서 우리는 그곳에 가정을 꾸리게 되었다. 사브리나는 커튼과 쿠션까지 직접 만들어가며 아기 방을 꾸몄고 다른 엄마들을 찾아 친구로 삼았다.

그렇게 애를 썼지만, 모스크바는 그녀에게 맞지 않았다. 1997년부터 런던에 가는 횟수가 점점 늘더니, 데이비드가 한 살이 될 무렵에는 모스크바에서 지내는 날이 거의 없었다. 아들은 항상 그녀가 데려갔다. 나는 내심 못마땅했지만 싫다는 사람을 억지로 모스크바에 머물게 할 수는 없었다. 그래서 그녀와 데이비드를 만나러 2주에 한 번씩 주말마다 런던에 갔다.

그해 크리스마스에 사브리나는 케이프타운으로 휴가를 가자고 졸랐다. 나는 남아프리카 공화국을 아파르트헤이트와 인종 차별의 국가로 인식하며 자랐기에 전혀 가고 싶지 않았다. 하지만 내 편견보다 사브리나의 고집이 더 강해서 결국 여행 제안을 수락했다. 어차피 휴가지에서도 일을 해야 했기 때문에 어디를 가든 상관없었다. 휴대전화에 신호가 잡히고 팩스기만 사용할 수 있다면 문제 될 게 없었다.

12월 19일, 케이프타운으로 날아가 마운트 넬슨 호텔에 체크인하면서 낮은 기대감은 사라졌다. 그렇게 굉장한 곳은 평생 처음이었다. 마운트 넬슨 호텔은 테이블마운틴의 요새 같은 그늘 아래 서 있는 웅장한 영국 식민지 시대 건물이었다. 케이프타운은 매일 햇볕이 비추었고 이리저리 흔들리는 검은 야자나무의 비호 속에 파릇파릇한 잔디로 가득했다. 수영장에는 즐겁게 뛰노는 아이들로 가득했고 근처에 부모들이 느긋하게 누워 있었다. 끝없이 불어오는 따스한 산들바람에 야외 식당의 하얀 테이블보가 나풀거렸고, 완벽하게 예절을 익힌 웨이터들이 음료나 음식 등 손님이 필요한 건 무엇이든 가져다주기 위해 촉각을 곤두세운 채 대기 중이었다. 마운트 넬슨 호텔은 천국과도 같았다. 그곳은 12월의 모스크바와 완전히 반대였다.

적응이 되자 나는 몇 년 만에 처음으로 휴식을 취하기 시작했다. 수영장 옆 선베드에 누워, 수건 위에서 장난감을 갖고 노는 데이비드를 지켜보며 그동안 내가 몹시 피곤했다는 사실을 깨달았다. 의식하지 못한 사이에 완전한 휴식 상태로 빠져들었다. 이곳에 오기를 주장한 사브리나가 옳았다. 나는 눈을 감았다. 별일만 없다면 며칠이고 그 의자에 앉아 햇볕을 쬐고 싶었다.

하지만 케이프타운에 도착하고 며칠 후, 진짜로 스트레스가 풀리기 시작할 때 휴대전화가 울렸다. 새로 고용한 리서치 팀장인 바딤이었다. 바딤은 모스크바 명문대에서 경제학 박사 학위를 딴 스물일곱 살의 금융 전문가로, 내 신생 사업을 전문화하기 위해 5개월 전에 고용한 친구였다. 텁수룩한 검은 곱슬머리에 두꺼운 안경을 끼고 아주 복잡한 경제학 퍼즐도 몇 분 만에 풀어내는 능력이 있었다. "사장님, 방금 로이터 전보를 통해 충격적인 소식이 날아왔어요." 그가 심각하게 말했다.

"뭔데 그래?"

"시단코가 주식을 발행한대요. 주식의 총 수를 세 배 가까이 늘리고 시장가보다 거의 95퍼센트 낮은 가격으로 판매한대요."

나는 감이 오지 않았다. "그래서 좋다는 거야, 나쁘다는 거야?" 모든 사람이 새로운 주식을 살 수 있게 된다고 해도 우리에게는 별 변화가 없거나 미미하게나마 이익이 될 수도 있었다.

"굉장히 안 좋아요. 우리를 제외한 주주들만 이 새 증권을 구매할 수 있게 한대요."

정말 어처구니없는 일이었다. 만일 시단코에서 주식의 총 수를 세 배 가까이 늘리면서 우리를 소외시킨다면, 사프라와 우리 펀드는 기본적으로 시단코의 2.4퍼센트를 소유하던 위치에서 0.9퍼센트를 소유하는 위치로 떨어지고 아무 대가도 얻지 못하게 된다. 포타닌과 측근들은 한 번의 펜 놀림으로 사프라와 내 고객들에게서 8700만 달러의 가치를 빼앗아가려 하고 있었다. 그야말로 눈 뜨고 코 베이는 일이 아닐 수 없었다.

나는 자세를 고려 앉았다. "믿을 수가 없군. 확실한 거야, 바딤? 로이터에서 발표 내용을 잘못 이해한 걸 수도 있잖아."

"그런 것 같진 않아요. 제가 볼 땐 진짜예요."

"그럼 원문 자료를 가져다가 직접 번역해봐. 이럴 수는 없어."

나는 어안이 벙벙했다. 이번 주식 발행으로 주식의 가치가 떨어져 피해를 입게 되면, 시단코를 찾아내면서 쌓은 신뢰는 연기처럼 사라지고 내 투자자들은 막대한 손실을 입게 된다. 게다가 혼란스러웠다. 어째서 포타닌이 이런 일을 하는지 가늠이 되지 않았다. 그의 목적은 무엇일까? 본인도 그야말로 뜻밖의 횡재를 했으면서 왜 주식의 가치를 희석해 잡음을 일으키려는 걸까? 그는 BP에 대량 판매를 한 후에도 지분을 86퍼센트나 보유하고 있었고, 이번 일로 우리에게서 빼앗아갈 이익도 1.5퍼센트밖에 되지 않았다. 금전적인 요소를 따졌을 때는 전혀 말이 되지 않는 결정이었다.

그 순간 포타닌이 왜 이런 결정을 하는지 그 이유가 떠올랐다. 그게 러시아인다운 일이기 때문이었다. 이런 행동을 설명해주는 유명한 러시아 우화가 있다. 어느 날 가난한 시골 사람이 소원 한 가지를 들어주는 말하는 마법의 물고기를 발견한다. 몹시 기뻐하며 어느 소원이 좋을지 따져본다. "궁전이 좋을까? 아니면 더 좋은 거? 금괴를 천 개 달라고 할까? 세계를 항해할 수 있는 배도 괜찮겠지?" 그가 결정하려는 순간, 갑자기 물고기가 끼어들며 한 가지 중요한 원칙이 있다고 말한다. 그 사람이 무슨 소원을 빌든 그의 이웃에게는 그것의 두 배로 적용된다는 것이다. 그러자 그 사람이 한 치의 망설임도 없이 대답한다. "그런 거라면 내 한쪽 눈을 뽑아가시오."

이 이야기의 교훈은 간단하다. 금전적인 문제에 관해서 러시아인은 기꺼이, 심지어는 기쁜 마음으로 자신의 이익을 희생해서라도 이웃을 거덜 나게 한다.

포타닌과 측근들의 행동에는 바로 이런 러시아인의 원칙이 작용하는 듯 보였다. 우리보다 40배 많은 돈을 버는 건 그들에게 중요하지 않다. 아무 관련도 없는 외국인들이 경제적으로 큰 성공을 거두는 것이야말로 참을 수 없는 일이었다. 그냥 그런 일은 있어서는 안 되었다. 그건…… 러시아답지 못한 일이었다.

러시아다운 일은 상대의 사업을 망치는 것이었다. 모스크바로 돌아가 이 상황을 해결하지 못하면 내 사업도 망할 것이 분명했다. 며칠을 케이프타운에서 보내며 문제를 잊으려고 노력했지만, 전혀 그럴 수가 없었다.

휴가가 끝나고, 러시아의 겨울과는 담을 쌓은 채 살고 싶었던 사브리나는 데이비드를 데리고 런던으로 돌아갔다. 나는 러시아의 새해 이브 전날인 1998년 1월 12일에 모스크바에 도착했다.(러시아는 1월 1일에 그레고리력으로 새해를 지내고 나서 13일 후인 1월 13일에 율리우스력으로 새해 이브를 또다시 지낸다.) 도착하자마자 바딤에게 연락해 모든 사실을 확인받았다. 이번 주가 희석화는 규제 기관의 승인을 얻기까지 약 6주가 걸릴 예정이었지만, 주식을 발행하는 건 기정사실인 듯했다.

무슨 수를 써서든 그걸 막아야 했다.

하루 뒤인 1월 13일에 기회가 찾아왔다. 한 친구가 전화를 걸어 JP모건의 부유한 러시아계 미국인 은행원인 닉 조던의 집에서 러시아식 새해 파티가 열린다고 말해주었다. 닉에게는 보리스라는 동생이 있었는데 그는 포타닌의 투자 자문이자 르네상스 캐피털이라는 새로운 투자 은행의 대표였다. 나는 두 형제 모두와 친분이 있었기에 친구에게 날 파티에 데려가달라고 부탁했다.

파티가 열린 곳은 크렘린 궁에서 몇 블록 떨어진 브레즈네프 시대의 어마어마한 호화 아파트로, 외국인 직원들이 '모스크바의 고단한 생활을 감내할' 수 있도록 투자 은행들이 한 달에 1만5000달러씩 지원해주는 아파트였다. 오래지 않아, 캐비아를 먹으며 샴페인을 꿀꺽 꿀꺽 마셔대는 러시아계 미국인 무리 속에서 보리스를 발견했다. 보리스 조던은 여러모로 러시아 사람들이 생각하는 전형적인 미국인이었다. 정형화된 월가 브로커를 그대로 복사해놓은 듯 통통한 외모에 시끄럽고 호들갑스럽게 사람을 맞는 캐릭터였다.

나는 곧장 그에게 다가갔다. 그는 날 보고 분명 놀란 눈치였지만 과민 반응을 하진 않았다. 대신 살찐 손으로 악수를 하며 정면으로 응시했다. "빌, 잘 지냈어요?"

나는 바로 본론으로 들어갔다. "잘 못 지냈어요, 보리스. 시단코 일은 어떻게 된 거죠? 이번 주식 발행이 성사되면 나로선 문제가 이만저만이 아니에요."

보리스는 깜짝 놀랐다. 형의 새해 파티에서 대결은 원치 않았을 것이다. 그는 싱그러운 미소를 잃지 않은 채 다른 손님들을 보며 말했다. "빌, 그건 다 오해예요. 조금도 염려할 필요 없어요."

그는 은쟁반에 담긴 술안주인 카나페로 시선을 돌리더니 조심스럽게 하나를 집었다. 내 눈길을 피하며 그가 말을 이었다. "그러지 말고 내일 4시 반에 르네상스 캐피털로 와서 같이 논의를 해보죠." 그러고는 카나페를 얼른 입속에 넣고 잇몸과 치아에 음식을 묻힌 채 거리낌 없이 말했다. "진심이에요, 빌. 다 잘될 거예요. 한잔해요. 새해 파티 잖아요!"

그것으로 끝이었다. 그가 굉장히 확신하며 말하기도 했고 나도 그의 말을 믿고 싶었기에 얼마간 파티에 머무르다가 어느 정도 진정을 하고 그곳을 나왔다.

　이튿날 아침 나는 어둠 속에서 깨어나(1월의 모스크바는 오전 10시 무렵에야 해가 뜬다) 일하러 갔다. 보리스의 사무실로 향할 때쯤 하늘은 다시 어두워졌다. 오후 4시 30분 정각에 르네상스 캐피털에 도착했다. 이 회사는 유리로 지어진 현대식 건물에 자리하고 있었으며, 정부 청사로 쓰이는 큰 흰색 건물인 벨리돔과 가까웠다. 나는 무작정 창문 없는 회의실로 안내되었다. 먹을 거나 마실 것을 가져다주겠다는 말이 없어서 그냥 자리에 앉아 기다렸다.

　또 기다렸다.

　기다리고 또 기다렸다.

　한 시간이 지나자 나는 피해망상에 사로잡히기 시작했다. 수조 속에 갇힌 물고기가 된 듯한 기분에 몰래카메라가 없는지 주변을 자세히 살폈지만 아무것도 찾을 수 없었다. 보리스가 거짓말을 한 건 아닐까 하는 의심이 들기 시작했다. 모든 게 잘될 리가 없었다.

　그만 일어날 준비를 하고 있을 때 드디어 회의실 문이 열렸다. 다만 보리스가 아니었다. 상대는 러시아에서 태어나 아이비리그에서 교육을 받은 서른한 살의 변호사 레오니드 로제츠킨으로, 이전에 몇 번 만난 적이 있었다.(10년 뒤 레오니드는 함께 일했던 여러 사람과 완전히 사이가 틀어진 뒤 라트비아의 도시 유르물라에서 살해된다.)

　영화 「월스트리트」를 지나치게 많이 본 것이 분명한 레오니드는 영화의 주인공 고든 게코처럼 머리를 올백 스타일로 하고 모노그램을 수놓은 버튼다운식 맞춤 셔츠 위에 자랑스럽게 빨간 멜빵을 하고 있었다. 그는 테이블 상석에 앉아 깍지 낀 손을 한쪽 무릎에 놓았다. "미안하지만 보리스가 올 수 없게 됐어요. 바빠서요." 그가 러시아 억양이 약간 묻어나는 영어로 말했다.

"나도 바빠요."

"물론 그러시겠죠. 여긴 무슨 일로 왔죠?"

"레오니드, 난 시단코에 대한 얘기를 하러 온 거예요."

"네. 그게 어쨌다는 말인가요?"

"이번 주가 희석화가 진행되면 에드몬드 사프라를 포함한 투자자들과 난 8700만 달러를 잃게 돼요."

"네, 알고 있어요. 그런 의도니까요, 빌."

"뭐라고요?"

"그걸 의도하고 하는 일이라고요." 그가 사무적으로 말을 반복했다.

"의도적으로 우리를 물 먹이는 거란 말인가요?"

"그래요." 그가 눈을 깜빡거렸다.

"어떻게 그럴 수 있죠? 그건 불법이잖아요!"

그가 약간 움찔했다.

"여긴 러시아예요. 우리가 그런 걸 걱정한다고 생각해요?"

나는 에드몬드와 고객들을 생각했다. 이 사실을 믿을 수가 없었다. 자세를 고쳐 앉았다. "레오니드, 날 우습게 보나본데 나한테 투자하는 사람들 중엔 월가 거물들도 있어요. 여기서 던진 조약돌 하나가 사방에 파문을 일으킬 수 있다고요."

"빌, 우린 그런 걱정은 하지 않아요."

나는 조용히 그의 말을 머릿속에서 처리했다.

"할 말 다했으면 난 이만 가볼게요." 그가 손목시계를 보더니 자리에서 일어났다.

어안이 벙벙해진 나는 다른 할 말을 생각하다가 불쑥 이렇게 말을 내뱉었다.

"레오니드, 이런 식으로 나온다면 난 당신들과 전쟁을 할 수밖에 없어요."

그는 얼어붙었다. 나도 얼어붙었다. 몇 초 후에 그가 웃기 시작했다. 내가 한 말이 터무니없다는 건 둘 다 알고 있었다. 그럼에도 그 말을 취소하고 싶은 생각은 없었다. 다만 내가 하고자 했던 말이 무엇이었는지 곰곰이 다시 생각했다. 전쟁을 하겠다고? 올리가르히를 상대로? 러시아에서? 바보가 아니고서야 누가 그러겠어?

등골이 오싹했지만 그 자리에서 꿈쩍도 하지 않았다. 레오니드가 마침내 평정심을 되찾고 말했다. "그래요? 잘해봐요, 빌." 그러더니 뒤돌아 나가버렸다.

너무 화가 나서 몇 초 동안 움직일 수 없었다. 겨우 몸을 움직일 수 있게 되자 굴욕감과 충격, 엄청난 두려움으로 온몸이 떨려왔다. 혼란스러운 상태로 르네상스 캐피털 지사를 나와 영하 15도의 모스크바의 어둠 속으로 들어갔다. 최근에 구입한 중고차 쉐비 블레이저에 올라타자 알렉세이가 차에 기어를 넣고 내 아파트를 향해 출발했다.

몇 분간 말없이 있다가 나는 휴대전화를 열고 뉴욕에 있는 에드몬드에게 연락했다. 몇 번 전화를 받지 않다가 비서가 받았다. 에드몬드가 바쁘다고 했지만, 나는 꼭 통화를 해야 한다며 고집을 부렸다. 그에게 사실을 얘기하기가 두려웠지만, 8700만 달러를 날릴 상황이었기에 자초지종을 설명해야 했다. 정황을 들은 에드몬드는 침착했지만 화난 것이 느껴졌다. 돈을 잃고 싶은 사람은 아무도 없고, 특히 에드몬드는 돈을 잃고 나면 불평이 많기로 유명했다. 내가 말을 마치자 그가 물었다. "그래서 어떻게 할 생각인가, 빌?"

"이 빌어먹을 놈들이랑 싸워야죠. 전쟁을 할 겁니다."

내가 한 말이었지만 여전히 낯설게 느껴졌다. 침묵이 흘렀다. 수화기에서 탁탁 소리가 났다. "무슨 말을 하는 건가, 빌?" 에드몬드가 심각하게 물었다. "거긴 러시아야. 그러다 살해될 걸세."

나는 마음을 차분히 가라앉혔다. "그럴지도 모르죠. 안 그럴 수도 있고요. 하지만 그자들 마음대로 하게 내버려두진 않을 겁니다." 내가 용감한 건지 무식한 건지, 또는 둘 사이에 차이가 있는 건지는 신경 쓰지 않았다. 궁지에 몰린 상황이었기에 정말 그렇게 할 생각이었다.

"난 함께할 수 없네, 빌." 에드몬드가 천천히 말했다. 그는 7500킬로미터 떨어진 뉴욕에 안전하게 있었다. 하지만 나는 안전하지 않았고, 그 사실이 오히려 아드레날린을 솟구치게 했다. 나는 그대로 밀고 나갔다. "회장님." 내가 사는 거리인 볼샤야 오르딘카로 알렉세이가 차를 틀 무렵 그에게 말했다. "회장님은 제 파트너지 상사가 아닙니다. 회장님이 동참하든 동참하지 않든 전 그들과 싸울 겁니다."

에드몬드는 아무 대꾸도 하지 않았다. 전화를 끊었다. 내가 사는 건물 앞에 알렉세이가 주차했다. 엔진이 공회전하며 열기가 후끈거렸다. 나는 차에서 내려 위로 올라갔다. 그날 밤은 한숨도 잘 수 없었다.

이튿날 아침 나는 몇 달 전에 이사한 더 큰 사무실로 고개를 숙인 채 출근했다. 간밤에 큰 불안감과 함께 후회가 슬며시 찾아들었다. 하지만 안내 데스크에서 일어나는 소란 때문에 상념에서 빠져나왔다. 열 명이 넘는 중무장한 경호원들이 안내 데스크 앞을 가득 메우고 있었다. 책임자가 손을 내민 채 내게 다가오더니 이스라엘 억양으로 말했다. "아리엘 보우자다라고 합니다, 브라우더 씨. 사프라 회장님께서 보내셨습니다. 장갑차 네 대와 경호원 열다섯 명이 대기 중입니다. 상황이 해결될 때까지 저희가 모시겠습니다." 나는 아리엘과 악수를 했다. 그는 내 나이 정도 되어 보였고 키는 나보다 작았지만, 모든 면에서 나보다 거칠고 강하고 험악해 보였다. 걸을 때에는 금방이라도 폭력을 휘두를 것 같은 느낌과 함께 권위적인 분위기를 풍겼다. 결국 에드몬드도 내 싸움에 함께하기로 한 게 분명했다.

수석 경호원 한 명 한 명과 인사를 나눈 후 사무실로 들어와서 책상에 앉아 손으로 머리를 감싸쥐었다. 어떻게 올리가르히와 겨룬담? 정말 어떻게 올리가르히와 겨룬담? 어떻게 빌어먹을 올리가르히와 겨룬담?

방법은 정면으로 부딪히는 것뿐이었다.

작은 회의실에 직원들을 소집했다. 그러고 나서 사무용품 캐비닛에 가서 백지 1연連 종이의 양을 나타내는 단위로, 보통 전지 500장과 테이프를 가져왔다. 종이를 테이블에 내려놓고 테이프를 내밀며 모두에게 종이로 벽을 덮어 회의실 전체를 화이트보드로 만들라고 지시했다. 그리고 이렇게 말했다. "각자 매직펜을 꺼내. 블라디미르 포타닌에게 우릴 물 먹이고 얻을 이익보다 더 큰 경제적 타격을 안겨줄 방법을 찾아야 해. 어떤 아이디어라도 좋아. 얼른 시작하자고."

변호사와 총과 돈

포타닌에게 순차적으로 압박을 가할 3단계 계획을 마련했다.

1단계는 포타닌의 서양 쪽 사업 파트너들에게 주가를 떨어뜨리는 이번 주식 발행에 대해 폭로하는 것이었다. 억만장자 올리가르히였던 포타닌은 시단코와 직접적인 관련이 없는 사업 지분도 많이 가지고 있었다. 그중에는 조지 소로스 같은 거물을 비롯해 하버드대 기부금이나 미국의 거대 목재 회사인 웨어하우저의 연금 기금 같은 기관과의 공동 투자 건도 있었다.

에드몬드와 나는 명단을 나눠 한 사람씩 직접 연락했다. 간략히 상황을 설명하고, 이번 주식 발행에 대해 상세히 설명한 파워포인트 자료도 보냈다. 내용은 간단했다. 포타닌이 이런 식으로 우리 뒤통수를 치려고 한다. 그자를 막지 않으면 다음 희생자는 당신이 될 것이다.

대부분은 우리 이야기를 듣고 포타닌에게 연락해 불평을 늘어놓았다고 한다. 그 대화를 직접 듣지는 못했지만, 주식 발행으로 주가를 희석화하려는 전략이 자신들의 공동 투자 가치까지 위태롭게 하니 지금 하려는 짓을 멈추라고 하지 않았을까?

우리는 포타닌이 물러서리라 예상하며 반응을 기다렸다. 하지만 불행히도 그는 물러서지 않았다. 오히려 더 강경하게 나왔다. 아마 그는 이렇게 생각했을 것이다. 시카고에서 온 이 쥐새끼는 뭐지? 이 사람들과 관계를 쌓으려고 얼마나 많은 시간과 노력을 쏟았는데, 감히 내 명성에 먹칠을 하려고 들다니! 어떻게 이런 일이 있을 수 있지?

좋은 질문이었다. 외국인들은 러시아에서 사기를 당할 때마다 비밀리에 열띤 아이디어 회의를 거쳐 (지금의 우리처럼) 어떻게 맞설지 알아내고자 했을 것이다. 하지만 변호사와 고문은 (처음에 에드몬드가 했던 것처럼) 보복이 불가능할 뿐만 아니라 되레 위험에 처한다고 짚어주었을 것이고, 그럼 그들은 복수를 다짐했던 공언을 뒤로한 채 상처 입은 짐승처럼 슬그머니 물러섰을 것이다.

하지만 이번엔 좀 달랐다. 나는 대규모 투자 은행이나 『포춘』 선정 500대 기업의 직원이 아니었다. 직접 헤지펀드 사업을 운영하는 일개 사장이었다. 포타닌이 간과한 사실은 내가 이런 행태를 고분고분 받아들일 사람이 아니라는 것이었다.

이를 이해하지 못한 사람은 또 있었다. 바로 사브리나였다. 그녀는 내 의도를 완전히 꿰뚫었기에 처음부터 못마땅하게 여겼다. 에드몬드에게 소식을 알린 그날 밤 통화했을 때 그녀는 이성을 잃고 수화기 너머로 소리를 질렀다. "빌, 어떻게 우리한테 이럴 수 있어?"

"여보, 나도 어쩔 수 없어. 그들에게 다 빼앗길 순 없다고."

"어쩜 그렇게 말해? 너무 이기적이라고 생각 안 해? 당신은 가장이자 아버지야. 그 사람들이 당신을 죽일지도 모르잖아!"

"그런 일은 일어나지 않길 바라지만, 날 믿고 돈을 맡긴 사람들에 대한 책임을 져야지. 내가 그 사람들을 이 구렁텅이에 빠뜨렸다고. 그러니 내가 빼내줘야 해."

"지금 그 사람들을 걱정할 때야? 당신에겐 가정이 있잖아. 난 어째서 당신이 다른 사람들처럼 런던에서 평범하게 일하면서 살 순 없는 건지 모르겠어!"

가정을 생각해야 한다는 건 맞는 말이었지만, 그때는 포타닌에게 몹시 분개한 상태였기에 그녀의 말이 들리지 않았다. 우리는 의견 차이를 조금도 좁히지 못한 채 전화를 끊었다. 좋든 싫든 사브리나의 말을 곱씹을 시간이 없었다. 이제 막 포타닌과의 싸움을 시작했기 때문에 계속 나아가야 했다.

안타깝게도 1단계는 실패로 끝났다. 그럼에도 포타닌의 관심을 끌 수는 있었다. 혈관을 째서 상어를 유인할 피를 쏟아내는 데 성공한 것이었다. 그 주가 끝날 무렵 포타닌의 고리대금업자 보리스 조던이 모습을 드러냈다.

내게 전화를 걸어 노발대발한 것으로 보아 포타닌에게 귀가 따갑도록 한소리를 들은 게 분명했다. "비…… 빌, 우리 투자자들한테 전화를 하다니 대체 무슨 짓이에요?" 그가 씩씩거렸다. 나는 최대한 차분한 목소리로 대답했다. "레오니드한테 우리가 만났다는 얘기 못 들었나요?"

"들었어요. 하지만 당신이 내막을 이해한 줄 알았죠."

나는 목소리가 갈라지지 않기를 바라며 계속 장단을 맞추었다.

"내막이라니요?"

"빌, 이해가 안 되나본데 지금 당신은 규칙에 따라 움직이고 있지 않아요!"

나는 사무실 입구에 서 있는 건장한 러시아 경호원 한 명을 쳐다보았다. 무섭고 안 무섭고를 떠나 그들과 전쟁을 하기로 결심했고, 이미 과감하게 행동했다. 나 자신도 놀랄 만큼 흔들림 없는 목소리로 말했다. "보리스, 내가 지금 규칙에 따라 움직이는 게 아니라고 생각한다면 다음엔 어떻게 나올지 기다려봐요." 그의 대답을 기다리지 않고 전화를 끊어버렸다. 완전히 취한 기분이 들었다.

우리는 2단계로 나아갔다. 2단계는 사건의 전말을 대중에게 알리는 것이었다.

기자들은 모스크바 내 외국인 커뮤니티의 주요 구성원이었기에 기자라면 많이 알고 있었고 몇 명과는 꽤 친분이 두터웠다. 그중 한 명이 『파이낸셜타임스』의 모스크바 국장이었던 크리스티아 프릴랜드였다. 나보다 몇 살 어리고 매력적인 흑갈색 머리의 백인 여성이었던 그녀는 키가 150센티미터를 겨우 넘겼지만, 아담하다는 인상을 주지는 않았다. 열의가 넘치는 데다, 작은 키에서 부족한 점을 삶의 태도로 만회했다. 여러 모임에서 크리스티아는 자신이 얼마나 올리가르히에 관한 기사에 굶주려 있는지 공공연하게 밝혔지만, 공개적으로 그들에 대해 말해줄 만큼 용감한(또는 관점에 따라 무식한) 사람을 찾을 수 없었다. 지금까지는.

나는 그녀에게 전화를 걸어 모스크바에서 즐겨 가는 세미라미스라는 중동식 레스토랑에서 만나기로 약속을 잡았다. 음식을 주문할 때 그녀가 검은 소형 녹음기를 꺼내 테이블 중앙에 놓았다. 한 번도 언론에 제보해본 경험이 없었기에 모든 과정이 낯설었다. 맨 처음부터 이야기를 시작했다. 웨이터들이 후무스병아리콩을 으깬 것과 오일, 마늘을 섞은 음식와 바바 가누시카지, 타히니, 올리브유, 레몬 주스와 마늘로 만든 퓌레를 가져왔다. 내가 먹으면서 얘기하는 동안 크리스티아가 틈틈이 메모를 휘갈겼다. 식사로 양고기 케밥이 나왔다. 난 계속 말했고 그녀는 계속 들었다. 드디어 이야기를 마쳤을 때 어쩐 일인지 그녀는 말이 없었다. 다소 당황스러웠고, 혹시 내 얘기가 별로였나 하는 생각이 들었다. 민트 차와 바클라바견과류, 꿀 등을 넣어 파이처럼 만든 음식가 나왔을 때 내가 물었다. "어떤 것 같아요?"

나는 안달하지 않으려고 애썼다. 그때 그녀가 양손으로 차분하게 금박 찻잔을 감싸며 고개를 들었다. "빌, 이건 엄청난 기사예요. 오랫동안 이런 이야기를 기다리고 있었어요."

이튿날 크리스티아가 반대쪽 입장을 들어보기 위해 포타닌에게 전화를 걸자 그는 완벽하게 전형적인 러시아식으로 대응했다.

일반적인 상황이라면 분명 포타닌도 이 시점에서 패배를 인정했을 것이다. 최근 그는 BP와의 거래가 성공하면서 수십억 달러를 벌어들이고 있었다. 우리에게 2퍼센트를 빼앗자고 그걸 위태롭게 할 이유는 없었다. 하지만 이 경우는 달랐다. 무대가 러시아였기에 훨씬 더 중요하게 고려할 요소가 있었다. 바로 상대에게 어떤 약점도 보여주지 않는 것이었다.

러시아의 사업 문화는 교도소 안마당의 문화와 닮아 있었다. 교도소에서 중요한 건 명성뿐이며 힘들게 얻은 자리는 쉽게 다른 사람에게 넘어가지 않는다. 이때 누군가가 도전해오면 그냥 손을 놓고 있을 수 없다. 상대에게 죽임을 당하기 전에 먼저 상대를 죽여야 한다. 만약 상대의 공격을 받고 목숨을 부지한다면, 약한 놈이라는 꼬리표와 함께 어느새 다른 수감자들의 존경을 잃고 상대의 졸개가 된다. 이게 모든 올리가르히와 러시아 정치인이 매일같이 적용하는 계산 논리다.

논리적으로 따져보면, 크리스티아의 질문에 포타닌이 했어야 할 답변은 이렇다. "기자님, 저희가 큰 실수를 했습니다. 브라우더 씨는 금융 규제 당국에 잘못 들어간 주식 발행 초안을 본 겁니다. 그 자료를 내보낸 비서는 해고했습니다. 당연히 시단코의 모든 주주는 이번 주식 발행에서 공정한 대우를 받을 겁니다. 거기에는 브라우더 씨의 투자자들과 사프라 씨도 포함되죠."

그러나 여긴 러시아였고, 포타닌은 한낱 외국인 투자자에게 모욕을 당할 수 없었다. 그래서 어쩔 수 없이 강경한 답변을 내놓았을 것이다. "빌 브라우더는 지독하고 무책임한 펀드 매니저요. 그자가 좀더 유능했다면 내가 이렇게 나올 거란 걸 미리 알았을 거요. 브라우더의 고객들은 그자를 고소해 손해에 대한 책임을 물어야 할 거요."

이 대답은 그가 우리를 물 먹일 작정이었다는 걸 시인하는 꼴이었고, 보도를 전제로 과시하며 내뱉은 말이었다.

크리스티아는 그 주에 긴 기사를 내보냈다. 로이터, 블룸버그, 『월스트리트저널』, 현지 영어 일간지인 『모스크바타임스』에서 즉시 이 기사를 인용 보도했다. 몇 주 동안 시단코의 희석화 주식 발행은 러시아 경제에 관심이 있는 사람이면 누구나 떠들어대는 화두가 되었다. 그리고 내가 얼마나 오래 살아남을지에 대한 얘기도 끼어 있었다.

이제 포타닌이 한발 물러서서 주식 발행을 취소하거나 아니면 거기에 우리를 포함시킬 차례였다. 그런데 그는 단념하기는커녕 계속 강경하게 나왔다. 포타닌과 보리스 조던은 연이은 기자 회견과 브리핑을 열어 자신들의 행동을 정당화하려고 했다. 하지만 그런 행동은 자신들이 옳고 내가 틀렸다는 걸 사람들에게 납득시키기보다 도리어 이야기의 불씨가 꺼지지 않게 해주었을 뿐이다.

이런 내 행동은 러시아 올리가르히에게 공개적으로 엄청난 모욕을 주었다는 점에서 큰 위험이 따랐다. 과거 러시아에서는 이것으로 인해 사람이 죽기도 했다. 나는 적들이 정확히 어떤 방법으로 날 죽이려 할지 끔찍한 상상의 나래를 펼치기도 했다. 차량 폭탄? 저격? 독살? 내가 정말 안전하다고 안심한 순간은 런던 히스로 공항에 내렸을 때뿐이었다.

최근에 비슷한 사건이 있었다는 사실도 날 심란하게 했다. 1985년부터 모스크바에 거주한 폴 테이텀이란 미국인도 모스크바에 있는 라디손 슬라뱐스카야 호텔의 소유권을 두고 큰 싸움에 휘말렸다. 이 분쟁 과정에서 그는 현지 신문에 전면 광고를 실어 사업 파트너를 갈취 혐의로 고발했다. 내 돈을 빼앗아가려는 포타닌을 고발하기 위해 내가 취했던 행동과 다르지 않았다. 광고가 나간 직후인 1996년 11월 3일, 테이텀은 방탄조끼를 입고 있었음에도 불구하고 호텔 근처 지하도에서 총격을 받아 사망했다. 지금까지 이 살인 사건으로 기소된 사람은 단 한 명도 없다.

나도 폴 테이텀처럼 될 수 있다는 생각은 절대 비약이 아니었다.

자연스럽게 나는 매사에 조심했고 에드몬드가 붙여준 경호원 열다섯 명을 신뢰했다. 싸움이 계속되는 동안 모스크바를 돌아다닐 때마다 선두 차량 1대, 사이드 차량 2대, 후미 차량 1대로 이루어진 호송대를 이끌고 다녔다. 집 근처에 오면 선두 차량이 앞질러 나간 후 경호원 두 명이 내려 폭탄이나 저격수가 없는지 확인했다. 그런 다음 다른 차량들이 도착하고 여러 경호원이 차 밖으로 나와 방어선을 친 후 날 건물로 안전하게 대피시켰다. 일단 집으로 올라오면 경호원 두 명이 장전한 기관단총을 들고 소파에 앉아 있는 가운데 나는 잠을 청했다. 미국인 친구 몇 명은 이런 생활을 꽤 멋지다고 생각했지만, 확실히 말하건대 아무리 안전을 위한 일이라고 해도 완전 무장한 경호원들이 집 안에 24시간 대기하는 건 전혀 멋진 일이 아니다.

2단계도 실패로 끝나자 3단계 계획에 돌입했다. 모든 걸 걸고 하는 싸움이었기에 성공하지 못하면 과연 앞으로 내 사업이 무사할지, 나 자신이 무사할지 확신할 수 없었다.

이 마지막 시도는 러시아 연방증권시장위원회FCSM의 위원장 드미트리 바실리예프와의 미팅으로 시작했다. 나는 소비에트 시대의 정부 청사 단지에 있는 그의 사무실에 찾아가 사정을 말했다. 그는 작고 강단 있는 사람으로, 철테 안경을 끼고 사람을 강렬하게 응시하곤 했다. 내 이야기도 주의 깊게 들어주었다. 얘기를 마친 후 날 도와줄 수 있는지 물었다. 그러자 그가 간단한 질문으로 답변을 대신했다.

"저들이 법을 어겼습니까?"

"물론이죠."

그는 안경을 벗어 단정하게 접힌 손수건으로 한쪽 렌즈를 닦으며 이렇게 말했다. "절차는 이렇습니다. 고소할 거리가 있다면 진술서를 작성해 저희 쪽에 제출해주십시오. 그럼 저희가 검토한 후 적절한 때에 연락을 드리겠습니다."

날 격려해주는 말인지 딱 잘라 거절하는 말인지 분명하게 알 순 없었지만, 일단 그의 말대로 하기로 했다. 서둘러 사무실로 돌아가 변호사 팀을 부르고 고소장을 상세히 작성하게 했다. 이번 희석화 주식 발행을 통해 포타닌이 어겼다고 판단되는 법을 모두 언급한 200페이지짜리 러시아어 서류를 준비한 후 약간의 기대감과 초조하고 간절한 마음으로 제출했다.

놀랍게도 이틀 후, 로이터 화면에 붉은색으로 'FCSM, 투자자의 권리 침해 사건 조사 나서'라고 적힌 기사가 떴다. 바실리예프가 정말로 포타닌과 싸울 생각인 듯 보였다. 하지만 조사가 진행되는 동안 무슨 일이 일어날지 알 수 없었다. 이 싸움은 더 이상 외국인 대 올리가르히의 대결이 아니었다. 바실리예프도 게임에 참여한 셈이었다. 그는 러시아인이기에 피해를 입기가 더 쉬웠다. FCSM 위원장이라는 신분은 중요하지 않았다. 누구에게나 어떤 일이라도 일어날 수 있었다.

몇 주에 걸쳐 바실리예프가 조사를 진행하는 동안, 나는 매일 뉴욕에 있는 에드몬드의 대리인들에게 전화로 시단코와 관련해 브리핑을 했고 날이 갈수록 미온적인 보고밖에 할 수 없었다. 그사이 에드몬드는 내가 이 상황을 해결할 수 있으리라는 믿음을 잃어갔다.

에드몬드의 속내를 알 수 없었지만, 그의 목소리에 묻어나는 두려움과 뉴욕에 있는 샌디와 그의 법률 자문단에게서 자꾸 걸려오는 전화로 인해 뭔가 잘못되었다는 걸 느낄 수 있었다. 그러던 중 내가 거래하는 브로커 한 명이 켐핀스키 호텔 로비에서 샌디를 봤다고 전화로 알려줬을 때 모든 것이 명백해졌다. 샌디가 내게 알리지도 않고 모스크바에 올 이유는 단 하나밖에 없었다. 나 몰래 포타닌과 협상을 하려는 것이었다.

믿을 수가 없었다. 이런 행동은 우리 쪽의 약점을 상대에게 내비치는 꼴이었다. 아마 포타닌과 보리스 조던은 상대편 내부의 혼란을 알아채고 낄낄거릴 것이다.

뉴욕에 있는 사프라의 최고 법률 책임자에게 전화해 물었다. "포타닌과 협상하려고 샌디를 모스크바로 보내셨습니까?" 그는 깜짝 놀랐는지 아무 말이 없었다. 내가 알면 안 되는 일이었기에 적잖이 당황했을 것이다. 잠시 후 그가 마음을 가라앉히고 말했다. "빌, 미안하지만 이 일은 이미 당신 손을 떠났어요. 이건 큰돈이 걸린 중요한 사업이에요. 여기서부터는 우리가 맡는 게 최선이에요."

여기가 뉴욕이라면 그의 말이 맞을지도 모른다. 법원이 제 기능을 한다면 62세의 월가 변호사가 33세의 헤지펀드 매니저보다는 유능할 것이다. 하지만 여기는 러시아였고 규칙이 달랐다. 내가 대답했다. "대단히 죄송하지만, 지금 큰 실수를 하시는 겁니다. 저 사람들에게 아주 사소한 약점이라도 보이면 우리 투자자들은 모든 걸 잃게 될 겁니다. 그땐 그 책임을 지셔야 할 겁니다." 나는 단호하게 말하면서 내 방식을 끝까지 밀고 나갈 수 있게 최소한 얼마간의 시간이라도 달라고 부탁했다. 그는 완강했지만, 에드몬드와 일단 상의해보겠다고 대답했다. 그러고는 그날 저녁 늦게 전화를 걸어 마지못해 말했다. "에드몬드가 열흘 더 시간을 주겠다는군요. 하지만 그 뒤에도 해결되지 않으면 그땐 우리가 맡지요."

이튿날 나는 바실리예프의 조사가 어떻게 진행되고 있는지 알아내려고 그의 사무실에 전화했지만, 비서가 받으며 그와 통화할 수 없다고 전했다. 그래서 우리 쪽 변호사들에게 FCSM에서 결정을 내리는 데 얼마나 걸릴지 알 수 있느냐고 물을 수밖에 없었다.

하루하루 시간이 흘렀고, 나는 매일 사프라의 법률 책임자와 통화했다. 상황이 좋지 않아 보였다. 엿새가 지나자 그가 말했다. "이봐요, 빌. 열흘을 주겠다고 약속했지만, 더 있어봤자 아무 일도 없을 듯하군요. 샌디가 월요일에 포타닌을 만나러 모스크바에 갈 거예요. 지금껏 애써준 건 고맙지만, 별 효과는 없는 것 같네요."

그날 밤 퇴근하면서 전에 없이 마음이 불편했다. 러시아인들에게 보기 좋게 당하고 있을 뿐만 아니라 사업 파트너한테까지 신뢰를 주지 못하는 상태였다. 운이 좋아야 포타닌이 빼앗아갈 금액의 10퍼센트나 20퍼센트 정도만 돌려받을 것이고, 이것으로 사프라와의 파트너 관계도 끝날 것이다. 그럼 허미티지 캐피털도 사실상 끝이었다.

이튿날 아침, 어떤 식으로든 피해를 최소화하기 위해 무거운 몸을 이끌고 사무실에 나갔다. 그런데 그럴 필요가 없어졌다. 예고도 없이 『파이낸셜타임스』 1면 기사가 인쇄된 팩스 한 통이 도착했다. 기사의 제목은 '감시단이 시단코의 사채 발행을 무효화하다'였다. 바실리예프가 시단코의 희석화 주식 발행을 전면 중단시킨 것이었다.

드디어 끝났다.

결과는 나의 승리였다. 시카고에서 날아온 이 무명 인사가 홈그라운드에 있는 올리가르히를 무찔렀다. 에드몬드 사프라가 전화를 걸어 축하해주었다. 그의 최고 법률 책임자조차 내가 옳았다는 걸 마지못해 인정했다.

거래가 공식적으로 무효화됐기 때문에 포타닌도 물러섰다. 이런 반응은 애초에 날 뒤통수치려 했던 것만큼이나 지극히 러시아인다웠다. 일단 고려 대상에서 돈이 빠지면 싸울 이유가 없었다.

나는 교도소 안마당에서 올리가르히를 상대해 어느 정도의 존경을 얻었다. 무엇보다도 러시아인과 싸우는 법을 제대로 배웠다. 러시아인은 자신들의 생각만큼 그렇게 천하무적은 아니었다.

빌라 데스테를 떠나며

포타닌을 꺾은 후에는 모든 일이 내 생각대로 흘러가는 듯 보였다. 1997년 허미티지 펀드는 세계 실적 1위 펀드에 올랐으며 그해에만 235퍼센트가 오르고, 개설 이래 718퍼센트의 성장률을 기록했다. 운용 자산은 초기 2500만 달러에서 10억 달러 이상으로 불어났다. 『뉴욕타임스』 『비즈니스위크』 『파이낸셜타임스』 『타임』에서는 날 현대 금융의 귀재로 소개했다. 고객들은 서로 경쟁하듯 프랑스 남부에 있는 자신들의 요트에 초대했고, 나는 어느 도시에 가든 맛있는 술과 음식을 대접받았다. 이렇게 신나는 일이 고작 2년 전에 사업을 시작한 서른세 살의 나에게 일어나고 있었다.

돌이켜 생각하면, 그때 나는 좀더 신중했어야 했다. 축하하는 게 당연할 정도로 놀라운 행보를 보였지만, 종합적으로 고려해봤을 때 이는 월가 용어로 하나의 큰 '매도 신호'였다. 머리로는 이 사실을 이해했지만 가슴으로는 이 축복받은 생활이 영원히 계속되기를 원했다.

그래서 지금의 상황이 그대로 이어지리라 여기며 전액 투자 상태를 고수했다.

그러나 다른 사람들은 나처럼 낙관하지 않았다. 특히 에드몬드 사프라가 그랬다. 그는 1998년 4월 초 내게 전화를 걸어 말했다. "빌, 지금 아시아의 사태가 걱정되네. 우리 포지션을 처분해야 하지 않겠나?" 그가 말하는 사태란 1997년 여름에 발발한 아시아 금융 위기로, 타이와 인도네시아, 말레이시아, 한국이 심각한 통화 가치 절하, 채권 채무 불이행, 극심한 경기 침체에 시달리는 상황이었다.

"제 생각엔 폭풍이 지나갈 때까지 꼭 움켜쥐고 기다리는 게 좋을 듯합니다. 러시아는 괜찮을 거예요."

"어떻게 그렇게 말할 수 있나, 빌? 우린 이미 큰 타격을 입었네."

에드몬드가 걱정하는 데에는 그럴 만한 이유가 있었다. 1998년 1월, 우리 펀드는 25퍼센트 손실을 입었다. 하지만 4월에 손실의 절반을 회복했기에 나는 상황이 다시 호전될 거라고 확신했다.

"시장이 지금 뛰고 있어요. 사태가 안정되면 전부 회복할 거예요."

"왜 그렇게 생각하는지 말해주겠나?" 납득이 되지 않는다는 듯이 그가 물었다.

"러시아에 위기가 닥칠지도 모른다는 두려움은 말 그대로 두려움이에요. 경제 지표가 아닌 감정에 근거한 거죠."

"그게 무슨 말이지?"

"우선 러시아는 아시아와 거래량이 많지 않아요. 둘째, 러시아는 아시아와 경쟁을 하지 않죠. 그리고 아시아 사람들은 러시아에 투자하지 않아요. 그러니 아시아 문제가 여기로 넘어올 리 없어요."

에드몬드가 1~2초 있다가 말했다. "자네 말이 맞기를 바라지, 빌."

나도 내 말이 맞기를 바랐다.

불행하게도 내 예상은 완전히 틀렸다.

중요한 사실을 완전히 놓치고 있었다. 세계는 거대한 유동성의 바다이기에 한 곳에서 썰물이 빠지면 다른 곳에서도 썰물이 빠지기 마련이다. 아시아에서 돈을 잃은 거액 투자자들은 세계 다른 곳에서도 리스크가 큰 유가 증권을 포트폴리오에서 빼기 시작했는데, 그중 1순위가 러시아 관련 종목이었다.

이 사태로 러시아 정부는 어려운 상황에 처했다. 공공사업 자금을 대느라 엄청난 재정 적자에 시달리던 러시아는 지난 몇 년간 3개월짜리 루블화 표시 국채를 발행함으로써 400억 달러의 빚을 졌다. 이는 러시아가 간신히 명맥이라도 유지하려면 지급 만기가 된 400억 달러의 빚을 갚기 위해 정부가 3개월마다 400억 달러어치의 채권을 새로 판매해야 한다는 걸 뜻했다. 뿐만 아니라 러시아는 구매자들을 끌어들이기 위해 30퍼센트 이상의 금리를 제시했고, 그 결과 채무는 눈덩이처럼 불어났다.

이런 자금 조달 방식은 사정이 좋을 때도 그리 훌륭한 선택이 아니지만, 최악의 상황에서는 완전히 자살골이나 다름없었다. 이제 러시아를 구제할 길은 국제통화기금IMF뿐이었다. 1998년 모스크바에 봄이 왔을 때 브로커와 투자자들이 기대할 수 있는 건 IMF의 개입밖에 없었다.

하지만 재미있게도 러시아 정부는 우리만큼 조급해하지 않았다. 오만인지 우둔함인지, 크렘린은 IMF에 무릎을 꿇고 사정해도 모자랄 판에 도리어 강하게 나갔다. 1998년 5월 중순경, 당시 미국 재무부 부장관이었던 래리 서머스가 곧 불어닥칠 악재를 어떻게 처리할지 결정하기 위해 러시아로 떠났다. 미국은 IMF의 가장 중요한 회원국이었기에 서머스의 의견이 사실상 성패를 좌우했다. 서양의 모든 정치인이 그를 세계에서 가장 영향력 있는 금융 실세 가운데 한 명으로 여겼지만, 러시아의 총리 세르게이 키리옌코는 서머스를 그저 '부장관' 정도로 여겼고 모욕을 당한 서머스는 미팅을 수락하지 않았다. 며칠 후인 5월 23일, 200억 달러 긴급 구제 계획을 협상하러 러시아로 떠났던 IMF 사절단 역시 러시아의 완고한 태도에 대화를 포기했다. 서머스와 IMF 사절단 모두 합의에 도달하지 못한 채 러시아를 떠났다.

러시아 채권 시장을 받쳐줄 IMF의 자금이 없었기에 러시아 정부는 구매자들을 유인하기 위해 국내채에 지급하는 금리를 30퍼센트에서 44퍼센트로 올렸다. 그러나 이 방법은 투자자들을 끌어들이기는커녕 역효과를 낳았다. 월가에 피바람이 불었다. '금리를 30퍼센트에서 44퍼센트로 올렸다는 건 뭔가가 심각하게 잘못됐다는 뜻이야. 그러니 얼른 러시아에서 발을 빼야지'라고 다들 판단했다.

이런 불신은 러시아 주식 시장에 폭락 사태를 몰고 왔고 내 펀드는 5월에 무려 33퍼센트가 떨어져 그해에만 50퍼센트가 하락했다.

에드몬드가 옳았다.

이렇게 많은 돈을 잃게 되자 궁지에 몰렸다. 50퍼센트일 때라도 팔아야 할까? 아니면 끝까지 버티면서 회복되길 기다려야 할까? 영원히 50퍼센트 손실에서 벗어나지 못할 것이라고 생각하니 원통했다. 나는 이제 시장이 바닥을 쳤다고 보았고, 그래서 우리 포지션을 유지하며 IMF 긴급 구제를 기다리자고 권했다.

6월 초, IMF가 다시 협상에 나설 것이라는 소문이 돌았다. 시장이 뛰면서 펀드 역시 일주일 만에 9퍼센트가 상승했다. 하지만 그다음 주에 소문은 부정적으로 바뀌었고 펀드가 다시 8퍼센트 하락했다.

그해 7월, 러시아의 채권 금리는 자그마치 120퍼센트에 달했다. IMF가 나서지 않으면 러시아는 채무를 이행하지 못할 게 분명했다. 래리 서머스와 IMF의 관료들은 러시아의 오만한 태도가 괘씸했겠지만, 러시아가 국가 부도를 맞으면 파국이 초래될 것을 걱정해서 마지막 순간에 미국이 어마어마한 긴급 구제 계획을 지지하고 나섰다. 7월 20일, IMF와 세계은행은 러시아 정부에 226억 달러를 지원하기로 했고, 즉시 48억 달러를 먼저 지급했다.

헤드라인 기사들을 보며 주체할 수 없는 안도감을 느꼈다. 몰려오는 흉보에 속이 새까맣게 타들어갔는데, 이제 안전장치가 마련된 셈이었다. 이 긴급 구제가 내 투자자들의 돈은 물론이고 러시아까지 구해줄 듯 보였다. 그다음 주에 펀드는 손실의 22퍼센트를 회복했다. 안도한 고객들에게서 전화가 오기 시작했고, 우리는 어떻게 회복이 전개될지 논의했다.

하지만 승리를 단언하기엔 너무 일렀다. 대규모 긴급 구제 계획이 진행되었지만, 러시아 올리가르히들은 이를 안전장치로 여기기보다 자신들이 가진 루블화를 외국으로 내보내기 위해 그 돈을 달러로 바꾸는 데 사용할 수 있는 대형 돼지 저금통으로 보았다. 그로부터 4주 동안 65억 달러어치의 루블이 올리가르히들의 손에서 달러로 환전되었다. 러시아는 금세 IMF의 개입 전 상태로 되돌아갔다.

이렇게 급변하는 금융 상황으로는 모자란 듯, 내 결혼생활도 서서히 악화되었다. 시단코 사건 이후 사브리나는 점점 더 자주 화를 냈다. 포타닌과 싸우기로 한 결정이 자신에 대한 배신이라고 생각했으며 내가 런던으로 돌아오기를 원했다. 나는 그녀가 동의했기에 모든 두려움을 감수하고 모스크바로 온 거라고 지적했지만, 그녀는 그렇게 생각하지 않았다. 뿐만 아니라 투자자들에 대한 의무를 다해야 한다는 내 주장에도 전혀 공감하지 못했다.

우리는 교감할 방법을 찾지 못하고 있었다. 데이비드를 돌보는 것을 빼고(이건 사브리나가 훌륭하게 해냈다), 그녀가 유일하게 결혼생활에 충실한 순간은 가족 휴가를 계획할 때뿐이었다. 사브리나와 내가 일주일 이상 같이 보낼 수 있는 때는 휴가뿐이었기에 여행을 통해 서로가 더 가까워지기를 바라는 마음으로 나는 그녀에게 여행을 계획할 수 있는 전권을 주었다.

러시아 금융 시장이 위태로워지기 전인 초여름, 사브리나는 이탈리아 코모 호수에 자리한 빌라 데스테 호텔 스위트룸을 예약했다. 이 오성급 호텔의 스위트룸 가격은 하룻밤에 1200달러였는데, 이 금액은 내가 대학 졸업 직후 여름 내내 쓴 돈을 합친 것보다 많았다. 내가 감당할 수 있는 금액인지 아닌지를 떠나서, 이런 사치스러운 휴가는 늘 불편했다. 홀로코스트를 피해 도망왔던 어머니는 내게 항상 사치품에 돈을 쓰는 건 어리석을 뿐만 아니라 무책임한 행동이라는 생각을 심어주었다. 내 수입 형편에 어울리는 생각은 아니었지만, 나는 여전히 30달러를 내고 유럽식 아침 식사를 하는 게 불편했다. '돈을 낭비하는' 일에 심한 죄책감을 느꼈기에 종종 아침을 거를 구실을 만들고 사브리나에게 모닝 빵 몇 개만 가져다달라고 부탁하곤 했다.

게다가 이번 휴가는 상황이 가장 어려울 때 떠난 것이었다. 시장이 하루에 5퍼센트씩 오르락내리락했기 때문에 사무실을 비우면 안 되는 상황이었다. 그렇다고 휴가를 취소했다간 내 결혼생활이 대위기를 맞을 판이었다. 그래서 8월 중순 밀라노로 날아가 차를 타고 코모 호수에서 사브리나와 데이비드를 만났다.

코모 호수와 모스크바는 믿기 힘들 정도로 대조를 이루었다. 러시아에서는 다들 공격적이고 화를 내며 신경이 날카로웠지만, 이탈리아에서는 모두가 햇볕에 그을린 모습으로 느긋하고 행복한 얼굴을 하고 있었다. 우리는 호화로운 방 두 개짜리 스위트룸에 체크인했다. 짐을 푼 후 나는 테라스에 가서 앉았다. 수정처럼 맑은 고산 호수와 알프스 산맥의 완만한 구릉 지대를 감상하고 사람들이 물속에서 첨벙이며 웃는 모습을 지켜보았다. 바람 한 점 없이 따뜻한 날씨였고 소나무 향기가 났다. 그 어느 것도 현실감이 없었다.

머리를 식히며 요동치는 러시아 시장에 대한 생각을 떨쳐버리려 애썼지만 불가능했다. 유일하게 평화로운 순간은 데이비드가 잠에서 깨는 새벽녘에 찾아왔다. 나는 아들에게 옷을 입히고 젖병에 우유를 채운 후, 사브리나가 자는 동안 아들과 함께 깔끔하게 손질된 호텔 정원을 산책하며 두어 시간 정도 조용한 시간을 보냈다.

이렇게 친밀감을 나누는 시간은 정말 즐거웠다. 그런데 8월 18일, 아침 산책을 마치고 돌아와 사브리나가 목욕하는 동안 데이비드와 함께 발코니에서 호수를 내려다보고 있을 때 모스크바에서 바딤이 공황 상태로 전화를 걸어왔다.

"사장님, 올 것이 왔나봐요."

"무슨 일인데 그래?" 전후 사정을 알지 못한 채 내가 물었다.

"루블화가 급락하고 있어요. 정부가 루블화 방어를 포기했어요. 애널리스트들 말로는 루블화의 가치가 75퍼센트까지 떨어질 거래요."

"맙소사." 나는 물병을 금속 탁자에 놓았다. 그야말로 충격이었다. 검은 새가 호수를 향해 비스듬히 비행하며 휙 지나갔다. 데이비드가 혼자 작은 목소리로 기쁨에 젖은 소리를 냈다.

"상황이 심각해졌어요, 사장님. 정부에서 국내채의 채무도 이행하지 않겠다고 발표했어요."

"뭐? 그냥 화폐를 찍어 빚을 갚으면 되는데 왜 이행하지 않는다는 거야? 말이 안 되잖아."

"러시아 정부에서 하는 일 중에 말이 되는 게 있던가요?" 바딤이 체념한 투로 말했다.

"시장 상황은 어때?" 최악의 경우를 준비하며 내가 물었다.

"완전 대폭락이에요. 매입 자체가 사라졌어요. 드문드문 있던 매매 몇 건도 80퍼센트에서 95퍼센트 정도 하락하고 있고요."

나는 더 이상 묻지 않고 전화를 끊은 후 데이비드를 데리고 안으로 들어갔다. 이런 악몽 같은 일이 생길 것이라곤 꿈에도 생각지 못했다. 바딤과 통화를 하기 전에도 시장이 이미 바닥을 찍었다고 생각했지만 상황은 더욱 나빴다.

즉시 모스크바로 돌아가야 했다.

사브리나에게 얘기하자 그녀는 왜 그냥 호텔에서 일을 처리할 수 없는지 물었다. 상황의 심각성을 설명하며 모스크바에 가지 않으면 안 된다고 말했지만 그녀는 이해하지 못했다. 서둘러 짐을 싸고 떠날 준비를 마친 뒤 사브리나를 안으려고 했지만 그녀가 거부했다. 나는 데이비드를 들어 꼭 안아주었다.

그날 밤 나는 모스크바로 돌아왔다. 소동이 가라앉은 뒤 우리 펀드는 9억 달러의 손실을 입으며 가치가 90퍼센트 하락했다. 거기가 바닥이었다.

9억 달러를 잃은 기분을 말로 설명하기란 쉽지 않다. 속이 완전히 뒤집힌 것처럼 배 옆구리가 욱신댔다. 마치 그 손실을 등에 그대로 짊어지기라도 한 양 어깨뼈가 기분 나쁠 정도로 쑤셨다. 단지 금전적 손실만이 아니었다. 지난 2년간 러시아 투자의 장점을 극찬하며 살았는데, 하루아침에 내게 투자한 사람들의 기대를 저버렸다.

공개적으로도 망신이었다. 내가 잘나갈 때는 날 소개하지 못해 안달이었던 기자들이 이제는 내 몰락에 대해 필사적으로 세세하게 써대기 시작했다. 나는 마치 끔찍한 자동차 사고의 희생자가 된 기분이었고, 행인들이 천천히 내 앞을 지나가며 그 참상과 불타는 자동차 잔해를 구경하고 있는 듯했다.

그럼에도 내게는 한 가지 선택밖에 없었다. 러시아에 머무는 것이었다. 내 고객들이 잃은 돈을 모두 되찾아야 했다. 비겁하게 꼬리를 내린 채 러시아를 떠날 생각은 없었다. 그런 모습으로 사람들에게 기억되고 싶지는 않았다.

15
살면서 누구나 넘어진다

나는 일을 그르쳐버린 스스로가 끔찍이 싫었지만, 놀랍게도 내 고객 대부분은 그렇지 않았다. 이들에게는 훨씬 더 큰 문제가 있었다. 러시아 정부가 발행한 국내채는 금융 위기 전 이자가 30퍼센트 이상이었던 데다 다들 주식보다 채권을 더 안전하게 여겼기에 내 펀드에 가입한 일반 투자자들은 허미티지 펀드에 투자한 다섯 배를 러시아 채권 시장에 투자했다. 상황이 틀어지기 전 채권 수익률은 굉장히 유혹적이었고, 많은 투자자가 차입 자본을 이용해 더욱더 많이 사들였다. 그들은 최악의 경우 허미티지에 투자한 자본은 0으로 떨어질 수 있어도 러시아 채권 포트폴리오가 0으로 떨어질 줄은 꿈에도 몰랐다. 하지만 그런 일이 실제로 일어났다.

가장 큰 피해자 한 명은 나와 에드몬드의 만남을 주선해준 이스라엘의 다이아몬드 왕인 베니 스타인메츠였다. 그는 채권으로 손실을 입은 후 허미티지 펀드의 지분을 처분했다. 파트너로서 베니를 잃은 건 불행한 일이었지만, 감사하게도 에드몬드가 아직 남아 있었다.

아니, 그렇다고 생각했다.

1999년 5월, 런던에 가서 주말을 보내던 중 『파이낸셜타임스』를 사서 에드몬드 사프라가 리퍼블릭 내셔널 뱅크를 HSBC에 매각했다는 기사를 읽었다. 베니처럼 에드몬드의 은행도 러시아 채권에 큰돈을 투자해 손실을 입은 후였다. 에드몬드가 좀더 젊었다면 그간 셀 수 없이 여러 번 시장의 부침을 겪어온 그답게 이번 위기도 극복했겠지만, 지난 몇 년 사이에 파킨슨병을 앓은 터였다. 그의 상태는 함께 대화를 나누는 것조차 힘들 정도로 계속해서 악화되었다. 어떤 이유에선지 에드몬드는 승계 계획을 세워놓지 않았고, 그래서 그가 물러나면 은행을 인계할 사람이 없었다. 그런 까닭에 될 수 있는 한 빨리 은행을 팔아야 했고 HSBC가 나서서 거래를 매듭지었다. 세계에서 가장 훌륭한 금융업자 한 사람이 내 사업에서 발을 빼면서 나는 큰 타격을 받았다.

개인적인 삶도 무너져내리고 있었다. 빌라 데스테에서 떠나온 이후 사브리나와의 관계는 갈수록 악화되었다. 별거와 스트레스, 물리적 거리가 우리 관계를 무겁게 짓눌렀다. 주말에 런던에서 만나면 싸우는 게 일이었다. 이혼만은 막으려고 무슨 일이든 하려 했지만, 우리 관계는 분명히 끝을 향해 가고 있었다. 나는 상담을 받아보자고 제안했지만 치료 전문가를 세 명이나 찾아가도 우리 문제를 풀지 못했다. 런던에 오는 날을 일주일에 서너 번으로 늘려도 보았지만, 사브리나는 내가 곁에 있는 것을 기뻐하기보다는 짜증내기 일쑤였다.

이 상황에서도 그녀는 1999년 8월에 가족 휴가를 계획했다. 장소는 그리스에 있는 엘룬다비치 호텔이라는 휴양지였다. 사브리나는 그곳에서 휴가를 보내게 되어 기뻐서인지, 도착한 순간부터 굉장히 행복해하며 나한테 친절했다. 상냥하기까지 했다. 이 모습에 나는 마음을 놓았다. 차가운 표정도 짓지 않았고 일 얘기나 러시아 얘기, 고객 얘기도 일절 하지 않았다. 둘째 날 밤에는 데이비드를 베이비시터에게 맡겨놓고 함께 현지 음식점에도 다녀왔다. 저녁을 먹으며 나는 러시아 얘기를 좀 했고, 그녀는 데이비드에 대한 칭찬을 늘어놓았다. 그 몇 시간 동안 나는 생각했다. 이것도 나쁘지 않네. 예전으로 돌아간 것 같아. 하마터면 그녀에게 이렇게 태도가 돌변한 이유가 뭐냐고 물을 뻔했지만 그냥 받아들이기로 했다. 심지어 그녀는 내가 후식을 먹으며 했던 바보 같은 농담에 웃기까지 했다.

이튿날도 별반 다르지 않았다. 우리는 하루 종일 해변에 나가 모래사장에서 놀고 점심을 주문해 먹었다. 그날 저녁 해가 지고 데이비드를 재우기 위해 일찍 호텔 방에 들어왔을 때, 나는 왠지 사브리나와의 고비를 넘겼고 모든 일이 잘 풀리리라는 생각이 들었다.

데이비드가 잠든 후, 욕실에 가서 선크림과 모래를 씻어냈다. 그런 다음 세면기로 가서 따뜻한 물을 틀어놓고 면도를 시작했다. 내가 데이비드에게 동화를 들려주는 동안 사브리나는 샤워를 끝내고 침대에서 잡지를 읽고 있었다. 완벽한 가족 휴가의 그림이었다.

마지막으로 목 부근을 면도하고 있을 때 사브리나가 문간에 나타났다. "빌, 얘기 좀 해."

면도기를 세면대로 내리면서 거울로 그녀를 보았다. "물론이지. 뭔데 그래?" 침착하게 그녀가 말했다. "더는 당신이랑 부부로 살고 싶지 않아."

면도기가 내 손에서 빠져나갔다. 손을 더듬거려 면도기를 잡은 후,

수도를 잠그고 수건을 잡고 그녀 쪽을 보았다.

"뭐라고?"

"더는 당신이랑 부부로 살고 싶지 않다고. 더는 못 하겠어."

"하지만 지금은 잘 지내고 있잖아." 내가 힘없이 대답했다.

"그랬지. 내가 당신한테 잘했던 건 마음을 정했기 때문이야. 더는 내가 화를 내는 이유도 모르겠어." 그녀가 힘없이 미소 짓더니 뒤돌아 침실로 돌아갔다. 나는 홀로 남아 여러 생각에 휩싸였다.

엄청난 충격이었지만, 한편으로는 다행이기도 했다. 우리는 막다른 골목에 다다른 상태였다. 나는 그녀가 바라는 대로 런던에서 '평범한 일을 하며 평범한 삶'을 살고 싶지 않았고, 그녀는 평범하지 않은 내 모스크바 생활을 신경 쓰지 않고 살고자 했다. 아무리 생각해도 우리는 부부관계를 이어갈 이유가 없었고, 결혼에 실패하기 싫다는 건 부부관계를 유지하는 마땅한 이유가 되지 못했다. 나와는 다르게 그녀에게 결혼생활을 끝낼 배짱이 있다는 사실이 이상하게 감사하기까지 했다.

우리는 그리스에서 마저 휴가를 보냈다. 결혼생활에 먹구름이 드리운 상황에서도 아들과 함께 단란한 시간을 보냈다. 더 이상 서로를 견딜 수 없을 정도로 소원해진 부부가 아니라 갑자기 다시 친구 사이가 될 수 있을 듯한 분위기였다. 휴가가 끝나고 우리는 공항으로 향했다. 각자의 게이트로 들어가기 전에 사브리나가 말했다.

"빌, 내 잘못이라는 거 알아. 정말 미안해."

"괜찮아." 내가 말했다. 이렇게 말해주는 그녀가 고마웠지만, 최소한 절반의 책임은 내게 있었다.

"우린 좋은 사람들이야, 빌. 당신은 좋은 아빠이고, 나도 좋은 엄마라고 생각해. 그냥 인연이 아니었던 거야."

"나도 알아."

그녀가 내 뺨에 키스를 하고 작별 인사를 하더니 데이비드를 태운 유모차를 밀면서 멀어져갔다. 두 사람이 떠나는 모습을 지켜보는데 너무도 익숙한 상실감이 날 덮쳐왔다. 다시 한번 뱃속이 텅 빈 느낌이 들었지만, 이번이 더 심했다. 사랑을 잃는 건 돈을 잃는 것보다 훨씬 더 힘들었다.

나는 러시아로 돌아왔다. 가을이 찾아들면서 모스크바는 그 어느 곳보다 춥고 쓸쓸하게 느껴졌다. 한 가지 위안거리가 있다면 막대한 손실을 입고도 내 회사가 계속 돌아가고 있다는 사실이었다. 희한하게도 헤지펀드 업계에서는 30~40퍼센트가 떨어지면 고객들이 투자금을 회수하지만, 1999년의 사태처럼 90퍼센트가 하락하면 대부분 고객이 이렇게 반응한다. "에라 모르겠다. 조금만 더 참고 견디면서 다시 회복하나 보자." 그래서 대폭락 이후 처참한 실적을 내고 있었음에도 불구하고 우리 펀드에는 여전히 1억 달러의 운용 자금이 있었다. 그 덕분에 임대료와 직원 몇 명의 월급을 지불하고 계속 사업을 굴릴 수 있는 수수료가 생겼다.

사실상 할 일은 아무것도 없었다. 시장이 절정을 이루던 때부터 1999년 초까지 거래량은 하루 1억 달러에서 하루 100만 달러로 99퍼센트가 감소했고, 펀드 포지션 대부분이 비유동성이 강해서 팔고 싶어도 팔리지가 않았다. 기존 고객이나 잠재 고객과 미팅을 잡는 일도 불가능했다. 자기네 요트로 날 초대하지 못해 안달하던 사람들이 지금은 사무실에서 차 한잔 마실 15분조차 내주지 않았다.

하루 중 가장 힘든 시간은 일을 마치고 집으로 가는 저녁 6시였다.

내가 사는 곳은 크렘린에서 멀지 않은 곳에 있는 고급스럽게 재단장한 아파트였다. 포겐폴독일 명품 주방 가구 브랜드 주방이 있고 욕실에는 자쿠지물에서 기포가 생기게 만든 욕조와 사우나가 갖춰져 있는 손색없는 집이었다. 하지만 개인 소지품을 거의 두지 않고 여자의 손길이 부족해 춥고 척박하고 마음이 가지 않았다. 집에 있으면 오히려 더 외로웠다.

그날이 그날 같은 나날이었다. 그러던 12월 3일, 빈사 상태의 시장을 지켜보며 또 하루를 보냈을 때 전화벨이 울렸다. 에드몬드의 오른팔인 샌디 코이프만이었다. 샌디는 HSBC가 인수한 후 회사를 그만두었지만, 나와 계속 연락하고 지냈다. 평상시에는 목소리가 중후하고 확신에 차 있었는데, 그날은 목소리가 완전히 달랐다.

"빌, 안 좋은 소식이 있어요." 근래에는 나쁜 소식만 들려오는 듯했다.

"뭔데요?"

"에드몬드가 숨졌어요." 그가 마지막 단어를 힘겹게 내뱉었다. 전직 이스라엘 전투기 조종사였던 샌디가 눈물을 삼키며 말을 이었다.

"뭐라고요?"

"에드몬드가 죽었어요, 빌."

"어쩌다가요?"

"어제 모나코에 있는 아파트에서 방화로 죽었어요."

"방화요? 그게 무슨 말이에요?"

"아직 자세한 건 몰라요." 샌디가 기운을 차리며 말했다.

"경찰에서 자세한 사항을 공개하지 않고 있어요. 릴리는……" 릴리는 에드몬드의 부인이었다. "충격에 빠진 상태고요. 내 추측으로는 야간 간호사 한 명이 가택에 누군가 침입한 척하며 불을 질렀고 에드몬드는 연기를 마시고 숨진 것 같아요."

나는 할 말을 잃었다. 샌디도 마찬가지였다.

"어떻게 그런 일이…… 너무 슬픈 소식이네요. 정말 유감이에요. 뭐라 위로를 드려야 할지 모르겠어요."

"고마워요, 빌. 새로운 사실이 밝혀지면 다시 연락할게요. 내가 직접 소식을 전해주고 싶었어요." 나는 조용히 전화를 끊었다. 더는 견디기 힘들었다. 에드몬드를 파트너로서 잃은 건 이미 받아들였지만, 그는 내게 파트너 이상의 존재였다. 에드몬드 사프라는 나의 멘토이자 롤모델이었다.

그런 그가 이제 세상에 없다.

모리와 함께한 화요일

1999년은 내 생애 최악의 해였기에 새 천년에는 뭔가 좋은 일들이 생기기를 소망했다. 하지만 새해가 와도 무엇 하나 좋아질 기미가 보이지 않았다.

모스크바에 살던 지인들이 떠나서 더욱 외로웠다. 목요일 밤마다 외국인 친구나 영어를 할 줄 아는 러시아 친구들과 포커 게임을 하곤 했는데, 모임이 한창 활발했던 1997년 중반에는 열세 명이 정기적으로 참여했다. 그런데 2000년 1월에는 유일하게 나만 러시아에 남아 있었다. 마치 공항 수하물 컨베이어벨트의 짐을 혼자 남아 기다리고 있는 듯한 기분이었다. 다른 사람들은 모두 짐을 찾아서 집에 갔는데, 나만 홀로 남아 금속 트랙이 삐걱거리며 빙글빙글 돌아가는 모습을 지켜보는 듯했다. 가방이 분실되어서 절대 나오지 않는다는 걸 알면서도 하염없이 기다리는 것처럼 말이다.

내가 모스크바를 떠나지 않은 이유는 단순했다. 어떤 희생을 치러서라도 고객들의 돈을 되찾아주기 위해서였다.

이론상 대폭락 후에는 손실을 회복하기 수월했다. 내 펀드는 주로 러시아 석유·가스 회사에 포지션을 두었는데, 이 회사들은 달러로 석유를 팔고 루블로 비용을 지불했기에 매출은 줄지 않았지만 환율 폭락으로 비용은 75퍼센트가 절감되었다. 회사의 비용이 줄면 이윤은 올라간다. 나는 우리 포트폴리오에 들어간 회사들의 이윤이 루블화 평가 절하로 인해 100퍼센트에서 700퍼센트 정도 올라갈 것이라고 추정했다. 따라서 다른 요소들이 그대로라면 이 회사들의 주식은 극적인 회복세를 보여야 했다.

하지만 그 다른 요소들이 가만있지 않았다.

대폭락 전에는 회사의 과반수 주주인 올리가르히들이 대체로 소주주들에게 공정했다. 왜였을까? 월가에서 소위 '공짜 돈'을 얻어내고 싶었기 때문이다. 당시 서양의 투자 은행 직원들은 올리가르히들에게 당부하곤 했다. "투자금을 많이 조달받고 싶으면 투자자들을 화나게 하지 마요." 올리가르히들은 그 말을 듣고 따랐다.

대폭락 전에는 이런 합의로 인해 올리가르히들이 대체로 규칙을 잘 지켰다. 하지만 대폭락 후에는 러시아와 조금이라도 관련 있는 은행원은 모두 해고되었고, 남은 사람들은 러시아에 관한 얘기는 들어본 적도 없다며 가슴에 손을 얹고 상사에게 맹세해야 했다. 그리하여 1999년 올리가르히들이 '공짜 돈'을 얻어내려고 은행원에게 접근했을 때 이에 응하는 사람은 아무도 없었다. 하룻밤 사이에 버림을 받은 셈이었다. 월가는 올리가르히를 상대로 휴업을 선언했다.

상도를 지킬 동기가 사라진 데다 루블화 평가 절하 이후 이윤이 쌓여가다 보니 올리가르히 입장에서는 더 이상 수익을 빼앗지 않을 이유가 없었다. 소주주들과 이윤을 나눌 필요가 있을까? 그 사람들이 조금이라도 도움을 주었나? 전혀 아니었다.

제동 장치가 풀리자 올리가르히들은 미친 듯이 빼앗기 시작했다. 다양한 속임수를 이용해 수탈했고, 이들을 막을 법이나 제도가 없었기에 수단과 방법을 가리지 않았다. 이들은 자산 수탈경영 부진 기업을 매수하고 훗날 그 자산을 매각하여 이익을 꾀하는 일, 주가 희석화, 트랜스퍼 프라이싱특수관계에 놓여 있는 둘 이상의 기업이 거래할 때 설정되는 가격을 조작함으로써 기업 그룹 전체로서의 세 부담을 경감하려는 행위, 횡령 등의 편법을 동원했다.

러시아에서 일하는 사업가는 모두 이 문제로 골치를 앓았다. 나는 시단코와의 싸움으로 인지도를 얻은 터라, 2000년 1월 초 모스크바에 주재한 미국 상공 회의소의 초청으로 현지 경제계 사람들에게 기업의 권력 남용에 대한 프레젠테이션을 하게 되었다. 마치 러시아 올리가르히들의 악행을 공개적으로 떠벌릴 만큼 제정신이 아닌 사람은 모스크바에서 나 하나뿐인 듯했다.

석유 회사 유코스를 사례로 들기로 했다. 사실 아무 회사나 고를 수 있었지만, 유코스와 관련된 소주주 분쟁이 아주 많았기에 가장 적절한 예시였다. 올리가르히들이 소주주들에게 일삼는 여러 가지 수탈 방법을 설명하기 위해 프레젠테이션에 '기업의 권력 남용 3군軍'이라는 제목을 붙였다. '육군'은 트랜스퍼프라이싱, '해군'은 자산 박탈, '해병대'는 주가 희석화였다.

프레젠테이션은 1월의 어느 눈 오는 날 아침 8시에 열렸다. 6시 30분에 알람이 울리자 간신히 침대에서 빠져나왔다. 바깥 기온은 영하 20도였고, 거리는 갓 내린 눈으로 덮여 있었으며 해는 아직 나오지 않았다. 모스크바 증권 거래소는 오전 11시가 되어야 열기 때문에 평소 나는 10시 30분까지 사무실에 나갔다. 그래서 이른 시간에 일어나는 일이 익숙하지 않았다. 게다가 모스크바에서 눈 오는 날 아침 8시에 열리는 프레젠테이션에 누가 오려고 하겠는가? 발표자가 아니었으면 나라도 가지 않았을 것이다.

알렉세이가 7시 45분에 나를 태워 미국 상공 회의소까지 짧은 거리를 데려다주었다. 도착해보니 놀랍게도 회의실은 꽉 차 있었다. 나는 안으로 들어가 회색 정장을 입은 비스무리한 중년 남자들 무리에 섞였다. 이 회색 물결 속에 있다 보니 자연스럽게 붉은색과 주황색이 섞인 드레스를 입고 발레리나처럼 머리카락을 머리 위로 끌어당겨 동그랗게 말아 올린 아름다운 젊은 여자가 눈에 들어왔다. 그녀를 본 순간 동이 트자마자 일어난 보람이 있다고 느꼈다. 나는 그녀가 있는 회의실 앞쪽으로 이끌리듯 걸어갔다. 그녀 곁에 가서 손을 내밀었다.

"안녕하세요, 빌 브라우더라고 합니다."

그녀가 세게 악수를 했다. 손이 좀 차가웠다. "전 옐레나 몰로코바예요." 그녀가 전문가답게 말했다.

"이렇게 이른 시간에 여기는 어쩐 일로 오셨죠?"

"러시아 투자 환경에 관심이 많아서요."

나는 그녀에게 명함을 건넸다. 그녀도 마지못해 핸드백을 열고 명함을 건넸다. 명함에는 그녀가 미하일 호도르콥스키를 홍보하는 한 미국 홍보 회사의 직원이라고 적혀 있었다. 호도르콥스키는 다름 아닌 유코스의 CEO였다. 이제야 이해가 갔다. 내가 호되게 비판할 회사가 그녀 회사의 제1고객이었기에 피해를 가늠하기 위해 사람을 보낸 것이었다.

"투자 환경에 관심이 많다고요?" 내가 물었다. 의도와 다르게 목소리 톤에서 꽤 놀란 감정이 배어나왔다.

"물론이죠, 브라우더 씨." 그녀가 시치미를 떼고 대답했다.

"그런 경우라면 잘 오셨네요."

나는 그녀가 나를 살짝 끌어당기는 듯한 이상한 감정을 느꼈다. 확신할 순 없지만 우리 사이에 불꽃이 튄 것 같았다. 이른 아침이었지만 프레젠테이션을 잘해야겠다는 의욕이 불끈 솟았다. 프레젠테이션을 하는 동안 나는 자주 그녀 쪽을 쳐다보았다. 또한 평소보다 훨씬 더 많은 재치와 극적 요소를 동원해 프레젠테이션을 했고 호응도 좋았다. 그러나 옐레나는 태연해 보였다. 발표하는 동안 그녀의 반응을 보려고 그녀 쪽을 흘깃거렸는데, 그녀는 조금도 웃지 않고 끝까지 전문가다운 표정을 유지했다. 발표를 마친 후 나는 그녀와 더 얘기하고 싶었지만, 몇몇이 다가와 말을 거는 바람에 우리 둘 사이에 장벽이 생겼다. 형형색색의 드레스를 입은 그녀가 회의실에서, 그리고 내 인생에서 빠져나가는 모습을 곁눈질로 지켜볼 수밖에 없었다.

하지만 내게는 그녀의 명함이 있었다.

그 명함을 지갑에 넣기가 무섭게 다시 꺼냈다. 사무실에 오자마자 그녀에게 전화하고 싶었지만, 한 시간을 기다릴 정도의 분별력은 있었다. 너무 절박해 보이지 않으면서 여자에게 자연스럽게 데이트 신청을 하기 위해 작전을 짜던 고등학생 때로 돌아간 듯한 기분이 들었다.

통화 신호음이 일곱 번 울리고 그녀가 전화를 받았다. 그녀는 연락을 기다린 목소리가 아니었지만, 점심 초대에는 응해주었다. 하지만 목소리로 판단했을 때 점심 식사를 비즈니스 이상으로 여기지 않는 게 분명했다. 아무려면 어떤가, 스타트를 끊은 게 중요하지. 최소한 발을 들여놓기는 한 것이었다.

　점심 식사는 일주일 뒤, 스칸디나비아라는 스웨덴 레스토랑에서 했다. 푸시킨 광장 근처인 트베르스카야가의 바로 뒤에 위치한 식당이었다. 둘 다 상대의 용건을 몰랐기 때문에 만남은 조금 불편했다. 그녀는 내가 러시아 사업과 유코스, 기업 권력에 대한 얘기를 할 것이라고 예상했는지, 내가 개인적인 질문을 하자 당황한 기색을 내비쳤다. 그러면서 내 질문을 교묘하게 피해갔다. 식사가 반쯤 끝났을 때 우리는 서로의 주파수가 다르다는 걸 깨달았지만, 그럼에도 내 고집이 빛을 보기 시작했다. 그녀가 마음을 완전히 열지는 않았지만, 나는 그녀가 예쁘기만 한 게 아니라 굉장히 똑똑하다는 사실을 알게 되었다. 그녀는 모스크바국립대(러시아에서 옥스퍼드나 케임브리지에 맞먹는 대학교)를 과 수석으로 졸업하고 박사 학위를 두 개나 땄다. 하나는 경제학, 다른 하나는 정치학이었다. 그녀가 현재 내 적을 위해 일한다는 사실도 거부할 수 없는 매력을 뿜어냈다. 그녀를 처음 봤을 때보다 훨씬 더.

　어떻게 해서든 그녀를 차지할 방법을 찾아야 했다.

　그녀가 보통 러시아 여자들 같았다면 마음을 얻기 쉬웠을지도 모른다. 모스크바에서 서양 남자들, 특히 돈이 좀 있는 남자들은 선망의 대상이었다. 러시아 여자들은 그런 남자에게 적극적이었고 거의 처음 만나는 사이라도 잠자리까지 했다. 그런 부류의 여자에게는 과시는커녕 귀찮게 쫓아다닐 일도, 환심을 살 필요도 없었다. 그저 "안녕하세요"라고 인사하면, 어느새 완벽한 입술과 신비한 눈을 지닌 늘씬한 암컷 여우가 품에 파고들었고 남자는 가장 가까운 침대 또는 둘만 있을 수 있는 공간이 어디 있는지 파악하면 끝이었다.

하지만 옐레나는 달랐다. 그녀는 런던이나 파리, 뉴욕에서 만날 법한 전문직 여성과 같았다. 돈을 위해서라거나 자신에 대한 만족감을 높이려고 남자를 만나지 않았다. 따라서 그녀를 쟁취하기는 그리 쉽지 않았다. 그렇지만 나는 낙담하지 않았다. 점심 데이트를 한 후 나는 바로 그녀에게 전화해 또다시 데이트 신청을 했고 이번에는 저녁 식사였다. 내가 제대로 해낸 게 틀림없었다. 선뜻 데이트에 응하지는 않았지만 결국 그녀의 승낙을 받아냈으니까.

우리는 마오라는 중국 레스토랑에 갔다. 그녀는 전보다 훨씬 더 냉담했다. 내 속셈을 알았기에 신중하게 행동하는 듯했다. 레스토랑 테이블에 자리를 잡을 때 그녀의 표정은 무심했다. 그런 모습은 그녀에 대한 쟁취욕을 더욱 부추겼다.

잠시 잡담을 나누다가 내가 물었다. "혹시 리 올로스키가 『포린어페어스』에 쓴 기사 읽어봤어요? 미국이 어떻게 올리가르히들을 내쳐야 하는지에 대한 내용이었는데."

"아뇨, 못 읽어봤어요." 옐레나가 못마땅하다는 듯 코를 약간 찡긋거렸다.

"굉장히 흥미로운 기사예요." 나는 레드 와인을 한 모금 마셨다.

"올리가르히들이 미국에 들어올 수 없게 미국 정부가 비자를 빼앗아야 한다고 썼죠."

옐레나는 잡티 하나 없이 하얀 피부에 목이 길고 우아했다. 그런데 내가 말하는 사이 그 도자기 같은 피부가 울긋불긋해졌다.

"어째서 미국인들은 항상 러시아 사람만 꼭 집어 얘기하는 거죠? 세상에 나쁜 사람은 많잖아요. 그건 위선이에요." 내게 모욕이라도 당한 것처럼 그녀가 사무적인 투로 반박했다.

내가 그녀의 신경을 건드리면서 식사 분위기가 바뀌었다. 『포린어페어스』 기사 얘기는 왜 꺼냈을까? 난 옐레나를 화나게 하는 게 아니라 그녀의 신뢰와 사랑을 얻고 싶었다. 그 얘기를 그만두고 화제를 바꿔보려고 했지만, 이미 물은 엎질러졌다. 그날 저녁 우리는 형식적으로 볼에 입을 맞추고 헤어졌다. 내가 그녀를 얼마나 좋아하는지는 중요하지 않았고, 쓸데없이 그녀의 나라를 비판했다. 그날 밤 그녀와 헤어지고, 나는 이제 그녀를 볼 수 없을 거라고 확신했다.

그날 밤, 데이트를 망친 나 자신에 대한 원망을 멈출 수 없었고, 내 서투른 연애가 다른 문제들의 연장선상에 놓여 있다는 생각을 떨칠 수 없었다. 펀드는 여전히 고전하고 있었고 러시아 경제는 엎어진 상태였으며 올리가르히들은 내 펀드에 남은 마지막 한 푼까지 훔쳐가려는 것처럼 움직였다. 일뿐만 아니라 정복하지 못하는 여자 문제로도 처절하게 몸부림쳤다. 나는 불안한 마음으로 침대에 올랐다. 한 시간 정도 뒤척이다가 수화기를 들어 『월스트리트저널』에서 일하는 친구 앨런 컬리슨에게 전화를 걸었다. 자정 무렵이었지만 상관하지 않았다. 앨런은 항상 늦게까지 잠을 자지 않았기에 기꺼이 말동무가 되어주었다. 통화하며 망친 데이트 얘기를 꺼내자, 그가 흔한 위로를 하며 동조하는 척했다. 그러다 이야기가 중반쯤 이르렀을 때 내가 옐레나의 이름을 언급했다.

"잠깐만, 옐레나 몰로코바와 데이트를 했단 말이야?" 앨런이 불쑥 끼어들었다.

"두 번 정도 했어."

"젠장, 빌. 데이트한 것만도 대단한 거야. 옐레나를 쫓아다니는 남자가 얼마나 많은데."

"그래, 그럼 다른 남자 차지가 되겠네. 난 망쳤으니까."

"알 게 뭐야? 모스크바에 예쁜 여자들은 널리고 널렸는데."

나는 어깨를 으쓱하며 조용히 말했다. "그렇긴 하지만 옐레나 같은 여자는 없어."

이후로 앨런은 날 그다지 동정하지 않았고, 좀더 얘기하다가 전화를 끊었다. 마침내 잠이 들었고 이튿날 아침에 내 생활이나 열심히 하자고 결심하며 깨어났다. 옐레나를 그냥 잊으려고 노력했다. 나는 할일이 많은 바쁜 남자였고 밖에는 다른 여자들도 있었다. 다만 내가 원하는 여자들이 아닐 뿐이었다. 아무리 애를 써도 옐레나를 잊을 수 없었던 나는 마오에서 저녁 식사를 한 지 일주일이 지났을 때 어떻게든 상황을 되돌려야겠다고 결심했다.

하지만 어떻게 말인가? 어떻게 필사적이거나 불쌍하게 보이지 않으면서 그녀에게 연락할 수 있을까? 올리가르히에 대한 내 태도에 그녀가 실망한 것 외에 내가 기억하는 건 옐레나의 아버지가 어떻게 돌아가셨는지에 대한 이야기였다. 3년 전 옐레나의 아버지는 예기치 않게 심장마비로 갑자기 돌아가셨다. 아버지의 죽음은 옐레나에게 꿈에도 생각지 못한 일이었다. 그녀는 작별 인사도 하지 못한 게 가장 가슴 아프다고 말했다. 전하지 못한 말이 너무 많았다고 했다.

그 이야기를 듣고 최근에 읽은 『모리와 함께한 화요일』이란 책을 떠올렸다. 옐레나에게 짧은 편지를 써서 책 앞표지에 끼워넣은 후 포장지에 싸서 알렉세이에게 그녀의 사무실에 갖다주라고 했다. 편지에는 이렇게 적었다. '친애하는 옐레나, 아버님에 대한 얘기를 들었을 때 당신도 이 책을 읽으면 좋겠다는 생각이 들더군요. 죽음을 앞둔 한 남자가 더 늦기 전에 자신이 하고 싶은 말을 모두 남겨놓는 내용이에요.

읽을 시간이 될지 모르겠지만, 꼭 읽길 바랄게요. 아마 나처럼 당신도 감명을 받을 거예요. 애정을 담아, 빌.'

솔직히 말해 거의 승산이 없는 게임이었지만, 그 책이 내게 큰 감동을 준 건 사실이었다. 책은 단순하면서 직접적이고 굉장히 인상적이었다. 하지만 그녀가 이 선물을 다른 의도로 해석하면, 즉 그녀의 마음에 들어가기 위해 이용하는 작은 트로이 목마처럼 여기면 어쩌나 걱정했다.

아무 답장도 없이 일주일이 지나갔다. 나는 과녁이 완전히 빗겨갔다고 확신했다. 그런데 어느 날 스베틀라나가 자신의 책상 너머로 몸을 굽히며 말했다. "사장님, 옐레나 몰로코바라는 분께 전화 왔어요."

가슴이 쿵 내려앉았다. 얼른 전화를 받았다. "여보세요?"

"안녕하세요, 빌."

"안녕하세요, 옐레나. 혹시…… 내가 보낸 책 받았어요?"

"그럼요."

"혹시 읽어봤어요?"

"네." 그녀의 목소리는 전보다 부드러웠다. 확실하진 않았지만 단단한 껍데기가 한 꺼풀 벗겨진 느낌이었다.

"괜찮던가요?"

그녀가 한숨을 지었다. "무척 좋던데요, 빌. 방금 다 읽었어요. 방금 막이요. 정말이지 책이 제게 말을 거는 느낌이었어요. 고마워요."

"기쁘네요. 그러니까 고마워하지 않아도 돼요."

"놀라기도 했어요." 그녀의 말투가 살짝 변하며, 지금껏 내가 들어가지 못한 개인적인 공간을 열어 보이려 했다.

"오, 어째서요?"

"당신이 그렇게 섬세한 남자일 줄은 몰랐거든요. 전혀요." 수화기 너머로 그녀가 웃는 소리가 들렸다.

"솔직히 전 제가 섬세한 사람인지 모르겠어요." 나는 잠시 말을 멈추었다. "있잖아요, 옐레나. 혹시…… 또 저녁 같이 먹지 않을래요?"

"네, 좋아요."

며칠 후 고급 이탈리아 레스토랑인 마리오에서 옐레나를 만났다. 그곳은 마피아들이 자주 찾는 레스토랑이었는데 모스크바 최고의 이탈리아 요리를 전문으로 했다. 나는 먼저 도착해 바에 자리를 잡았다. 웨이터가 옐레나를 데려왔을 때 나는 다시 한번 그녀를 보았다. 그녀는 완전히 달라진 모습이었다. 연한 황갈색 머리는 동그랗게 말아올리지 않고 풀어서 어깨에 부드럽게 닿아 있었고, 립스틱 색깔은 예전보다 더 빨갛고 검정 드레스가 어느 때보다 더 세련되며 몸에 딱 달라붙었다. 예쁘기만 한 게 아니었다. 섹시했다. 분명 그녀에겐 오늘이 진정한 첫 데이트였다.

우리는 자리에 앉아 식사를 했다. 러시아 올리가르히나 기업 권력, 사업 관행에 관한 얘기는 일절 꺼내지 않고, 가족과 개인 생활, 포부 등 상대를 알아갈 때 얘기하는 것들에 대해 대화를 나눴다. 무척 즐거웠다. 그날 밤 헤어지기 전에 나는 그녀의 허리를 잡아 내 쪽으로 끌어당겼고, 아무 저항 없이 그녀와 진한 첫 키스를 나누었다.

그 후 우리는 매일 통화했다. 마음 같아서는 매일 그녀를 만나고 싶었지만, 그녀는 일주일에 한 번, 심지어는 2주일에 한 번만 시간이 났다. 석 달 동안 이런 식으로 즐겁게 저녁을 먹으며 대화를 나누고 헤어지기 전에는 키스를 했다. 나는 그 이상을 원했고 그녀도 그런 듯 보였지만, 어떻게 그녀의 방어막을 뚫어야 할지 알 수 없었다. 그래서 조금은 무모하면서 낭만적인 일을 해보기로 결심했다.

마침 5월 연휴가 다가오고 있었다. 열흘간 모든 사업장이 문을 닫는, 러시아에서는 큰 연휴였다. 어느 날 오후, 그녀에게 전화를 걸었다. "연휴에 나랑 파리에 가는 거 어때요?"

그녀가 머뭇거렸다. 그녀에게 즉흥적으로 여행을 가자고 한 남자는 분명 내가 처음이 아니었을 것이다. 따라서 그녀가 승낙하면 그다음에 어떤 일이 생길지 둘 다 잘 알았다. 몇 초 후 그녀가 입을 열었다. "생각 좀 해볼게요, 빌."

10분 후에 그녀가 전화를 주었다. "나도 당신과 함께 가고 싶어요. 비자를 받을 수 있다면요." '함께 가고 싶어요'라는 말에 가슴과 배에서 따뜻한 무언가가 솟아올랐다가 '비자를 받을 수 있다면요'라는 말에 재빨리 기분이 가라앉았다. 30세 미만의 러시아 여자가 서유럽 비자를 얻는 일은 그리 간단하지 않았다. 신청인이 해당 국가에 체류할 의사가 없다는 걸 증명하려면 보통 몇 주가 걸리는 데다 산더미 같은 서류가 필요했다. 설상가상으로 휴가 시작 전까지 이 일을 처리할 시간이 나흘밖에 없었다.

옐레나는 여행사 직원 몇 명에게 연락해보았다. 운 좋게도 그중 한 명이 파리 단체 관광을 준비 중이어서 그날 오후에 비자를 발급받아야 할 여권 30개를 가지고 프랑스 대사관에 갈 예정이었다. 그러니 제때 서류만 전달하면 빨리 비자를 얻을 수도 있었다. 옐레나는 모든 서류를 준비해 전달했고 놀랍게도 이튿날 신청이 승인되었다. 여행을 가자고 말한 지 일주일도 안 돼서 우리는 파리행 비행기에 나란히 앉아 있었다.

옐레나에게 감동을 줄 생각으로 전 세계까지는 아니더라도 프랑스에서 가장 훌륭하고 호화로운 호텔 가운데 하나인 브리스톨 호텔 스위트룸을 예약했다. 흰 장갑을 낀 벨보이 두 명이 작은 가방 두 개를 들고 방까지 안내해주었다. 나는 옐레나 뒤에서 그녀의 어깨 너머로 반응을 살피며 푸른 양탄자가 깔린 복도를 따라갔다. 루이 15세 양식의 안락의자들이 놓여 있고 돌출 촛대로 벽이 장식된 복도였다. 얼굴에 미소를 살짝 머금고 있었지만, 그녀는 늘 기분과 상관없이 미소를 짓는 듯했다. 우리는 방 앞에 도착했다. 벨보이가 문을 열었다. 내가 묵어본 호텔 방 가운데 꽤 훌륭한 축에 속하는 곳이었다. 그때까지 나는 그런 방에 묵어본 경험이 몇 차례 있었다. 두 벨보이에게 팁을 주고 어설픈 프랑스어로 고맙다고 말한 후 옐레나 쪽을 보았다.

옐레나는 감동한 표정이 아니었다. 아니면 늘 짓는 옅은 미소로 감정을 완벽하게 숨기고 있거나. "밖에 나가요." 그녀가 말했다.

우리는 몸단장을 하고 아래층으로 내려가 마티뇽 거리로 향했다. 파리는 산책하기 좋은 도시이기에 우리는 천천히 걸으며 특별할 것 없는 얘기를 이따금씩 주고받았다. 가끔씩 손을 잡기도 했지만, 드디어 그녀를 쟁취했다는 확신이 들 정도로 오랜 시간은 아니었다. 걷는 사이 하늘이 점점 흐려졌고, 샹젤리제로 방향을 틀 때쯤 짙은 먹구름이 머리 위에 드리우며 비를 쏟아내려 했다. "비가 올 것 같은데요." 옐레나가 말했다.

우리는 야외 테이블에 우산이 드리워진 카페를 골라 자리에 앉았다. 웨이터가 따뜻한 빵을 가져왔고 나는 보르도 와인을 한 병 시켰다. 홍합에 화이트 와인을 마시고 감자튀김을 한 접시 먹었다. 비는 오지 않았다. 나는 크렘브륄레달콤한 프랑스식 디저트와 잉글리시 블랙퍼스트 티를 주문했다. 디저트가 도착했을 때 굵은 빗방울이 스타카토

리듬으로 우산 위로 쏟아지기 시작했다. 테이블 우산이 크진 않아서 나는 의자를 바짝 붙이고 옐레나가 젖지 않게 그녀의 허리를 팔로 감쌌다. 하늘이 열리며 봄비가 억수처럼 쏟아지자 우리는 애들처럼 키득키득 웃었다. 내가 옐레나를 무릎으로 곧장 끌어당기자 그녀가 날 팔로 감싸 안았다. 우리는 서로를 꼭 끌어안았다.

그 순간, 그녀가 온전히 내 사람이고 나는 온전히 그녀의 사람임을 느꼈다.

17

탈취 수법 분석

놀랍게도 사랑을 시작하니 많은 게 달라졌다. 나는 원기를 완전히 회복하고 옐레나와 함께 모스크바로 돌아왔다. 옐레나가 곁에 있으면 어떤 장애물이라도 넘을 수 있을 것 같았다.

당시 나의 최대 관심사는 펀드 포트폴리오에 들어간 몇몇 회사의 대규모 탈취를 막는 것이었다. 허미티지 펀드는 러시아의 채무 불이행으로 인해 이미 가치의 90퍼센트를 잃었으나 올리가르히들은 나머지 10퍼센트마저 빼앗으려는 절차를 밟고 있었다. 손을 놓고 있다간 펀드가 휴지 조각이 될 게 뻔했다.

은행이나 금융부터 천연가스까지 모든 사업 분야에서 탈취가 일어나고 있었지만, 단연 두각을 드러낸 회사는 러시아 최대 기업이자 석유·가스 기업인 가스프롬이었다.

생산량과 전략적인 중요성 면에서 가스프롬은 세계 주요 기업 가운데 하나였다. 그럼에도 기업의 시장 가치는 120억 달러에 불과했는데, 이는 미국 석유·가스 중소기업의 평균 가치보다 낮았다. 또한 탄화수소 매장량은 엑손모빌미국 석유 화학 회사의 8배, 세계 최대 석유 회사인 BP보다 12배 이상의 규모였다. 그런데도 이런 회사들의 자산보다 배럴당 99.7퍼센트 할인된 가격에 거래되었다.

이렇게 저렴한 이유가 뭐였을까? 간단히 답하자면, 투자자 대부분은 회사의 자산 가운데 99.7퍼센트가 탈취된 상태로 간주했다. 하지만 어떻게 세계 최대 기업 중 하나가 자산의 대부분을 탈취당할 수 있단 말인가? 확실히 아는 사람은 없었지만, 다들 이를 기정사실로 받아들였다.

러시아인들이 얼마나 부정을 일삼는지는 알고 있었지만, 그래도 가스프롬의 경영진이 회사 전체를 꿀꺽했다는 사실은 받아들일 수 없었다. 어떻게든 시장의 평가가 틀렸다는 걸 증명한다면 거액을 벌어들일 터였다. 이 회사를 조사해 무슨 일이 벌어지고 있는지 알아내면 가능할 듯했다. 일명 '탈취 수법 분석'을 진행해야 했다.

하지만 러시아 기업의 탈취 수법은 어떻게 분석하는 걸까? 이런 걸 스탠퍼드 경영 대학원에서 가르쳐주진 않았다. 가스프롬의 경영진을 직접 상대할 수 없다는 건 분명했다. 그렇다고 대형 국제 투자 은행의 리서치 애널리스트들에게 물어볼 수도 없었다. 애널리스트들에게 중요한 건 수수료가 떨어지는 일뿐이었다. 애널리스트들이 가스프롬 경영진의 신경을 거스르는 얘기를 할 리가 없기 때문에 자기들 코앞에서 대규모 탈취가 벌어져도 공식적으로 인정하지 않을 게 뻔했다.

어떻게 할지 고민하다가 BCG에서 터득한 노하우가 떠올랐다. 경영 컨설턴트로 일하면서 나는 어려운 문제를 푸는 최고의 방법은 답을 알고 있는 사람들을 찾아가 인터뷰하는 것임을 배웠다. 경쟁사, 고객, 공급 업체, 전前 직원, 규제 기관 직원 등 가스프롬에 대해 알 만한 사람들의 명단을 만들었다. 그런 뒤 그들을 한 명씩 아침 식사나 점심 식사, 저녁 식사, 디저트 모임 등에 초대했다. 본론에 들어가기도 전부터 겁을 주고 싶지 않아서 내 속내를 전부 드러내진 않았다. 그들에게는 그저 서양 투자자로서 얘기를 나누고 싶은 것이라고 말했다. 놀랍게도 내가 초대한 40명가량의 사람 가운데 4분의 3 정도가 미팅을 수락했다.

첫 미팅 상대는 가스프롬의 소규모 경쟁사 중 한 곳에서 기획부장을 맡고 있는 사람이었다. 머리가 벗겨지고 약간 과체중인 그는 소비에트 시대에 유행하던 시계를 차고 구김이 간 양복을 입고 있었다. 바딤과 나는 모스크바강을 사이에 두고 볼로트나야 광장 바로 맞은편에 위치한 이탈리아 레스토랑에서 점심시간에 그를 만났다.

일상적인 잡담으로 말문을 연 후 내가 단도직입적으로 말했다. "저희가 뵙자고 한 건 가스프롬에서 탈취된 자산을 알아내기 위해섭니다. 부장님께선 이 분야 전문가이니 좀 알려주십시오."

잠시 침묵이 흘렀다. 내가 금기 사항을 건드린 듯했다. 그런데 곧 그의 얼굴이 환해졌다. 그는 하얀색 테이블보에 두 손을 놓고 몸을 앞으로 구부렸다. "그렇게 물어봐주셔서 얼마나 기쁜지 모릅니다. 가스프롬의 경영진은 천하의 사기꾼 집단이에요. 그들은 뭐든 닥치는 대로 훔쳐가죠."

"이를테면요?" 바딤이 물었다.

"타르코 살레 네프테가스를 예로 들죠." 남자가 숟가락을 테이블에 탁 놓으며 말했다. "저들이 여길 쏙 빼갔어요."

바딤이 물었다. "뭐 하는 덴데요?"

"타르코 살레 몰라요?" 남자가 바딤의 말을 끊으며 대답했다. "야 말로네네츠_{러시아 서시베리아에 있는 자치구} 지역에 있는 천연가스 매장지 잖아요. 4000억 세제곱미터 정도의 천연가스가 매장된 곳이에요."

바딤이 계산기를 꺼내 이 수치를 석유환산배럴_{BOE}*로 환산했다. 그 결과는 석유 27억 배럴로, 타르코 살레의 천연가스 매장량이 90억 달러의 가치를 지닌 미국의 석유 회사 옥시덴털의 매장량보다 많다는 걸 의미했다.

아무리 둔감한 나라도, 가스프롬 경영진이 90억 달러의 가치가 있는 회사를 꿀꺽했다는 사실에는 적잖이 충격받았다. 기획부장은 세세한 내용을 얘기해주면서 여러 이름과 날짜를 언급했고, 현재 탈취가 진행되는 다른 주요 천연가스 매장지들도 알려주었다. 우리는 최대한 생각나는 대로 질문을 던졌고, 노트 일곱 페이지를 채울 만큼 많은 답변을 들었다. 결국 두 시간 후에는 점심 식사를 끝내야 했다. 그렇지 않으면 기획부장이 끝도 없이 얘기를 늘어놓을 태세였기 때문이다.

어느새 나는 소비에트 이후 러시아에서 나타난 주요 문화 현상 가운데 하나를 발견했다. 바로 폭발적으로 심화되는 빈부 격차였다. 소비에트 시절에는 러시아 최부유층이 최빈층보다 6배가량 잘살았다. 당시 정치국_{소련 공산당의 최고 정책 결정 기관} 위원들은 큰 아파트와 고급 자동차, 으리으리한 시골 별장인 다차를 소유했지만, 그 이상을 훨씬 웃돌진 않았다. 그러나 2000년 무렵에는 최부유층이 최빈층보다 25만 배 부유해졌다. 이런 부의 양극화는 단기간에 이루어졌기에 전 국민의 심리에 악영향을 끼쳤다. 어떤 사람들은 빈부 격차에 분개한

---

* 석유환산배럴BOE은 세제곱미터 단위로 표시되는 가스를 석유 1배럴이 발열하는 칼로리를 기준으로 표준화한 단위.

나머지, 누군가 이 상황에 대해 궁금해하면 자신이 아는 것을 숨김없이 털어놓았다.

미팅은 대부분 이런 식으로 진행되었다. 한 천연가스 산업 컨설턴트는 가스프롬 경영진이 탈취한 또 다른 천연가스 매장지에 대해 알려주었고, 어느 가스관 업체 간부는 가스프롬이 수상한 중간 업체로 매출액을 빼돌린 정황을 설명해주었다. 또한 가스프롬의 전 직원은 가스프롬이 경영진의 측근들에게 시세보다 낮은 이율로 고액을 대출해주었다고 폭로했다. 총 두 권의 노트에 가스프롬의 탈취와 사기에 대한 혐의가 꼼꼼히 기록되었다.

우리가 수집한 정보가 모두 사실이라면, 이는 비즈니스 역사상 가장 큰 탈취 사건이 될 것이다. 다만 한 가지 애로 사항이 있었으니, 바로 이 혐의가 사실인지 확인할 길이 없다는 점이었다. 그 사람들의 말은 억지소리일 수도 있고 과장된 얘기나 고의적인 허위 정보일 수도 있었다. 이 정보의 진위를 확인할 방법을 찾아야 했다.

하지만 무슨 수로 사실 여부를 확인할 수 있단 말인가? 애초에 우리가 가스프롬을 상대로 겪었던 문제의 핵심이 바로 이것 아니었던가? 러시아는 가끔 코앞에 있는 자신의 손도 보이지 않는다고 착각할 만큼 극도로 불투명한 곳이 아니던가?

겉보기엔 그랬지만 실제로는 그렇게 뿌옇지 않았다. 표면을 긁어낸 러시아는 이상하게도 세계에서 가장 투명한 나라였다. 그저 정보를 얻는 방법을 알아내기만 하면 되었다. 우리는 가스프롬에 관한 인터뷰를 마치고 몇 주 뒤에 우연히 이런 정보를 얻게 되었다.

바딤이 폴크스바겐 골프를 몰고 출근하고 있을 때였다. 푸시킨 광장 앞, 링 대로와 트베르스카야 거리가 만나는 지점에서 서서히 차가 막히기 시작했다. 모든 차는 이 교차로에서 좌회전 또는 우회전을 해야 했기에 하루 종일 끝나지 않을 것 같은 교통 체증이 연출되었고, 운전자들은 한 시간씩 차 안에 갇혀 있었다. 어디선가 의욕이 넘치는 부랑아 무리가 불쑥 나타나 해적판 DVD부터 신문, 담배 라이터까지 뭐든 운전자에게 팔았다.

그날 바딤이 운전석에 앉아 있을 때 한 소년이 손님들에게 팔 물건을 머리 위로 쳐들며 차로 다가왔다. 바딤은 별로 관심이 없었지만, 소년은 집요하게 물고 늘어졌다.

"좋아, 뭘 팔고 있는데?" 바딤이 조심스럽게 물었다.

소년이 지저분한 파란색 파카를 열어젖히더니 플라스틱 서류첩에 담긴 CD롬 모음을 보여주었다. "데이터베이스를 팔고 있어요." 바딤은 귀가 쫑긋했다.

"어떤 종류의 데이터베이스인데?"

"어떤 종류든 다 있어요. 휴대전화 번호부, 소득 신고 기록, 교통 위반, 연금 기금 정보 등 말만 하세요."

"솔깃한데. 얼마지?"

"물건에 따라 달라요. 5달러부터 50달러까지 있어요."

바딤은 CD에 붙은 작은 인쇄물들을 곁눈질로 훑어보다가 '모스크바 등록청 데이터베이스'라는 제목을 발견했다. 깜짝 놀라 다시 한번 확인했다. 모스크바 등록청은 모스크바에 기반을 둔 모든 회사에 대해 누가 소유주인지 정보를 추적해 수집하는 기관이다.

바딤은 그 디스크를 가리켰다. "그건 얼마지?"

"이거요? 어…… 5달러예요."

바딤은 소년에게 5달러짜리 미국 지폐를 주고 디스크를 받았다. 사무실에 오자마자 바딤은 컴퓨터로 가서 공디스크에 5달러를 쓴 건 아닌지 확인했다. 그런데 소년이 말한 대로, 모스크바에 있는 모든 회사의 수익 소유권을 검색할 수 있는 메뉴가 나타났다.

그 순간, 우리는 러시아에서 두 번째로 흥미로운 문화 현상을 발견했다. 러시아는 세계에서 가장 관료적인 나라다. 소비에트의 중앙 정책 때문에 모스크바에서는 크라스노야르스크러시아 중부 도시에 필요한 달걀 수부터 블라디보스토크러시아 극동의 군사 기지에 필요한 전력량에 이르기까지 관료들이 모든 걸 파악하고 결정할 수 있도록 국민의 생활 면면에 대한 데이터가 필요했다. 소비에트 정권이 무너진 후에도 상황은 전혀 변하지 않았다. 모스크바 정부 부처는 그대로 존속했고, 이러한 관료 체제에서는 엄청난 수고를 들여 각 부처의 업무를 분류하고 명시했다.

바딤이 푸시킨 광장에서 우연히 디스크를 산 덕분에 우리는 온갖 종류의 데이터를 손쉽게 찾아내 가스프롬 관련 인터뷰에서 수집한 혐의를 확인할 수 있게 되었다. 이 데이터베이스를 이용해 가스프롬 경영진이 1996년과 1999년 사이에 주요 천연가스 매장지 일곱 곳을 거의 거저로 매각했다는 사실을 찾아냈다.

이 같은 자산 이전asset transfer은 어마어마한 수준을 넘어 뻔뻔할 정도였고, 조금의 수치심도 없는 듯했다. 탈취된 자산의 새 소유주들은 자신의 소유권을 숨기려는 시늉조차 하지 않았다.

가스프롬의 자회사인 시브네프테가스의 사례는 좀더 노골적이었다. 시브네프테가스는 시베리아의 천연가스 생산 업체로, 1998년에 16억 석유환산배럴이 매장된 천연가스 매장지에 대한 허가증을 얻은 회사였다. 이 자회사의 가치는 지극히 낮게 잡아도 약 5억3000만 달러였지만, 구매자들은 시브네프테가스의 지분 53퍼센트를 총 130만 달러에 사들였다. 이는 우리가 계산한 적정 가격에서 99.5퍼센트 할인된 가격이었다!

이 운 좋은 구매자들은 누구였을까? 한 명은 가스프롬의 CEO인 렘 뱌히레프의 형제 겐나디 뱌히레프였다. 겐나디는 아들 안드레이와 함께 회사 한 곳을 이용해 시브네프테가스의 5퍼센트를 8만7600달러에 사들였다.

다른 지분 18퍼센트는 가스프롬의 기획 개발부 관리자인 빅토르 브랸스키가 부분적으로 소유한 한 회사에서 15만8000달러에 사들였다. 시브네프테가스의 또 다른 지분 10퍼센트는 뱌체슬라프 쿠즈네초프와 부인 나탈리가 소유한 회사에서 사들였다. 뱌체슬라프는 가스프롬의 내부 감사부 부장으로, 애초에 이런 일이 일어나지 않게 미리 인지하고 예방해야 하는 부서의 책임자였다.

우리는 비슷한 수법을 이용한 자산 이전 사례를 여섯 건 더 찾아냈다. 바딤은 가스프롬의 대차 대조표에서 빠진 석유와 천연가스 매장량을 모두 더한 후, 가스프롬에서 팔아넘긴 매장량이 쿠웨이트의 매장량 규모와 맞먹는다는 사실을 알아냈다. 이보다 훨씬 더 적은 양을 두고도 다른 나라에서는 전면전이 벌어졌다.

하지만 가장 놀라운 사실은 팔아넘긴 석유와 천연가스 매장량이 어마어마한데도 이건 가스프롬 전체 매장량의 9.65퍼센트에 불과하다는 점이었다. 다시 말해 가스프롬 매장량의 90퍼센트 이상은 탈취되기 전 상태였다. 이 사실을 아는 투자자는 아무도 없었다. 시장은 이미 가스프롬의 천연가스와 석유가 마지막 한 방울까지 빼돌려졌다고 추정했고, 이 때문에 동일 규모의 서양 기업보다 99.7퍼센트 할인된 가격으로 거래된 것이었다. 하지만 90퍼센트 이상이 아직 그대로 있다는 사실이 밝혀졌다. 다른 사람들이 이 사실을 모를 뿐이었다.

투자자라면 이런 상황에서 어떻게 해야 할까? 그 주식을 무조건 사들여야 한다.

20퍼센트 수익률을 내기도 힘든 세상에서 우리는 1000퍼센트, 심지어 5000퍼센트 수익률까지 낼 수 있는 건수를 찾아냈다. 너무나 자명한 결과였기에 우리 펀드는 가스프롬에 대한 투자를 20퍼센트로 늘렸다. 20퍼센트는 펀드가 단일 종목에 대해 투자를 허용하는 최대 퍼센티지였다.

대부분의 투자자는 여기서 멈췄을 것이다. 분석한 다음 투자를 하고, 다른 사람들이 이 사실을 알아낼 때까지 기다렸을 것이다. 하지만 나는 그럴 수 없었다. 우리가 발견한 사실은 어마어마했다. 얼른 이 정보를 세상에 알려야 했다.

그래서 나는 이 업계에서 좀처럼 찾아보기 힘든 행동을 했다. 가스프롬에 관한 자료 일체를 여섯 부분으로 나눈 후 각각 서양의 대형 언론 매체에 보낸 것이었다. 이 매체의 기자와 편집자들은 이 정보가 불러일으킬 파급 효과를 즉각적으로 인식했고, 조사가 철저했기 때문에 보도하지 않을 수 없었다. 그들로서는 우리 덕분에 사실 확인을 하는 데 들어갈 몇 개월을 절약한 셈이었다. 오래지 않아 충격적인 기사가 터져나왔다.

첫 기사는 2000년 10월 24일 『월스트리트저널』에서 '기름 잡아먹는 차?'라는 제목으로 나왔다. 이 기사는 탈취된 천연가스 매장지에 '전 유럽이 5년 동안 쓸' 만큼의 천연가스가 묻혀 있다고 보도했다. 이튿날 『파이낸셜타임스』에서는 '가스프롬 이사진, 지배권을 두고 회동하다'라는 기사를 내고, 가스프롬에서 진행된 '측근 및 가족 거래'를 상세히 보도했다. 10월 28일 『뉴욕타임스』에서는 국제 비즈니스 섹션에 '가스프롬 이사진, 자산 매각에 영향을 미치다'라는 기사를 발표했다. 11월 20일 『비즈니스위크』에서는 '화제의 가스프롬'이라는 기사를 발표했고, 11월 24일에는 『워싱턴포스트』에서 '자산 이전, 푸틴이 풀어야 할 숙제로'라는 기사를 보도했다.

러시아뿐만 아니라 해외에서도 다들 가스프롬에서 진행된 부패 사건과 그 규모에 충격을 받았다. 이후 6개월 동안 가스프롬에 대한 폭로 기사가 러시아어로 500건, 영어로 275건 이상 나왔다.

이런 보도는 러시아에 눈에 띄는 변화를 가져왔다. 러시아 사람들은 지금껏 부정부패에 대한 개념을 추상적으로 이해했지만, 이제 누가 뒷돈을 얼마나 받았는지 구체적인 예가 제시되자 크게 격분했다. 2001년 1월, 러시아 의회가 가스프롬 사태에 대해 정식으로 논의해야 할 정도였다. 결국 영국 감사원에 해당되는 러시아 회계청에 가스프롬을 직접 조사하라는 권고가 내려졌다.

회계청의 조사에 대응해 가스프롬 이사회는 미국의 대형 회계 법인인 프라이스워터하우스쿠퍼스PwC에 의뢰해 독립적으로 심사를 진행했다. 몇 주 후 러시아 회계청이 조사 결과를 발표했다. 놀랄 것도 없이, 가스프롬 경영진의 행동에는 아무런 문제가 없다는 내용이었다. 회계청은 "가스프롬은 자본이 묶인 상태였기에 외부 자본이 필요했다"라며 자산 이전을 옹호했다.

남은 건 프라이스워터하우스쿠퍼스의 보고서뿐이었다. 이 회계 법인은 가스프롬의 회계 감사를 맡아 해마다 수백만 달러를 벌어들이고 있었기 때문에 가스프롬에 대한 비난은 곧 자사에 대한 비난과 같았다. 그러니 더 볼 것도 없이, 이 회사 역시 가스프롬의 행위가 무고하다고 주장했다. 프라이스워터하우스쿠퍼스는 두리뭉실하고 비논리적인 논거들을 제시하며 우리가 폭로한 가스프롬의 문제가 어떻게 모두 합리적이고 합법적인지 설명했다.

이런 결과를 아예 예상하지 못했던 건 아니다. 하지만 이제는 진절머리가 나서 가스프롬의 연차 주주 총회가 열리는 2001년 6월 30일에 모스크바에서 멀리 떠나 있고 싶었다. 폭로에도 아랑곳하지 않고 가스프롬 경영진은 그 자리에서 기세등등하게 으스대며 이 회사가 얼마나 세심하게 관리되는지 세상에 알릴 터였다.

그 꼴을 보고 싶지 않았던 나는 옐레나에게 긴 주말 연휴 동안 모스크바를 떠나 있자고 제안했다. 그녀는 직장에서 큰 프로젝트를 막 마친 터라 흔쾌히 제안을 받아들였다. 나는 이스탄불행 티켓을 두 장 예약했다. 이스탄불은 옐레나가 비자를 받지 않고도 갈 수 있는 곳 가운데 몇 안 되는 이상적인 도시였다.

우리는 가스프롬의 연차 주주 총회가 열리는 날 비행기에 올랐다. 아타튀르크 공항에 도착한 우리는 택시를 타고 보스포루스 해협의 유럽 쪽 해안에 위치한 옛 술탄의 궁전인 시라간 팰리스 호텔로 향했다. 아름다운 여름날이었다. 우리는 수영장 옆 베란다에서 햇볕이 쨍쨍 내리쬐는 가운데 커다란 흰색 파라솔 아래서 점심을 먹었다. 마르마라해를 드나드는 크고 작은 배들이 천천히 지나갔다. 겨우 3시간 비행을 하고 떠났을 뿐인데, 터키의 이국적 풍경과 소리에 마음을 달래주는 옐레나의 존재까지 더해져 부정부패에 찌든 러시아에서 100만 킬로미터 이상 떠나온 기분이 들었다.

우리가 민트 차와 디저트를 주문할 때 휴대전화가 울렸다. 받기는 싫었지만 발신인이 바딤이라서 받았다.

바딤이 전해준 소식은 굉장히 놀라웠다.

가스프롬 경영진은 연차 주주 총회에 으스대며 등장하지 못했고, 렘 뱌히레프는 CEO 자리에서 해고되었다. 이를 지시한 사람은 다름 아닌 블라디미르 푸틴 대통령이었다.

푸틴은 뱌히레프 대신 CEO 자리에 사람들에게 거의 알려지지 않은 알렉세이 밀레르를 앉혔다. 밀레르는 취임하자마자 가스프롬의 대차 대조표에 남아 있는 자산을 안전하게 지키는 것은 물론 이미 탈취된 자산도 회복할 것이라고 발표했다. 그 결과 주가가 하루 만에 134퍼센트 상승했다.

그로부터 2년 동안 두 배가 올랐으며, 그런 다음 또 두 배가 되고…… 또다시 두 배가 올랐다. 2005년 무렵 가스프롬은 허미티지 펀드가 첫 주식을 구입한 가격에서 100배가 올랐다. 100퍼센트가 아니라 100배였다. 우리의 작은 움직임이 러시아에서 가장 추잡한 올리가르히 가운데 한 명을 처리한 것이었다. 단언컨대 이는 내 생애 최고의 단일 종목 투자였다.

50퍼센트

사업을 하고 옐레나와 데이트하는 시간 외에 모스크바에서 테니스를 즐기기도 했다.

2002년 2월 어느 추운 토요일, 브로커 친구와 약속한 게임 시간에 늦어 서두르고 있었다. 알렉세이가 빠르게 차를 몰았고, 옐레나와 나는 손을 잡은 채 뒷좌석에 앉아 있었다. 차가 실내 테니스장으로 이어지는 도로의 마지막 구간에 이르자 도로 한복판에 크고 검은 물체가 누워 있는 게 보였다. 다른 자동차들이 방향을 좌우로 틀어 그 물체를 피해갔다. 처음에는 트럭에서 떨어진 캔버스 가방이라고 생각했지만, 가까이 가서 보니 가방이 아니라 사람이었다.

"알렉세이, 차 세워요." 내가 소리쳤다.

알렉세이는 대답도 하지 않고 속도를 늦추겠다는 표시도 하지 않았다.

"젠장, 차 세우라니깐요!" 내가 버럭 우기자 그가 마지못해 남자 옆에 차를 세웠다. 나는 문을 열고 차에서 뛰어 나갔다. 옐레나도 따라 나오자, 이 상황에서 헤어날 길이 없다고 판단한 알렉세이도 차에서 내렸다. 내가 남자 옆에 무릎을 꿇는 사이, 차들이 경적을 울리며 쌩하고 지나갔다. 남자는 피를 흘리진 않았지만 의식이 없었고, 경련을 일으키며 입에서 거품을 뿜어내고 있었다. 무슨 영문인지는 몰라도 최소한 목숨은 붙어 있었다.

허리를 굽혀 그의 어깨 한쪽을 팔로 감았다. 알렉세이가 반대편 어깨를 잡았고 옐레나가 발을 잡았다. 셋이 힘을 합쳐 남자를 도로변으로 옮겼다. 인도에 부드러운 눈이 쌓여 있어서 그 위에 그를 천천히 내려놓았다. 곧 그가 의식을 차리기 시작했다.

"간질이에요. 간질." 그가 중얼거렸다.

"이제 괜찮을 거예요." 옐레나가 그의 팔을 토닥거리며 러시아어로 말했다.

누군가 응급 신고를 했는지, 바로 그때 경찰차 세 대가 도착했다. 놀랍게도 경찰관들은 쓰러진 남자에겐 시선도 주지 않고 인도를 돌아다니며 비난할 만한 사람을 찾기 시작했다. 내가 영어로 말하는 소리를 듣고 날 외국인으로 판단한 경찰들은 주위에 모여 있는 러시아인들에게로 갔다. 그러더니 알렉세이에게 몰려와 차로 남자를 친 것이냐고 따지듯 물었다. 이 시점에 완전히 의식이 돌아온 남자는 자신이 차에 치인 게 아니고 알렉세이가 도와주었다고 설명하려 애썼지만, 경찰들은 무시했다. 그들은 알렉세이의 기록을 요구하더니 강제로 음주 측정기에 입김을 불게 했다. 그러고는 알렉세이와 15분 동안 격한 언쟁을 벌였다. 남자는 우리에게 고맙다고 말한 뒤, 알렉세이가 경찰들과 실랑이하는 사이에 도착한 앰뷸런스에 올라탔다. 결국 아무것도 잘못된 게 없음을 확인한 경찰들은 경찰차를 타고 떠났다. 우리도 다시 차에 우르르 올라탔다.

현장을 벗어나자 알렉세이는 왜 자기가 그토록 도와주기를 꺼려했는지 설명했고, 이를 옐레나가 통역해주었다. "러시아에서는 항상 이래요. 그 남자가 차에 치였는지 아닌지는 중요하지 않죠. 일단 경찰한테 엮이면 경찰은 잘못을 탓할 사람을 찾고 그럼 그걸로 끝이에요."

다행히 알렉세이는 교통청 대령 출신이어서 곤경에서 빠져나올 수 있었다. 하지만 일반 모스크바 시민은 착한 사마리아인의 선행을 베푼 일로 7년형에 처해지기도 했다. 러시아인이라면 모두 알고 있는 사실이었다.

이게 러시아의 현실이었다.

테니스 시합에 갔지만, 이 사건을 머리에서 떨쳐낼 수가 없었다. 내가 차를 세우지 않았다면 어떤 일이 벌어졌을까? 어떤 차가 방향을 틀지 못해 직행했을 것이고 그럼 그 남자는 크게 다치거나 죽었을 것이다. 분명 이와 비슷한 일들이 러시아 전역에서 매일 벌어지고 있을 터였다. 생각이 거기까지 미치자 몸서리가 났다. 이런 그릇된 문화는 도로에만 국한되지 않았다. 비즈니스, 부동산 중개업, 의료 서비스, 학교 운동장 등 사회의 모든 방면에서 일어났다. 어디서 무슨 나쁜 일이 일어나건, 사람들은 자신에게 화가 미치는 것을 피하려고 관여하지 않았다. 이건 러시아 사람들의 시민의식이 부족해서가 아니라 사건에 개입한 대가가 칭찬이 아닌 처벌이기 때문이었다.

나는 이 사건을 하나의 징조로 여기고, 러시아에서 사업을 할 때 최대한 몸을 사리면서 내가 투자한 부패 기업들을 바로잡으려 애쓰지 말았어야 했다. 하지만 당시 나는 뭔가를 해낼 수 있을 거라 믿었다.

내가 영어로 말하는 소리를 듣자마자 경찰들이 날 못 본 척했듯이 나는 러시아인이 아니기에 내 위치의 러시아인에게는 절대 허용되지 않을 일을 할 수 있을 거라 믿었다.

가스프롬에 대한 뒷조사와 공격이 효과가 있음을 목격한 나는 포트폴리오에 담긴 주요 기업들을 대상으로 부패를 추적하기로 결심했다. 단 두 곳만 얘기하자면, 국영 전력 회사인 UES와 국영 저축 은행인 스베르방크였다. 몇 달 동안 이들의 탈취 진행 과정을 조사해 이해하기 쉬운 프레젠테이션으로 제작한 후 그 자료를 세계 언론에 내보냈다.

가스프롬의 비리가 밝혀져 비판의 목소리가 절정에 이르자 푸틴 정부가 개입해 힘을 과시했다. UES의 CEO가 회사의 자산을 올리가르히들에게 대폭 할인한 가격으로 매각하려 한다는 사실을 밝혀냈을 때에는 크렘린에서 자산 매각을 일시 정지시켰다. 또한 스베르방크의 이사회가 소주주들을 배제한 채 내부자와 측근들에게만 저렴한 주식을 판매한다고 고발하자 러시아 정부가 주식 발행 악용에 관한 법을 개정했다.

처음 블라디미르 푸틴이 내가 이런 일을 하도록 허용한 이유는 얼마간 우리 관심사가 일치해서였다. 2000년 1월 푸틴은 러시아 연방 대통령 권한 대행으로 권좌에 올랐지만, 실질적인 권력은 올리가르히와 지방 주지사, 범죄 조직이 장악하고 있었다. 푸틴은 취임하자마자 이 사람들에게서 권력을 빼앗아 제자리인 크렘린에, 더 정확하게는 자신의 두 손에 돌려놓는 일을 최우선 과제로 삼았다.

나의 부패 척결 움직임에 관하여 푸틴은 기본적으로 '적의 적은 아군'이라는 정치적 금언을 따랐다. 자신을 반대하는 올리가르히들을 무너뜨리기 위한 구실로 내 활동을 지속적으로 이용했던 것이다.

하늘 높은 줄 모르고 치솟는 펀드 수익률과 성공에 심취된 나머지 나는 그 사실을 알아차리지 못했다. 순진하게도 푸틴이 국익을 위해 힘쓰고 있고, 진심으로 러시아의 부패를 척결하려 한다고 믿었다.

그렇다면 올리가르히들은 왜 자신들의 부패를 폭로하는 나를 죽이지 않았을까? 좋은 질문이다. 러시아에서는 이보다 훨씬 더 사소한 일로도 죽임을 당하곤 한다. 무슨 일이 일어나든 전혀 이상하지 않고, 실제로 무슨 일이든 일어나는 완전히 무법천지였다.

내가 살아남았던 건 법에 대한 사람들의 두려움이 아니라 피해망상 때문이었다. 러시아는 음모론이 활개를 치는 나라다. 어떤 일이 일어나는 이유에 대한 설명이 층층이 존재하며 어느 것도 단순하지 않다. 평범한 러시아인의 머리로, 러시아어도 거의 할 줄 모르는 미국 남자가 혼자서 러시아에서 가장 힘센 올리가르히들을 상대한다는 건 상상도 할 수 없었다. 유일하게 납득할 만한 설명은 내 배후에 영향력 있는 실력자가 있다는 것뿐이었다. 내가 올리가르히와 전쟁을 치를 때마다 어김없이 푸틴이나 크렘린이 개입한 사실을 고려해, 대부분은 그 배후가 다름 아닌 블라디미르 푸틴이라고 짐작했다. 하지만 그건 말도 안 되는 생각이었다. 나는 푸틴을 만난 적이 단 한 번도 없었다. 하지만 다들 날 '푸틴의 남자'로 여겼기에 아무도 날 건드리지 못했다.

잇따른 부패 고발과 푸틴의 개입으로 우리 펀드는 극적으로 손실을 회복했다. 2003년 말, 펀드는 시장이 바닥을 쳤던 시기를 기준으로 1200퍼센트 이상 치솟으며 1998년의 손실을 모두 회복했다. 5년이라는 세월과 초인적인 노력이 들어가긴 했지만, 고객들을 수렁에서 끌어내겠다는 목표를 달성했다. 자존심을 회복함과 동시에 완벽한 사업 모델을 찾았다. 많은 돈을 벌면서 러시아를 더 나은 곳으로 만드는 데 일조하고 있었다. 돈을 벌기도 하면서 사회에 도움이 되는 일은 세상에 흔치 않지만, 나는 그런 일을 하고 있었다.

믿어지지 않을 만큼 모든 일이 순조롭게 진행되는 듯 보였고, 실제로도 그랬다.

2003년 10월의 어느 토요일 이른 아침, 집에서 러닝머신 위를 뛰며 CNN을 보고 있는데 유코스의 CEO이자 러시아에서 가장 부유한 남자인 미하일 호도르콥스키가 체포됐다는 뉴스 속보 헤드라인이 화면을 가로질렀다. 러닝머신에서 내려와 이마의 땀을 닦은 후 옐레나가 아침을 준비하고 있는 부엌으로 달려갔다.

"뉴스 봤어?" 여전히 숨이 가쁜 상태에서 내가 외쳤다.

"응. 방금 라디오로 들었어. 믿기지가 않네."

"이제 어떻게 될까?"

"글쎄. 분명 월요일 아침 전까진 풀려날 거야. 러시아 부자들은 구속된다고 해도 잠깐이거든."

호도르콥스키의 체포 소식에 만감이 교차했다. 단기적으로 따져보면, 그가 며칠간 수감되면 러시아 시장이 큰 타격을 입을 테고 내 펀드는 돈을 잃게 될 것이었다. 그러나 장기적인 관점에서, 그가 기적적으로 징역형을 받고 이를 시작으로 올리가르히들에 대한 집중 탄압이 시작된다면 러시아는 정상적인 국가로 거듭날 기회가 생기는 것이다. 그럼 우리 펀드뿐만 아니라 러시아에 사는 모든 사람에게 좋은 일이 아닌가.

월요일 오전 내가 사무실에 출근하고 나서도 호도르콥스키는 여전히 구속 상태였고, 주가가 10퍼센트 하락된 채 주식장이 열렸다. 그의 체포와 구속 소식이 세계 주요 신문마다 1면을 장식했다. 하루 종일 공포에 질린 고객들의 전화를 처리해야 했다. 이 사건은 무엇을 의미할까? 다음엔 어떤 일이 벌어질까? 고객들의 돈을 러시아에서 빼야 할까?

나는 알지 못했다. 아무도 알지 못했다. 모든 건 블라디미르 푸틴과 미하일 호도르콥스키 사이의 개인적 협상에 달려 있었다. 법이나 논리가 작용하지 않는 협상이었다.

어찌된 영문인지 이 협상은 호도르콥스키에게 불리하게 돌아갔다. 그는 일주일 내내 구치소에서 나오지 못했다. 이후 호도르콥스키가 보유한 유코스 지분 36퍼센트를 러시아 정부가 압류하면서 문제는 더욱 심각해졌다.

이는 전례가 없는 일이었을 뿐만 아니라 호도르콥스키 개인은 물론 금융 시장 전체에 재앙 같은 일이었다. 재산 몰수에 대한 두려움이 투자자들의 마음 한구석을 차지한 데다, 이제는 블라디미르 푸틴 정권하에서 이런 일이 현실로 벌어지고 있었다. 다음 영업일 나흘에 걸쳐 주식 시장은 16.5퍼센트 더 떨어졌고 유코스는 27.7퍼센트의 손실을 보았다.

푸틴이 이렇게 한 이유는 무엇일까? 가장 대중적인 설명은 호도르콥스키가 푸틴의 황금률인 '정치에 관여하지 마라. 그럼 어떤 부정이라도 눈감아주겠다'를 어겼기 때문이라는 것이었다. 호도르콥스키는 곧 있을 총선 자금으로 야당에 수백만 달러를 지원하고 공공연하게 푸틴을 반대함으로써 이 금언을 어겼다. 푸틴은 상징을 중시하는 사람이었고 선을 넘은 호도르콥스키를 본보기로 삼았다.

푸틴은 호도르콥스키와 관련된 사람들을 대상으로 전면적인 마녀사냥에 돌입했다. 호도르콥스키가 체포된 다음 몇 주 동안, 러시아 수사 당국은 그가 지원한 정당들을 비롯해 그의 자선 사업과 직원 수십 명을 추적했다.

2004년 6월, 호도르콥스키와 그의 사업 파트너 플라톤 레베데프는 재판에 회부되어 사기 6건, 탈세 2건, 횡령 1건으로 유죄 판결을 받고 각각 9년형을 선고받았다. 이 사건에서 가장 중요한 건 상징성이었기에 푸틴은 전례 없는 일을 감행했다. 바로 중계 카메라가 법정에 들어가 러시아 최고의 갑부가 말없이 법정 철창에 앉아 있는 모습을 촬영하도록 허락한 것이었다.

이는 무척 강렬한 이미지였다. 자신이 러시아에서 열일곱 번째로 부유한 올리가르히라고 상상해보자. 코트다쥐르 지역의 앙티브에 위치한 호텔에 요트를 정박해놓고 애인과 뜨거운 시간을 보낸 후 개인 전용실에서 나와 조리실에 가서 크리스털 샴페인 두 병과 캐비어를 가져온다. 그런 후 리모컨을 쥐고 CNN을 튼다. 눈앞에 동료 올리가르히가, 그것도 자신보다 훨씬 더 부유하고 영리하고 영향력 있는 사람이 철창에 앉아 있는 모습을 본다. 그때 어떤 반응이 나오겠는가? 그 모습을 보고 어떻게 하겠는가?

아마 저런 신세가 되지 않기 위해 무슨 짓이든 할 것이다.

호도르콥스키가 유죄 판결을 받은 후 러시아 올리가르히 대부분은 차례로 푸틴을 찾아가 말했으리라. "블라디미르 블라디미로비치, 철창 신세로 끝나지 않으려면 제가 어떻게 해야 할까요?"

직접 목격한 건 아니기 때문에 그저 추측만 할 뿐이지만, 나는 푸틴이 이런 대답을 하지 않았을까 상상해본다.

"50퍼센트를 주시오."

정부나 대통령 행정실이 아닌, 블라디미르 푸틴 자신에게 50퍼센트를 달라는 의미다. 이는 확실한 건 아니다. 그 수치는 30퍼센트일 수도 있고 70퍼센트일 수도 있고, 아니면 다른 유의 합의가 있었을 수도 있다. 확실한 건 호도르콥스키의 유죄 선고 후 나의 관심사와 푸틴의 관심사가 더 이상 같지 않게 되었다는 사실이다. 그때부터 푸틴은 올리가르히들을 '졸개'로 만들어 자신의 권력을 공고히 하고 세계에서 가장 부유한 사람이 된 것으로 보인다.

불행하게도, 당시 나는 그 일에 제대로 관심을 두지 않아 푸틴과 나의 충돌이 불가피하다는 사실을 알아차리지 못했다. 호도르콥스키가 체포되고 유죄 선고를 받은 후에도 내 처신은 달라지지 않았다. 나는 예전처럼 러시아 올리가르히들의 이름을 폭로하고 망신을 주었다. 달라진 점이 있다면, 이제 내가 쫓는 대상은 푸틴의 적이 아닌 푸틴의 경제적 이익이었다.

나의 무지는 한 남자가 도로에 쓰러져 있던 사건에서 비롯되었다. 그날 경찰은 러시아인이 아니었던 나를 못 본 체했다. 그래서 나는 다음에도 외국인이기에 러시아 국민의 삶을 지배하는 비공식적 규칙에서 어떻게든 면제될 것이라고 믿었다. 만약 내가 러시아 시민으로서 부정부패 방지활동을 벌였다면 분명 체포되거나 두들겨 맞거나 살해됐을 것이다.

하지만 당시 푸틴은 지금만큼 철면피가 아니었다. 외국인을 죽이는 건 너무나 극단적인 행동이다. 그렇다고 날 구속하는 건 내 발목만이 아니라 푸틴의 발목을 잡을 수도 있었다. 만일 그렇게 했다면 서양의 국가수반들은 나를 석방시키기 위해 푸틴과 만나는 시간의 3분의

1을 할애했을 것이다. 결국 푸틴은 자신과 자신의 세력을 모두 만족시키는 절충안을 떠올렸다. 2005년 11월 13일, 내가 런던에서 모스크바로 돌아오자마자 셰레메티예보–2 공항의 VIP 라운지에서 막아 세우고 15시간 동안 구금한 후 러시아에서 쫓아낸 것이었다.

국가 안보에 대한 위협

모스크바에서 출발한 강제 추방 비행기에서 내리자마자, 나는 무엇이 잘못된 건지 알아보려고 여기저기 전화를 돌렸다. 임신 8개월이었던 옐레나도 어떤 식으로든 도와주려고 애썼다. 지난 10년간 고생해서 차곡차곡 일구어낸 사업이었다. 사교생활도 포기한 채 주식 시장의 동태를 빈틈없이 살피고 주말에도 평일같이 일하면서 45억 달러 규모의 투자 자문 회사를 키워냈다. 비자 취소로 이 모든 걸 일거에 무너뜨릴 수는 없었다.

처음 전화를 건 상대는 인맥이 넓은 런던의 이민 변호사였다. 그는 내 이야기를 듣더니 아주 흥미로워했다. 마침 빌 보링이라는 영국 시민이자 인권 변호사가 같은 날 러시아 입국을 거절당했다는 소식을 들었는데, 혹시 둘의 신원을 혼동해 날 추방한 것은 아닌지 의심했다. 터무니없는 추측이라고 생각했지만, 러시아라면 그럴 수도 있겠구나 싶었다.

다음으로 HSBC에 전화를 걸었다. 이 은행은 에드몬드가 리퍼블릭 내셔널 뱅크를 매각한 후 내 사업 파트너가 되었다. HSBC는 관료적인 거대 은행답게 돈을 버는 일에는 소극적이지만, 영국 지배층을 상대하는 데에는 세계 일류였다.

나는 우선 HSBC 그룹 프라이빗 뱅크의 CEO인 클라이브 배니스터와 통화를 했다. 15분이 채 지나지 않아 그가 HSBC에서 이런 문제를 상담해주는 전직 주러 영국 대사인 로더릭 라인 경을 소개해주었다. 로더릭 경은 복잡하게 얽혀 있는 영국 정부 부처 사이에서 길을 잃지 않도록 도와주겠다고 약속했다. 그와 통화를 끝내고 15분 후 영국 외무성의 러시아 전담 부서장인 사이먼 스미스와 약속을 잡았다.

이틀 후 런던에 있는 외무성 건물로 갔다. 장식이 화려하고 눈길을 끄는 신고전주의 양식의 건물로, 다우닝가 바로 아래쪽 도로인 킹 찰스가에 위치했다. 안내 데스크에 내 이름을 말한 후 뜰을 지나 중앙 출입문으로 들어갔다. 내부는 아치형 천장, 대리석 기둥, 빅토리아 시대 황실의 세부 양식으로 꾸며져 있었다. 이곳은 대영 제국의 전성기에 외부인에게 두려움과 경외감을 심어줄 목적으로 설계되었다. 그동안 여러 기업 CEO, 정치인, 억만장자를 만나고 다녔지만, 이곳에 오니 어쩔 수 없이 약간의 경외감이 들었다.

사이먼 스미스는 몇 분 후에 도착했다. 나보다 다섯 살쯤 많아 보였고 머리숱이 많고 희끗희끗하며 혈색 좋은 얼굴에 테 없는 안경을 끼고 있었다. "어서 오시죠, 브라우더 씨. 와주셔서 정말 기쁩니다." 그가 교양 있는 말투로 유쾌하게 말했다. 자리에 앉자 그가 청색과 백색이 어우러진 도자기 찻주전자에서 차를 따라주었다. 실론 차의 향기가 실내에 가득 퍼지자 스미스는 말했다.

"듣자 하니 모스크바 친구들과 약간의 마찰이 생긴 것 같더군요."

"네, 그런 듯합니다."

"실은 이미 그 사건을 조사 중입니다. 안심해도 좋습니다. 저희 유럽 담당 장관이 현재 모스크바에 있는데, 내일 푸틴의 외교 정책 보좌관인 세르게이 프리홋코를 만나 브라우더 씨 사건을 얘기해볼 예정입니다." 그가 전문가답게 말했다.

그 말을 들으니 마음이 한결 놓였다. "잘됐네요. 그 회의 결과는 언제쯤 알 수 있을까요?"

스미스는 어깨를 으쓱했다. "곧 알게 되겠죠." 그러고는 몸을 숙여 양손으로 찻잔을 들었다. "헌데 지금부터 브라우더 씨가 지켜줘야 할 사항이 있습니다."

"그게 뭐죠?"

"모스크바 대사관에서 근무할 때 브라우더 씨의 소주주 권리 캠페인을 지켜보면서 무척 감탄했습니다. 캠페인을 진척시키려고 언론을 아주 적절하게 이용한 것도 알고요. 그런데 지금 같은 상황에서는 절대 언론에 정보를 흘려선 안 됩니다. 이 일이 알려지면 우린 브라우더 씨를 도울 수 없어요. 러시아인의 심기를 건드리면 브라우더 씨의 문제를 절대 해결할 수 없습니다. 러시아 사람들에게는 항상 체면을 세울 방편이 마련돼 있어야 하거든요."

나는 찻잔을 내려놓고 불편한 기색을 들키지 않으려고 애썼다. 사실 그 조언을 따르는 건 굉장히 부자연스러운 일이었다. 하지만 지금은 내 사업 경력 최대의 고비를 맞았고, 영국 정부가 날 대신해 문제를 해결하려 하고 있었다. 나는 스미스의 요청을 존중해야 한다는 걸 이해했기에 그의 말에 동의한 후 미팅을 마무리했다.

이튿날 오후, 스미스가 전화를 걸어 소식을 전해주었다. "브라우더 씨가 추방된 이유는 잘 모르겠지만 한번 조사해보겠다고 프리홋코가 약속했다는군요." 스미스는 좋은 소식을 전하기라도 하는 것처럼 이야기했다. 나는 푸틴의 외교 정책 최고 보좌관이 러시아 최대의 외국인 투자자가 추방된 사실을 몰랐다는 게 믿기지 않았다.

스미스가 이어서 말했다. "그리고 말인데요. 모스크바에 있는 저희 쪽 대사 토니 브렌턴을 투입하기로 결정했습니다. 그가 최대한 빨리 브라우더 씨와 통화하고 싶다는군요."

이튿날 브렌턴에게 전화를 걸어 내가 겪은 일을 이야기하는데, 몇 초 후에 그가 내 말을 끊었다. "더 얘기할 필요 없어요, 빌. 당신과 허미티지에 관한 건 다 알고 있어요. 당신 같은 중요한 투자자를 쫓아내다니 러시아 사람들도 참 어리석네요."

"실수였으면 좋겠어요."

"나도 그래요. 적임자들한테 얘기하면 비자 문제는 잘 해결될 것 같아요. 그러니 침착하게 기다려요. 믿을 만한 사람들이 이 일을 봐주고 있으니까."

정말로 듬직한 사람들이 내 일을 돕고 있다는 느낌을 받지 않을 수 없었다. 토니 브렌턴이 마음에 들었다. 스미스와 마찬가지로 진심으로 이 문제를 해결하고 싶은 듯했다. 내 비자가 취소된 게 단순히 신원을 혼동해서 생긴 일인지, 아니면 내가 벌인 부정부패 방지 캠페인의 표적 중 한 사람의 복수 때문인지 알 수는 없었지만, 영국 정부가 내 편이니 결국에는 내가 이길 것이라고 생각했다.

브렌턴이 첫 번째로 한 일은 러시아 외무부에 공식 설명을 요청하는 것이었다. 비자 취소가 정말 이름을 혼동해서 생긴 일이라면 즉시 해명될 것이다.

일주일 후 토니 브렌턴의 비서가 러시아 외무부로부터 회신을 받았다고 알려주었다. 그리고 회신 사본을 팩스로 보내주었다. 팩스가 도착하자마자 나는 옐레나에게 건네며 번역해달라고 부탁했다. 그녀가 목을 가다듬고 읽어내려갔다. "영국 시민 윌리엄 브라우더 씨의 러시아 연방 입국 금지 조치는 연방법 제1항 제27조에 따라 관할 관청에서 결정한 일임을 알려드립니다."

"연방법 제1항 제27조가 뭐지?"

"나도 모르겠어." 옐레나가 어깨를 으쓱했다.

나는 모스크바에 있는 바딤에게 전화를 걸어 물어보았다.

"잠시만요." 컴퓨터 자판을 치는 소리가 들렸다. 약 1분 뒤에 바딤이 다시 수화기를 들었다. "사장님, 제1항 제27조에 러시아 정부가 국가 안보에 위협이 된다고 판단되는 인물을 추방할 수 있다라고 나와 있어요."

"뭐라고?"

"국가 안보를 위협하는 인물이요." 바딤이 재차 말했다.

"젠장. 상황이 안 좋은데." 나는 조용히 한탄했다.

"그러게 말이에요."

그 서신 하나로 비자 거부가 단순히 이름을 혼동해서 생긴 일이 아님을 확실히 알게 되었다. 내 이름을 빌 보링으로 착각한 게 전혀 아니었다. 누군가가 진심으로 나를 러시아에서 추방하기를 원한 것이었다.

보그 카페

러시아에서 날 국가 안보를 위협하는 인물로 규정했다는 얘기를 듣자 토니 브렌턴이 말했다. "유감스러운 일이긴 하지만 걱정하지 말아요. 계속 외교 채널을 가동할 테니까. 곧 푸틴의 최고 경제 보좌관 중한 명인 이고리 슈발로프를 만날 예정이에요. 아마 그 사람도 이 일을 돕는 데 호의적이겠지만, 현시점에서는 브라우더 씨 측에서도 직접 인맥을 동원해보는 게 좋을 듯하군요."

그의 제안에 동의했다. 그래서 바딤과 함께 우리가 아는 러시아 관료 가운데 도움이 될 만한 사람들의 명단을 만들기 시작했다.

한편 옐레나와 나는 모스크바에서 함께 살다가 결혼했다. 첫아이를 임신 중이었던 그녀는 출산 예정일 전 2개월 동안 런던에 머물렀다. 2005년 12월 15일 저녁, 침대에 앉아 명단을 작성하고 있는데 옐레나가 화장실에서 나왔다. 불룩한 배 주위의 가운이 딱 달라붙은 상태였다. "빌, 양수가 터진 것 같아." 그녀가 충격받은 표정으로 말했다.

뭘 어떻게 해야 할지 몰라 벌떡 일어났다. 서류가 침대와 바닥 위로 뿔뿔이 흩어졌다. 전처인 사브리나는 제왕절개 수술로 데이비드를 출산했기에 나는 초산인 옐레나만큼이나 자연분만에 대해 몰랐다. 그동안 온갖 책을 읽고 좋다는 수업은 다 들었지만, 정작 일이 터지자 그런 것들이 전부 쓸데없었다. 미리 싸둔 가방을 한 손에 들고 다른 한 손으로 옐레나를 감싼 채, 서둘러 엘리베이터를 타고 아파트 건물 근처에 있는 차고로 가서 그녀를 차에 태웠다. 세인트 존 앤 세인트 엘리자베스 병원은 차를 타고 금방 갈 수 있었지만, 나는 당황한 나머지 리슨 그로브에서 길을 잘못 들어 일방통행로로 들어가버렸다. 내가 필사적으로 좌우를 두리번거리자 평소에 예의 바르고 흔들림이 없던 옐레나가 한 번도 입 밖에 꺼낸 적 없는 말을 큰소리로 내뱉기 시작했다. 필시 진통이 시작된 것이었다.

10분 후 우리는 병원에 도착했다. 다행히 조수석에서 아기를 출산하는 일은 없었다. 이후의 일들은 정신없이 지나갔고, 10시간 후 우리 딸 제시카가 3.3킬로그램으로 건강하게 태어났다. 제시카가 태어난 기쁨에 휩싸여 내 비자 상황에 대한 부정적인 생각이 싹 사라졌다.

우리는 이틀 후 퇴원했다. 친구들이 하나둘 꽃이나 음식, 아기 선물을 들고 집에 찾아왔다. 이제 막 아홉 살이 된 데이비드도 여동생이 생긴 걸 좋아했다. 아들이 작은 병원 담요에 싸인 제시카를 안고 처음으로 키스를 해주던 모습은 지금까지 소중한 기억으로 남아 있다. 크리스마스가 지나갔고(데이비드와 나는 유대인이지만 크리스마스를 축하한다), 일주일이 넘도록 비자 문제는 까마득히 잊어버렸다.

더할 나위 없이 행복하게 새해를 맞이했다. 러시아는 동방 정교회의 성탄절 연휴로 온 나라가 정지된 상태였기에 아무 소식도 들을 수 없었다. 그러던 2006년 1월 14일 이른 아침에 바딤이 모스크바에서 전화를 걸어왔다.

"사장님, 방금 그레프를 모시는 차관과 통화했는데요."

게르만 그레프는 경제 개발부 장관이자 푸틴 정부에서 가장 눈에 띄는 개혁가 가운데 한 명이었다. 바딤은 성탄절 전에 경제 개발부 차관과 접촉해 내 비자 문제를 도와달라고 요청했다.

"그래서? 그 차관이 뭐래?"

"그레프 장관이 어렵게 윗선에 접촉을 했대요. FSB 수장 니콜라이 파트루셰프한테 가서 이 비자 사건을 의논했대요."

"와!" 나는 감탄과 약간의 두려움을 섞어 외쳤다. FSB는 러시아 연방 보안국으로, 비밀경찰이자 소비에트 시절에는 악명 높은 KGB로 알려져 있었다. 그 정도 일로 호들갑을 떠느냐고 의아해할 사람을 위해 부연 설명하자면, 파트루셰프는 푸틴의 측근 가운데 가장 가차 없기로 정평이 난 인물이었다.

"파트루셰프가 그레프한테 말한 내용을 그대로 인용하자면, '이 일에 상관하지 마쇼. 당신과 무관한 일에 어설프게 나섰다간 큰코다쳐요'라고 했대요." 바딤은 내가 이 정보를 충분히 받아들일 때까지 기다렸다가 말을 덧붙였다. "배후에 만만치 않은 인물들이 있는 것 같아요, 사장님."

이 소식을 들으니, 마치 얼음장같이 차가운 물로 샤워를 한 듯한 기분이 들었다. 연말 연휴와 제시카의 출생, 새 식구를 맞은 일로 행복했던 감정이 마음속 깊은 곳으로 밀려났다. 나는 가혹한 현실로 되돌아왔다.

일주일 후 토니 브렌턴이 전화를 걸어 역시나 맥 빠지는 소식을 전했다. "슈발로프가 호의적이긴 한데, 자기가 지금 할 수 있는 일은 아무것도 없다고 하네요."

실망스러운 소식이었지만, 러시아판 증권 거래 위원회라 할 수 있는 연방 금융 시장청의 의장 올레크 뷰긴이 아직 내 사건을 조사 중이었다. 뷰긴은 부총리에게 편지를 써서 내 비자를 복구해달라고 요청했다. 그가 2월 중순에 세계 투자 콘퍼런스 참석 차 런던에 방문할 예정이었는데, 그때 좋은 소식을 들고 오길 바랐다.

우리는 그의 출장 첫날 밤에 메이페어에 있는 클라리지스 호텔 바에서 만나기로 했다. 하지만 그를 본 순간 뭔가가 잘못됐다는 걸 한눈에 알 수 있었다. 우리는 낮은 벨벳 스툴에 앉아 마실 것을 주문했다. 기다리는 동안 내가 말했다.

"부총리께 제 입장을 명확히 전해주셔서 감사합니다."

"고마워할 필요 없어요, 빌. 그래봤자 아무 성과도 없으니까요. 브라우더 씨 비자에 대한 러시아 정부의 입장은 확고해요." 그는 나무랄 데 없는 영어로 말했다.

가슴이 철렁 내려앉았다. "얼마나 확고한데요?"

그는 날 응시하며 눈썹을 약간 치켜세웠다. 그러고는 가느다란 손가락으로 천장을 가리키더니 더는 말이 없었다. 푸틴을 말하는 걸까? 확실하진 않았지만, 그의 알 수 없는 손동작을 그렇게 해석할 수밖에 없었다. 정말 푸틴의 결정이라면 그걸 바로잡을 기회는 아예 없었다.

바딤에게 미팅 결과를 얘기해주었지만 나만큼 실망하진 않았다.

"푸틴이 정말 배후에 있다면 사장님에 대한 허위 정보를 들은 게 분명해요. 푸틴에게 진실을 말해줄 측근을 찾아야 해요."

이렇게 안 좋은 상황도 긍정적으로 풀어나가려는 바딤이 고마웠지만, 나는 그의 제안을 받아들이지 않았다.

"누가 우리를 위해 그렇게 해주겠어?" 내가 회의적으로 물었다.

"드보르코비치 어때요?" 바딤이 제안했다. 아르카디 드보르코비치는 푸틴의 수석 경제 보좌관으로, 우리가 국영 전력 회사 UES의 자산 수탈을 막기 위해 캠페인을 벌일 당시 바딤과 만난 적이 있었다. 드보르코비치는 우리에게 우호적이었던 데다, 가장 중요하게는 대통령에게 직접 얘기할 수 있는 위치에 있었다.

"해볼 만한 가치는 있겠군." 내가 말했다.

바딤이 드보르코비치에게 연락하자 놀랍게도 그가 나를 도와주겠다고 나섰다.

바딤은 애써 희망을 잃지 않으려 했지만, 분명 선택지는 바닥나고 있었다. 연방 금융 시장청 측으로부터 부정적인 소식을 전해 듣고 며칠이 지나 바딤은 모스크바 사무실에 걸려온 전화를 받았다. 상대는 신원을 밝히지 않은 채 자신이 내 비자 거부에 대한 중요한 정보를 알고 있다고 주장했다. 또한 이 정보는 직접 만나야만 전해줄 수 있다면서 언제 자신과 만날 수 있는지 알고 싶어했다.

바딤이 전화를 걸어 어떻게 해야 할지 물었다. 평소였다면 정체불명의 발신자에게서 최대한 멀리 떨어지라고 했겠지만, 지금은 사방에 장애물이 놓여 있기에 어떤 식으로든 돌파구가 필요했다.

"사람들이 많은 곳에서 만날 수 있을까?" 내가 물었다.

"안 될 거 있나요?" 바딤이 대답했다.

"그럼 시도해볼 가치는 있을 텐데." 내가 망설이며 말했다.

하루가 지나 그 남자는 다시 전화해 쿠즈네츠키 모스트에 있는 보그 카페에서 바딤을 만나는 데 동의했다. 쿠즈네츠키 모스트는 러시아 올리가르히들이 스무 살의 모델 애인과 함께 자주 찾는 장소였다. 그들 주위에는 꽤 많은 무장 경호원이 서 있었기에 만남을 갖기에 안성맞춤이었다.

두 사람이 만날 즈음 나는 런던에서 집 안을 서성거리며 소식을 기다렸다. 미팅은 두 시간 넘게 지속되었고, 런던 시각으로 오전 11시 무렵 바딤이 전화를 주었다. 그의 목소리는 낮고 심각했다.

"사장님, 정말 충격이에요. 그 사람이 정말 많은 걸 알더군요."

"좋아, 우선 누구였는지부터 말해봐."

"모르겠어요. 본명은 알려주지 않았고 자기를 아슬란이라고 부르면 된대요. 정부 쪽 사람이 확실했어요. 아마 FSB가 아닐까 싶어요."

"신원도 알려주지 않는 사람의 말을 왜 믿어야 하지?" 내가 회의적으로 물었다.

"모든 걸 알고 있으니까요. 전부 다 말이에요, 사장님. 우리가 그레프, 뷰긴, 슈발로프, 프리홋코와 접촉한 사실도 알고 있어요. 공항 구금에 관한 상세 서류부터 브렌턴이 전해준 편지 사본까지 모두 갖고 있었다고요. 보는데 오싹하더라고요."

등줄기를 타고 한기가 올라왔다. "그 아슬란이란 사람이 한 말은 정확히 뭐지?"

"이 모든 일이 FSB의 지시에 따라 일어났고 사장님의 비자 취소는 시작에 불과하다고요."

"시작에 불과하다고?"

"네, 그렇게 말했어요. 그리고 FSB는 '허미티지의 자산을 탈취하는데' 관심이 있다고 말했어요."

"망할."

"그러니까요. 그런데 그것만이 아니에요. 회사로만 끝나지 않고 우리도, 저도 표적이라던데요. FSB에서 제가 하는 일을 빠짐없이 추적하고 있나봐요. 곧 제가 체포될 거라고 했어요." 제3자에게 일어나는 일을 설명하기라도 하듯 바딤은 침착하게 말을 전했다. 그는 어떤 말이든 침착하게 했다.

나는 자리에서 벌떡 일어났다. 그 바람에 의자가 넘어졌다.

"그자의 말을 믿는 거야?"

"확실하진 않지만 꽤 신뢰가 갔어요."

"그런데 그자는 왜 우리에게 솔직하게 알려주는 거지?"

"정부 내에서 지금 전쟁이 벌어지고 있는데, 자기 반대편 사람들이 우리에게 이런 짓을 하는 거라고 했어요."

그 말이 진실인지 아니면 우리가 놀아나는 건지 알 수 없었지만, 한 가지는 확실했다. 바딤은 러시아를 떠나야 했다.

"잘 들어. 내 생각엔 자네가 하루빨리 이곳으로 피신하는 게 좋을 것 같아. 그자의 말이 진실일 가능성이 조금이라도 있다면, 자네가 체포되게 둘 순 없어."

"잠깐, 잠깐만요, 사장님. 과민 반응하실 거 없어요."

"지금 농담해, 바딤? 당장 떠나! 거긴 러시아야. 러시아라고! 러시아에선 조심해서 나쁠 게 없어."

일단 전화를 끊었지만, 바딤은 떠날 생각이 없었다. 지금 러시아를 떠나면 영영 돌아오지 못하리라는 사실을 알았던 것이다. 바딤으로서는 이름도 모르는 낯선 남자가 한 말 때문에 떠돌이 신세가 될 순 없는 노릇이었다. 그에게는 정보가 더 필요했다.

나는 상황을 다르게 보았다. 그래서 바딤에게 블라디미르 파스투호프와 상의해보라고 간청했다. 블라디미르는 다년간 허미티지의 외부 법률 고문으로 일한 모스크바 변호사로, 내가 지금껏 만나본 사람 중에 가장 지혜로웠다. 그는 앞이 거의 보이지 않아 콜라병 바닥처럼 두꺼운 안경을 썼는데, 그래서인지 디킨스 소설에 등장하는 필경사처럼 보였다. 하지만 이런 장애 덕분에 블라디미르의 정신은 내가 아는 어느 누구보다 더 예리하고 균형 잡혀 있었다. 그에게는 희귀한 재능이 있었는데, 복잡한 상황을 깊은 수준으로 꿰뚫고 작은 것까지 읽어내는 능력이었다. 마치 뛰어난 체스 선수처럼 상대가 수를 놓기 전, 나아가 그 수가 가능하다는 걸 깨닫기 전부터 상대의 모든 수를 예측하곤 했다.

바딤은 러시아를 떠날 생각이 없었지만, 블라디미르를 만나는 데는 동의했다. 자정 직전, 블라디미르가 아파트 문을 열자 바딤이 입술에 손가락을 갖다 대며 도청될 경우를 대비해 말을 하지 말라는 표시를 했다. 블라디미르가 옆으로 비켜서자 바딤이 안으로 들어갔다. 두 사람은 말없이 블라디미르의 컴퓨터로 향했다. 바딤은 의자에 앉아 자판을 두드리기 시작했다.

'정부 쪽 사람한테 제가 체포될 거란 경고를 들었어요. 그게 가능한 일인가요?'

블라디미르가 키보드를 넘겨받았다.

'변호사로서 얘기해주길 바라나, 친구로서 얘기해주길 바라나?'

'둘 다요.'

'변호사로서 얘기하자면, 불가능하네. 자넬 체포할 이유가 없어. 하지만 친구로서 얘기하면, 가능하네. 틀림없어. 저들은 무슨 짓이든 할 수 있네.'

'그럼 러시아를 떠나야 하나요?'

'그 소식통이 신뢰할 만한가?'

'꽤 많이 그런 것 같아요.'

'그럼 떠나야지.'

'언제요?'

'지금 당장.'

바딤은 집으로 돌아가서 서둘러 여행 가방을 싸고 공항에 가서 새벽 5시 40분에 출발하는 런던행 영국 항공 비행기를 탔다. 런던 시각으로 새벽 2시 30분에 바딤이 비행기에 탔고 곧 이륙할 거라는 문자를 받을 때까지 나는 한숨도 자지 못했다. 그날 아침에 바딤은 런던에 도착해 내 아파트로 곧장 왔다. 우리 둘 다 충격을 받은 상태였다. 이렇게 순식간에 상황이 악화되다니 믿어지지가 않았다.

내 서재에 앉아 전날의 사건을 얘기하고 있을 때 바딤에게 푸틴의 경제 보좌관인 아르카디 드보르코비치가 우리의 도움 요청을 진지하게 받아들였다는 문자가 왔다. 드보르코비치는 내 비자가 복구되지 않을 경우 러시아의 투자 환경에 피해를 입힐 것이라고 대통령 행정실의 몇 사람을 납득시켰다고 말했다. 가장 중요한 사실은 다음 주 토요일에 열릴 푸틴이 참석하는 국가 안전 보장 회의에서 내 비자 문제가 의제로 다루어질 것이라고 그 문자 메시지에 언급된 점이었다.

이 연락을 받은 후 바딤과 나는 러시아에서 흘러나오는 서로 모순적인 소식들을 이해하려고 애썼다. 경제부 장관이나 러시아 연방 금융 시장청 의장 같은 사람들은 내 상황이 절망적이라는 메시지를 전하는 반면, 대통령의 경제 보좌관은 어떻게 국가 안전 보장 회의에서 내 비자 문제가 해결되게 도와줄 수 있다고 여기는 걸까?

저마다 자신이 진실이라고 믿는 걸 말한다는 생각이 들었다. 러시아 정부에는 의견을 표명하는 여러 파벌이 존재했다. 실제로 어떤 일이 벌어지고 있든, 내가 할 수 있는 일은 드보르코비치의 파벌이 승기를 잡고 국가 안전 보장 회의에서 내 문제의 결실을 맺기를 희망하는 것뿐이었다.

그런데 회의가 열리기 나흘 전, 『워싱턴포스트』의 모스크바 국장인 피터 핀이 내게 이메일을 보냈고, 문제는 새로운 국면으로 접어들었다. 메일 내용은 다음과 같았다. "안녕하세요, 빌. 모든 일이 잘되길 기원합니다. 이런 일로 귀찮게 해서 죄송하지만, 당신이 비자 문제를 겪고 있다는 소문이 돌고 있어요. 이에 대해 하실 말씀이 있나요? 만약 그렇다면 그 얘기 좀 들려주세요. 당신 같은 투자자에게 이건 중요한 문제일 겁니다. 그럼 이만 줄이죠. 피터."

젠장! 이 사람이 내 비자 문제를 어떻게 알았지? 상황이 좋지 않았다. 내 이야기가 외부에 알려지면 러시아인들이 입장을 고수하려 할 것이라고 했던 사이먼 스미스의 경고가 머릿속을 가득 채웠다. 나는 핀에게 답장을 보내지 않고 다행히 그도 더는 파고들지 않았다.

하지만 불행히도 또 다른 기자인 『파이낸셜타임스』의 아르카디 오스트롭스키가 목요일에 전화를 걸어왔다. 그도 소문을 들은 모양이었다. "러시아 입국을 거절당했다는 게 사실인가요, 빌?"

배가 조여왔다. "아르카디, 미안하지만 거기에 대해선 말해줄 수 없어요."

"그러지 말고요, 빌. 이건 빅뉴스예요. 무슨 일인지 알려야죠."

아르카디는 가스프롬에 대한 폭로를 준비할 때 도움을 줬던 기자 가운데 한 명으로, 이후 우리는 서로 이름을 부르는 가까운 사이가 되었다. 아르카디에게 지금 일어나는 일에 대해 알려주고 싶었지만 시간을 미뤄야 했다.

"그게 사실이면 당신이 독점 기사를 쓸 수 있게 해줄게요. 그러니 나흘만 더 시간을 줘요."

그는 내 제안이 마음에 들진 않았겠지만, 기삿거리가 아예 없는 것보다는 그 편이 나았기에 내가 월요일에 전화를 주겠다는 데 동의하고 순순히 전화를 끊었다.

아르카디와 통화한 후 신경이 완전히 곤두섰다. 기자들이 내 상황에 대해 낌새를 채고 있었다. 내가 할 일은 기자들의 전화를 받지 않으며 36시간을 보내는 것이었다. 하지만 금요일 오전 10시 30분에 로이터의 엘리프 카반이라는 기자가 음성 메시지를 남겨놓았다. 그녀는 용건을 말하진 않았지만, 오전 11시 45분에 다시 전화를 걸어왔다. 그날 오후 워싱턴에서 온 친구와 점심 약속이 있어서 그녀의 전화에 회신하지 않고 사무실을 나왔다. 차이나타운에 있는 딤섬 레스토랑에서 친구를 만난 후 전화기는 꺼두었지만, 혹시 몰라서 블랙베리는 테이블 위에 두었다. 친구와 내가 음식 카트에서 요리를 집을 때 블랙베리가 깜빡거리기 시작했다. 비서에게서 메시지가 온 것이었다. "사장님, 엘리프 카반이 아직도 사장님과 통화를 하려고 애쓰네요. 로이터통신에서 사장님이 러시아 입국을 거절당했다는 구체적인 정보를 입수했다면서 우선 사장님께 해명할 기회를 주고 싶대요. 오늘만 네 번째 전화예요. 엘리프 카반이란 여자, 아주 집요해요!"

나는 몇 초간 멍하니 이메일을 응시하다가 블랙베리를 주머니에 넣고 점심을 마저 먹으려고 애썼다. 이 불쾌한 상황이 곧 세상에 알려지겠지만, 마지막으로 단 몇 분이라도 평온한 시간을 보내고 싶었다.

레스토랑을 나온 후 나는 그린파크로 우회했다. 화창하고 상쾌한 봄날이었고, 런던에 사는 즐거움을 느낄 수 있는 날 가운데 하루였다. 신선한 공기를 들이마시며 주변을 둘러보았다. 다들 근심이나 걱정 없이 공원을 거닐고 있었다. 나처럼 금방이라도 세계가 거꾸로 뒤집힐 듯한 사람은 없는 것 같았다.

산책을 마치고 책상에 가서 앉았다. 몇 분 후 로이터에서 붉은색으로 헤드라인을 발표했다. '허미티지 CEO 브라우더, 러시아 입국을 금지당하다.'

비밀이 드러났다. 전화기가 즉시 크리스마스트리처럼 불을 밝혔다. 『파이낸셜타임스』『데일리텔레그래프』『인디펜던트』『월스트리트저널』 『포브스』『코메르산트Kommersant』러시아 경제지, 『베도모스티Vedomosti』 러시아 경제지, 다우존스, AP통신, 『뉴욕타임스』 외에 약 스무 곳의 언론 매체에서 전화가 왔다. 사이먼 스미스가 경고했던 일이 지금 일어나고 있었다. 러시아인들이 체면을 지킬 방편도, 물러설 자리도 사라진 셈이었다. 이제 러시아 국가 안전 보장 회의에서 기대할 만한 건 아무것도 없었다. 내 운명은 정해졌다. 이 순간부터 난 러시아와 공식적으로 끝이었다.

다만 러시아는 나와 끝난 게 아니었다.

21

G8 정상 회담

러시아 정부가 겨누는 칼날은 절대 부드럽지 않다. 극단적인 적대감이 서려 있을 정도다. 미하일 호도르콥스키와 유코스가 그 적절한 예다. 블라디미르 푸틴에게 도전한 대가는 호도르콥스키 본인을 넘어 고위 간부, 변호사, 회계사, 공급 업체, 심지어 자선 단체 등 그와 조금이라도 연관된 사람들에게까지 미쳤다. 2006년 초반 러시아에서는 유코스와 관련된 10명이 수감되고 수십 명이 망명했으며 수백억 달러의 자산이 러시아 당국에 압류되었다. 나는 이 사례를 본보기 삼아 그들에게 순순히 당하지 않을 생각이었다. 고객의 돈은 물론 내 사람들을 최대한 빨리 러시아에서 빼내야 했다.

먼저 허미티지의 최고 운영 책임자COO 이반 체르카소프를 런던으로 불러 이 일을 돕게 했다. 이반은 5년 전 JP모건에서 나와 허미티지에 합류한 인재로, 브로커를 집요하게 괴롭히고 은행을 재촉하면서 급여 대장을 체계화한 사람이었다. 서른아홉 살에 키가 크고 TV 화면발이 잘 받는 편이었으며 미국식 영어를 흠잡을 데 없이 하면서 자기 일도 완벽하게 처리했다.

이반은 코번트가든의 태비스톡가에 위치한 우리 풀옵션 사무실에 전략 회의실을 차리고 일에 착수했다. 사람들을 빼내는 일은 상대적으로 쉬웠다. 한 달이 되지 않아, 위험에 처할 가능성이 있는 허미티지 사람은 모두 가족과 함께 안전하게 러시아를 빠져나왔다.

반면, 수십억 달러의 가치가 있는 러시아 채권을 아무도 모르게 매각하는 일은 어려웠다. 시장에서 낌새를 채면 브로커나 투기자들이 이른바 '선행 매매정상적 거래가 이뤄지기 전에 사전에 입수한 주식 정보를 통해 미리 주식을 사고팔아 그 차액을 취득하는 행위'에 나설 수 있기 때문이었다. 허미티지가 보유한 가스프롬 주식을 모두 매각한다는 사실이 알려지면 브로커들이 먼저 자신들의 주식을 팔아 가격을 내릴 것이고, 그럼 허미티지 고객들은 가스프롬 주식만으로도 수억 달러의 손실을 보게 될 것이다.

이런 불상사를 막으려면, 비밀을 엄수하면서 신중하게 펀드의 매도 주문을 수행해줄 브로커를 찾아야 했다. 그러나 증권 브로커들은 일반적으로 신뢰할 수 없는 사람들인 데다 러시아 현지 브로커들은 특히 믿을 수 없었다. 그렇다고 우리와 거래한 적 있는 서양의 대형 증권 업체를 선택할 수도 없었다. 우리의 매도 주문이 나오자마자 다른 브로커들이 앞뒤 사정을 종합해 허미티지가 주식을 매각하려 한다는 결론을 내리고 자신들의 주식부터 팔아치우기 시작할 게 뻔했다.

따라서 선택의 여지가 많지 않았다. 남은 선택지를 살펴보다가 유럽의 한 대형 은행에서 2인 트레이딩 데스크를 이끌고 있는 서른두 살의 서글서글한 브로커에게 눈을 돌렸다. 그는 다년간 집요하게 허미티지에서 사업 건수를 따내려고 노력했기에 기회를 줘볼 생각이었다.

이반은 그 브로커에게 전화를 걸어 그의 끈기가 빛을 볼 시간이라고 얘기했다. "단, 조건이 있어요. 이 일을 줄 테니 반드시 비밀을 지켜줘요."

"당연하죠. 실망시키지 않을 겁니다." 그가 말했다.

이튿날 그 브로커에게 1억 달러어치 매도 주문을 넣었다. 그는 100만 달러, 최대로 잡아야 500만 달러를 예상하고 있었을 뿐, 1억 달러는 꿈에도 생각지 못한 액수였을 것이다. 이는 그의 경력에서 가장 큰 매도 주문 의뢰인 듯했다.

다음 주에 그는 시장에 충격을 주거나 정보를 흘리지 않고 1억 달러어치 주식을 매각했다. 그런 뒤 일이 다 끝났다고 생각하고 자랑스럽게 결과를 보고했다. 하지만 또다시 1억 달러어치 매도 주문을 받고는 완전히 놀랐다. 이번에도 그는 나무랄 데 없이 일을 처리했다. 그로부터 두 달 동안 그는 꾸준히 매도 주문을 처리해 결국 수십억 달러어치의 러시아 주식을 아무 정보도 누설하지 않고 팔아주었다. 이 탁월한 솜씨 덕분에 그의 영업 데스크는 무명에서 벗어나 자사 은행에서 가장 성공적인 유럽 트레이딩 데스크로 변신했다. 뭐니 뭐니 해도 가장 중요한 건 적들이 눈치채지 못하게 허미티지가 성공적으로 모든 돈을 러시아에서 빼냈다는 사실이었다.

이렇게 사람들과 돈을 안전하게 빼냄으로써 러시아 정부가 우리를 해치는 데 사용할 수 있는 주요 수단을 모두 제거했다. 이제 저들의 다음 공격이 무엇이든, 그다지 충격적일 것 같지 않았다.

일을 완수하긴 했지만, 한번 고객들에게 잃은 신용을 되찾기는 어려웠다. 고객 대부분은 내가 모스크바 현지에 있기 때문에 허미티지에 투자한 것이었다. 현지에 있으면 수익성이 좋은 투자 건을 금방 찾아내고 일이 잘못될 경우 고객의 자본을 보호하기가 수월했다. 그런데 한순간에 그럴 수 없는 처지가 되어버렸다.

이 사실을 처음 알려준 사람은 1996년 내가 투자자로서 첫 미팅을 가졌던 장 카루비였다. 장은 다년간 알고 지내면서 가까운 친구가 되었고, 항상 시장의 최신 동향을 알려주었다. 3월 17일 로이터통신이 내 비자 문제를 터트렸을 때 장은 거의 바로 전화를 걸어 평소답지 않게 심각한 투로 말했다. "빌, 그동안 우린 함께 잘해왔네. 하지만 자네가 러시아 정부와 사이가 틀어진 상황이니 더 이상 내 돈을 펀드에 넣어둘 이유가 없을 것 같군."

초창기에 만난 지지자로부터 이 말을 들으니 조금은 충격이었지만, 그의 말이 맞았다. 괜히 돈을 펀드에 묶어두었다가 결국 러시아와의 일이 더 틀어져 낭패를 보게 하는 일만큼은 나도 피하고 싶었다. 논리적으로 따져보면, 딴 돈을 얼른 빼내려는 그의 선택은 옳았다. 그로부터 며칠 동안 나는 장 카루비와 같은 결론에 다다른 많은 고객과 비슷한 대화를 나누었다.

이제 다음 순서는 환매 주문이었다. 그것도 아주 많이.

투자자들이 펀드에서 돈을 뺄 수 있는 다음 날짜는 5월 26일이었고, 환매 신청은 그 8주 전에 해야 했다. 그래서 환매 신청일인 3월 31일에 처음으로 상황의 심각성을 깨닫게 되었다.

그날 오후 5시 20분에 우리 펀드의 사무 관리 회사인 HSBC로부터 환매 스프레드시트를 받았다. 일반적으로 펀드 신청과 환매는 한 페이지에 작성되었는데, 일이 많은 분기에는 두세 페이지가 되기도 했다. 그런데 이번 스프레드시트는 무려 10페이지인 데다, 240줄에 걸쳐 상환 요청 건수가 적혀 있었다. 재빨리 끝 페이지로 넘어가 총계를 보았다. 무려 펀드의 20퍼센트 이상이 환매될 예정이었다!

아무리 따져봐도 엄청난 수치였지만, 이건 시작에 불과했다. 나는 벼랑 끝에 서 있었다. 그동안 쌓아온 것들이 천천히 무너졌다. 이 상황을 바꿀 방법은 내 러시아 비자를 복구시키는 일뿐이었지만 그건 이미 포기한 상태였다.

놀랍게도 영국 정부는 아직 포기하지 않았다. 2006년 6월 중순, 외무성의 러시아 전담 부서장인 사이먼 스미스에게서 전화가 걸려왔다. "저희가 색다른 노선을 통해 브라우더 씨의 비자 문제를 해결해보려 해요. 하지만 그 전에 러시아로 돌아가고 싶은 마음이 변함없는지 알고 싶어요."

"당연히 변함없죠, 사이먼!" 내가 열광하며 대답했다. "언론이 신나게 떠들고 난 터라 이 일을 포기하신 줄 알았어요."

"언론이 도움이 안 됐다는 건 분명해요. 하지만 포기한 건 아니에요." 스미스가 안심시키며 말했다.

"어떻게 하실 생각인데요?"

"알다시피 러시아가 7월 15일에 상트페테르부르크에서 G8 정상 회담을 주최할 거예요. 그날 수상의 안건에 비자 문제를 올려서 푸틴과 직접 논의해볼 생각이에요."

"세상에…… 정말 놀랍네요, 사이먼."

"너무 큰 기대는 하지 말아요. 확실한 건 아니니까. 그래도 열심히 해보긴 할게요."

전화를 끊고 창밖을 바라보았다. 어떻게 큰 기대를 하지 않을 수 있겠는가? 비자 거부가 내 사업을 순식간에 무너뜨렸듯, 비자 복구는 그 사업을 한순간에 다시 일으킬 수도 있었다.

G8 정상 회담이 다가올수록 점점 불안해졌다. 토니 블레어 수상이 가져올 긍정적인 결과는 내 인생의 전환점이 될 것이다. 그러나 하루하루가 가고 한 주 한 주가 지나가면서 회의감이 들기 시작했다. 스미스와는 연락이 되지 않았다. 평정심을 유지하려고 애썼지만, 그렇게 힘을 북돋아주던 사람이 왜 갑자기 잠잠해졌는지 이유를 알 수 없었다.

더는 참을 수가 없게 되자, 전 주러 영국 대사이자 HSBC의 자문가인 로더릭 라인 경에게 전화를 걸어 뭐라도 알고 있는지 물어보았다. 그는 스미스가 내 문제를 수상의 안건에 올리도록 도와주겠다고 했다는 말에 깜짝 놀라며 기대치를 낮추라고 당부했다. 그의 경험에 따르면 정상 회담에서는 아무리 공을 들인 안건이라도 그 안건을 능가하는 이슈가 늘 등장한다고 했다.

그의 충고를 따르려고 노력했다. 하지만 정상 회담이 열리기 엿새 전 옐레나와 함께 세인트존스우드의 서커스 로드에 있는 레스토랑 리쇼에 점심을 먹으러 가서 테이블에 자리를 잡았을 때, 옐레나가 아무 생각 없이 『옵저버』지를 집어 훑어보더니 눈을 반짝이며 말했다. "빌, 이 헤드라인 기사 좀 봐. '블레어, 푸틴에게 펀드 매니저의 사건을 묻기로 하다'래!" 나는 잡지를 잡아채 읽기 시작했다. 스미스가 했던 말을 확인시켜주는 기사였다. 가장 핵심적인 문장은 간단명료했다. '수상은 다음 주 주말에 상트페테르부르크에서 열리는 G8 정상 회담을 이용해 러시아 대통령에게 브라우더에 대한 모든 제약을 해제해달라고 요청할 예정이다.'

옐레나가 놀란 얼굴로 날 보았다. "정말 굉장한걸."

그 기사에 내 고객들도 놀랐다. 환매 결정을 G8 정상 회담 이후로 미루는 고객들도 나타났다. 나는 기분이 좋아질 대로 좋아졌다. 그런데 정상 회담 사흘 전에 바딤이 다급하게 날 따로 불러 말했다. "사장님, 이것 좀 보세요."

그가 컴퓨터 화면에 뜬 헤드라인 기사를 가리켰다. 몸을 숙여 기사를 훑어보았다. 레바논의 헤즈볼라 무장 대원들이 이스라엘에 대전차 미사일을 쏘면서 이스라엘 군인 세 명이 죽고 다섯 명이 납치돼 레바논으로 끌려갔다는 내용이었다.

"이게 우리 일과 무슨 관련이 있지?" 내가 미심쩍은 듯이 물었다.

"잘은 모르겠지만 이걸 보니 중동에서 전쟁이 시작될 거 같아요. 그럼 블레어는 이쪽에 정신이 팔려 G8 정상 회담에서 사장님의 비자 얘기를 꺼내지 못할 거예요."

아니나 다를까 이튿날 이스라엘은 베이루트 공항을 포함한 레바논의 목표물에 공습을 개시했고, 그 결과 민간인 44명이 죽었다. 러시아와 프랑스, 영국, 이탈리아가 즉각 이스라엘의 '과잉' 무력행사를 비난하고 나섰으며, 미국은 공개적으로 헤즈볼라 무장 대원을 규탄했다. 바딤의 말이 옳았다. G8 정상 회담이 광란의 중동 평화 회담으로 와해되고, 애초에 계획된 블레어의 안건이 폐기되는 것도 당연한 일이었다.

토요일에 정상 회담이 시작됐을 때 나는 어떤 일이 벌어질지 알 수 없었다. 주말 동안 영국 정부의 누구와도 연락이 닿지 않았다. 정상 회담이 이어졌지만, 뉴스 보도는 하나같이 이스라엘과 레바논의 이야기뿐, 내 비자에 관한 내용은 하나도 없었다.

정상 회담 마지막 날에는 푸틴의 마무리 기자 회견이 예정돼 있었다. 회견장은 사람들로 꽉 들어찼다. 전 세계에서 온 수백 명의 기자가 푸틴에게 질문할 기회를 엿보고 있었다. 불쾌감을 주지 않는 가벼운 질문들이 약 20분쯤 이어진 후에 푸틴이 『모스크바타임스』에서 나온 예쁘고 체구가 아담한 영국 기자 캐서린 벨턴에게 발언권을 주었다. 그녀는 마이크를 잡고 머뭇거리며 푸틴에게 질문을 시작했다. "최근 빌 브라우더 씨가 러시아 입국 비자를 거절당했습니다. 많은 투자자와 서양 외교관들이 이 일에 우려를 나타내고 있고, 왜 이런 일이 벌어졌는지 이해하지 못합니다. 브라우더 씨가 아무 설명도 없이 입국 비자를 거부당한 이유를 설명해주시겠습니까?" 질문을 마친 그녀는 자리에 앉아 무릎에 노트를 올려놓고 대답을 기다렸다.

회견장이 조용해졌다. 푸틴이 허를 찔렸다는 걸 모두가 알 수 있었다. 몇 초가 흐른 뒤 그가 입을 열었다. "다시 말해주시겠어요? 정확히 누가 비자를 거부당했다고요?"

캐서린이 다시 일어섰다. "빌 브라우더요. 러시아 주식 시장에서 가장 큰 투자 회사인 허미티지 펀드의 CEO입니다. 그리고 오늘 영국 수상께서 대통령님과 이 문제를 논의했을 거라 믿습니다만."

푸틴이 눈살을 찌푸리며 신랄하게 대답했다. "글쎄요, 솔직히 말씀드리면 어떤 사유로 특정 개인이 러시아 연방 입국을 거절당할 수 있는지 모르겠군요. 그 사람이 우리 나라 법을 어긴 건 아닐까요."

그게 전부였다. 나는 이 장면을 보고 블레어가 내 비자 얘기를 꺼내지 않았고, 앞으로 내 비자는 영영 복구되지 않을 것이란 사실을 깨달았다. 더 중요한 점은 푸틴의 답변을 알기 쉬운 말로 바꾸면 그가 하려는 말은 명명백백히 다음과 같았다는 것이다. "우리는 절대 적의 이름을 언급하지 않으며 거기에는 빌 브라우더도 포함됩니다. 이제 나는 수사 당국에 지시해 최대한 그를 형사 고발하도록 할 겁니다."

이 해석이 피해망상이나 과장이라고 생각한다면 오산이다. 오히려 내가 지금까지 이런 피해망상을 갖지 못한 게 탈이었다.

압수 수색

푸틴의 발언 이후 내 고객들도 응답하기 시작했다. 러시아에 투자해서 좋을 건 하나도 없었다. 다음 환매일은 8월 25일이었고 이번에는 다른 고객 215명이 펀드 자산의 30퍼센트 이상을 인출했다. 업계에서는 이 같은 현상을 '펀드 대량 환매'라고 하는데, 은행의 대규모 예금 인출 사태처럼 일단 시작되면 멈추기가 거의 불가능하다. 어떻게든 묘안을 생각해내지 않으면 허미티지 펀드는 곧 폐업을 하게 될 터였다.

사업을 시작한 후 수백 번의 부침을 겪었다. 주식은 종종 아무 이유 없이 오르내리기 때문에 나쁜 소식을 받아들이고 자신감을 잃지 않으려면 뻔뻔해져야 한다. 나는 1998년 펀드가 90퍼센트 손실을 본 후에도 자신감을 잃지 않았으며, 끝까지 포기하지 않은 대가로 펀드를 완전히 회복했다.

하지만 이번에는 달랐다.

지금껏 오로지 러시아 투자자가 되기 위해 달려왔다. 다른 일은 생각해보지도 않았다. 하지만 이제 더는 러시아에서 사업을 할 수 없었고, 다른 일을 구상해야 했다. 어떤 선택의 여지가 있을까? 미국으로 돌아가 나와 비슷한 수천 명의 투자자와 경쟁하는 건 상상할 수도 없었다. 중국처럼 새로운 땅에 사업을 차리고 자리를 잡는 데 10년을 허비하는 것도 마찬가지였다.

그렇다고 은퇴할 생각도 분명히 없었다. 나는 고작 마흔두 살이었고 야심만만했다. 하지만 내가 선택할 수 있는 어떤 대안에도 끌리지 않았고, 상황을 생각하면 할수록 가망이 없는 듯했다.

허미티지가 폐업할지도 모른다는 사실은 나와 함께 일하는 사람들에게 훨씬 더 속상한 일이었다. 러시아에서 함께 일하며 느꼈던 흥분과 영향력 때문에 허미티지에서 나가 투자 은행이나 증권사로 돌아가고 싶어하는 사람은 없었다.

회사의 강점을 곰곰이 생각해보니 분명 우리는 저평가된 투자 건을 찾아내고 악덕 경영자들에게서 그런 투자금을 지키는 데 뛰어났다. 이 두 가지 기술을 다른 이머징 마켓에 적용할 수 있을 듯했다.

나는 바딤과 다른 애널리스트 네 명을 브라질, 아랍에미리트, 쿠웨이트, 터키, 타이로 보내 흥미로운 투자 아이디어가 있는지 알아보도록 했다. 이들은 각 나라에서 가장 저렴한 회사 스무 곳을 찾아 대표를 만났다. 100여 건의 미팅에 참석하고 회사 열 곳을 진지하게 분석한 뒤 결국 확실한 투자 기회 세 건을 찾아냈다.

한 곳은 브라질의 전화 회사로, 평가액이 전년도 수익의 3배이며 전화 회사로는 세계에서 가장 가격이 낮았다. 두 번째는 터키의 정유 회사로, 다른 정유 공장의 자산 가치보다 72퍼센트 할인된 가격에 거래되었다. 세 번째는 아랍에미리트에 기반을 둔 부동산 회사로, 순자산 가치보다 60퍼센트 할인된 가격에 거래되었다.

나는 회사의 돈을 이들 주식에 투자하기 시작했고 그 분석 자료를 장 카루비와 공유했다. 그는 다른 투자자들의 반응을 예측하게 해주는 바로미터처럼 늘 신뢰할 만했고, 새로운 투자에 대해 내가 기대했던 것보다 훨씬 더 긍정적인 반응을 보였다. "빌, 이 투자 건들은 아주 마음에 드는군. 이쪽으로 사업을 더 확장해보는 게 좋겠어."

옳은 말이었다. 투자자로서 내가 보유한 기술은 어디에든, 특히 러시아와 비슷한 문제를 안고 있는 나라라면 쉽게 응용할 수 있었다. 꼭 러시아에서 성공할 필요는 없었다. 이 투자 아이디어를 다른 고객들과 공유하자 대부분이 장과 같은 반응을 보였다. 2006년 가을 무렵, 나는 자신감을 얻어 허미티지 글로벌Hermitage Global이라는 새로운 펀드를 위한 투자 설명서를 작성하기 시작했다.

계획은 이 투자 설명서를 2007년 1월 말에 열리는 다보스 세계경제포럼에 맞춰 준비하는 것이었다. 다보스보다 자본을 모으기 좋은 곳은 세계 어디에도 없다.

내 운명은 1996년 처음 다보스를 무작정 찾아간 후부터 바뀌었다. 이제는 호텔 방바닥에서 잠을 잘 필요도 없었고 주요 인사를 만나기를 바라는 마음으로 호텔 로비를 서성거리지 않아도 됐다. 2000년부터 나는 세계경제포럼의 정식 회원으로 매년 그곳에 참석했다.

이번에는 옐레나를 데려가기로 했다. 그녀는 둘째 아이를 임신한 지 3개월째였다. 다보스에서 재미있는 강연과 환영 연회에 참석하면, 집에서 한 살배기를 돌보느라 지친 심신을 달랠 수 있을 듯했다. 수년 전의 마크 홀츠만과 나처럼 우리는 취리히로 날아가 기차를 타고 다보스로 간 뒤, 더비 호텔에 체크인했다. 거의 도착하자마자 나는 미팅을 시작했다.

장이 예상했던 대로 투자자들은 허미티지 글로벌을 선뜻 받아들였다. 둘째 날, 내 오랜 고객 가운데 한 명이 프레젠테이션을 듣고 난 후 말했다. "그런데요, 빌. 내일 밤에 러시아 측 만찬에 갈 건가요?"

"러시아 측 만찬이라뇨?" 대규모 러시아 대표단이 다보스에 와 있다는 건 알았지만, 수많은 행사가 진행되고 있었기에 이 행사에 대해서는 듣지 못했다.

"큰 행사예요. 러시아의 주요 장관들은 다 참석할 거예요."

"제가 근처에 가게 해줄까요?" 내가 빙긋 웃으며 말했다.

"그게 이 포럼의 백미예요, 빌. 참석자를 결정하는 건 러시아인이 아니라 세계경제포럼이죠. 그냥 신청만 하면 돼요."

흥미로운 제안이었다. 미팅이 끝난 후 나는 곧장 행사 참가 신청을 하러 컴퓨터실로 갔다. 로그인을 한 후 마우스를 몇 번 클릭해 옐레나와 나를 그 만찬의 참석자로 등록했다.

이튿날 저녁 우리는 10분 일찍 도착했지만, 그럼에도 거의 모든 테이블이 차 있었다. 우리는 만찬장을 샅샅이 살핀 후 서로 붙어 있는 마지막 두 자리를 찾아 앉았다. 각 테이블의 주최자는 러시아인 VIP였다. 나는 돌아보다가 우리 테이블의 주최자가 가스프롬 수출 사업부의 CEO인 것을 확인하고 간담이 서늘했다. 하필이면 가장 어색한 테이블에 와서 앉아 있었던 것이다. 허미티지가 벌인 가스프롬의 부정부패 방지활동이 내가 러시아에서 추방당하는 계기가 되었는데, 지금 여기서 그 회사의 최고위 간부와 송아지 고기 에스칼로프앑게 저민 살코기에 빵가루를 발라 튀긴 요리, 뢰스티스위스식 감자전, 당근 케이크가 차려진 품격 있는 식사를 할 예정이었다.

가스프롬 간부와 나는 식사하는 동안 서로 눈을 마주치지 않았다. 만찬이 진행되는 동안, 러시아 관료와 올리가르히들이 차례로 인사말을 했다. 인사말은 갈수록 재미가 없고 알랑거림이 심했으며 진부한 이야기로 가득했다. 러시아인들은 핵심 없이 이야기하는 기술이 뛰어난데, 그날 저녁 이런 면모가 여실히 드러났다.

은식기가 달그락거리고 웨이터들이 오가는 사이에 행사는 끝을 향해 갔다. 그때 입구 근처에서 큰 소동이 벌어졌다. 험상궂은 안전 요원 스무 명이 만찬장으로 들어오며 작은 남자 주위로 저지선을 만들고 있었다. 남자가 테이블 근처를 지날 때쯤 비로소 누군지 알아보았다. 그는 다름 아닌 러시아의 제1부총리 드미트리 메드베데프였다. 메드베데프는 2008년 5월에 두 번째 임기가 끝나는 푸틴의 뒤를 이어 대통령 선거에 출마할 예정이었고, 다보스 포럼은 메드베데프가 국제사회에 자신을 알리는 첫 기회였다.

주요리가 치워진 후 메드베데프가 앞으로 나가 마이크를 잡았다. 그는 러시아어로 몇 분간 얘기했는데(나는 이어폰을 끼고 통역을 들었다), 그의 인사말은 다른 관료들보다 훨씬 더 지루하고 알맹이가 없었다. 인사말이 끝날 때까지 버티기 어려울 지경이었다.

메드베데프의 얘기가 끝나자마자 웨이터들이 만찬장을 미끄러지듯 가로지르며 당근 케이크 접시와 커피 잔, 찻잔을 날랐다. 차를 마시며 디저트를 떠먹을 때 옐레나가 내 재킷을 잡아당기며 속삭였다. "여보, 방금 좋은 생각이 떠올랐어. 지금 메드베데프한테 가서 비자 문제를 도와달라고 하는 거야."

나는 그녀를 곁눈질했다. "말이 되는 소리를 해." 러시아 비자를 되돌릴 기회는 모두 사라졌다. 푸틴의 귀에 들어가도 소용없었다. G8 정상 회담 이후 내 인생에서 그 문제는 완전히 끝났다고 생각했다. 게다가 지금 메드베데프한테 가서 비자를 구걸하는 것보다 더 굴욕적인 일은 없을 터였다.

나는 옐레나에게 이렇게 말하려고 했지만, 그녀는 들으려고 하지 않았다. 막무가내였다. "자, 봐. 아무도 메드베데프한테 말을 안 걸고 있잖아. 그냥 부딪혀보는 거야."

그녀는 자리에서 일어나 날 뚫어지게 쳐다보았다. 옐레나를 거역하는 일은 메드베데프와 불편한 만남을 갖는 일보다 더 무서웠기에 나도 일어섰다. 마지못해 그녀를 따라 메드베데프에게 가서 손을 내밀며 인사를 했다. "안녕하세요, 부총리님. 빌 브라우더라고 합니다. 혹시 절 기억하십니까?"

옐레나가 통역해주었다. 메드베데프가 자리에서 일어나 악수를 받았다. 다른 사람들이 우리를 알아차리면서 장내가 전체적으로 부산해졌다. 내가 메드베데프에게 말을 걸었다면 그들이라고 못 할 이유가 없었다. 사람들이 자리에서 일어나 우리 쪽으로 오기 시작했다.

"네, 기억하고말고요. 잘 지내셨습니까, 브라우더 씨?"

"네, 잘 지냈습니다. 그런데 아시다시피 1년이 넘도록 러시아에 들어가지 못하고 있습니다. 그래서 말인데 부총리님께서 제 비자 복구를 좀 도와주셨으면 합니다."

내가 이 말을 하자 블룸버그 기자와 『뉴욕타임스』 기자를 포함한 무리가 우르르 몰려왔다. 다보스는 메드베데프가 데뷔하는 국제 무대이므로, 이 대화는 세계경제포럼의 가장 흥미로운 순간 중 하나가 될 것이었다.

메드베데프는 주위에 모인 사람들을 흘깃 보았다. 지금 즉석에서 결정해야만 했다. 내 요청을 거절해 흥미로운 뉴스거리를 제공하거나 도와주겠다는 말로 이슈를 최대한 잠재워야 했다. 그는 잠시 멈칫하다가 입을 열었다. "기꺼이 도와드리죠, 브라우더 씨. 비자 신청서를 한 부 보내주시면 제 추천서와 함께 연방 보안국 국경 수비부에 제출해 비자 승인을 받을 수 있게 해드리겠습니다."

그게 다였다. 기자들이 메드베데프에게 몰려들었고, 옐레나와 나는 무리에서 슬며시 빠져나왔다. 그녀가 내 손을 꼭 쥐며 말했다. "거봐, 내 말이 맞잖아."

우리는 곧장 호텔로 돌아가 런던에 전화를 걸었다. 보통은 러시아 비자 신청에 필요한 서류를 준비하는 데 사나흘이 걸리지만, 팀원들이 철야하며 준비해주었고, 이튿날 아침 8시에 모든 서류가 호텔 팩스기로 도착했다.

그날 오전 나는 투자자들과 연달아 미팅이 잡혀 있어서 옐레나가 대신 메드베데프의 연설이 예정된 콘퍼런스 센터의 회의실로 가서 연단 근처에 서 있었다. 보안 때문에 메드베데프를 직접 만나는 건 불가능했다. 하지만 그녀는 일전에 날 도와주려 했던 푸틴의 보좌관 드보르코비치를 발견하고는 신청서를 대신 전달해줄 수 있는지 물었다. 드보르코비치는 신청서를 받으며 그러겠다고 약속했다.

포럼이 끝나고, 옐레나와 나는 우연한 기회에 러시아 최고위 정치인에게 도움을 청한 일을 자랑스러워하며 런던으로 돌아왔다.

결과가 나오기까지는 몇 주가 걸렸다. 그러던 2월 19일, 모스크바로부터 내 비자에 관한 연락을 받았다. 그런데 연락한 사람은 연방 보안국 국경 수비부가 아닌, 내무부 모스크바 지부의 아르템 쿠즈네초프 중령이었다. 이상한 일이었다. 내무부는 비자 처리가 아니라 범죄 수사를 하는 곳이었다. 나는 러시아어를 못 했기 때문에 바딤에게 쿠즈네초프의 전화를 받게 했다. 바딤이 자신을 내 직원이라고 소개하자 쿠즈네초프가 말했다.

"알겠습니다. 그럼 당신에게 상황을 설명하지요."

"그러시죠."

"브라우더 씨가 러시아 연방에 입국할 수 있게 허락해달라는 신청서를 보냈다고 들었습니다."

"네, 맞습니다. 저희가 그 서류를 보냈습니다."

"가능하다면 잠깐 사무실을 방문해 이 일을 논의하고 싶군요." 쿠즈네초프가 무심하게 말했다.

"죄송하지만 제가 지금 모스크바에 없습니다. 그러니 질문지를 보내주시면 저희가 답변을 써서 보내드리겠습니다." 바딤이 대답했다.

"질문지만 달랑 보낼 순 없습니다. 직접 만나 의논하는 편이 좋겠군요." 쿠즈네초프가 짜증을 내며 말했다.

이는 정상적인 절차가 아니었다. 적법한 조사 과정에서는 관리들이 항상 서면으로 질문지를 보냈다. 러시아에서 10년을 지내며 확실히 알게 된 사실은 관리들이 개인적으로 따로 만나자고 할 때는 딱 한 가지 의도밖에 없다는 것이었다. 이들은 뇌물을 원했다. 러시아 관리들이 그렇게 갈취를 시도할 때 나는 대부분 이들의 요청을 무시했고, 그럼 이들도 여지없이 떨어져나갔다.

쿠즈네초프가 대화를 마무리하며 말했다. "내 물음에 일찍 답을 줄수록 당신들의 문제도 속히 사라질 거요."

과거에 받았던 비슷한 요청들과 마찬가지로, 나는 그 말을 무시하기로 했다.

허미티지 글로벌의 시작이 순조롭지 못했다면 나는 그 통화에 계속 신경 쓰였을 것이다. 하지만 새로운 사업 덕분에 어느새 그 일을 잊어버렸다. 오랜 고객들과 새로운 고객들이 하나둘씩 펀드에 가입하기 시작했다. 2007년 4월 말까지 모인 자금은 총 6억2500만 달러였다. 러시아 펀드에서 빠져나간 금액에는 미치지 못했지만, 이 정도면 출혈을 막고 사업을 유지할 수 있었다.

2007년 6월 4일, 나는 파리 웨스틴 호텔에 가서 허미티지 글로벌의 출범 결과를 이사회에 보고할 예정이었다. 지난 2년간 비보만 전해주다가 러시아에서 추방된 이후 처음으로 이사회에 희소식을 알려주는 것이었다.

이반과 나는 준비 차 6월 3일 저녁 파리에 도착했다. 이튿날 아침 6시에 일어난 나는 헬스클럽에 갔다가 샤워를 하고 가볍게 아침을 먹었다. 아침 8시에는 며칠 전에 매도하기로 돼 있던 두바이 주식을 놓고 트레이더와 전화로 실랑이를 했다. 두바이 거래소에 기술상의 문제가 생겨 매도가 지연됐기 때문이다. 당시 주가가 곤두박질치고 있었던 까닭에 나는 돈을 잃기 전에 주식을 팔지 못한 트레이더에게 몹시 화를 냈다. 그는 변명을 해댔고 나는 점점 더 흥분했다.

그와 언쟁을 할 때 통화 중 대기음이 울렸다. 혹시 옐레나일지도 모른다는 생각에 발신자를 확인했다. 둘째 아이의 출산 예정일이 이달이었기 때문이다. 하지만 발신자는 옐레나가 아니라 모스크바에 있는 허미티지 펀드의 비서인 옘마였다. 옘마는 지방에서 올라온 스물한 살의 상냥한 러시아 아가씨로, 실제 나이보다 몇 살은 더 어려 보였다. 정직하고 근면했으며 빈틈없이 사무실을 관리했다. 그녀가 내게 직접 전화하는 일은 드물었기 때문에 나는 트레이더에게 잠깐 기다리라고 한 후 대기 전화로 넘어갔다.

"옘마, 잠깐 기다려줄 수 있어?"

"안 돼요, 사장님. 사복 경찰 25명이 사무실에 들이닥쳤어요!" 그녀가 완벽한 영어로 외쳤다.

"뭐라고?"

그녀가 방금 한 말을 재차 반복했다.

"제장, 잠깐만." 나는 다시 트레이더에게 전화를 돌린 후 나중에 전화하겠다고 말하고 다시 옘마와의 통화로 돌아왔다.

"뭘 찾는 건데?"

"모르겠어요. 아르템 쿠즈네초프라는 사람이 책임자인데……."

"방금 쿠즈네초프라고 했어?"

그자는 몇 달 전에 날 갈취하려고 했던 그 아르템 쿠즈네초프가 분명했다. "그자가 수색 영장을 보여줬나?"

"네, 보여주긴 했는데 저한테 넘겨주진 않을 거예요."

"영장에 적힌 내용을 알려줄 수 있겠어?"

"노력해볼게요."

전화를 끊고 이반에게 연락해 상황을 설명했다. 그는 나만큼이나 깜짝 놀라며 옘마에게 전화했다. 그리고 나는 모스크바에 있는 담당 변호사 재미슨 파이어스톤에게 전화를 걸었다. 재미슨은 몸이 탄탄하고 잘생긴 마흔 살의 미국인으로 반짝이는 눈에 갈색 머리카락, 믿을 수 없을 만큼 소년 같은 얼굴의 소유자였으며, 1991년부터 러시아에서 살고 있는 친親러시아파였다. 그는 또 다른 미국인 테리 덩컨과 공동 설립한 법률 사무소인 파이어스톤 덩컨의 매니징 파트너로펌의 지분을 보유하고 있는 오너 중 하나로 로펌 전체의 경영을 이끄는 실질적인 대표 변호사였다. 1993년, 미수로 그친 러시아 쿠데타 때 테리 덩컨이 총격으로 사망한 이후 재미슨은 혼자서 법률 사무소를 이끌고 있었다. 당시 덩컨은 시위자들을 돕기 위해 오스탄키노 TV 타워에 갔다가, 당국이 시위자들에게 사격을 개시할 때 부상자들을 대피시키려다가 총에 맞고 나중에 사망했다.

나는 처음 만난 순간부터 재미슨을 좋아했다. 직설적으로 말하는 미국인인 데다 대다수 변호사와 달리 바가지를 씌우는 법이 없었기 때문이다. 우리는 수년 동안 함께 많은 일을 했고 같이 승승장구했다. 재미슨이 전화를 받자마자 나는 의례적인 말을 모두 생략하고 황급히 말했다.

"제이미, 방금 모스크바에 있는 비서한테 연락을 받았는데……."

"빌! 안 그래도 전화하려고 했는데……."

"경찰 25명이 우리 사무실에 들이닥쳤어요!"

"거기도요?"

"그게 무슨 말이에요, 제이미?"

"우리 사무실에도 사복 경찰이 스무 명쯤 와서 다 헤집어놓고 있어요. 카메야 건으로 수색 영장을 발부받았대요."

얼굴을 한 대 얻어맞은 기분이었다. "제기랄!"

카메야는 우리 고객 가운데 한 명이 소유한 러시아 회사로, 우리는 그 고객에게 러시아 주식 투자에 대한 조언을 해주었다. 내 사무실과 재미슨의 사무실이 동시에 압수 수색을 당했기에 나는 경찰이 허미티지를 표적으로 삼았다는 결론을 내릴 수밖에 없었다.

"젠장, 제이미. 이제 어쩌죠?"

"모르겠어요. 경찰이 우리를 회의실에 잡아뒀어요. 화장실도 못 가게 하고요. 유효한 영장처럼 보이진 않아요. 피고 변호사가 올 때까지 수색해선 안 되는데 경찰이 마구잡이로 헤집고 있어요."

"다른 소식 들으면 바로 전화해줄래요?"

"그럴게요."

전화를 끊었다. 이사회 회의에 늦은 상태였다. 나는 안건과 프레젠테이션 자료가 든 파일을 들고 서둘러 아래층으로 내려갔다. 아드레날린이 혈관을 따라 요동을 쳤다. 머릿속이 온통 압수 수색에 관한 생각뿐이었다.

회의실에 들어가자 이사 네 명이 편안하고 기쁜 표정으로 커피를 홀짝이며 크루아상을 먹고 시장에 대한 얘기를 하고 있었다. 유럽 여러 지역에서 온 50~60대 남자들이었다. 나는 모스크바 상황을 얘기하며 화기애애한 분위기를 깨뜨렸다. 이반은 내가 얘기하는 도중에 유령처럼 창백한 얼굴로 회의실에 들어왔다. 이사 한 명이 더 알고 있는 내용이 있는지 물었다. 더 이상 아는 바가 없어서 옘마에게 전화를 걸어 스피커폰으로 통화하기로 결정했다.

전화를 받은 옘마도 전화를 스피커폰으로 돌렸다. 우리는 2700킬로미터 떨어진 곳에서 상자의 내용물이 쏟아지고 남자들이 소리치며 발을 쿵쿵거리면서 심지어 드릴로 금고를 뚫는 소리까지 생생하게 들을 수 있었다.

10분이 지났다. 20분이 지나고 30분이 지났다. 옘마의 행동은 놀라움과 감탄을 자아냈다. 그녀는 자신의 책임을 다하며 경찰들에게 크게 소리쳤다. "그 커피는 함부로 마시면 안 돼요! (⋯) 컴퓨터 내려놔요! (⋯) 그 남자는 내버려둬요! 허미티지와는 아무 상관도 없는 사람이에요!" 그녀가 말하는 남자는 불행히도 그날 아침 서류를 전달하러 온 도이체방크Deutsche Bank 직원이었다. 경찰이 그 사람까지 어디 가지 못하게 막아서 그는 두려움에 떨며 회의실에 몸을 숨기고 있었다.

이 압수 수색은 충격적이면서도 한편으로는 재미있었다. 나는 경찰이 사무실에서 가져갈 건 아무것도 없다며 이사들을 안심시켰다. 관련 정보나 기밀 서류도 없었고, 가장 중요하게는 자산이 전혀 남아 있지 않았다. 중요한 파일은 모두 지난여름에 러시아에서 빼내와 안전하게 옮겨둔 상태였다.

허미티지 사무실에서 벌어지는 압수 수색 현장을 스피커폰으로 전해 듣는 동안, 내 전화기가 울렸다. 재미슨이었다. 나는 전화를 받으려고 회의실에서 나왔다.

"비…… 빌. 크…… 큰일 났어요!"

"제이미, 천천히 말해봐요." 그는 머리가 혼란하고 감정이 격해진 상태였다. 15년 경력의 법인 고문 변호사인 그의 목소리가 이렇게 흔들리는 건 한 번도 본 적이 없었다. "무슨 일이에요?"

"제 부하 변호사 막심이 경찰의 영장이 유효하지 않고, 카메야와 관련 없는 물건은 가져갈 수 없다고 지적했거든요."

"그랬더니요?"

"경찰이 막심을 개 패듯 팼어요! 지금 병원으로 갈 거예요."

"제길. 괜찮대요?"

"모르겠어요."

목이 메었다. "제이미, 그자들이 하는 짓을 모두 기록해둬요. 이 망할 자식들 가만둬선 안 돼요."

"빌, 그뿐만이 아니에요. 경찰이 모조리 압수하고 있어요."

"모조리라니요?"

"카메야와 관련 없는 고객 파일까지 전부 가져가려 해요. 밴을 두 대나 입구 쪽에 세워뒀어요. 컴퓨터며 서버, 우리가 갖고 있던 고객 기업들의 법인 인장까지 싹 다 가져가려 해요. 정말 말도 안 되는 일이에요. 이 문서들과 인장 없이는 사업 운영이 어려운 고객도 있을 텐데 말이죠. 우리더러 이제 어떻게 일하라는 건지 모르겠어요. 심지어 이메일도 못 받아요!"

나는 무슨 말을 해야 할지 몰랐다. "정…… 정말 미안해요, 제이미. 이 난관을 극복할 수 있게 나도 힘을 보탤게요. 약속해요. 그보다 막심의 상태가 어떤지 알게 되면 바로 연락해줘요."

"네, 알겠어요."

정신이 아득한 상태로 회의실에 들어왔다. 모두가 날 쳐다보았다. "전화 끊어." 이반이 옘마에게 인사를 하고 전화를 끊었다. 그런 다음 내가 파이어스톤 덩컨에서 벌어지고 있는 일을 전했다. 그 누구도 입을 열지 못했다.

몹시 골치 아픈 일에 걸려들었다. 내가 알고 있는 러시아를 감안할 때, 이건 시작에 불과했다.

K청

이반과 함께 오후 3시에 런던으로 돌아가는 유로스타를 탔다. 말소리가 새어나가지 않게 몰래 얘기를 나눠야 했기에 대화가 가능한 장소는 객차 사이의 공간뿐이었다. 우리는 그곳에 마련된 접이식 보조의자에 불편하게 앉았다. 창밖에서는 북부 프랑스가 희미한 초록빛과 잿빛 형체로 휘돌아치며 지나갔다. 모스크바와 런던에 전화하려 했지만, 기차가 터널을 들어갔다 나왔다 하면서 연결이 계속 끊겼다. 그래서 그냥 포기하고 자리로 돌아와 기차가 도착할 때까지 말없이 앉아 있었다. 러시아가 폭력적인 곳이란 건 알았지만, 1992년 러시아 땅을 밟은 이후 내게, 또는 나와 가까운 사람들에게 직접적으로 해를 입힌 적은 단 한 번도 없었다. 그런데 갑자기 위협이 피부로 와닿았다.

우선은 막심이 걱정이었다. 집에 도착하자마자 나는 재미슨에게 전화해 그사이에 별일이 없었는지 물었다. 다행히 막심의 상처는 생명을 위협하는 정도는 아니라고 했다. 나는 재미슨에게 고소하라고 간청했지만 그는 반대했다. "막심이 무서워해요, 빌. 막심을 때린 경찰들이 막심한테 입이라도 뻥긋하면 자기들한테 칼을 들이댄 혐의로 고소하고 감옥에 집어넣겠다고 했대요."

그 말에 어떻게 반박할 수 있겠는가? 어쨌든 최소한 막심은 무사했다. 나는 이튿날 아침 일찍 사무실에 나갔다. 이반이 이미 출근해 옘마가 팩스로 보낸 수색 영장 수기본을 검토하고 있었다. 옘마의 글씨는 강박적일 정도로 또렷하고 여전히 특유의 발랄함이 묻어 있었지만, 영장의 내용은 그런 천진난만함과 거리가 멀었다. 영장에는 모스크바 내무부의 조세 범죄 수사과가 카메야의 배당 소득 원천 징수세 4400만 달러를 미납한 혐의로 이반을 형사 고발했다고 적혀 있었다. 이들은 카메야에 대해 자의적인 조세 채권국가 또는 지방 자치 단체가 조세를 징수하는 권리을 확보한 후 이 회사를 관리하는 이반에게 책임을 덮어씌운 것이었다. 러시아의 형사 사법 제도가 아무리 부조리하다고 해도, 러시아는 여전히 대다수 서양 정부와 공조해 신병 인도 요청, 인터폴 적색 수배령, 국제적 자산 동결을 행사할 수 있는 주권국이다. 우리가 런던에 있다고 해도 이런 형사 고발을 무시하면 이반에게 어려움이 닥칠 수 있었다.

하지만 영장의 내용은 근거가 없었다. 카메야도 다른 회사들과 똑같은 세율로 세금을 납부했기에 이반을 어떤 식으로든 범죄와 엮는 건 분명 부당한 처사였다. 이반 체르카소프는 법을 따르며 사는 사람이었다. 또한 좋은 남편이자 아버지이고 친구이자 동료였다. 양복을 항상 다림질해 입었고 머리는 늘 단정했으며 좀체 시간 약속을 어기지 않았다. 이 근거 없는 고소로 인해 사무실 근처를 서성이는 그를 만나자 몹시 미안하고 화가 났다. 무슨 짓을 해서라도 그가 이 곤경을 벗어날 수 있게 돕겠다고 약속했다.

먼저 모스크바에 있는 최고의 조세 전문 변호사인 세르게이 마그니츠키에게 연락했다. 서른다섯 살이었던 그는 파이어스톤 덩컨의 세무과 팀장이었고 러시아 세법에 대한 해박한 지식을 자랑했다. 파이어스톤 덩컨에서 일한 이후 한 번도 소송에서 진 적이 없다는 소문이 있었다. 새로 합류한 세르게이에게 우리가 실수한 게 있는지 분석해달라고 요청했다. 이반은 빈틈없는 사람이니 당연히 세금도 정확히 납부했을 것이라고 믿었지만, 내무부에서 이렇듯 중대한 혐의를 제기한 이상 조금의 실수라도 없었는지 확인해야 했다.

세르게이는 카메야의 모든 납세 신고서와 이를 뒷받침하는 서류를 요청한 후 밤늦게까지 자지 않고 분석해 이튿날 전화로 결과를 알려주었다. "여러분, 카메야의 납세 상황을 꼼꼼히 살펴봤는데 이반이 실수한 건 전혀 없어요."

세법에 대한 이해는 세르게이가 도와주었고, 이제 경찰을 상대할 형사 전문 변호사도 필요했다. 그래서 우리는 1992년부터 피고 변호사를 해온 전직 경찰 수사관 겸 판사인 예두아르트 하이레트디노프를 고용했다. 마흔여덟 살이었던 그는 188센티미터에 머리카락이 잿빛이고 콧수염이 짙었으며 손이 컸다. 그를 보면 러시아판 말버러맨이 떠올랐다. 러시아에서 곤욕을 치르는 이라면 누구든 그를 곁에 두고 싶어할 만큼 듬직한 사람이었다. 이길 가망이 없던 화제의 형사 소송 몇 건을 변호해 승소한 적도 있는데, 유죄 판결 비율이 99퍼센트가 넘는 나라에서 이는 기적과 같은 일이었다.

예두아르트는 경찰의 속셈을 알아내기 위해 자진해서 경찰서로 갔다. 경찰서에 도착한 그는 이 사건의 수사 반장이자 서른 살의 소령인 파벨 카르포프를 만났다. 예두아르트는 카르포프에게 사건 파일의 일부 사본을 요청했다. 피고 변호사가 이를 확인하는 건 러시아 법이 보장하고 있는 내용이었지만, 카르포프는 거절했다. 이는 아주 드문 일이었다. 예두아르트의 피고 변호사 15년 경력에 이런 대우를 받기는 처음이었다.

예두아르트는 카르포프의 비협조적인 태도에 좌절했지만, 나는 오히려 긍정적인 신호로 여겼다. 카르포프가 사건 파일을 보여주지 않는다는 건 아무 사건도 없다는 뜻일 테니까.

그러나 불행하게도 나의 낙관론은 거의 곧바로 무너지기 시작했다. 6월 14일, 2006년 G8 정상 회담에서 푸틴에게 왜 날 러시아에서 쫓아냈는지 질문했던 기자인 캐서린 벨턴의 전화를 받았다. 『파이낸셜타임스』로 옮겨 일하고 있었던 그녀는 내무부로부터 압수 수색에 대한 해명을 들었는지 알고자 했다. 나는 그녀의 질문에 답하며 이 기사에 우리 측 주장이 정확히 반영되기를 바랐다.

이튿날 아침, 현관에 신문을 가지러 갔다. 『파이낸셜타임스』 1면에는 '러시아, 세금 문제로 브라우더의 회사를 조사하다'라는 헤드라인 기사가 실려 있었다. 복도에 있는 벤치에 앉아 그 기사를 세 번 읽었다. 내무부가 행한 날조 내용과 이에 대한 풍자가 가득했지만, 내 눈에 확 들어온 건 기사 중간에 있는 단 한 문장이었다. '수사관들은 브라우더를 표적으로 삼아 이 모든 일을 벌이고 있다.' 이 말대로 그자들은 전혀 물러날 생각이 없었다. 그들에겐 훨씬 더 큰 계획이 있었다. 카메야를 걸고넘어지며 어떤 일이 벌어지든 분명 그건 날 뒤쫓기 위한 서곡에 불과했다.

정말이지 불안한 일이 아닐 수 없었다. 내가 전적으로 불리했다. 러시아 최고의 변호사들을 선임하긴 했지만, 상대는 법의 테두리 밖에서 활동하는 수사 기관 관리들이었기에 그런 건 중요하지 않았다. 무엇보다 필요한 건 정보, 즉 FSB에서 취급할 만한 기밀 정보였다. 따라서 바딤의 정보원인 아슬란이 필요했다. 그는 내가 러시아에서 추방되고 상황이 급박해진 후인 2006년에 바딤에게 러시아를 떠나라고 경고했던 남자였다.

애초에 아슬란이 바딤에게 접근했던 이유인 정부의 내분이 아직도 진행 중인지, 또 그가 다시 우리를 도와주려 할지는 알 수 없었지만, 한번 시도해볼 가치는 있었다. 바딤이 아슬란에게 얘기 좀 하자는 간단한 메시지를 보냈다. 30분 후 답장이 왔다.

"알고 싶은 게 뭐요?"

"지난주 압수 수색의 배후에 누가 있고 저들의 다음 계획이 뭔지 알고 있나요?" 바딤이 문자를 적어 보냈다.

몇 분 후 또 답장이 왔다. "그래요, 알고 있소. FSB의 K청이 모든 일의 배후에 있소. 저들은 브라우더를 무너뜨리고 그의 모든 자산을 몰수하려는 거요. 이 사건은 시작에 불과하오. 다른 형사 소송이 줄줄이 이어질 거요."

바딤이 이 메시지를 번역하자 다리가 제어할 수 없이 후들거리기 시작했다. 아슬란의 메시지는 명확하고 으스스했다. 나는 그의 말이 틀리기를 간절히 빌었다. 머릿속에는 'K청이 뭐 하는 곳이지?'라는 질문부터 백만 가지 의문이 떠올랐다.

바딤에게 물어보았지만 그도 몰랐다. 혹시 인터넷에서 참고 자료를 찾을 수 있을까 해서 바딤의 책상으로 갔다. 놀랍게도 링크 몇 개를 클릭하니 FSB 홈페이지에 공식 조직도가 나왔다. K청은 FSB의 경제

스파이 대응 부서였다.

비틀거리며 내 책상으로 돌아와 풀썩 주저앉았다. 비서에게 모든 전화를 대신 받게 했다. 사태를 받아들일 시간이 필요했다. K청이 날 쫓고 있다는 사실은 내가 납득하기에 너무 어마어마했다.

그리고 가만히 생각했다. 러시아 비밀경찰이 날 쫓고 있다. 하지만 내가 할 수 있는 일은 아무것도 없다. 저들을 고소할 수도 없고 내 사건 파일을 요청할 수도 없다. 저들은 비밀경찰이다. 뿐만 아니라 저들은 합법과 불법을 드나들며 모든 수단을 동원할 수 있다. 그리고 FSB는 체포 영장을 발부하거나 신병 인도 요청을 하지 않고 그냥 암살범을 보낸다.

'러시아에는 해피엔딩이 없다'

　책상에 앉아서 지금 일어나는 일들을 이해하려고 애쓰고 있는데, 비서가 조용히 내 팔꿈치에 메시지를 붙여주었다. "사모님이 전화했어요. 급한 일은 아니래요." 평상시라면 바로 옐레나에게 전화했겠지만, 그날은 머릿속이 너무 복잡해서 그러지 않았다.

　한 시간 후쯤 옐레나가 다시 전화했다. 내가 받았다. 내가 뭐라고 말하기도 전에 그녀가 소리를 질렀다.

　"왜 전화 안 한 거야?"

　"무슨 말이야? 급한 일은 아니라며."

　"무슨 소리야! 난 급하다고 말했는데. 여보, 나 진통이 왔어. 지금 병원이라고!"

　"맙소사! 바로 갈게!" 벌떡 일어나 달려갔다. 엘리베이터를 기다릴 새도 없이 계단을 뛰어 내려가다가 모퉁이를 돌 때 밑창이 매끈한 로퍼끈 없이 편하게 신을 수 있는 굽이 낮은 구두 때문에 미끄러질 뻔했다. 한낮의 햇볕 속으로 뛰쳐나오며 그 순간만큼은 K청과 FSB, 러시아 문제를 잊어버렸다.

코번트가든은 좁은 도로들이 미로처럼 얽혀 중앙의 보행자 전용 광장으로 이어지는 곳이다. 차로 이 지역을 벗어나는 데만 20분이 걸렸기 때문에 여기서 택시를 잡는 건 무의미한 일이었다. 그래서 차링 크로스 로드를 향해 전력 질주했는데, 거기까지 가도 손님이 타지 않은 택시는 눈에 띄지 않았다. 어깨 뒤로 택시가 오는지 살피면서 병원 방향으로 계속 뛰어갔다. 행인들과 트럭, 이층 버스, 버스, 스쿠터가 혼잡하게 섞여 있는 도로 속에서 살짝살짝 비켜가며 나아갔다. 런던의 택시란 택시에는 모두 손님이 타고 있는 듯했다. 걸어서 가기에는 병원이 너무 멀어서 계속 뛰어가다가 결국 섀프츠베리 로까지 가서 빈 택시를 잡아탔다.

15분 후 병원 문으로 뛰어 들어갔다. 4층 분만실로 올라갈 때 내 꼴은 완전히 엉망이었다. 옐레나는 진통의 마지막 단계에 와 있었다. 진통으로 시뻘건 얼굴을 하고 비명을 지르고 있었다. 화를 낼 시간도 없었고, 날 생각할 겨를조차 없어 보였다. 그녀의 손을 잡자 그녀가 내 손을 꽉 쥐었다. 얼마나 꽉 쥐는지 그 손톱에 찔려 피가 날 뻔했다. 20분 후 둘째 딸 베로니카가 태어났다.

제시카가 태어났을 때는 기뻐서 러시아 문제도 잊어버렸지만, 이번에는 문제가 너무 엄청나서 걱정을 떨쳐버릴 수 없었다. 옐레나와 베로니카가 건강하다는 걸 확인하자마자 러시아 문제가 구름 떼처럼 다시 내 머릿속을 파고들었다.

나는 옐레나에게 K청에 대한 소식을 전하지 않을 생각이었다. 적어도 지금 당장은 안 되었다. 우선은 그녀가 휴식을 취하며 새로 태어난 딸과 애착을 형성하게 두기로 했다. 이튿날 우리는 함께 집으로 돌아왔다. 나는 아기 얼굴을 보러 온 친구들을 태연한 척하며 대했다. 하지만 러시아에서 일어나는 일들을 절대 잊을 순 없었다. 그때까지 내가 견딜 수 있었던 가장 큰 이유는 옐레나였다. 우리 관계에는 특이한 심리적인 리듬이 있었다. 내가 공포에 질렸을 때 그녀는 차분했고 내가 차분할 때는 그녀가 공포에 질리곤 했다. 지금까지 이 리듬은 완벽하게 작동했지만, 이번 일은 너무 충격적이어서 이 패턴이 유지되지 못했다.

집에 오고 이틀이 지났을 무렵 나는 더 이상 버틸 수 없었다. 그날 밤, 베로니카를 재운 후 침대로 가서 옐레나 옆에 앉았다. "당신한테 할 말이 있어." 그녀가 내 손을 잡으며 눈을 들여다보았다. "뭔데?"

나는 아슬란에게서 받은 K청에 관한 최근 소식에 대해 얘기했다. 아기 바구니에서 자고 있던 베로니카가 이따금씩 옹알이를 하면서 끼어들었고 여느 신생아처럼 아-아-아-아아 하고 짧게 숨을 끊어 쉬었다. 이야기를 마친 후 옐레나에게 물었다. "어떻게 하면 좋을까?"

그녀의 표정은 전혀 바뀌지 않았다. 이런 상황에서 늘 그랬듯 놀랍도록 차분한 표정을 지었다. 그리고 조용하게 말했다. "우선 저들이 어떻게 나오는지 보자. 그런 다음 해결 방법을 찾아보는 거야. 비열하기 짝이 없는 사람들이지만 저들도 우리처럼 평범한 인간일 뿐이야. 언젠가는 실수를 하기 마련이지." 옐레나가 내 손을 꽉 잡으며 부드러운 미소를 지었다.

"우리 휴가는 어떻게 하지?" 내가 물었다. 우리는 아기가 여행을 할 수 있게 되자마자 8월에 가족 여행을 가기로 계획한 상태였다.

"복잡하게 생각할 것 없어, 여보. 휴가는 예정대로 가자. 우리 생활은 계속해나가야지."

고맙게도, 당분간 러시아에서 무서운 소식이 들려오지 않았고 사무실도 조용했다. 2007년 8월 중순 우리는 비행기를 타고 프랑스 남부에 있는 마르세유로 떠났다. 베로니카는 거의 비행 내내 졸았고, 제시카와 나는 종이 뭉치와 플라스틱 병으로 간단한 놀이를 했다. 데이비드는 우리에게 병과 헝겊, 좋아하는 장난감, 간식을 넘겨주면서 중간중간 숙제를 했다. 마르세유에 착륙한 후 나는 기계적으로 블랙베리를 켜고 전화나 이메일이 온 게 있는지 확인했다. 아무 연락도 없었다. 최소한 중요한 연락은 없었다. 나는 이를 아무 일 없이 여행을 끝마치리라는 징조로 받아들였다.

우리는 비행기에서 내려 공항으로 들어갔다. 짐 가방을 모두 찾은 후 승합차를 기다리기 위해 밖으로 나갔다. 밖으로 나가자마자 뜨겁고 쨍쨍하고 기분 좋은 열기가 밀려왔다. 운전기사가 짐을 싣는 걸 도와주었다. 승합차가 연석에서 멀어지려고 할 때 휴대전화가 울렸다. 이반이었다.

"사장님, 또 일이 터졌어요." 그가 공포에 휩싸인 채 말했다.

그가 하려는 말이 뭔지도 모르면서 내 다리가 후들거리기 시작했다. 그의 공포가 내게도 전염되었다. "무슨 일인데?"

"경찰이 모스크바에 있는 크레딧 스위스를 압수 수색했어요."

"거기랑 우리가 무슨 관련이 있다고?"

"허미티지에 속한 건 뭐든 수색하고 있대요."

"그 은행엔 우리와 관련된 게 아무것도 없잖아." 내가 지적했다.

"맞아요. 그런데 경찰은 그걸 모르는 것 같아요."

"저들이 찾는 게 뭐지?"

"잠시만요. 수색 영장 사본이 있어요." 그가 수화기를 내려놓더니 30초 후에 돌아왔다. "허미티지란 이름이 들어가는 건 뭐든 찾고 있어요. 허미티지 캐피털 운용, 허미티지 캐피털 서비스, 허미티지 캐피털 자산 운용…… 이런 식으로 영장이 두 페이지가 넘어가는데 계속 얘기할까요?"

"됐어."

분명 경찰은 배틀십(각 선수가 자신의 배 다섯 척을 바다에 숨긴 뒤, 서로 상대의 배가 있을 것 같은 곳을 추측하며 공격하는 방식의 전투 보드게임)이라는 게임을 하는 듯했다. 하나 정도는 얻어걸리겠지 하는 마음으로 회사 이름이 들어간 조합을 찾아내려 했다. 이런 아마추어적인 행동에 웃지 않을 수 없었다.

"압수 수색을 주도하는 자가 누구지?" 내가 물었다.

"그게 정말 환장할 노릇이에요, 사장님. 이번에도 아르템 쿠즈네초프예요."

빌어먹을! 아르템 쿠즈네초프라고? 러시아에서 우리에게 일어나는 나쁜 일에는 모두 그가 개입하고 있는 듯했다.

또 다른 고비를 맞닥뜨렸음을 깨달았다. 정보원 아슬란의 말이 맞았다. 그들은 정말로 허미티지의 자산을 뒤쫓고 있었다. 다만 이해할 수 없는 게 있었다. 어째서 저들은 우리 자산이 러시아에 한 푼도 없다는 걸 모르는 걸까? 러시아 비밀경찰의 정보력이 그 정도도 안 된단 말인가? 그럴지도 모른다. 옐레나가 지적했듯, 저들도 다른 사람들처럼 실수를 할 것이다.

쿠즈네초프는 빈손으로 크레딧 스위스를 나왔지만, 계속 허미티지의 자산을 찾으려고 했다. 그로부터 2주 동안, 내가 남부 프랑스의 따뜻한 날씨를 즐기려고 애쓸 때 쿠즈네초프는 모스크바에 있는 은행을 몇 곳 더 압수 수색했다. HSBC, 시티은행, ING를 압수 수색했고 매번 허탕만 치고 돌아갔다.

이런 압수 수색 소식을 들을 때마다 나는 점점 더 가족과 거리를 두게 되었다. 스트레스를 풀거나 베로니카와 제시카에게 자장가를 불러주며 수영장에서 데이비드와 놀아주는 대신, 대부분의 시간을 전화 회의에 허비하며 적군이 다음에 어떻게 나올지 알아내려고 애썼다.

'휴가'가 끝나자 런던으로 돌아가 팀원들과 틀어박혀 다음 단계를 계획했다. 가장 중요한 법적 쟁점은 이반에 대한 형사 고발이었다. 은행 압수 수색에는 그다지 신경 쓰지 않았지만 이반이 체포되거나 러시아로 인도될지도 모르는 상황에 대해서는 깊이 우려했다.

카르포프 소령이 이반의 사건에 대해 몹시 말을 아낀다는 걸 알고 세르게이는 정보를 캐낼 방법에 대해 흥미로운 제안을 했다. "경찰이 알려주지 않으면 세무 당국에 직접 가서 물어보면 되지 않을까요?"

이는 좋은 생각이었고 우리는 회계 사무소에 지시해 카메야가 수익을 신고했던 모스크바 세무서에 그간 체납한 세금이 있는지 문의하게 했다.

9월 13일에 세르게이는 흥분에 들뜬 목소리로 이반에게 전화했다. "회계사들이 답장을 받았어요. 믿기지 않겠지만 카메야가 체납한 돈은 한 푼도 없다고 하네요. 오히려 세금을 14만 달러 더 냈대요!"

이반에게 이 말을 전해 듣고 깜짝 놀랐다. 이는 이반에 대한 혐의가 가짜라는 완벽한 증거였다. 비유하자면 스코틀랜드 야드영국 런던 경찰국의 별칭가 탈세 혐의로 런던의 어느 사무실을 압수 수색했지만 영국 국세청이 세금엔 아무 문제가 없다고 확인해주는 것과 같았다. 러시아의 법체계가 아무리 엉망이라도 이 답변은 이반에게 아무 잘못이 없다는 걸 밝혀주는 분명한 증거였다.

나는 몇 달 만에 처음으로 마음을 놓기 시작했다. 9월에서 10월로 넘어가며 러시아에서는 더 이상 나쁜 소식이 들려오지 않았다. 지금까지 전면적 위기관리 모드로 일했지만, 그해 가을부터는 서서히 러시아 위기 대책 회의가 일반적인 투자 회의로 바뀌어갔다. 변호사들과 압수 수색 얘기를 하는 대신, 애널리스트들과 주식 얘기를 하니 마음이 안정되었다.

당시 미팅에서 계속 언급된 나라는 한국이었다. 한국은 타이나 인도네시아처럼 개발도상국이라고 하긴 어렵지만, 주가 수익률을 근거로 할 때 주식 시장이 미국보다 40퍼센트 할인된 가격에 거래되고 있었다. 이는 나 같은 투자자에게 흥미로운 요소였다. 할인가에 대한 합당한 이유를 전혀 찾을 수 없다면 한국의 일부 주식은 재평가될 가능성이 있었다. 한국의 일부 기업을 방문해 주식이 왜 그렇게 싼지 알아보기 위해 10월에 서울로 떠나기로 결정했다.

10월 14일 일요일 저녁에 서울에 도착했다. 12시간 비행 후 인천공항에서 서울 시내까지 차로 2시간을 달린 끝에 인터컨티넨탈 호텔에 체크인하고 짐을 풀었다. 밤 11시였지만, 내 몸은 시차로 인해 이른 오후처럼 느꼈다. 잠에 들려고 애쓰다가 결국 실패하고 잠자기를 포기했다. 침대에서 내려와 창가에 앉아 서울의 불빛을 내려다보았다. 이국적인 도시의 풍경이 반짝반짝 밝은 빛을 뿜어내며 영화의 한 장면처럼 펼쳐졌다. 서양에서 온 여행자들은 도쿄, 베이징, 홍콩, 방콕 어디를 가든 아시아에 도착한 첫날은 이렇게 늦은 시각까지 시차로 괴로운 밤을 보내곤 한다.

그날 밤 겨우 몇 시간 잔 탓에 아침에 침대에서 일어나기가 고통스러웠다. 아침에는 날 데리고 여러 회사에 방문할 서른다섯 살의 한국인 브로커 케빈 박을 만나야 했다. 그는 은행 여러 곳과 부동산 회사한 곳, 자동차 부품 공급 업체 한 곳에 미팅을 주선해주었다. 시차 때문에 모든 미팅이 고통스러웠다. 나는 졸지 않으려고 테이블 밑에서 내 몸을 꼬집었다. 힘든 날이었다.

저녁 즈음 나는 쓰러질 것 같았지만, 케빈이 자꾸 한국식 바비큐에 데려가주겠다며 고집을 부렸다. 도움을 많이 준 데다 이 출장을 성심성의껏 계획한 사람의 부탁이라서 거절할 수가 없었다. 내 방에서 다이어트 콜라 두 병을 마시고 얼굴에 차가운 물을 좀 끼얹은 후 호텔 로비에서 그를 만났다. 레스토랑에 도착하고 불고기와 비빔밥, 김치를 주문했다. 식사가 끝나고 드디어 호텔로 돌아가 침대에 쓰러져 잘 수 있겠구나 생각하고 있는데, 케빈이 근처 노래방에서 직장 동료들을 만나 한잔하자고 제안했다. 그와 친구들이 교대로 노래를 부르며 내 잔에 조니워커 블랙라벨를 들이부었고 나는 몹시 고통스러웠다. 마침내 한밤중이 되어 내가 눈도 제대로 뜨지 못하자 케빈이 날 가엾게 여기며 택시에 태워 호텔로 보냈다.

이튿날은 더 많은 미팅을 하고 더 많은 음식을 먹었다. 시차와 횡포에 가까운 접대에도 불구하고, 나는 다시 평범한 투자 분석가가 된 걸 즐겼고, 잠시나마 러시아에서 진행되는 심각한 일에서 벗어난 기분을 만끽했다.

일이 마무리된 후 나는 인터컨티넨탈 호텔로 돌아가 메시지를 확인했다. 영국 휴대전화는 한국에서 터지지 않았기에 사무실에서는 호텔로 메시지를 전달하고 있었다. 엘리베이터 안에서 흰색 종이 더미를 획획 넘겨보다가 바딤이 보낸 메시지를 보았다. "이 메시지 받는 대로 전화 주세요. 급해요."

바딤은 과민 반응을 보이는 법이 없기에 그가 '급하다'고 말하면 정말 급한 것이었다. 전화를 하려고 내 방으로 뛰어가는 동안 가슴이 쿵쿵 뛰기 시작했다.

첫 신호음이 울리자마자 바딤이 전화를 받았다. "사장님, 오늘 아침 일찍 상트페테르부르크 법원의 집행관한테서 전화가 왔어요. 러시아에 있는 우리 투자 회사 한 곳을 상대로 법원 판결이 나왔다면서 배상할 돈이 어디 있는지 알아야 한대요." 러시아에 있는 주식은 모두 팔았다고 해도, 사업체를 제대로 정리하려면 빈껍데기인 투자 지주 회사들을 3년간 그대로 유지해야 했기에 남겨두고 있었다.

"판결? 무슨 판결? 그게 무슨 말이야?"

"저도 모르겠어요."

"그 집행관이란 사람, 실제로 존재하는 거 맞아?" 어설픈 계략이 아니고서야 이건 말이 안 되는 일이었다.

"모르겠어요. 하지만 그냥 무시해선 안 될 것 같아요."

"당연히 안 되지. 그 사람이 말한 금액이 얼마야?" 그때까지 나는 기껏해야 200달러짜리 특송 청구서를 다른 곳에 두고 돈을 지불하지 않은 일이 이런 식으로 법정까지 가게 된 것이라고 생각했다.

"7100만 달러요."

"7100만 달러? 장난하지 말고, 바딤! 대체 뭐 때문에?"

"저도 모르겠어요, 사장님."

"바딤, 가급적 빨리 예두아르트와 세르게이에게 이 일을 알려. 무슨 일이 벌어지는 건지 알아야 하니까."

"알겠어요."

이번 주는 머리를 식힐 예정이었는데 그마저 접어야 했다. 러시아인은 포기란 모르는 이들이었다.

집행관이 연락해서 한 얘기는 전부 터무니없었다. 도대체 이런 청구 금액이 어디서 나온 걸까? 그 배후가 누구일까? 저들은 어떻게 러시아에 있지도 않은 자산에 대해 청구를 할 수 있을까? 그런 일은 불가능했다. 아니, 저들이라면 가능한가?

더 이상 한국에 머무를 수 없었다. 하루빨리 런던으로 돌아가야 했다. 케빈에게 전화해 저녁 식사를 함께 하지 못하겠다고 심심한 사과를 한 후 나머지 미팅을 모두 취소해달라고 부탁했다. 그런 후 대한항공에 전화를 걸어 이튿날 아침 런던행 첫 비행기를 예약했다.

오랜 비행 후 바로 사무실로 가서 바딤과 이반을 만났다. 두 사람은 내가 비행기에 있는 동안 추가로 알게 된 사실을 보고했다.

첫 번째는 법원 판결이 정말 사실이라는 소식이었다. 예두아르트가 기차를 타고 상트페테르부르크에 간 후 법원에서 사건 파일을 회수해 서류의 사진을 찍어왔다. 바딤이 서류 더미에서 사진 한 장을 꺼내 내 앞에 놓더니 사진 속 한 단어를 가리켰다. "여기 마하온Mahaon이라고 적혀 있어요." 마하온은 허미티지 펀드의 휴면 투자 지주 회사 가운데 하나였다. "이건 그 금액이고요." 단위가 루블로 적혀 있었지만 재빨리 암산한 결과 대략 7100만 달러쯤 되었다.

"어떻게 우리가 이걸 모를 수 있지?" 우리 쪽에서 엄청난 실수를 한 것이라고 생각하며 내가 따져 물었다.

"세르게이도 똑같은 질문을 하더군요. 예두아르트가 상트페테르부르크에 가 있는 동안 세르게이가 회사 소유권 데이터베이스를 확인해 봤어요." 바딤이 말했다.

"그런데?" 가슴이 쿵 내려앉는 기분으로 내가 물었다.

이반이 한숨을 쉬었다. "마하온을 도둑맞았어요."

"도둑맞았다니? 어떻게 회사를 훔쳐?"

회사 등록 절차에 대해 약간 지식이 있던 이반이 말했다. "간단하진 않지만 기본적으로 회사 직인 원본, 소유권 증명서, 등록 파일만 있으면 사장님도 모르게 불법적으로 소유주를 변경할 수 있어요."

뒤통수를 얻어맞은 기분이었다. "재미슨의 사무실을 압수 수색했을 때 경찰이 압수해간 게 그런 문서들이군." 내가 조용히 말했다.

"그렇죠." 이반이 확인 사살을 해주었다.

이런 일이 발생하면 새 소유주는 다른 소유주들과 똑같이 권리를 행사할 수 있다고 이반이 설명했다. 회사를 운영할 수도, 정리할 수도, 자산을 빼낼 수도, 회사를 이전할 수도 있었다. 원하는 게 뭐든 말이다.

이제야 모든 게 분명해졌다. 우리는 일명 '러시아 압수 수색 공격'의 희생양이 되었다. 일반적으로 이 공격에는 형사 소송을 날조하는 부패 경찰관, 자산 압류를 승인하는 부패 판사, 방해가 되는 사람은 누구든 해치우는 조직 범죄자들이 관여했다. 이런 관행은 러시아 신문인 『베도모스티』에서 자산 동결 5만 달러, 형사 소송 제기 5만 달러, 법원 명령 확보 30만 달러 등 가격을 명시하며 '압수 수색' 서비스 메뉴를 발표했을 정도로 일반적이었다. 이런 공격자들을 상대로 효과적으로 싸우는 방법은 극단적 폭력으로 응수하는 것뿐이었는데, 우리가 사용할 방법은 확실히 아니었다.

밤새 조사를 진행한 세르게이는 이튿날 전화로 어떻게 이런 일이 벌어진 건지 설명했다. "브라우더 씨 소유였던 마하온과 다른 두 회사가 카잔에 소재한 플루톤이란 회사에 재등록됐어요." 카잔은 러시아 중앙에 위치한 반 자치 공화국 타타르스탄의 수도였다.

"플루톤의 소유주가 누구죠?" 내가 물었다.

"빅토르 마르켈로프라는 남자예요. 전과 기록 데이터베이스에 따르면 그는 2001년에 살인 혐의로 유죄 판결을 받았어요."

"믿을 수가 없군요!" 내가 고함을 질렀다. "그럼 경찰이 사무실을 압수 수색해 문서들을 압수한 다음, 살인 전과범을 이용해 우리 회사들을 부정하게 재등록했다는 말인가요?"

"네, 맞아요. 그런데 여기서 끝이 아니에요. 이렇게 재등록한 회사가 명의뿐인 어느 회사에 7100만 달러를 지불하도록 명시한 계약서를 위조하는 데 그 문서들을 또다시 사용했어요. 물론 거기도 허미티지와 거래한 적이 없는 회사예요."

"맙소사."

"잠깐만요. 아직 놀라기는 일러요. 이 위조 계약서는 법원에 보내졌고, 브라우더 씨 회사를 변호하기 위해 브라우더 씨가 고용한 적 없는 변호사가 나타났어요. 그리고 소송이 시작되자 그 변호사는 7100만 달러의 부채가 있다고 바로 죄를 인정했죠."

정말이지 부패하고 불가해한 일이 아닐 수 없었지만, 아이러니하게도 이제야 모든 게 이해가 갔다. 사건의 전모가 드러나자 웃음이 나오기 시작했다. 처음에는 살짝 웃다가 나중에는 큰소리로 웃었다. 전혀 재미있지 않았지만, 순전히 안도감에 웃음이 나왔다. 처음에는 다들 조용히 있다가 이반이 따라 웃었고 그러다 바딤도 동참했다.

이제 저들의 속셈을 알아챘다. 결과적으로 저들의 계획은 대실패였다. 저들이 갈취하려는 허미티지의 돈은 러시아에 한 푼도 없었다. 신문에 발표된 기업 압수 수색의 정가표에 따르면, 그들은 판사와 경찰, 공무원들을 매수하기 위해 수백만 달러를 들인 셈이지만 결국 아무것도 얻지 못했다.

웃지 않은 사람은 세르게이뿐이었다. "안심하지 말아요, 빌." 그가 스피커폰 너머로 불길하게 말했다. "이게 끝은 아닐 거예요."

"그게 무슨 뜻이죠?" 바딤이 물었다.

"모르겠어요." 세르게이가 대답했다. 그의 휴대전화에서 작게 지지직거리는 소리가 났다. "다만, 러시아에는 해피엔딩이 없다는 걸 잊지 말아요."

고음 전파 방해 장치

우리는 당장에라도 그 상황에서 벗어날 수 있었지만, 한 가지 큰 걸림돌이 있었다. 바로 이반에 대한 형사 소송이 끝나지 않았다는 점이었다. 이 소송을 끌고 가는 쿠즈네초프와 카르포프 두 사람은 분명 회사를 도둑질하는 데 관여하고 있었다. 그걸 밝히려고 우리는 러시아 당국에 두 사람을 고소하기로 결정했다. 법률 팀에 이 일까지 맡기기에는 벅차서 2006년 바딤에게 러시아에서 달아나라고 조언했던 변호사 블라디미르 파스투호프를 불러 힘을 보태게 했다.

그는 바로 런던에 와서 우리 새 사무실에 자리를 잡았다. 허미티지 글로벌의 성공적인 개시로, 우리는 피커딜리 광장 바로 뒤편인 골든 스퀘어에 위치한 새롭게 단장한 건물로 이사했다. 더는 코번트가든에 있는 토끼장 같은 사무실에서 다닥다닥 붙어 일할 필요가 없었다.

블라디미르는 파일에 둘러싸인 채 며칠 동안 우리 한 명 한 명과 면담했다. 그러고 나서 거액의 가짜 부채가 만들어진 경위와 회사를 도둑질한 명목으로 긴 고소장을 작성했다. 그리고 쿠즈네초프가 주도한 경찰의 압수 수색 때 압류되어 현재 카르포프가 보관 중인 서류 및 전자 파일에 의거해 이 사기 행위가 이루어졌다고 내용을 보태 적었다.

블라디미르가 공격을 맡는 동안, 예두아르트는 러시아에서 수비를 맡았다. 그는 변호에 필요한 이반의 소송 파일을 입수하려고 5개월째 애쓰고 있었지만, 카르포프 소령은 끈덕지게 그 파일을 넘겨주지 않았다. 검찰과 카르포프의 상관들에게 항의해도 소용없었다. 거절하는 횟수가 늘어날수록 예두아르트의 좌절감도 쌓여갔다. 그에게 이 사건은 단지 직업적인 문제만이 아니었고, 점점 개인적인 문제가 되어갔다.

그러던 11월 29일, 예두아르트는 카르포프에게 뜻밖의 전화를 받았다. 그가 몇 달째 요청 중인 서류의 일부를 드디어 내주겠다는 내용이었다. 예두아르트는 스케줄을 비우고 노보슬로보츠카야 거리에 있는 모스크바 내무부 본부로 달려갔다. 카르포프가 입구에서 그를 맞이하더니 작은 사무실로 데려가 빈자리에 앉으라고 손짓했다. 예두아르트가 앉았다.

"이반 체르카소프 관련 서류를 요청하신 걸로 아는데, 오늘은 그중 일부를 보여드리려 합니다." 카르포프가 선심이라도 쓴다는 듯 히죽거리며 말했다.

예두아르트는 분노와 경멸이 섞인 얼굴로 카르포프를 보았다. "진즉에 내줬어야 하는 서류잖소."

"어쨌거나요. 지금 내주려고 하잖아요. 고마운 줄 아세요." 카르포프가 자리에서 일어나 양손으로 10인치 두께의 서류 더미를 들어 올리더니 책상 반대편으로 걸어와 예두아르트 앞에 탁 하고 내려놓았다. "그런데 문제가 하나 있어요. 복사기가 고장 나서 사본을 원하시면 손으로 직접 베껴야 할 것 같군요."

예두아르트는 원래 감정에 휘둘리지 않으며 프로답다. 그런데 눈앞에서 고작 서른 살짜리 경찰관이 3000달러가 넘는 이탈리아제 양복에 값비싼 시계를 차고 손톱이나 손질하면서 으스대며 불량배처럼 예두아르트를 조롱하고 있었다. 이 서류를 얻어내려고 다섯 달을 애쓴 그에게 이건 너무한 처사였다. 예두아르트 자신도 한때 내무부 수사관이었지만, 이런 식으로 누군가를 대한 적은 한 번도 없었다.

예두아르트는 너무 기막힌 나머지 소리를 질렀다. "당신들이 감쪽같이 속인 줄 아나본데, 다 들통났어. 상트페테르부르크에서 무슨 짓을 벌였는지 다 알고 있다고."

카르포프의 얼굴이 창백해졌다. "뭐…… 뭐라고요? 상트페테르부르크에서 무슨 일이 있었는데요?" 그가 시치미를 떼며 물었다.

"증거는 다 확보했어. 당신들이 보관 중인 그 서류는 세 회사를 도둑질해 거액의 가짜 부채를 만드는 데 사용됐어. 난 형사 전문 변호사야. 이런 거 증명하는 건 일도 아니야."

카르포프가 팔짱을 끼며 몸을 숙였다. 방 안을 휙 훑어보았다. 몇 초 후 그가 예두아르트에게 자기 쪽으로 오라고 몸짓을 했다. 예두아르트가 그대로 따랐다. 한마디 말도 하지 않고 카르포프는 노트북 컴퓨터에 미친 듯이 자판을 두드리기 시작했다. 자신의 사무실이 도청되고 있다고 생각하는 게 분명했다. 카르포프가 타자를 마치자 예두아르트가 몸을 숙여 메시지를 읽었다. '내가 그런 게 아니에요. 다 쿠즈네초프의 기획이에요.' 그런 뒤 카르포프가 화면에 적힌 글자를 모두 지웠다.

몇 초 사이에 카르포프의 거만했던 태도가 고분고분하게 바뀌었다. 심지어 그는 예두아르트에게 주었던 파일 가운데 더 중요한 서류를 골라주기까지 했다.

예두아르트는 이런 태도의 변화를 어떻게 받아들여야 할지 몰랐지만, 기회를 놓칠 수 없어서 이반의 서류를 미친 듯이 베끼기 시작했다. 그러다 카르포프가 다른 미팅 때문에 나가봐야 한다고 해서 중간에 멈춰야 했다. 카르포프는 이례적으로 건물 정문까지 예두아르트를 배웅하더니 심지어 차를 세워둔 곳까지 같이 움직였다. 그렇게 같이 걸어가며 예두아르트가 뭘 더 알고 있는지 얘기해주길 기대하는 눈치였다.

예두아르트는 차에 오르는 순간 자신이 큰 실수를 저질렀음을 깨달았다. 우리가 알고 있는 사실은 아직 누구에게도 발설해선 안 되었다. 그런데 그가 이성을 잃으면서 적의 속셈을 알고 있다고 말해버렸다. 평정을 되찾은 후 예두아르트는 런던에 전화해 우리에게 상황을 설명했다. 명백한 실수였지만 카르포프가 얼마나 고집불통인지 알기에 예두아르트에게 화를 낼 순 없었다. 예두아르트는 사과를 한 후 비밀이 드러났으니 최대한 빨리 고소장을 제출해야 한다고 조언했다. 블라미디르에게 얼마나 더 시간이 필요한지 묻자 그가 대답했다. "나흘이요." 나흘 후면 2007년 12월 3일이었다.

나는 11월 30일에 고객과의 오찬을 위해 제네바에 가야 했다. 상황이 상황이니만큼 그냥 런던에 있는 게 좋았지만 너무 중요한 미팅이라서 취소하기는 어려웠다. 아침에 제네바로 날아가 그날 저녁에 런던으로 돌아왔다. 택시를 타고 카나리 워프런던의 신흥 금융 타운의 구불구불한 뒷길을 따라 집으로 가고 있는데, 비서가 전화해 내게 온 메시지를 전해주었다. 그녀는 내게 메시지 목록을 알려주다가 마지막에 말했다. "이고리 사기랸이란 사람이 전화했어요. 지금 전화 연결해드릴까요?"

"사기랸?" 기억을 더듬었다. 분명 아는 이름이었다. 저장된 연락처를 훑어보다가 그가 르네상스 캐피털의 간부라는 사실을 떠올렸다. 르네상스 캐피털은 내가 시단코와 싸울 당시 보리스 조던이 운영했던 회사였다. 사기랸을 만난 건 몇 년 전 어느 투자 회의에서였기에 그가 지금 무슨 용건으로 연락한 건지 궁금했다.

"그래요. 직접 얘기해볼게요."

비서가 그에게 전화를 걸어 내게 연결해주었다. "이고리, 저 빌 브라우더예요. 잘 지내셨습니까?"

"네, 그럭저럭 잘 지냈어요. 그건 그렇고, 런던에는 언제 도착하죠? 전화보다는 잠깐 만나서 얼굴 보고 얘기했으면 하는데."

이상한 요청이었다. 잘 알지도 못하는 남자가 모스크바에서 날 만나러 런던에 오겠다고 제안하고 있었다. "그렇게 하시죠. 그런데 무슨 일이죠?"

"별건 아니고요, 알다시피 지금은 다들 압력을 받고 있잖아요. 그래서 그저 앞으로의 일을 논의하려는 거예요. 우리가 같이 하고 있는 일이 꽤 있고요. 그러니까 내 말은, 지금 우리에게 약간의 어려움이 닥쳤는데, 그런 어려움은 없을수록 좋다는 거죠."

사기랸의 말은 전혀 앞뒤가 맞지 않았다. 그가 말하는 '압력'과 '약간의 어려움'이 뭔지 알 수 없었고, 혹시 예두아르트와 카르포프가 만난 일 때문에 이러는 건지 의심이 들기 시작했다.

"지금 구체적으로 하실 말씀은 없고요?"

"실은 내가 휴대전화로 전화를 한 거라서요. 브라우더 씨가 있는 곳은 다행히 영국이지만, 여긴 러시아예요. 그래서 직접 만나는 게 좋겠다는 거예요."

이건 예삿일이 아니었다. 아마도 사기랸은 적들의 메시지를 내게 전달하거나 그들 대신 나와 협상을 하려는 의도일 것이다. 그의 용건이 무엇이든, 이 시점에 날 만나자고 청한 게 우연처럼 보이진 않았다. 그래서 내가 중동 출장에서 돌아온 직후인 12월 11일에 도체스터 호텔에서 만나기로 했다.

이튿날 아침 나는 사우디아라비아로 날아갔고, 돌아오는 월요일에 우리 법률 팀은 244페이지짜리 형사 고소장을 러시아 당국에 제출했다. 검찰총장(러시아의 법무상)에게 2부, (대략 영국의 국가 범죄 수사국에 해당되는) 연방 수사 위원회 위원장에게 2부, 내무부의 내사 과장에게 2부 보냈다.

다들 이 고소장에 대한 답변이 새해가 지난 후 올 것이라고 예상했지만, 이틀 후 리야드 사우디아라비아의 수도의 포시즌스 호텔 로비를 걸어가고 있을 때 아직 모스크바에 있던 재미슨 파이어스톤이 떨리는 목소리로 전화했다. "빌, 그 전화기 괜찮은 거죠?"

"네?"

"이 전화 안전하냐고요?"

"잘 모르겠어요. 지금 사우디아라비아예요. 무슨 일이죠?"

"방금 이고리 사기랸이란 남자와 아주 이상한 미팅을 했어요."

"사기랸이요?"

"네. 르네상스 캐피털 사장이에요."

"나도 알아요. 그 사람이 당신한테 연락을 했다고요? 왜요?"

"당신에 대해 얘기하고 싶댔어요."

"뭐라고요?"

"아주 이상했어요. 당신에 대해 모르는 게 없더군요. 그자 사무실에 찾아갔더니 책상에 당신에 관한 서류 더미가 있었어요. 그자가 거기서 한 장을 집어 들고는 상황이 아주 심각하다는 듯 이상한 몸짓을 했어요. 이 일에 관련된 사람들의 질이 아주 나쁘대요. 사람들을 해치는 자들이라고요. 전과 기록이 있는 사람들이래요."

"원하는 게 뭐래요?" 내가 물었다.

"그게 좀 재미있는데요. 르네상스 캐피털이 그 도둑맞은 회사들을 정리할 수 있게 당신을 설득해달래요."

"우리 회사들을 정리해준다고요? 그건 말이 안 돼요. 왜 그런 일을 하려고 하겠어요? 설령 한다고 해도 어떻게 정리한다는 거죠?"

"나도 모르겠어요. 이 회사들을 정리하는 게 어떻게 도움이 되는지 이해가 안 돼요. 게다가 자기가 관리하지도 않은 회사를 어떻게 정리한다는 건지도 모르겠어요."

전화를 끊었다. 일이 이상하게 흘러가고 있었다. 사기란은 어디서 이런 정보를 얻었을까? 분명 우리에게 얻은 건 아니었다. 그렇다면 곧 그와 만나서 적들의 속셈을 파악해야만 했다.

서둘러 중동 쪽 일을 마무리한 후 런던으로 돌아와 이반, 바딤과 함께 미팅을 준비했다. 가능하다면 사기란의 허를 찌르고 싶었다. 또한 그의 말을 일일이 분석할 수 있도록 대화를 녹음하기로 했다. 미팅 이틀 전, 나는 이런 상황에 도움을 받곤 했던 영국 특수 부대 장교 출신이자 보안 전문가인 스티븐 벡에게 연락했다. 그는 감시 전문가 두 명과 함께 사무실을 찾아왔다. 그중 한 명이 내게 캐시미어 블레이저를 달라고 요청했다. 마지못해 옷을 건넨 나는 그가 옷깃의 솔기를 대충 잘라 마이크로폰을 집어넣은 후 다시 꿰매는 모습을 지켜보며 움찔움찔했다. 그런 다음 그는 재킷 안쪽으로 선을 통과시켜 왼쪽 주머니로 빼낸 후 그 안에 얇은 디지털 녹음기를 두었다. 이걸로 사기란과 나누는 대화를 녹음할 것이다.

약속한 날짜가 다가왔다. 나는 골든 스퀘어에 있는 사무실에서 나와 블랙캡에 올라탄 후 택시가 출발할 때 녹음 장치를 켰다. 무척 긴장되었다. 곧 거대한 범죄 음모와 연관이 있는 듯한 사람을 일대일로 마주할 예정이었다. 그동안 사업을 하면서 금융 사기꾼과 불한당을 수없이 만났지만, 적들이 잠복하고 있을지도 모르는 위험한 상황에 내 발로 걸어간 적은 없었다. 평정을 유지하는 데 온 힘을 쏟았다.

택시가 파크 레인에 있는 도체스터 호텔에 이르러 삼각형 진입로에 멈춰 섰다. 진입로 양쪽에 은색 벤틀리와 붉은색 페라리가 서 있었다. 이 호텔을 선호하는 중동 셰이크아랍 국가의 왕자와 러시아 올리가르히들의 호사스러운 취향을 감안할 때 이곳에 있는 게 하나도 어색하지 않은 차종이었다. 약속 시간보다 일찍 도착했다. 안으로 들어가 로비에 있는 황녹색 안락의자에 앉아서, 붉은 대리석 기둥과 그에 어울리도록 커튼으로 장식된 주변을 살피며 사람들 틈바구니에서 사기란을 찾으려고 애썼다. 저녁 7시 10분쯤에 그가 평범한 비즈니스 회의에라도 늦은 양 뛰어 들어왔다. 사기란은 쉰다섯 살의 사업가로 키가 나보다 약간 컸고 잿빛 머리카락에 볼살이 턱 아래로 처지고 푹신한 이중 턱이 목까지 흘러내렸다. 너그러운 할아버지 같은 인상이었다. 우리를 옭아매는 음모에 연루된 인물처럼 보이진 않았다.

우리는 진짜 용건을 감춘 채 얼마간 런던, 날씨, 모스크바, 정치 얘기로 시간을 보냈다. 그러다 마침내 영국까지 먼 길을 달려올 정도로 중요한 일이 뭐냐고 내가 물었다. 그는 숨을 한번 내쉬고 르네상스가 최근 경찰의 압수 수색을 받은 이야기를 해주었다. 그러면서 르네상스가 우리와 거래를 했기에 경찰이 들이닥친 것이라고 주장했다. 그는 재미슨에게 했던 얘기를 반복하며, 우리 지주 회사들을 정리할 수 있게 해준다면 현재 겪고 있는 문제가 다 해결될 것이라고 말했다.

그가 한 얘기는 모두 터무니없었다. 첫째, 허미티지는 르네상스와 거래하지 않은 지 한참 되었다. 둘째, 더 이상 우리 소유도 아닌 회사를 정리하라고 어떻게 허락을 해달라는 건가? 셋째, 설령 허락을 한다고 해도 그게 어떻게 우리에게 도움이 된다는 건가? 특히나 형사고발된 이반에게 무슨 이득이 된단 말인가? 나는 사기랸이 바보이거나 아니면 또 다른 속셈이 있는 것이라고 조용히 결론을 내렸다. 물론 나는 후자를 의심했다.

그에게서 최대한 많은 얘기를 끄집어내려고 했지만, 그는 내가 직접적인 질문을 할 때마다 얼버무리거나 이해할 수 없는 답변을 했다. 처음 그가 전화했을 때 내게 얘기하던 방식과 비슷했다. 대화는 사기랸이 시계를 보고 벌떡 일어나면서 끝났다. "저녁 약속에 늦었네요, 빌. 연휴 즐겁게 보내요." 악수를 나눈 후 그는 서둘러 떠나버렸다. 나도 그를 따라 로비를 지나서 호텔 문을 나와 택시에 올라탔다. 녹음 내용을 다른 사람들과 공유해야 했다.

골든 스퀘어에 도착하자 팀원들과 스티븐, 감시 전문가 한 명이 회의실에서 날 기다리고 있었다. 나는 주머니에서 녹음기를 잡아당겨 접속선에서 빼낸 뒤 스티븐에게 건넸다. 그가 녹음기를 테이블에 놓고 재생 버튼을 눌렀다.

우리는 몸을 숙였다. 내가 택시 기사에게 하는 얘기와 도체스터 호텔까지 움직이는 소리가 들렸다. 이어서 내 발이 인도에 닿고, 호텔 도어맨이 인사를 건네는 소리가 들리고, 호텔 로비의 소음이 들렸다. 그러다 7시 10분에 갑자기 백색 소음이 쏟아지며 모든 소리가 사라졌다.

스티븐이 뭔가 잘못됐다고 생각하며 녹음기를 가져갔다. 그는 녹음기를 몇 초 되감아 다시 재생 버튼을 눌렀다. 결과는 똑같았다. 대화 후반에 뭔가 들리는 게 있을까 싶어 스티븐이 빨리 감기를 했지만, 백색 소음은 계속되었다. 이 소음은 내가 호텔에서 나와 도어맨에게 택시를 불러달라고 했을 때에야 사라졌다. 스티븐이 다시 정지 버튼을 눌렀다.

나는 그를 쳐다보았다. "저 소리는 뭐죠?"

그가 눈살을 찌푸리며 녹음기를 뒤집었다. "모르겠어요. 이 녹음기에 결함이 있거나 아니면 사기란이 고음 전파 방해 장치 같은 걸 사용했을 수 있어요."

"맙소사. 전파 방해 장치요? 그런 건 대체 어디서 구하죠?"

"구하기 어려워요. 하지만 FSB 같은 특수 부대에선 흔하죠."

이 말에 크게 동요했다. 스티븐을 고용하고 첩보원 행세를 하는 내가 똑똑하다고 생각했는데, 실제 첩보원은 내 앞에 앉아 있던 상대였는지도 모른다. 순진한 첩보원 행세는 이걸로 끝내겠다고 그 자리에서 다짐했다.

사기란이 마지막 보루였기에 더 이상 적들의 속셈을 알아낼 수 없었다. 이제 모든 건 러시아 당국에 제출한 고소장에 달려 있었다.

사기란을 만나고 하루가 지나 러시아 연방 수사 위원회의 상트페테르부르크 지부에서 첫 공식 답변이 도착했다. 바딤이 그 편지를 인쇄한 후 난해한 법률 용어를 건너뛰고 핵심 대목에서 멈추었다. "잘 들으세요, 사장님. 여기 이렇게 적혀 있어요. '상트페테르부르크 법원의 판결은 아무 문제가 없으므로 이에 대한 형사 고소는 혐의 불충분으로 기각합니다.'"

"혐의 불충분? 우리 회사들을 꿀꺽했는데!"

"잠깐만요, 더 있어요. 참 고맙게도, 우리가 고소한 일로 변호사 예두아르트를 기소하지는 않을 거라고 하네요." 바딤이 비꼬며 말했다.

이튿날 또 다른 답변이 도착했다. 이번에는 내무부의 내사과였다. 쿠즈네초프와 카르포프의 추잡한 짓거리에 그 어느 곳보다 관심을 보여야 하는 기관이었다.

"들어보세요." 바딤이 답변을 꼼꼼히 읽으며 말했다. "내사과에서 우리 고소장을 파벨 카르포프 본인한테 넘겨 조사를 시킬 거래요!"

"설마 그럴 리가."

"정말 그렇게 적혀 있어요."

일주일 동안 우리는 답변을 세 번 더 받았지만, 하나같이 도움이 되지 않았다.

새해 무렵, 답변이 오지 않은 고소장은 단 하나뿐이었지만 그 답변 역시 별반 다르지 않으리라 예상했다. 그러던 2008년 1월 9일 오전, 예두아르트에게 러시아 연방 수사 위원회 중범죄과 소속 수사관인 로스티슬라프 라소호프의 전화가 걸려왔다. 이 소송을 맡게 된 라소호프는 예두아르트에게 수사 위원회 본부로 와서 서류를 검토해달라고 요청했다.

예두아르트가 도착하자 또래로 보이는 남자가 맞아주었다. 라소호프는 구김이 간 폴리에스테르 양복에 값싼 시계를 차고 있었고 머리가 엉성했다. 러시아처럼 부패한 나라에서는 인상적인 모습이었다. 두 사람은 사무실에 앉아 고소장을 한 줄 한 줄 검토했다. 라소호프는 차가우면서도 진지한 표정으로 자세히 질문했다. 미팅이 끝날 무렵, 그는 쿠즈네초프와 카르포프에 대한 우리 주장을 예비 심사한 후 두 사람을 불러 조사할 것이라는 뜻을 내비쳤다.

굉장한 소식이었다. 나는 조사를 받기 위해 수사 위원회에 출석하는 쿠즈네초프와 카르포프의 얼굴 표정을 상상해보았다. 우리에게 그런 짓을 하고도 무사하더니 이제야 형세가 역전될 듯했다.

이후 거의 두 달 동안 이 기분을 만끽했다. 그런데 3월 초 어느 날 저녁, 바딤이 몹시 불안한 표정으로 사무실에 들어왔다.

"우리 정보원 아슬란에게서 방금 메시지를 받았어요."

"무슨 내용인데?" 내가 초조하게 물었다. 바딤이 끊임없이 흉보를 전해주는 게 불편하면서도 점점 익숙해지고 있었다. 특히, 소식의 출처가 아슬란일 때는.

바딤이 아슬란의 메시지를 내 앞에 내밀더니 러시아어 단어들을 가리키며 말했다. "여기 이렇게 적혀 있어요. '브라우더를 상대로 형사소송 제기. 사건 번호 401052. 칼미크공화국. 거액의 세금 탈루.'"

숨이 턱 막히는 기분이었다. 쿠즈네초프와 카르포프가 수사 위원회에 출석한 일로 내게 복수를 하는 듯했다. 물어보고 싶은 말이 백 가지는 되었지만, 벌써 저녁 7시 30분이었다. 귀찮게도 30분 후에는 옐레나와 함께 여러 달 전부터 잡혀 있던 저녁 약속에 참석해야 했다. 살로몬브라더스에서 알던 오랜 친구와 약혼녀를 라틀리에 드 조엘 로

브숑이라는, 런던에 새로 문을 연 레스토랑에서 만나기로 했다. 예약하기가 하늘의 별 따기인 레스토랑에 예약을 했다고 두 사람이 유난을 떤 탓에, 이렇게 시간을 촉박하게 남겨두고 약속을 취소할 수는 없었다.

레스토랑으로 가는 길에 나는 옐레나에게 전화해 아슬란의 메시지를 알려주었다. 이 사태가 시작되고 처음으로 우리의 감정 리듬이 일치하면서 둘 다 동시에 공포를 느꼈다. 레스토랑에 도착하자 친구들이 이미 도착해 자리를 잡고서 웃고 있었다. 두 사람은 실례를 무릅쓰고 우리 네 사람이 먹을 일곱 가지 코스 요리를 먼저 주문했다고 알렸다. 코스를 다 마치는 데 적어도 3시간이 걸릴 터였다. 내가 마음속에서 피어나는 공포를 숨기려고 애쓰며 꾸역꾸역 식사를 하는 동안, 친구와 약혼녀는 태평하게 결혼식장과 신혼여행 계획, 다른 훌륭한 런던 레스토랑에 대해 얘기했다. 나는 한시라도 빨리 이곳을 나가고 싶었다. 두 번째 디저트 코스가 나오는 순간, 옐레나가 테이블 밑으로 내 무릎을 꽉 잡더니 애들을 보러 집에 가봐야겠다고 양해를 구했다. 우리는 서둘러 나왔다. 집으로 돌아오는 택시 안에서 옐레나와 나는 말없이 앉아 있었다.

나에 대한 이 형사 고발에 즉각적으로 대처해야 했다. 나는 예두아르트에게 만사를 제쳐두고 곧장 칼미크의 수도 옐리스타에 가서 최대한 많은 걸 알아보라고 지시했다. 이튿날 일찍 예두아르트는 볼고그라드로 날아가 택시를 전세 내어 옐리스타까지 4시간가량 이동했다. 카스피해에 자리한 러시아 남부의 공화국으로, 아시아 불교도들이 거주하는 칼미크의 풍경은 그가 평생 본 풍경 중 가장 황량했다. 평평한 땅에 풀 한 포기, 나무 한 그루 없이 척박했으며, 갈색 땅과 잿빛 하늘만이 멀리까지 펼쳐져 있었다. 이 단조로움을 깨는 유일한 건 15킬로미터 또는 30킬로미터마다 몇 채씩 있는 황폐한 건물이었다.

옐리스타에 도착한 예두아르트는 곧장 푸시키나 거리에 있는 내무부 건물로 갔다. 깨끗하고 현대적인 4층짜리 이 건물은 황금 탑이 세워져 있는 광장의 바로 맞은편에 있었다. 예두아르트는 안으로 들어가 접수원에게 자신을 소개한 후 형사 사건 번호 401052를 담당하고 있는 수사관을 만날 수 있는지 물었다. 몇 분 후 안짱다리에 가죽조끼를 입은 중년의 키 작은 아시아 남자가 나와 물었다. "무슨 일로 오셨습니까?"

예두아르트가 그와 악수하며 말했다. "윌리엄 브라우더 씨에게 제기된 사건이 있습니까?"

수사관이 예두아르트를 탐색하듯 바라보았다. "누구시죠?"

"실례합니다. 전 모스크바에서 온 브라우더 씨의 변호사입니다." 그런 뒤 예두아르트는 수사관에게 위임장을 보여주고 물었다. "제 의뢰인에게 제기된 사건에 대해 말씀해주시겠습니까?"

수사관이 표정을 풀었다. "네, 네, 말해주고말고요. 제 사무실로 가시죠." 두 사람은 긴 복도를 걸어가 작고 어수선한 방에 도착했다. 그곳에서 수사관은 예두아르트가 사건 파일을 검토하게 해주었다.

러시아 당국은 2001년 두 건의 탈세 혐의로 날 고소한 상태였다. 칼미크는 저지섬영국 해협 제도 중 최대의 섬이나 맨섬잉글랜드와 북아일랜드 사이의 아이리시해 중앙에 있는 섬처럼 세금 우대 조치가 있었기에 허미티지 펀드는 이곳에서 투자 회사 두 곳을 등록했다. 이 소송 사건은 날조된 게 분명했다. 예두아르트는 파일을 살펴보다가 투자 회사가 세금을 모두 정확하게 납부했다는 사실을 기록한 조세 당국의 회계 감사 내용을 발견했다.

예두아르트가 이 사실을 지적하자 수사관이 무겁게 한숨을 내쉬었다. "잘 들어요. 난 이 일에 관여하고 싶은 생각이 추호도 없어요. 나도 휴가 중에 강제로 불려와 모스크바에서 온 고위급 사절단을 만나야 했다고요."

"고위급 사절단이라니요?"

"총 네 명이었어요. 이 소송 사건을 제기하라고 하더군요. 위에서 직접 내려온 지시이고 영국과 러시아의 관계를 악화시킬 수 있는 문제라고 했어요. 나도 어쩔 수 없었다고요." 수사관 누스히노프가 말했다. 분명 그는 상부의 명령을 따르면서 자신이 어쩔 수 없이 어기게 된 법에 대해 걱정하고 있었다. 나중에 우리는 그 사절단이 카르포프, 쿠즈네초프의 부하 둘, FSB의 K청 요원으로 이루어졌다는 사실을 알게 되었다.

"그래서 지금까지의 상황은 어떻죠?" 예두아르트가 물었다.

"소송이 시작되고 브라우더 씨에게 연방 수색 영장을 발부했어요."

예두아르트는 이튿날 저녁 모스크바로 돌아와 모든 내용을 보고했다. 정말 아슬란의 경고대로였다. 이반에 대한 형사 고발은 시작에 불과했다. 앞으로 더 많은 일이 벌어질 게 확실했다.

수수께끼

1939년 10월 1일, 윈스턴 처칠은 러시아의 제2차 세계대전 참전 가능성에 관해 유명한 연설을 했다. "저는 러시아의 행동을 예측할 수 없습니다. 그건 불가사의하게 포장된 수수께끼니까요. 하지만 아마 답은 있을 겁니다. 그 답은 바로 러시아의 국익입니다."

2008년으로 건너뛰어 생각해보자. 러시아에 대한 처칠의 논평은 지금도 유효하다. 단, 한 가지 단서가 붙긴 했다. 이제 러시아의 행동을 이끌어내는 건 국익이 아니라 돈, 특히 정부 관리들이 범죄를 통해 얻어내는 돈이었다.

우리가 처한 상황은 모든 게 미스터리였다. 카르포프를 비롯한 사절단은 그저 복수를 하자고 칼미크까지 수백 킬로미터를 날아가 나에 대한 형사 소송을 제기한 걸까? 어차피 아무것도 얻을 게 없는데 왜 이반의 소송 사건을 밀고 나가는 걸까? 허미티지 자산은 러시아에 없는데 어째서 그 은행들을 압수 수색하는 수고를 한 걸까?

그 이유를 알 수 없었다.

생각할수록 이 수수께끼의 답은 불법적으로 재등록한 우리 투자 회사들에 있다는 확신이 강해졌다. 경제적 가치는 크지 않지만, 어떻게든 회사 소유권을 되찾게 된다면 정부로부터 모든 관련 정보를 요구할 수 있을 것이다. 그럼 거기서부터 파고들면 이 사기 배후에 정확히 누가 있는지 퍼즐 조각을 맞출 수 있을 것이다. 이런 사기 행각은 분명 쿠즈네초프와 카르포프의 권한을 넘어서는 일이었다.

모스크바 중재 재판소에서 회사들을 돌려받기 위한 법적 절차를 밟았다. 그러자 저들이 즉시 카잔 중재 재판소에 우리를 맞고소하며 이 소송을 타타르스탄으로 옮겨갔다. 사기의 배후에 있던 사람들이 우리 조치에 깜짝 놀란 게 분명했다. 아마도 저들은 카잔 재판소가 자신들에게 더 우호적일 것이라고 판단한 모양이었다.

러시아 지방 법원에서 우리에게 기회를 줄지 알 순 없었지만, 상대가 빠르게 방어하는 걸 보니 일단 기분이 좋았다. 우리가 저들의 신경을 건드린 게 분명했다. 예두아르트는 부하 변호사와 함께 곧장 비행기를 타고 카잔으로 갔다. 3월의 어느 추운 날 카잔에 도착한 두 사람은 타타르스탄 공화국의 '크렘린'에 위치한 격조 높은 법원 청사로 갔다. 예두아르트는 공기 중에 긴장감이 흐르고 사람들이 공격적이며 지저분한 형사 법원에 있는 게 익숙했지만, 그곳은 민사 법원이었다. 주변 환경이 훨씬 더 유쾌하고 사람들이 뭐랄까, 좀더 시민적이었다.

심리 전날 예두아르트는 법원 서기에게 사건 파일을 요청했다. 서기는 데이터베이스에 회사들의 이름을 치더니 고맙게도 이렇게 말했다. "말씀하신 회사들에 두 건의 소송이 걸려 있네요. 둘 다 드려요?"

두 번째 소송에 대한 얘기는 금시초문이었지만, 그는 일부러 태연하게 웃기만 했다. "그래요. 둘 다 주세요."

그녀는 서류 보관실에 가서 서류가 가득 담긴 상자를 들고 오더니 예두아르트에게 복도에 있는 테이블에서 살펴보는 게 좋겠다고 제안했다. 그는 고맙다고 말한 후 테이블로 가서 사건 파일을 살펴보았다. 첫 번째 사건은 예두아르트가 처리하러 간 맞고소 건이었지만, 두 번째 사건은 처음 보는 것이었다. 우리가 빼앗긴 투자 회사 가운데 한 곳인 파르페니온에 대한 판결로, 5억8100만 달러가 걸려 있었다.

그는 완전히 넋을 잃은 채 서류들을 훑었다. 그 판결은 상트페테르부르크 판결과 판박이였다. 저들은 동일한 변호사에, 경찰이 압류한 동일한 정보가 담긴 동일한 위조 계약서를 이용해 일을 꾸몄다.

추가로 5억8100만 달러 판결이 있다는 소식을 듣는 순간, 나는 러시아 법원에서 우리 투자 회사들을 상대로 비슷한 사기 판결을 내린 사례가 얼마나 되는지 궁금했다. 이런 걱정을 털어놓자 세르게이가 전국 법원 데이터베이스를 검색하기 시작했다. 일주일이 안 되어, 그가 모스크바 중재 재판소에서 내린 3억2100만 달러짜리 판결을 한 건 더 찾아냈다. 동일한 수법으로 우리 투자 회사들에 부과된 판결 금액은 총 10억 달러에 이르렀다.

여기까지 알아내자 사건은 더 미궁 속으로 빠졌다. 이런 법적 청구로 그들이 어떻게 돈을 벌어들이는지는 여전히 오리무중이었다. 이 돈을 '빚졌다'고 해서 은행 계좌에 짠하고 돈이 나타나는 건 아니었다. 러시아에는 저들에게 내줄 돈이 한 푼도 없었다! 나는 저들에게 다른 꿍꿍이가 있다고 확신했다. 하지만 대체 그게 뭘까?

도무지 실마리가 보이지 않았다. 우리가 놓쳤을지도 모를 패턴이나 연관성을 찾으려면 한발 물러나 처음부터 다시 살펴보아야 했다.

2008년 5월 말 어느 토요일 아침, 이반을 사무실로 불러 법률 문서와 은행 계좌 입출금 내역서, 영장을 전부 이사회실로 가져오게 했다. 우리는 상자에 담긴 문서를 긴 목재 테이블에 내려놓은 후 내용별로 분류했다. 하나는 판결별로, 하나는 압수 수색한 은행별로, 하나는 형사 소송별로 분류했다. 모든 서류가 적절하게 나열되자 우리는 시간 순으로 사건을 재구성해보기 시작했다.

"쿠즈네초프가 우리 쪽 은행을 마지막으로 압수 수색한 게 언제지?" 내가 물었다.

이반이 서류 더미를 뒤적였다. "8월 17일이요."

"좋아. 그럼 법원의 가짜 판결 날짜는?"

"상트페테르부르크는 9월 3일, 카잔은 11월 13일, 모스크바는 12월 11일이에요."

"그럼 한 가지 짚고 넘어갈게. 그러니까 놈들은 우리 투자 회사에 남은 자산이나 돈이 없다는 걸 알면서 가짜 판결을 얻기 위해 일일이 법원에 가서 돈을 써댄 거지?"

"그런 것 같군요." 이반이 이 모순을 알아차리며 말했다.

"어째서 그런 걸까?"

"이 판결을 담보로 돈을 빌리려고 한 거 아닐까요?" 이반이 의견을 내놓았다.

"그건 말이 안 돼. 이런 아마추어적인 판결을 보고 돈을 빌려줄 은행은 없어."

"사장님의 해외 자산을 압류하려는 건 아닐까요?"

생각만 해도 소름끼치는 일이었지만, 그건 불가능했다. 상트페테르부르크 청구 건에 대해 알자마자 영국 변호사들에게 이미 확인해보았다.

우리는 얼마간 말없이 앉아 있었다. 그러다 내 머리에 전깃불이 탁하고 켜졌다. "2006년도 허미티지의 수익이 얼마였지?"

"잠시만요." 이반이 노트북 컴퓨터를 열고 파일 하나를 검색했다. "9억7300만 달러요."

"그럼 그해에 우리가 낸 세금은?"

그가 다시 노트북 컴퓨터를 검색했다. "2억3000만 달러요."

"터무니없는 생각일지도 모르겠는데, 혹시…… 저들이 그 2억 3000만 달러를 환급받으려고 이러는 건 아닐까?"

"말도 안 돼요. 조세 당국에서 절대 그렇게 해줄 리 없어요."

"글쎄. 세르게이한테 한번 물어보는 게 좋겠어."

돌아오는 월요일에 이반은 세르게이에게 전화해 내가 한 말이 이론적으로 가능한지 물어보았다. 하지만 세르게이도 이반처럼 터무니없다는 듯이 반응했다. "가능할 리가 없죠." 그가 생각해볼 것도 없이 바로 대답했다. "과거에 낸 세금을 다른 사람이 착복한다는 건 말이 안 돼요."

하지만 한 시간 뒤 세르게이가 다시 연락했다. "제가 너무 성급했네요. 세법을 살펴봤는데, 이론적으로 가능한 일이긴 해요. 그런 일이 실제로 일어날 수 있다곤 생각하지 않지만요."

내가 사무실에 앉아 터무니없는 이론들을 떠올리는 그 몇 주 동안, 세르게이는 전면에 나서서 나름의 조사를 진행했다. 무엇보다도 그는 이 범죄에 가담한 사람들이 누군지 궁금했다. 그래서 우리 투자 회사들이 등록된 모스크바 관청에 편지를 보내 관련 정보를 요구했다. 아무런 답변도 듣지 못했지만, 대신 저들이 반응을 보여주었다. 훔친 회사들을 즉시 노보체르카스크라는 잘 알려지지 않은 러시아 남부 도시로 옮긴 것이었다. 저들이 세르게이의 편지에 겁을 먹은 게 분명했다. 그래서 이번에는 노보체르카스크의 등기소에 편지를 써서 동일한 정보를 요구했다. 그곳도 모스크바처럼 묵묵부답이었지만, 또다시 회사가 옮겨졌다. 이번에는 모스크바 교외에 있는 힘키라는 곳이었다. 이런 쫓고 쫓기는 게임은 적들을 괴롭혔기에 세르게이는 계속해서 힘키 등기관에게도 편지를 썼다.

세르게이는 상대가 법은 전혀 존중하지 않지만 절차와 관료 체제는 맹종에 가까울 만큼 따른다는 패턴을 알아차렸다. 그는 적들을 당황시켜 회사를 옮기게 만들었듯, 경찰이 범죄에 가담했다는 증거를 사건 파일에 집어넣어 경찰을 당황시켜야겠다고 작정했다. 일단 사건 파일에 들어간 내용은 절차에 따라 영원히 기록에 남을 터였다. 그럼 우리 회사들에 대한 수사가 당장 성과를 보지 못하더라도, 나중에라도 어느 정직한 수사관이 이 파일을 인계해 의무를 다할 수 있을 것이다. 그리고 이런 가능성만으로도 음모자들은 안절부절못할 것이다.

세르게이는 2008년 6월 5일에 수사 위원회를 방문하기로 약속을 잡았다. 그가 수사 위원회 건물에 도착했을 때 담당 형사가 나와 자신의 사무실로 안내했다. 형사가 문을 열기 직전에 세르게이는 형사의 손이 초조하게 떨리는 걸 알아차렸다. 그가 문을 밀어제치자 즉시 그 이유가 밝혀졌다. 사무실 안 책상에 아르템 쿠즈네초프 중령이 앉아 있었던 것이다.

세르게이는 깜짝 놀랐다. 그가 형사의 눈을 똑바로 쳐다보며 말했다. "저 사람이 여기서 뭐 하는 거죠?"

형사가 세르게이의 노려보는 눈을 피하며 말했다. "쿠즈네초프 중령께서 이 사건의 수사팀에 도움을 주러 오셨습니다."

전에는 카르포프가 본인 스스로를 조사한다더니 이제는 쿠즈네초프가 똑같은 짓을 하려 하고 있었다!

"저자 앞에선 형사님과 얘기할 수 없습니다." 세르게이가 강력하게 말했다.

"알겠습니다. 그럼 미팅이 끝날 때까지 복도에서 기다려주십시오." 형사가 머뭇거리며 말했다.

세르게이는 한 시간 동안 불편한 금속 의자에 앉아 무릎에 놓인 파일을 꽉 움켜쥐었다. 쿠즈네초프와 형사는 세르게이가 포기하고 돌아가기를 바랐겠지만, 그는 포기하지 않았다. 쿠즈네초프가 마침내 떠나자 세르게이는 일어나서 안으로 들어갔다. 자리에 앉아 증거를 내놓고 쿠즈네초프와 카르포프의 이름이 분명히 거론된 증인 진술서를 제출했다. 절차에 따라 형사는 이 진술서를 받아들여 사건 파일에 넣을 수밖에 없었다.

세르게이는 수사 위원회 본부를 나와 지하철을 탔다. 방금 전 일은 도저히 이해가 되지 않았다. 증언이 빛을 보지 못하리란 것, 진술서가 무시되리라는 것, 심지어 자신이 무례한 대우를 받으리라는 것도 모두 예상했던 일이다. 하지만 자신이 고소해야 할 대상이 그 수사팀의 일원일 줄은 전혀 예상하지 못했다.

세르게이는 지하철을 타고 사무실 근처에 도착한 뒤에도 주변을 두 바퀴 돌고 나서야 겨우 진정할 수 있었다. 그런데 파이어스톤 덩컨의 책상으로 돌아오니 예상치 못한 게 놓여 있었다. 우리 투자 회사들에 대한 정보를 얻기 위해 편지를 보냈던 등기소 중 한 곳인 힘키 세무서에서 온 답변이었다.

세르게이는 편지를 뜯었다. 힘키 담당자는 자기 임무를 제대로 수행했다. 편지에는 관련된 정보와 이름들도 적혀 있었으며, 가장 중요하게는 우리 회사들을 훔친 자들이 은행 두 곳에 계좌를 신설했다는 내용이 적혀 있었다. 유니버설 저축 은행과 인터커머스 은행이었다.

이는 엄청난 발견이었다. 자산은커녕 10억 달러의 가짜 부채만 안고 있는 세 회사에 은행 계좌가 왜 필요할까? 세르게이는 즉시 중앙은행 홈페이지에 접속했다. 유니버설 저축 은행을 입력하자 자본이 겨우 150만 달러인 작은 회사라는 정보가 나왔다. 인터커머스는 자본이 1200만 달러로, 유니버설보다 약간 더 클 뿐이었다. 두 은행은 은행이라고 말하기도 민망했다.

그러다 세르게이는 아주 흥미로운 점을 발견했다. 이 두 은행은 규모가 매우 작았기에 돈이 들어오는 즉시 예치금이 급증하는 걸 홈페이지에서 확인할 수 있었다. 그리고 실제로 큰돈이 들어온 적이 몇 번 있었다. 이 은행 계좌들이 신설된 직후인 2007년 12월 말, 유니버설 저축 은행에는 예금 9700만 달러가 들어왔고 인터커머스에는 1억 4700만 달러가 들어왔다.

그제서야 세르게이는 우리가 얘기했던 세금 환급을 떠올렸다. 이 두 은행에 들어온 예금은 허미티지 펀드가 2006년에 세금으로 낸 금액과 대략 일치했다. 단순히 우연의 일치일 리는 없었다. 세르게이는 재빨리 모든 판결문을 모아 우리 회사들의 납세 신고서와 나란히 놓았다. 그 순간 모든 게 명백해졌다.

마하온에 대한 상트페테르부르크 판결 금액은 7100만 달러였고, 마하온의 2006년도 수익은 정확히 7100만 달러였다. 파르페니온에 대한 카잔의 판결 금액은 5억8100만 달러였고, 2006년도 수익도 동일했다. 세 번째 회사 릴렌트에 대한 모스크바의 판결도 마찬가지였다. 이 음모의 기획자들은 실질 이익 9억7300만 달러를 상쇄하려고 총 9억7300만 달러의 판결을 만들어낸 것이었다.

세르게이는 즉시 이반에게 연락했다. 잠깐 설명을 듣더니 이반이 벌떡 일어서며 바딤과 나에게 손을 흔들었다. "여기 좀 보세요, 여러분." 이반이 컴퓨터 화면을 가리키며 흥분한 채 말했다.

이반이 러시아 중앙은행 홈페이지를 화면에 띄웠다. 세르게이가 알아낸, 두 차례에 걸친 거액의 예금 내역이 보였다.

"망할." 내가 말했다.

"사장님, 세르게이가 찾아낸 거예요." 이반이 말했다.

"훌륭하긴 한데, 이 돈이 실제로 조세 당국에서 나왔다는 걸 어떻게 증명하지?"

바딤이 말했다. "제가 모스크바 정보원들에게 연락해 전신 송금을 확인해줄 수 있는지 물어볼게요. 은행 이름을 알고 있으니까 그 돈의 출처도 밝힐 수 있을 거예요."

이틀 후 바딤이 사무실로 뛰어와 책상에 종이 몇 장을 펼쳐놓고 흡족한 듯 활짝 웃으며 이렇게 말했다. "이게 전신 송금 내역이에요."

나는 종이를 움켜잡았다. 모두 러시아어로 되어 있었다. "무슨 내용이지?"

바딤이 마지막 페이지로 휙 넘겼다. "이건 러시아 세무청에서 1억3900만 달러의 환급 세액을 파르페니온에 돌려줬다는 내용이에요. 이건 릴렌트에 7500만 달러를 돌려줬다는 내용이고, 이건 마하온에 1600만 달러를 돌려줬다는 내용이에요. 총 2억3000만 달러예요."

이 금액은 우리가 세금으로 지불한 2억3000만 달러와 동일했다. 완전히 똑같았다.

사무실에 모여 있던 우리는 세르게이에게 연락해 놀랄 만한 성과를 낸 걸 축하해줬지만, 그는 수수께끼를 풀었음에도 여전히 심란한 듯했다. 그도 그럴 것이 이자들은 성실한 러시아 납세자들, 그러니까 세르게이를 비롯한 그의 가족과 친구들에게서 그 돈을 훔친 거나 마찬가지였다.

"이렇게 파렴치한 일이 또 있진 않겠죠?" 그가 말했다.

이는 러시아 역사상 가장 큰 국세 환급금이었다. 너무나 거대하고 몰염치한 음모였고, 우리는 저들의 뒷덜미를 잡았다고 확신했다. 저 불한당들의 작전이 들통났다. 이제 증거가 있으니 이걸 폭로해 저들이 법의 심판을 받게 할 수 있었다.

그게 바로 우리가 하려던 일이었다.

DHL

블라디미르 푸틴이 나의 러시아 추방을 재가하고 자산을 훔치는 계획을 승인한 듯했지만, 자신의 정부에서 국가 관리들이 2억3000만 달러를 빼돌리도록 허락했다는 건 상상조차 할 수 없었다. 따라서 러시아 당국에 이 범죄 사실을 알리면 정의의 편에 선 사람들이 즉시 범죄자들을 잡아들이고 그걸로 사태가 마무리되리라고 확신했다. 그때까지 여러 일을 겪고도 아직 러시아에 정의로운 사람이 남아 있다고 믿었던 것이다. 그래서 2008년 7월 23일 우리는 세금 환급 사기에 관한 고소장을 상세하게 작성해 러시아에 있는 모든 수사 기관 및 규제 기관에 보냈다.

『뉴욕타임스』를 비롯해 러시아에서 가장 유명한 매체인『베도모스티』에도 기사를 제공했다. 기사가 터지자 즉각적으로 러시아는 물론 전 세계에서 이를 인용 보도했다.

기사가 나가고 며칠 후, 러시아 독립 라디오 방송인 예호 모스크바에서 45분간 전화 인터뷰를 해달라는 요청이 왔다. 인터뷰를 수락한 후 7월 29일 생방송에서 그동안 겪은 시련을 차근차근 이야기했다. 경찰의 압수 수색부터 우리 회사들에 대한 도둑질, 가짜 법원 판결, 전과자들의 연루, 경찰의 공모, 가장 중요하게는 납세자들의 돈 2억 3000만 달러에 대한 착복에 이르기까지 빠짐없이 폭로했다. 러시아 관료들의 부패와 금품 수수를 다년간 취재해온 베테랑 기자였던 인터뷰 진행자 마트베이 가나폴스키는 큰 충격을 받았다. 내가 이야기를 마치자 그가 말했다. "우리 방송이 뒷전으로 밀려나지 않았다면 분명 내일 범인을 체포할 겁니다."

나도 그렇게 생각했다. 하지만 아무 일도 없었다. 며칠이 지나고 몇 주가 지나도 감감무소식이었다. 공적 자금이 착복됐다고 적나라하게 폭로한 이런 엄청난 기사가 아무 반응도 끌어내지 못한다는 사실이 믿기 힘들었다.

그러던 중 반응이 왔다. 다만 내가 기대한 반응은 아니었다. 2008년 8월 21일 유달리 고요하고 무더운 런던의 어느 여름날, 사무실 전화가 쉴 새 없이 울려댔다. 처음에는 세르게이가 전화를 걸더니 이어서 블라디미르 파스투호프, 나중에는 예두아르트가 전화를 걸어 왔다. 그들이 각각 전한 메시지는 동일했다. 러시아 내무부의 어느 팀이 자기 사무실을 압수 수색했다는 내용이었다.

예두아르트의 메시지가 가장 충격적이었다. 그가 사무실을 잠시 비운 오후 4시 56분에 DHL 소포가 도착했는데, 그로부터 한 시간도 채 지나지 않아 경찰들이 사무실에 들이닥쳐 수색을 시작했다. 그러고는 수색과 동시에 DHL 소포를 '찾아내' 압수하더니 바로 수색을 끝내고 가버렸다.

분명 이 정체 모를 소포의 도착을 기점으로 모든 사건이 진행되었다. 고맙게도 예두아르트의 비서는 선견지명을 발휘해 화물 운송장의 사본을 만들어두었고, 그걸 우리에게 팩스로 보내주었다. DHL 홈페이지에 접속해 운송장 번호를 입력하고 소포의 발송인 주소를 확인하고는 깜짝 놀랐다. W1F 9HR 런던 골든 스퀘어 2-3번지 그래프턴 하우스.

　우리 런던 사무실 주소였다.

　당연히 그 소포는 우리 사무실에서 보낸 게 아니었다. 하지만 소포가 런던 남부 DHL 지점에서 발송되었다고 운송장에 적혀 있었기에 우리는 즉시 런던 경찰청에 연락해 경위를 설명했다. 그날 늦게, 가죽 재킷에 에이비에이터 선글라스를 쓴 젊은 경찰관인 리처드 노튼 경사가 거들먹거리며 사무실을 찾아왔다. 나는 누가 소포를 보낸 건지 알아냈느냐고 물었다.

　그가 어깨를 으쓱하더니 슬그머니 재킷에서 DVD 하나를 꺼냈다. "아뇨. 대신 DHL 램버스_{런던 남부의 자치구} 지점에서 찍힌 CCTV를 확보해왔죠. 이걸로 발송자들을 확인할 수 있을 겁니다." 그가 말했다.

　나는 내 책상을 가리켰고, 노튼이 내 컴퓨터에 디스크를 로딩하는 동안 바딤과 이반이 그 책상 앞에 모여 섰다. 노튼이 마우스로 파일을 열더니 사람들이 DHL 화물 접수대를 오가는 저해상도 영상을 앞으로 감았다. 그런 뒤 재생 버튼을 눌렀다. "여기예요."

　영상 속에는 동유럽 사람처럼 생긴 남자 둘이 DHL에 도착한 모습이 담겨 있었다. 한 사람은 타타르스탄의 카잔에 있는 어느 백화점 로고가 새겨진 비닐봉지를 들고 있었고, 그 안에는 서류가 가득했다. 그 남자가 이 서류를 DHL 상자에 넣고 상자를 봉하는 동안, 다른 남자는 소포가 예두아르트의 사무실로 발송되도록 화물 운송장을 작성하고 현금으로 돈을 지불했다. 두 사람은 일을 마친 후 카메라에 등을 돌린 채 시야에서 사라졌다.

영상이 끝나자 노튼이 물었다. "누군지 알아보겠습니까?"

나는 이반과 바딤을 번갈아 쳐다보았다. 두 사람이 고개를 저었다. "아뇨, 모르는 사람들이에요."

"그럼 러시아에서 여러분을 괴롭히는 사람들의 이름을 적어주십시오. 지난주에 히스로와 개트윅 공항으로 빠져나간 탑승객 명단과 비교해 동일인이 나오는지 보죠."

그다지 기대하진 않았지만 여러 이름을 적어서 주었다.

러시아 당국이 발 빠르게 움직이고 있었기에 DHL에 대해 깊이 생각하고 있을 여유가 없었다. 저들은 우리 변호사들의 사무실을 압수수색한 데 이어, 사흘 후인 토요일에 블라디미르와 예두아르트에게 카잔 내무부 본부에 조사차 출석하라고 통보했다.

변호사에게 의뢰인에 대한 증언을 강요해선 안 되기 때문에 이런 소환은 불법일 뿐만 아니라 불길했다. 게다가 카잔 경찰은 러시아에서 가장 부패하기로 악명이 높았다. 제아무리 잔혹한 교도소라도 카잔에 비하면 홀리데이 인 호텔과 같았다. 카잔 수사관들은 자백을 받아내려고 샴페인 병을 수감자의 항문에 집어넣는 등 악랄한 고문을 하기로 유명했다. 설상가상으로 예두아르트와 블라디미르가 토요일에 소환되면 월요일이 될 때까지 외부와 단절되기에 그동안 카잔 내무부는 아무도 모르게 그들에게 무슨 짓이든 할 수 있었다.

몹시 두려웠다. 상황이 한층 더 나빠졌다. 이런 상황을 피하기 위해 이반과 바딤을 비롯한 허미티지 사람들을 러시아에서 빠져나오게 한 것이었지만, 우리 변호사들이 표적이 되리라곤 꿈에도 생각하지 못했다. 특히 블라디미르의 건강 상태가 좋지 않았기에 행여 수감이라도 되면 어쩌나 걱정되었다. 나는 즉시 그에게 전화했다. "변호사님이 걱정이에요." 내가 염려하며 말했다.

하지만 블라디미르는 이상하리만큼 태연했다. 이 상황을 실제 상황으로 받아들이기보다는 마치 학문적으로 조사하고 분석할 수 있는 문제인 양 대했다. "걱정 말아요, 빌. 난 법의 보호를 받는 변호사예요. 저들이 날 소환해 조사할 순 없어요. 모스크바 변호사 협회에 얘기해뒀으니 날 대신해 답신을 해줄 거예요. 난 카잔 근처에도 가지 않을 겁니다."

"변호사님 말씀과 달리 저들이 어떻게든 변호사님을 데려가면요? 지금 건강 상태로 수감되면 일주일도 못 버티실 거예요."

"하지만 말도 안 되는 일이에요. 변호사를 표적으로 삼다니요."

나는 흔들리지 않았다. "변호사님은 몇 년 전 바딤이 한밤중에 러시아를 떠나도록 설득했던 분이에요. 이제 변호사님 차례예요. 직접 얼굴 보고 얘기할 수 있게 최소한 런던에라도 오세요."

그는 잠시 가만있었다. "한번 생각해볼게요."

예두아르트 역시 바딤이 설득해보았지만, 그 역시 러시아를 떠날 마음이 없었다. 두 사람 다 이번 소환이 불법이고 이를 거부할 근거가 충분하다는 걸 알았기에 소환에 응하지 않았다.

토요일 내내 아무 일도 일어나지 않았다. 일요일도 마찬가지였다. 월요일 아침에 블라디미르에게 전화를 걸었다. "다행히 주말에는 무사했네요. 생각은 좀 해보셨어요? 런던에는 언제 오실 건가요?"

"아직 마음을 못 정했어요. 다들 러시아를 떠나지 말라고 하네요.

상황만 악화될 거라면서요. 꼭 내가 무슨 죄라도 지은 것처럼 보인다고요. 게다가 내 생활이 여기 있잖아요. 의뢰인도 모두 여기 있고요. 그냥 다 포기하고 떠날 순 없어요, 빌."

그의 내키지 않는 마음을 이해했지만, 러시아에 계속 머무르다가는 그가 심각한 위험에 처할 수 있다고 판단했다. 이 일의 배후에는 경찰까지 장악하고 있는 범죄자들이 있는 듯했다. "하지만 저들이 변호사님께 죄를 뒤집어씌우면 실제로 죄가 있고 없고는 중요하지 않아요. 거기서 빠져나오셔야 해요. 최소한 이 상황이 마무리될 때까지는요. 지금 러시아에 있는 건 바보 같은 짓이에요!"

내 설득에도 블라디미르는 마음을 바꾸지 않았다. 그러다 그 주 수요일에 그가 흔들리는 목소리로 전화했다. "빌, 카잔에서 방금 또 소환 요청이 왔어요."

"그런데요?"

"소환을 승인한 수사관에게 전화해서 이건 불법이라고 말했더니 만약 이번에도 나타나지 않으면 강제로 날 끌고 갈 거라고 하더군요. 내 건강 상태가 안 좋다고 얘기해보려 했지만 들으려고 하지 않았어요. 말하는 게 경찰관이 아니라 꼭 폭력배 같더군요."

"그럼 이제 떠나실……?"

"그게 문제가 아니에요, 빌. 스트레스가 심해서인지 간밤에 눈에 문제가 생겼어요. 머릿속에 불덩이가 있는 거 같아요. 하루빨리 전문의를 만나야 하는데 그 사람이 지금 이탈리아에 있어요."

"그럼 이탈리아로 가세요."

"비행기를 탈 수 있을 만큼 안정이 되면 바로 떠날게요."

그리고 예두아르트도 두 번째 소환장을 받았다는 사실을 알게 되었다. 그는 모스크바 변호사 협회에서 소환을 막아줄 수 있다고 생각했지만 협회에서도 속수무책이었다. 과거 수사관이자 판사로 일했을 때의 인맥을 이용해 사건의 배후를 알아낼 수 있을 것이라고 생각했지만, 아무도 그 답을 알지 못했다. 이제 지인들이 하나둘 조언하기 시작했다. "배후가 밝혀질 때까지 몸을 숨기고 있는 게 좋겠네, 예두아르트."

예두아르트는 난생처음으로 안전지대 밖으로 밀려났다. 그는 모두가 도움을 청하러 오는 사람이었지, 도움을 받는 사람이 아니었다. 1992년부터 형사 전문 변호사로 일하며 다수의 의뢰인을 변호했고, 러시아의 여느 변호사보다 실적이 뛰어난 변호사 가운데 한 명이었다. 법 시스템을 작동시킬 줄만 알았지, 몸을 숨기는 법은 몰랐다. 다행히 예두아르트의 옛 의뢰인들 중에는 그런 방법을 아는 사람이 많았고 그중 몇 명이 그가 어려움에 처한 사실을 알고 도와주겠다고 나섰다.

2008년 8월 28일 목요일, 카잔에 출두해야 하는 날 이틀 전에 예두아르트는 바딤에게 전화했다. "당분간 연락이 안 될 거예요. 그렇더라도 걱정하지 말아요. 난 괜찮을 테니까." 바딤이 그게 무슨 말이냐고 물었지만, 예두아르트는 말을 가로막았다. "이만 끊어야겠어요." 그러고는 전화가 끊겼다.

이 통화를 한 후 예두아르트는 휴대전화 배터리를 빼고 모스크바 남부 참새언덕러시아 모스크바강 기슭에 있는 언덕 근처에 있는 자신의 아파트로 갔다고 한다. 그는 몇 주째 감시를 받고 있었다. 그를 미행하는 사람들은 몸을 숨기려는 노력도 하지 않았다. 매일 밤 자동차 한 대가 그의 아파트 건물 밖에 서 있었고, 두 남자가 끊임없이 그의 아파트를 감시했다. 마피아인지 경찰인지 알 수 없었기에 더욱 불길했다.

어느 쪽이든 알고 싶지 않았다.

그날 예두아르트와 아내는 빨리 저녁을 먹은 후 여느 때처럼 저녁 산책을 나갔다. 두 사람은 매일 밤 이렇게 산책을 나갔다가 돌아오곤 했기에 감시팀도 따라가지 않았다. 예두아르트와 아내는 손을 잡고 천천히 넓은 도로를 따라 800미터쯤 산책했다. 하지만 평소처럼 되돌아오는 대신, 예두아르트가 아내의 손을 끌어당겨 재빨리 도로를 건넜다. 창을 짙게 선팅한 대형 검은색 아우디 A8 세단이 그를 기다리고 있었다. 예두아르트의 아내는 남편의 상황이 악화되고 있다는 건 눈치챘지만, 이 계획에 대해선 전혀 모르고 있었다. 그는 아내 쪽을 보고 그녀의 손을 잡으며 빠르게 말했다. "이제 때가 됐어."

그가 몸을 숨겨야 할 때였다.

그녀는 남편의 어깨를 잡고 남편에게 키스했다. 언제 다시 볼 수 있을지 알 수 없었다. 키스가 끝난 후 예두아르트는 세단 뒷좌석에 뛰어올라 누웠다. 그러자 차가 출발했다.

아내는 다시 도로를 건너 양손을 주머니에 찔러넣고 눈물을 삼킨 채 혼자서 집으로 돌아왔다. 감시팀이 언제 낌새를 챘는지 알 수 없다. 어쨌든 낌새를 차린 감시팀은 사태를 완전히 파악하는 데 몇 시간이 걸렸고, 자정 무렵 세 사람이 아파트에 나타나 예두아르트를 찾았다. 하지만 그의 아내는 남편이 어디 있는지 정말 몰랐기에 세 사람에게도 그렇게 대답했다.

인맥이 넓고 형법 지식이 풍부한 예두아르트마저 숨기로 결정한 마당에 학구파인 데다 중증 장애를 앓고 있는 블라디미르는 당장이라도 러시아를 떠나야 마땅했다.

나는 즉시 블라디미르에게 전화했다. 아직도 그가 모스크바에 있다는 사실에 화가 났다. "변호사님, 예두아르트가 몸을 숨겼어요. 변호사님은 언제 떠나실 건가요?"

"빌, 미안해요. 아직 몸 상태가 좋지 않아 먼 길을 떠나기엔 무리예요. 하지만 당신 의견에는 동의해요." 블라디미르의 말이 정확히 무슨 뜻인지 몰랐고 그도 자세히 설명하지 않았지만, 그가 곧 떠날 것이라는 말처럼 들렸다.

나는 그가 꼭 그러기를 바랐다. 블라디미르와 예두아르트가 두 번째 소환장에도 불응해 토요일에 카잔에 나타나지 않을 경우, 부패 경찰들이 체포 영장을 발부할 것이라고 확신했기 때문이다.

내게 미처 말하지는 못했지만, 당시 블라디미르는 러시아를 빠져나갈 방도를 궁리하고 있었다. 마음 같아서는 육지나 바다를 통해 국경을 넘고 싶었다. 러시아 국경 수비대는 워낙 구식이어서 대부분의 변경 지대에는 도망자를 탐지할 최신 장비가 갖춰지지 않았다. 그리고 일반적으로 국경 수비대의 부적격자들로 인력을 배치하곤 했다. 그러다 보니 나태와 취태는 일상다반사였고, 수배자들이 이곳을 몰래 통과하는 일도 일상적으로 벌어졌다. 이런 점을 고려했을 때, 국경을 넘는 최적의 방법은 우크라이나로 넘어가는 네호테옙카 건널목을 통과하거나 소치에서 이스탄불로 가는 페리를 타는 것이었다. 하지만 불행하게도 두 곳 모두 차로 가기에는 너무 멀었기 때문에 자칫 블라디미르의 눈 건강에 치명타가 될 수 있었다. 게다가 러시아의 도로는 움푹 팬 곳과 비포장 구간이 많기로 유명해서 이런 울퉁불퉁한 도로를 따라갔다간 망막 질환을 앓고 있는 블라디미르가 영구 실명이 될 수 있었다.

두 선택지를 불합격시킨 후 블라디미르는 다른 쪽으로 눈을 돌렸다. 러시아의 여름휴가가 8월 31일 일요일에 끝날 예정이었다. 그날은 수많은 인파가 러시아를 들어오고 나갈 것이다. 이런 혼란 속에서 출입국 심사관이 모든 여권을 제대로 확인하기는 힘들지 않을까 하는 생각이 들었다. 승산이 거의 없었기 때문에 건강한 사람이라면 이런 선택지를 과감히 버렸겠지만, 블라디미르는 찬밥 더운밥을 가릴 처지가 아니었다.

블라디미르와 예두아르트가 카잔에서 조사를 받기로 예정된 8월 30일 토요일이 왔다. 나는 조마조마한 마음으로 블라디미르 아내의 전화를 기다렸다. 혹시 저들이 블라디미르를 체포하러 왔다고 알릴까 봐 두려웠다. 하지만 러시아에서는 아무 전화도 오지 않았다. 일요일 아침 일찍 전화하고 싶었지만, 블라디미르의 전화를 도청하고 있을 누군가에게 그가 아직 러시아에 있다는 사실을 알리고 싶진 않았다.

그날 블라디미르와 아내, 아들은 셰레메티예보 공항에서 밀라노로 가는 밤 11시에 출발하는 알리탈리아 비행기를 예약했다. 세 사람은 오후 4시 40분에 간단한 기내용 가방을 들고 집을 나섰다. 예두아르트와 달리 그를 감시하는 수상한 인물은 한 명도 없었다. 블라디미르의 가족은 공항에 가려고 택시를 탔지만, 늦여름의 휴가 차량들로 인한 교통 체증에 시달리다가 2시간 반이나 걸려 도착했다. 저녁 7시에 셰레메티예보 공항에 도착한 세 사람은 탑승 수속을 위해 줄을 섰다. 공항은 완전히 혼돈 상태였다. 사방에 사람이 가득했고 다들 아무렇게나 줄을 섰으며 큰 여행 가방들이 길목 대부분을 막고 있었다. 비행기를 놓칠지도 모른다는 생각에 다들 신경이 날카로워지면서 분위기가 격앙되었다.

이건 블라디미르가 바라던 시나리오였다. 탑승 수속에는 한 시간

이상이 걸렸다. 다음은 보안 검색대 차례였다. 심사대를 통과하는 데
에만 또 한 시간이 걸렸다. 블라디미르와 가족이 출국 심사 줄에 섰
을 때는 벌써 밤 10시였다. 그곳도 혼잡하기는 마찬가지였다. 다들 한
사람이라도 더 추월하려고 말싸움을 벌이며 자리다툼을 했다.

줄 앞쪽으로 갈수록 긴장감이 블라디미르를 무겁게 짓눌렀다. 일
이 틀어지면 그는 현장에서 체포될 수도 있었다. 만약 체포되면 교도
소에서 죽게 될 것이다. 러시아를 빠져나가는 이 지극히 일상적인 일
이 블라디미르에게는 생사를 가르는 문제였다고 말해도 전혀 과장이
아니었다.

비행기가 이륙할 때까지 40분도 채 남지 않았을 때 블라디미르와
가족은 바닥의 붉은 선을 넘어 출국 심사 부스에 다가갔다. 심사관은
불그레한 뺨에 눈이 초롱초롱한 젊은 남자로, 이마에 땀이 반짝이고
있었다.

"서류요." 심사관이 컴퓨터 단말기에서 고개도 들지 않고 러시아어
로 말했다.

블라디미르는 여행용 가죽가방을 뒤적여 가족의 여권과 탑승권을
찾았다. "오늘 밤은 공항이 전쟁터 같군요." 그가 짐짓 태평한 목소리
로 말했다.

심사관이 알아들을 수 없는 말을 중얼거렸다. 그는 서류나 빨리 내
놓으라는 듯 블라디미르를 찌푸린 얼굴로 쳐다보았다.

"여기 있어요." 블라디미르가 서류를 모두 건넸다.

이 서류는 그 심사관이 그날 확인한 500번째 서류쯤 됐을 것이다.
일반적으로 러시아 출입국 관리소 직원들은 모든 여권을 꼼꼼히 처리
한다. 상세 정보를 컴퓨터에 입력하고 결과를 기다렸다가 여권에 도장

을 찍는다. 하지만 이런 날 그렇게 했다간 업무가 12시간씩 지연돼 승객의 반이 비행기를 놓칠 것이다. 이 일반적 절차를 제대로 거치지 않은 채, 심사관이 도장을 들고 각 여권을 대충 넘겨본 후 빨간 잉크가 묻은 출국 도장을 여권에 찍었다. 그러고는 모든 서류를 블라디미르에게 돌려주고 외쳤다. "다음!"

블라디미르가 아들에게 팔짱을 꼈다. 세 사람은 함께 그 자리를 벗어나 겨우 15분을 남겨두고 탑승 게이트에 도착했다. 그리고 비행기에 올라타 안전벨트를 맨 후 감사 기도를 드렸다. 비행기가 서서히 움직이다가 이륙했고, 몇 시간 후 이탈리아에 도착했다.

그날 밤 늦게 착륙하자마자 그가 내게 전화해 감탄하듯 소리쳤다.

"빌, 우리 밀라노에 도착했어요!"

블라디미르는 안전했다. 비로소 마음이 놓였다.

하바롭스크

이제 블라디미르는 안전했지만, 예두아르트가 아직 러시아에 있었다. 다만 그가 러시아 어디에 있는지 알지 못했다. 그의 아내조차 몰랐다. 우니베르시테츠키 거리에서 아내와 헤어진 후 예두아르트는 모스크바 동부에 있는 한 친구의 아파트로 갔다. 가든 링 도로 바로 외곽에 있는 곳이었다. 그곳에서 이틀 밤을 지냈다. 절대 밖에 나가지도 않고 전화 통화도 하지 않았다. 그냥 아파트 안을 서성거렸고, 친구와 현재 상황을 의논하고 어떤 선택지가 있는지 고민했다. 그는 러시아를 떠날 마음의 준비가 되지 않았다. 아직은.

셋째 날 동이 트기 직전, 예두아르트는 다른 친구의 차에 올라타 다른 아파트로 옮겼다. 길은 일부러 빙 돌아서 갔다. 예두아르트가 뒷좌석에 누웠고, 미행이 붙지 않았단 걸 확인한 후에야 다음 장소로 이동했다.

예두아르트는 그곳에서 이틀 밤을 보냈다. 거처를 계속 옮겨다니는 일은 괴로웠다. 자신의 의지로 일을 처리하는 데 익숙하던 그는 어느새 다른 사람들에게 완전히 의지하는 신세가 되었다. 휴대전화를 쓰거나 이메일을 보낼 수도 없었다. 오로지 뉴스를 보고 우리 안의 짐승처럼 아파트를 서성거리며 점점 더 스트레스를 받는 게 전부였다.

첫 주가 끝나갈 무렵, 예두아르트는 친구로부터 연락을 받았다. 암울한 내용이었다. 그를 쫓는 사람들의 수가 늘어났다고 했다. 그들이 점점 가까이 다가오고 있었다. 이제 모스크바는 너무 위험했다. 아직 패배를 인정하고 러시아를 떠날 준비가 되지 않았기에 숨을 만한 다른 도시를 찾아야 했다. 보로네시나 니즈니노브고로드로 갈까 생각했다. 두 곳 모두 야간열차를 타고 가야 했다. 어디를 가든 혼자 힘으로 헤쳐나가야 했다. 그는 노련한 변호사였지 노련한 도망자는 아니었기에 아마 일주일도 버티지 못할 터였다. 그에게는 두 가지가 필요했다. 모스크바에서 멀리 떨어진 은신처와 자신을 숨겨줄 재력이 있고 믿을 만한 사람.

그는 연락처를 살펴보다가 한 사람을 발견했다. 러시아 극동 지역인 하바롭스크에 살고 있는 미하일이란 남자였다. 10년 전, 예두아르트는 중대한 법적 문제에서 미하일을 구해 장기 구금형을 면하게 해준 적이 있었다.

그는 선불 휴대전화로 미하일에게 전화를 걸어 상황을 설명했다. 설명이 끝나자 미하일이 말했다. "하바롭스크까지 올 수 있다면 원할 때까지 얼마든지 숨겨줄 수 있소."

하바롭스크는 분명 첫 번째 조건을 충족했다. 모스크바에서 6100킬로미터 이상 떨어진 곳으로, 런던과 적도 사이의 거리보다 약 480킬로미터쯤 더 멀었다. 문제는 거기까지 가는 일이었다. 차로 너무 오래 가야 해서 중간에 부패한 현지 경찰들의 검문에 걸려 수색을 받을 가능성이 있었고, 그렇게 되면 비참한 최후를 맞이할 터였다. 기차로 가는 방법도 문제가 많았다. 표를 사고 전산 시스템에 이름을 올린 후 움직이는 금속 상자에 일주일을 앉아 있는 동안, 저들이 이것저것 종합해 그를 추적할 수 있었다.

단연코 최선의 선택은 비행기를 타는 것이었다. 이 방법도 전산 시스템에 이름이 올라가지만, 8시간이면 목적지에 도착하기에 놈들에게 반격할 시간을 거의 주지 않을 것이다. 안전을 기하기 위해 예두아르트는 금요일 밤 늦게 비행기를 타기로 결정했다. 자신을 쫓는 자들이 주말 음주를 시작했기를 바랐다. 그럼 그자들이 정보를 입수하고 행동에 나서기 전에 착륙할 수 있을 것이다.

예두아르트는 출발 시간 90분 전에 대다수 국내선이 운영되는 모스크바 도모데도보 공항에 도착해 티켓 구매대로 갔다. 데스크 직원이 티켓 가격을 말했다. 5만6890루블, 1500파운드가 좀 안 되었다. 예두아르트는 지갑을 꺼내 현금을 셌다. 최대한 무심하게 여직원에게 현금을 건네는데, 심장 박동이 빨라졌다. 현금으로 계산하기에는 큰 금액이었지만, 여직원은 별 반응 없이 돈을 받아 자판을 두드리더니 웃는 얼굴로 티켓을 건네며 말했다. "즐거운 여행 되십시오."

첫 장애물은 통과했다.

다음은 보안 검색을 하고 게이트에서 탑승 수속을 한 뒤 바로 이륙하는 것이었다. 이 장애물도 모두 무사히 통과했지만 장애물이 남아 있었다. 비행기 티켓을 구매한 정보가 전산망에 들어가면 저들 중 일부가 하바롭스크 공항에서 그의 착륙을 기다리고 있을 수 있었다. 시간대를 일곱 개나 넘어가는 야간 비행이었고, 이런저런 걱정에 밤잠을 청해보았지만 불가능했다.

예두아르트는 기진맥진하고 신경이 날카로워진 채 하바롭스크에 착륙했다. 비행기가 천천히 달리다가 멈췄다. 계단차가 비행기 측면으로 붙었다. 문이 열리자 승객 몇 명이 내려서 터미널 쪽으로 갔다. 예두아르트는 비행기 문 아래로 자신의 큰 골격을 숨겼다. 자동차 한 대가 활주로에서 바로 대기하고 있었다. 가슴이 철렁했지만, 자동차 옆에는 미하일이 반가운 표정으로 미소를 지으며 서 있었다.

예두아르트가 작은 휴대용 가방을 손에 들고 계단을 내려왔다. 그는 터미널을 통과하지 않고 곧바로 교외에 있는 수수한 호텔로 인도되었다. 미하일이 그를 가명으로 체크인시켰다.

우리는 그때까지 예두아르트가 어디서 무엇을 하는지, 또는 안전한 건지 알 수 없었다. 러시아에 있는 그를 도울 방법은 없었지만, 그에게 누명을 씌우기 위해 어떤 방법이 동원되는지는 알아낼 수 있었다.

9월 초, 우리는 카잔 법원으로부터 자료 사본을 받았다. 가장 불길한 문서는 우리 회사들을 훔친 살인 전과범 빅토르 마르켈로프의 증인 진술서였다. 그는 자신이 옥타이 가사노프라는 남자의 지시를 받아 이런 짓을 저질렀으며 가사노프는 우리 회사를 훔치기 두 달 전에 심장 마비로 사망했다고 진술했다. 뿐만 아니라 마르켈로프는 가사노프가 예두아르트에게서 모든 지시를 받았고 그 위에는 내가 있다고 주장했다.

이제 예두아르트가 러시아에 계속 머물면 어떤 일이 벌어질지 확실해졌다. 내무부의 부패 관리들은 결국 그를 찾아내 체포할 것이다. 일단 그를 구속하면 내가 2억3000만 달러를 착복했다는 증언을 받아낼 때까지 고문할 것이다. 순순히 자백하면 살려두고 죄수 유형지에서 몇 년 복역하도록 하겠지만, 버티면 그를 죽이고 마르켈로프가 주장하는 내용을 러시아에서 공식적인 '진실'로 만들 것이다.

우리는 이 정보를 그에게 알릴 방법을 찾아야 했다. 바딤은 예두아르트와 연락이 닿을 만한 모스크바에 있는 지인 몇 명에게 간단한 메시지를 보냈다. "새로운 정보가 밝혀졌어요. 당신의 목숨이 위험해요. 하루빨리 러시아를 떠나요."

우리가 모르는 사이에 예두아르트는 이 메시지를 받았다. 하지만 그는 그때조차 패배를 인정할 생각이 없었다. 정부의 고위 관리가 우리가 고소한 2억3000만 달러의 착복 내역을 보면 모든 문제가 해결되리라고 믿었던 것이다.

하지만 그를 숨겨주고 있는 미하일조차 점점 초조해졌고, 그가 하바롭스크에 계속 머물다간 위험해질 수 있다고 생각했다. 미하일은 예두아르트에게 무장 경호원 두 명을 붙여 시내에서 160킬로미터 떨어진 숲속에 있는 자신의 별장으로 옮겼다. 침엽수와 자작나무가 완전히 뒤덮고 있고 여기저기 물고기 연못이 흩어져 있는 그림 같은 곳이었다. 거기서 예두아르트는 발전기의 전기와 위성 전화기, 자동차를 사용할 수 있었다.

그곳에서 2주를 보냈을 때 미하일에게서 메시지가 왔다. 예두아르트의 믿을 만한 친구 한 명이 직접 메시지를 전달하기 위해 하바롭스크까지 찾아왔다는 내용이었다. 예두아르트는 이를 좋은 징조로 받아들였다. 고작 흉보를 전하려고 먼 극동 지방까지 올 리가 없다고 생각했다. 이틀 후 예두아르트와 경호원들은 차를 타고 하바롭스크 변두리에 있는 카페로 친구를 만나러 갔다. 친구가 도착하자마자 예두아르트의 희망은 산산조각 났다. 악수를 하는 친구의 얼굴에 수심이 가득했기 때문이다. 두 사람은 자리에 앉아 차를 주문하고 애기를 시작했다.

"할 수 있는 건 다 해봤네. 아주 높은 사람들이 연루돼 있어. 바뀌는 건 아무것도 없을 걸세. 쉽게 끝나지 않을 거야." 친구가 말했다.

"그럼 고작 그 말을 하자고 이 먼 길을 온 건가?"

"그건 말일세, 예두아르트. 자네 얼굴을 직접 보고 말해주고 싶었네. 속히 러시아를 떠나게. 자네 목숨이 위험해. 자넬 쫓는 자들은 무슨 짓이든 서슴지 않을 걸세."

이 말이 예두아르트를 뒤흔들었다. 친구와 헤어진 후 그는 미하일에게 전화해 애기했다. "러시아를 빠져나가야겠어요. 도와주시겠습니까?"

"내가 할 수 있는 일이면요." 미하일이 대답했다.

러시아는 분권 통치가 발달한 나라이기에 일부 지역에서는 영향력 있는 사업가의 권한이 모스크바 내무부의 권한에 필적했다. 미하일은 그 지역에서 손에 꼽힐 정도로 중요한 사업가였으므로 예두아르트는 그의 영향력을 믿어보기로 했다. 모든 여행자의 필수 절차인 보안 검색대와 출국 심사대를 무사히 통과할 수 있을 만큼 그 영향력이 대단하길 바라야 했다. 미하일은 현지 해결사가 공항 게이트까지 예두아르트를 배웅할 수 있게 준비했다. 예두아르트는 그 해결사가 출입국 심사관을 매수할 수 있는지 몇 번이고 물었다. 미하일은 걱정하지 말라고 했다. 그래도 예두아르트는 마음을 놓을 수 없었다.

2008년 10월 18일 오전 10시, 예두아르트는 공항에 가서 해결사를 만났다. 그는 키가 작고 눈빛이 다정한 남자로, 멋진 회색 양복을 입고 있었다. 이미 영국 비자가 있었던 예두아르트는 발권 데스크로 가서 서울 경유 런던행 이코노미석 왕복 티켓을 샀다. 그런 다음 탑승 수속을 하고, 보안 검색과 출국 심사를 하기 위해 출발 한 시간 전까지 기다렸다. 상황을 지켜보다가 그와 해결사는 보안 검색대로 걸어갔다. 두 사람은 곧장 보안 검색을 대기하는 줄 맨 앞으로 갔다. 해결사는 내내 예두아르트 옆에 붙어서 보안 검색대 직원들에게 고개를 끄덕이며 윙크를 했고 심지어 몇 명과 악수도 했다. 예두아르트는 수화물 컨베이어벨트에 가방을 놓고 탑승권을 제시한 뒤 금속 탐지기를 지나갔다.

그런 다음 두 사람은 출국 심사대로 갔다. 출국 심사 부스에 도착하자 해결사가 심사관과 악수를 하더니 여담을 주고받았다. 그런 뒤 심사관이 예두아르트의 여권을 받아들었다. 여권을 책상에 놓고 예두아르트를 쳐다보더니 다시 해결사를 보았고 여권의 빈자리를 찾아 빨간색 잉크 패드에 도장을 꽉 누른 뒤 여권에 가져다 찍었다. 그는 심지어 컴퓨터를 아예 쳐다보지 않았다.

심사관이 여권을 덮어 도로 건네주었다. 예두아르트의 눈과 해결사의 눈이 마주쳤다. 그가 윙크를 했다. "고맙습니다." 예두아르트가 말했다. 그는 뒤돌아 서둘러 게이트로 갔다. 문이 닫힐 때까지 몇 분밖에 남지 않았다. 그가 비행기에 올라타고 비행기가 이륙했다. 두 시간 후 비행기가 러시아 영공을 벗어났을 때에야 비로소 그는 몇 주간의 고생 끝에 마음을 놓았다.

그는 무사히 러시아를 빠져나왔다.

그날 늦게 바딤의 전화벨이 울렸다. 전화기에 낯선 국가 번호가 떴다. 그가 전화를 받았다. "여보세요?"

"바딤! 나 예두아르트예요."

바딤이 의자에서 벌떡 일어났다. 예두아르트한테서 거의 두 달째 소식을 듣지 못한 상태였다. 매일 희망과 절망 사이를 오가며 그가 안전한지 죽었는지 아니면 그 사이 어딘가에 있는지 궁금해했다. "예두아르트!" 바딤이 소리쳤다. "지금 어디예요? 괜찮아요?"

"네, 난 괜찮아요. 지금 서울에 있어요."

"서울이요?"

"네, 서울이요. 다음 아시아나 비행기를 타고 히스로로 갈 거예요. 내일 런던에서 봐요."

"그럼 안전한 거죠?"

"네, 그럼요. 할 얘기가 많아요. 곧 봐요."

이튿날 저녁 7시에 차 한 대가 히스로 공항에서 예두아르트를 태워 골든 스퀘어에 있는 사무실로 곧장 데려왔다. 그가 문을 열고 들어오자마자 우리는 차례대로 그에게 포옹을 하며 등을 툭 쳤다. 비록 딱 한 번 만나본 사람이었지만, 마치 오랫동안 만나지 못한 형제와 재회한 기분이었다. 드디어 자리에 편안히 앉게 되자 예두아르트는 그간의 이야기를 들려주었고, 바딤과 이반이 교대로 통역해주었다. 우리는 완전히 몰입했다. 그가 이야기를 마쳤을 때 내가 말했다. "놀랍네요, 예두아르트. 정말 놀라워요. 탈출할 수 있어서 다행이에요."

그가 고개를 끄덕였다. "네, 천만다행이죠."

그날 저녁 예두아르트가 안전하다는 사실에 잠시 안도했지만, 여전히 문제가 끝날 기미는 보이지 않았다.

예두아르트는 몸을 숨겼지만, 세르게이는 여전히 모스크바에서 적에 노출되어 있었다. 9월 말 『델로보이 프토르니크』라는 모스크바 경제 주간지에서 우연히 어떤 기사를 발견했다. '영국인이 저지른 사기'

라는 제목이었다. 이 기사는 예두아르트와 내가 사기 배후의 지휘자라는 지겨운 주장을 반복했지만, 이전까지 한 번도 등장하지 않았던 이름이 섞여 있었다. 바로 세르게이 마그니츠키였다.

이를 본 후 바딤이 세르게이에게 떠나라고 설득해보았지만, 세르게이는 요지부동이었다. 자신은 아무 잘못도 하지 않았기에 별일 없을 거라고 고집을 부렸다. 또한 그는 그자들이 자신의 조국에서 너무나 많은 돈을 훔쳤다는 데 분개했다. 법을 철석같이 믿었던 그는 10월 7일에 두 번째로 증인 선서 후 진술을 하기 위해 러시아 연방 수사 위원회에 다시 갔다. 다시 한번 절차를 이용해 공식 기록에 더 많은 증거 자료를 집어넣고자 했고, 이번에는 사기와 그 배후에 대한 여러 상세 정보를 추가로 제공했다.

대담한 행동이었다. 또한 걱정스럽기도 했다. 나는 세르게이의 투지와 성실함에 탄복했지만, 저들이 예두아르트와 블라디미르에게 하려던 짓을 감안하면 즉석에서 그를 구속할까봐 두려웠다. 놀랍게도 그들은 그렇게 하지 않았다.

2008년 10월 20일 아침, 이반은 또다시 세르게이를 설득하려고 했다. "잘 들어요. 우리 변호사들이 모두 표적이 됐어요. 그래서 예두아르트도, 블라디미르도 다 여기 있다고요. 당신 이름이 실린 기사도 봤어요. 러시아에 계속 있으면 무슨 험한 일을 당할지 몰라요."

"어째서 그런 일이 일어날 거란 거죠?" 세르게이가 생각을 굽히지 않은 채 물었다. "난 법을 어긴 적이 없어요. 저들이 쫓고 있는 건 예두아르트와 블라디미르뿐이에요. 두 사람은 법원에서 사기 소송에 맞서 싸웠으니까요. 난 그런 적이 없어요. 그러니 이곳을 떠날 이유가 없다고요."

"그래도 떠나야 해요, 세르게이. 저들이 당신을 체포할 거예요. 제발이요. 이렇게 부탁할게요."

"미안해요, 이반. 법이 날 보호해줄 거예요. 지금은 1937년도가 아니에요." 사람들이 비밀경찰의 손에 어디론가 사라지던 스탈린의 숙청 시절을 언급하며 세르게이가 말했다.

세르게이의 마음을 바꿀 수는 없었다. 그가 러시아에서 계속 고집을 부려서 우리도 손쓸 방도가 없었다. 그는 블라디미르, 예두아르트와 다른 세대였다. 두 사람은 소비에트 시절에 성인이었고 러시아 정부가 얼마나 변덕스러울 수 있는지 직접 목격했다. 그 시절에는 힘 있는 자가 누군가를 체포하려 들면 어떻게든 그 사람은 체포되었다. 법은 중요하지 않았다. 반면 세르게이는 서른여섯 살로, 시대적 상황이 좋아지던 시점에 성년이 되었다. 그래서 러시아를 있는 그대로 보지 않고 자신이 원하는 모습으로 보았다.

이 때문에 그는 미처 깨닫지 못했다. 러시아가 법치法治가 아닌 인치人治 국가라는 사실을.

그리고 러시아를 다스리는 자들이 사기꾼이라는 사실을.

제9계명

2008년 11월 24일 이른 아침, 아르템 쿠즈네초프 중령의 지시를 받은 내무부 요원 세 팀이 모스크바 전역으로 출동했다. 한 팀은 세르게이의 집으로 향했고, 다른 두 팀은 파이어스톤 덩컨에서 세르게이에게 업무 보고를 하는 부하 변호사들의 아파트로 갔다.

부하 변호사 중 한 명인 이리나 페리히나는 노크 소리가 들렸을 때 화장대에 앉아 있었다. 자존심이 센 여느 30대 러시아 여자처럼, 그녀는 화장기 없는 얼굴로 누군가와 얘기하는 건 피하려고 했다. 그래서 문을 바로 열어 가지 않고 계속 마스카라를 칠하고 립스틱을 발랐다. 화장을 마치고 문을 열러 갔을 때는 밖에 아무도 없었다. 안에 아무도 없다고 생각하고 경찰들이 포기하고 떠난 뒤였다.

세르게이의 다른 부하 변호사인 보리스 사몰로프는 운 좋게도 등록된 주소에 살고 있지 않았다. 덕분에 경찰을 완전히 따돌렸다.

하지만 세르게이는 여덟 살 난 아들 니키타와 집에 있었다. 세르게이는 출근 준비를 하고 니키타는 학교에 갈 준비를 하는 중이었다. 큰 아들 스타니슬라프는 이미 집을 나선 뒤였고, 세르게이의 아내 나타샤는 그날 아침 몸이 좋지 않아 병원에 가고 없었다. 문을 두드리는 소리가 들리자 세르게이가 문을 열었다. 밖에는 요원 세 명이 서 있었다. 그는 옆으로 비켜 세 사람을 들어오게 했다.

모스크바 중앙의 포크롭카 거리에 자리한 아담한 방 2개짜리 아파트였다. 장장 여덟 시간 동안 요원들은 이 아파트를 다 헤집어놓았다. 병원에서 돌아온 나타샤는 깜짝 놀라며 겁을 먹었지만, 세르게이는 태연했다. 부부가 니키타의 침실에 앉아 있을 때 그는 귓속말로 얘기했다. "걱정 마. 난 아무 잘못도 안 했어. 저들도 날 어쩌지 못해." 스타니슬라프가 학교에서 돌아왔을 때에도 경찰은 그대로 있었다. 세르게이는 차분한 목소리로 다 괜찮을 거라고 아들을 안심시켰다.

경찰은 오후 4시에 수색을 마쳤다. 그들은 세르게이의 모든 의뢰인 파일과 컴퓨터, 가족사진, 어린이 DVD 한 무더기, 심지어 니키타의 소유인 종이비행기 수집품과 스케치북까지 압수했다. 그러고는 세르게이를 체포했다. 그는 끌려 나가면서 아내와 아이들 쪽을 보며 억지웃음을 짓고 곧 돌아올 거라고 말했다.

이렇게 세르게이 마그니츠키의 비극적 시련이 시작되었다. 몇 달 동안 간간이 상황을 전해 들은 것뿐이었지만, 그가 겪은 고난은 지금까지 한시도 내 머릿속을 떠난 적이 없다.

세르게이의 집이 수색을 당한 사실은 즉시 내 귀에 들어왔다. 그날 오후 바딤이 공포에 질린 얼굴로 급히 뛰어왔다. "사장님, 당장 회의실로 와보세요!"

그를 따라갔다. 이반과 예두아르트, 블라디미르가 이미 회의실에

와 있었다. 내가 회의실의 문을 닫자마자 바딤이 말했다. "세르게이가 체포됐어요!"

"젠장." 가까이 있는 의자에 풀썩 주저앉았다. 갑자기 침이 바싹 말랐다. 수십 가지 질문과 상상이 머릿속을 맴돌았다. 세르게이는 어디에 감금돼 있을까? 저들은 무슨 근거로 세르게이를 체포한 걸까? 어떻게 그에게 죄를 뒤집어씌운 걸까?

"이제 어떻게 될까요, 예두아르트?" 내가 물었다.

"구속 영장 심사를 거쳐 보석을 허가받거나 구치소에 수감될 거예요. 아마 후자 쪽이겠죠."

"구치소 상태가 어떤데요?

예두아르트가 한숨을 쉬며 내 눈을 피했다. "열악해요, 빌. 굉장히 안 좋아요."

"수감 기간은요?"

"최대 1년이에요."

"1년이요? 기소도 하지 않고요?"

"네."

상상의 나래가 빠르게 펼쳐져 하버드 출신의 변호사가 난폭하고 무시무시한 범죄자가 우글거리는 뉴욕 주립 교도소에 수감되면서 겪는 이야기를 다룬 미국 TV 시리즈 「오즈」가 떠올랐다. 그저 TV 드라마일 뿐이지만, 세르게이가 마주할 현실을 생각하니 그 주인공이 겪은 형언하기 힘든 일들이 날 몸서리치게 했다. 고문을 당하진 않을까? 겁탈을 당하진 않을까? 온화하고 학식 있는 중산층 변호사는 이런 상황에 어떻게 대처할까?

세르게이를 구하기 위해 무슨 짓이든 해야 했다. 우선 변호사를 붙여주기로 했다. 세르게이가 요청한 동향 출신의 유명한 변호사 드미트리 하리토노프를 즉시 선임했다. 나는 드미트리가 세르게이의 상황을 바로 알려줄 것이라고 생각했지만, 그는 극도로 조심스러운 사람이었다. 자신의 전화가 도청되고 이메일은 감시되고 있다고 확신했기에 우리와 직접 얼굴을 보고서 소통하려 했다. 그래서 그가 런던에 오기로 한 1월 중순에야 상황을 알 수 있었다. 나는 이런 일 처리 방식이 몹시 불만이었지만, 세르게이가 원한 변호사였기에 두말할 수가 없었다.

그다음 외무성 러시아 부서의 새 부서장인 마이클 대븐포트를 만났다. 그는 케임브리지 출신 변호사로, 대략 내 나이쯤이었다. 전임자 사이먼 스미스와 달리, 대븐포트는 정이 가지 않는 사람이었다. 러시아와 얽힌 문제를 보고하려고 이전에 몇 번 만난 적이 있었지만, 내 상황이 개인적인 인과응보일 뿐 영국 정부가 관여할 문제가 아니라고 여기는 듯했다. 이제 무고한 사람이 체포된 상황이니, 나는 그의 태도가 바뀌기를 바랐다.

킹 찰스가에 있는 그의 사무실에 찾아갔다. 그가 날 안으로 안내하더니 목재 테이블을 가리켰다. 맞은편에 자리를 잡고 비서에게 차를 내오게 한 뒤 입을 열었다. "무슨 일로 오셨죠, 브라우더 씨?"

"러시아에서 나쁜 소식이 왔습니다." 내가 조용히 말했다.

"무슨 일이죠?"

"제 변호사 중 한 명인 세르게이 마그니츠키가 체포됐습니다."

대븐포트의 몸이 굳었다. "변호사 중 한 분이라고 하셨습니까?"

"네. 세르게이는 제가 일전에 말씀드린 대규모 세금 환급 사기 사건을 밝혀낸 변호사입니다. 그런데 오히려 그 범죄를 저지른 내무부 요원들이 그를 구속한 거죠."

"무슨 근거로요?"

"아직 알아내지 못했습니다. 짐작건대 아마 탈세 혐의일 겁니다. 그게 그 사람들의 작업 방식이거든요."

"무척 안타까운 일이군요. 어서 브라우더 씨가 아는 사실을 모두 말씀해보세요."

내가 자세한 내용을 말하자 그가 메모를 했다. 이야기가 끝나자 그가 자신 있게 약속했다. "적절한 시점에 러시아 쪽에 이 문제를 거론해보겠습니다."

지금껏 많은 외교관을 만나봤기에 이 말이 '내가 해줄 일은 아무것도 없습니다'를 뜻하는 외무성의 언어임을 알았다. 시간을 오래 끌 이유가 없었다. 황급히 그곳을 나와 사무실로 돌아가려고 트래펄가 광장을 지나갈 때 휴대전화가 울렸다. 바딤이었다.

"사장님, 방금 정보원 아슬란에게서 나쁜 소식을 전해 받았어요."

"뭔데?"

"내무부가 세르게이 사건에 고위 수사관 아홉 명을 배정했대요. 아홉이나요!"

"그게 어쨌다는 거지?"

"일반 형사 사건에는 보통 한두 명이 배정돼요. 큰 사건에 서너 명쯤 붙고요. 유코스처럼 중대한 정치적 사건에나 수사관 아홉 명이 붙는다고요."

"젠장!"

"그게 다가 아니에요. 아슬란에 따르면, FSB의 K청 수장인 빅토르 보로닌이 직접 세르게이의 체포를 책임졌대요."

"망할." 투덜거리며 전화를 끊었다.

세르게이가 큰 곤경에 빠졌다.

세르게이가 체포되고 이틀 후 모스크바의 트베르스코이 지방 법원에서 그의 보석 심리가 열렸다. 경찰은 범죄 증거나 그를 구속할 법적 근거가 전혀 없었다. 세르게이와 변호사들은 매우 엉성한 사건인 만큼 틀림없이 보석 허가가 날 것이라고 생각했다.

법정에는 내무부의 새로운 수사관이 와 있었다. 올레크 실첸코라는 서른한 살의 소령으로, 너무 동안이라서 법원에서 증언할 나이가 되는지조차 의심스러워 보였다. 파이어스톤 덩컨에서 세르게이의 세무과 인턴으로 일한다거나 모스크바 국립대 대학원생이라고 해도 믿을 듯했다. 하지만 빳빳한 파란색 제복을 입은 실첸코는 공격적으로 '증거'를 제시함으로써 그가 뼛속까지 내무부 요원임을 보여주었다.

실첸코는 세르게이가 도주 가능성이 있다고 주장했고, 증거로 K청의 한 '보고서'를 거칠게 흔들면서 세르게이가 영국 비자를 신청한 뒤 키예프행 비행기 티켓을 예약했다고 주장했다. 두 혐의 모두 날조된 것이었다. 세르게이는 자신이 영국 비자를 신청한 적이 없으며 그건 영국 대사관에 연락해보면 바로 입증될 것이라고 지적했다. 그런 뒤 비행기 예약 역시 가짜라고 얘기했지만, 판사가 중간에 끼어들었다. "수사 기관에서 밝힌 정보를 의심할 이유는 없습니다." 판사가 말했다. 그러더니 세르게이에게 미결 구금범죄의 혐의를 받는 자를 재판이 확정될 때까지 가두는 것을 명령했다. 세르게이는 법정에서 끌려 나가 수갑에 묶인 후 죄수 호송차에 실렸다. 그는 미공개 장소에서 열흘을 보낸 후 앞으로 최소 두 달을 수감되어 지낼 장소로 끌려갔다. 일명 모스크바 제5호 구금 시설로 알려진 구치소였다.

그곳에 도착한 세르게이는 침상이 여덟 개뿐인 감방에서 다른 수 감자 열네 명과 생활하게 되었다. 전깃불은 하루 24시간 켜져 있었고 수감자들은 교대로 잠을 잤다. 이는 분명 수감자들의 수면권을 박탈 하기 위한 조치였다. 실첸코는 고등 교육을 받은 조세 변호사인 세르 게이가 죄수들과 매트리스를 놓고 일주일간 싸우고 나면 무엇이든 자 신이 원하는 대로 해줄 것이라고 생각했으리라.

하지만 이는 단단한 착각이었다.

세르게이는 그로부터 두 달 간격으로 계속 다른 곳으로 이감되었 다. 감방의 상태는 갈수록 나빠졌다. 어떤 곳은 난방이 되지 않고 북 극 공기를 막아줄 창유리도 없었다. 너무 추워서 얼어 죽을 뻔했다. 화장실은 땅에 구덩이를 파놓은 식이었는데, 취침 구역과 분리돼 있 지 않아 오물이 역류해 바닥에 흘러넘쳤다. 유일한 전기콘센트가 화 장실 바로 옆에 있어서 고약한 냄새가 나는 변소 위에 서서 주전자에 물을 끓여야 하는 곳도 있었다. 또 어떤 감방에서는 세르게이가 막힌 변기를 플라스틱 컵으로 고정해놨는데 밤사이 쥐가 컵을 뜯어먹는 바 람에 아침까지 오물이 바닥에 흘러넘쳐서 세르게이와 감방 동료들은 원숭이처럼 침상과 의자 위로 기어올라가야 했다.

세르게이에게 신체적 불편보다 더한 고통은 정신적 고문이었다. 세 르게이는 헌신적인 가장이었는데, 실첸코는 가족과 어떠한 연락도 못 하도록 하는 방식으로 그를 괴롭혔다. 세르게이가 아내와 어머니의 면회를 신청하자 실첸코가 말했다. "면회를 거부한다. 수사에 적절하 지 않다."

그러자 세르게이는 여덟 살 아들과 전화 통화라도 할 수 있게 허락 해달라고 요청했다. "요청을 거절한다. 아들이 너무 어려서 통화가 불가능하다." 실첸코의 답변이었다. 실첸코는 이모의 면회를 허락해달라는 요청도 거절했다. 이모라는 여자와 친척관계인지 세르게이가 '입증할 수 없다'는 이유로.

실첸코가 이렇게 한 데에는 단 하나의 목적이 있었다. 세르게이가 쿠즈네초프와 카르포프에 대한 반대 증언을 철회하게 하는 것이었다. 그러나 세르게이는 절대 그럴 생각이 없었다. 그럴수록 실첸코는 세르게이의 수감 환경을 점점 더 열악하게 만들었고, 더 나아가 그의 자유까지도 박탈했다.

2009년 1월 세르게이의 구속 적부 심사일이 되어서야 우리는 그가 처한 끔찍한 수감 환경, 가족과 철저히 격리된 사실, 실첸코에게 학대받은 사실을 알게 되었고, 그가 증언 철회 요구를 끝까지 거부했다는 얘기를 듣게 되었다. 세르게이의 용기가 얼마나 대단한지 깨닫게 되었다.

그해 1월에 들려온 소식은 대부분 암울했지만, 한 가지 긍정적인 소식도 있었다. 계속 구치소를 옮겨다니던 세르게이는 절도로 고소된 아르메니아인과 같은 감방을 쓰게 되었는데, 그 아르메니아인은 재판을 앞두고 법률적 조언이 절실히 필요했다. 세르게이는 법률서나 다른 참고 자료 하나 없이 감방 동료를 위해 변론을 써주었고, 법정에 출석한 아르메니아인은 놀랍게도 무혐의로 결국 풀려났다. 이 소식이 퍼지면서 다른 수감자들 사이에 세르게이가 유능한 변호사라는 평판이 자자해졌다. 하룻밤 사이 그는 구치소에서 가장 인기 있고 특별한 보호를 받는 수감자가 되었다.

그 소식을 듣고 「오즈」에서 보았던 끔찍한 장면들이 조금은 사라졌다. 그러나 불행하게도 당국은 그를 가만히 내버려두지 않았다.

2월 말 실첸코는 비밀리에 세르게이를 IVS1이라는 특수 시설로 이감했다. 이곳은 중앙 구금 시스템 밖에 있는 임시 구금 시설로, 경찰이 구금자에게 무슨 짓이든 할 수 있는 곳이었다. 우리는 그곳에서 실첸코와 FSB가 세르게이를 협박해 거짓 자백에 서명하도록 하려는 게 아닐까 의심했다. 실제로 세르게이에게 무슨 짓을 했는지는 모르지만, 우리는 최악을 예상했다.

그로부터 두세 달 동안 더는 소식이 들려오지 않았다. 우리가 확신할 수 있는 건 실첸코를 비롯한 내무부 요원들이 무슨 짓을 하든 세르게이가 그들이 내민 문서에 서명하지 않았다는 사실뿐이었다. 누군가를 폭로하라는 실첸코의 요구에도 세르게이는 이렇게 대답했을 것이다. "그 범죄를 저지른 저 요원들을 폭로하겠소." 결국 실첸코는 온순해 보이는 조세 변호사를 대단히 과소평가했음을 깨달았으리라.

저들이 무슨 짓을 하면 할수록 세르게이의 정신은 더 강해졌다. 어머니에게 보내는 편지에서 그는 이렇게 썼다. "어머니, 제 걱정은 하지 마세요. 가끔은 제 정신력에 저도 놀란답니다. 어떤 고난이든 견뎌낼 겁니다."

세르게이는 무너지지 않을 것이다. 하지만 그의 의지는 무너지지 않아도 몸은 그렇지 않았다. 4월 초 세르게이는 또다시 이감되었는데, 이번에는 마트로스카야 티시나라는 구치소였다. 이곳에서 그는 극심한 복통에 시달리기 시작했다. 통증은 몇 시간이나 지속되었고 결국 여러 차례 격렬하게 구토했다. 6월 중순 무렵 그는 수감 전보다 살이 18킬로그램이나 빠져 있었다. 세르게이가 병에 걸렸지만, 우리는 무슨 병인지 알지 못했다.

세르게이의 구속이 길어지면서 나는 내심 그가 실첸코가 원하는 대로 해버리기를 바랐다. 그럼 나와 러시아 당국의 갈등은 악화되겠지만, 세르게이가 그 지옥에서 빠져나와 가족의 품으로 돌아갈 수만 있다면 그건 아무것도 아닐 터였다.

나는 매일 세르게이를 구치소에서 빼내는 일에 필사적으로 매달렸다. 러시아를 상대로 할 수 있는 일은 별로 없었기에 서양에서 모든 노력을 다해보는 수밖에 없었다.

영국 정부가 세르게이를 돕지 않으리라는 게 분명해지자 도움을 줄 만한 국제 기관을 찾기 시작했다. 첫 번째로 기댈 곳은 인권 문제를 전문으로 다루는 유럽 회의였다. 프랑스 스트라스부르에 본부를 둔 유럽 회의는 러시아를 포함한 유럽 47개국으로 구성돼 있었다. 독일 하원의원이자 전 법무부 장관인 자비네 로이트호이서슈나렌베르거가 최근 유럽 회의의 임명을 받아 러시아 형사 사법 제도에 대한 조사를 진행할 예정이었고, 이를 위해 세간의 이목을 끄는 사건을 찾고 있었다.

그녀의 관심을 끌기 위해 우리는 다른 러시아 희생자들과 경쟁해야 했다. 당시 러시아에는 부당하게 투옥된 사람이 대략 30만 명이나 되었기에 큰 기대는 하지 않았다. 하지만 변호사들이 나서서 사무실에 연락하자 그녀가 미팅을 수락해주었다. 미팅에 앞서 일주일 동안, 범죄의 각 진행 단계와 세르게이가 어떻게 인질이 되었고 구금 상태에서 얼마나 학대받았는지를 설명하는 프레젠테이션을 준비했다. 여러 증거와 함께 너무도 명확하게 사실이 제시되자 그녀는 즉시 세르게이의 사건을 받아들였다.

2009년 4월, 그녀는 긴 질문 목록을 들고 러시아 수사 당국과 접촉했다. 이는 바람직한 전개였다. 유럽 회의가 러시아 정부에 세르게이의 일을 묻는 간단한 절차만으로도 그가 석방되거나 최소한 좋은 환경에 수감될 가능성이 있었다.

불행하게도 두 가능성 모두 실현되지 않았다.

러시아 당국이 로이트호이서슈나렌베르거와의 맞대면을 거절했고, 그녀는 질문지를 보내 물어볼 수밖에 없었다. 그녀의 첫 질문은 간단했다. "세르게이 마그니츠키는 왜 체포됐습니까?"

답변은 다음과 같았다. "세르게이 마그니츠키는 체포되지 않았습니다."

물론 거짓말이었다. 세르게이는 감옥에 있었다. 러시아인들이 무슨 생각으로 이런 거짓말을 하는지 짐작하기 어려웠다.

두 번째 질문은 "왜 세르게이는 체포 전에 반대 증언을 한 상대인 내무부 요원 쿠즈네초프에게 체포되었습니까?"였다.

역시나 터무니없는 답변이 돌아왔다. "그런 이름을 가진 요원은 모스크바 내무부에서 일하지 않습니다."

쿠즈네초프가 내무부에서 다년간 일했다는 증거가 있었다! 저들은 로이트호이서슈나렌베르거를 바보로 보는 게 틀림없었다.

다른 답변도 거의 모두 터무니없었고 사실과 달랐다.

로이트호이서슈나렌베르거는 이런 거짓말과 모순을 최종 보고서에 실을 예정이었지만, 8월이 되어야 준비가 된다고 했다. 세르게이에게는 여유를 부릴 시간이 없었다. 우리는 계속 다른 기관들을 알아보았고 이 일에 관여할 만한 영향력 있는 법률 단체 두 곳을 찾아냈다. 바로 세계 변호사 협회와 영국 법률 협회였다. 세르게이의 사연을 듣고 서류를 검토한 후, 각 단체는 메드베데프 대통령과 검찰총장 유리 차이카에게 세르게이의 석방을 요청하는 편지를 보냈다.

이 조치가 성과를 내리라 또다시 큰 기대를 걸었지만 이번에도 완전히 실패였다. 검찰총장실에서는 영국 법률 협회에 이런 답변을 보내왔다. "보내주신 요청서를 숙고한 결과, 저희 검찰이 개입할 어떠한 근거도 찾지 못했습니다." 러시아 당국은 나머지 편지에는 답변조차 보내지 않았다.

조사를 계속해나가면서 이번엔 미국에 기대를 걸었다. 2009년 6월, 나는 미국 헬싱키 위원회에서 진술하기 위해 워싱턴 D.C.에 초대되었다. 헬싱키 위원회는 구소비에트 연방 국가들의 인권을 감시하는 일을 임무로 하는 독립적 정부 기관이었다. 당시 헬싱키 위원회의 위원장은 메릴랜드 민주당 상원의원으로 첫 임기를 지내고 있는 벤 카딘이었다. 이 청문회의 목적은 곧 있을 메드베데프 대통령과의 정상 회담에서 오바마 대통령의 브리핑 내용에 들어갈 사안들을 결정하는 것이었다.

미국 정치판에서 이토록 중요한 위치를 차지하는 단체에 세르게이의 사건을 알릴 첫 기회였다. 내 프레젠테이션을 들은 상원의원과 하원의원은 세르게이의 시련에 적잖은 충격을 받았다. 하지만 불행히도 헬싱키 위원회의 한 위원인 카일 파커라는 젊은 남자가 나서서 오바마 대통령에게 보내는 위원회의 서신에 세르게이의 사연을 포함시키지 않기로 결정했다. 그는 이보다 더 긴급한 문제가 쌓여 있다고 생각한 모양이었다.

이 일을 겪고 난 후 나는 세르게이의 사연이 경쟁력을 가지려면 무엇보다 언론의 집중 보도가 필요하다는 걸 깨달았다. 세르게이를 다룬 기사는 얼마 되지 않는 데다 그마저 모두 체포 직후에 작성된 것이었다. 기자들은 내가 얼마나 애를 쓰든 그다지 관심을 보이지 않았다.

러시아에서는 온갖 나쁜 일이 벌어지고 있었기에 변호사가 수감된 이 야기는 별로 보도 가치가 없었다. 세르게이의 사건에 얽힌 복잡한 내 막을 알리려고 아무리 애를 써도 기자들은 따분한 표정을 지었다.

러시아 통신원 명단을 샅샅이 살피다가 불현듯 필립 판이라는 『워 싱턴포스트』의 젊은 기자를 떠올렸다. 여느 기자들과 달리 그는 모 스크바에서의 경험이 없었기에 싫증을 내지도 않고, 세르게이 사건의 중요성을 바로 알아보았다.

2009년 7월 초부터 8월까지 그는 우리 팀원들을 인터뷰하고 우리 서류가 사실임을 확인했으며 러시아 당국의 대답을 듣기 위해 최선을 다했다. 그리고 8월 초 강력한 폭로 기사를 준비했다. 8월 13일, 『워싱 턴포스트』는 '회사 압류 배경을 밝힌 후 표적이 된 변호사'라는 제목 이 붙은 특집 기사를 내보냈다. 기사에서는 중대한 금융 사기를 저지 른 러시아 정부를 고발한 사실과 그들이 범죄를 은폐하기 위해 어떻 게 세르게이와 예두아르트, 블라디미르를 표적으로 삼았는지 경위를 설명했다.

보통 이런 비리 폭로는 큰 파장을 일으키지만, 이번에는 쥐 죽은 듯이 조용했다. 러시아는 전혀 흔들리지 않았고 저들은 부끄러운 줄 몰랐다. 설상가상으로 러시아 언론은 이 기사를 전혀 보도하지 않았 다. 기자들은 겁을 먹은 나머지 나와 관련된 건 아무것도 쓰지 않으 려는 듯했다. 나는 한마디로 방사능 같은 존재였다.

『워싱턴포스트』 기사가 나옴과 거의 동시에, 로이트호이서슈나렌베 르거가 최종 보고서를 발표했다. 필립 판처럼 그녀는 러시아인들의 거 짓말과 세금 환급 사기, 세르게이가 불법 체포되어 러시아 구치소에 서 학대받은 경위를 차례대로 소개했다. 그런 후 이렇게 결론을 맺었다. '이 연계 계획에 틀림없이 정부 고위층의 지원이 있었으리라 의심하는 바다. 그들은 러시아 연방 형사 사법 제도의 전반적인 취약성을 이용해 이 같은 일을 벌인 것으로 보인다.'

그녀의 보고서는 확정적이고 비판적이었지만, 역시나 아무 효과도 내지 못했다. 러시아 관계자들은 하나같이 침묵으로 일관했다. 세르게이를 괴롭히는 사람들은 이런 보고서를 그다지 신경 쓰지 않았다.

앞으로 어떻게 할지 내부적으로 열띤 논의를 했다. 전통적인 방법으로는 아무 성과도 내지 못한 데다가 아이디어마저 바닥을 드러내고 있었다. 하지만 그때 스물네 살의 비서가 사무실에 머리를 휙 내밀더니 말했다. "방해해서 죄송한데 말씀 나누는 게 들려서요. 혹시 유튜브 영상을 만들어볼 생각은 하셨어요?"

2009년 당시 나는 유튜브가 뭔지 잘 몰랐기 때문에 그녀가 노트북 컴퓨터를 들고 와서 어떻게 하는 건지 설명해주었다.

다른 방법으로는 모두 실패했기에 시도해볼 가치가 있는 듯했다. 우리는 세금 환급 사기에 대한 정보를 정리하고 대본을 쓴 후 14분짜리 비디오를 제작했다. 경찰과 범죄자들이 어떻게 러시아 국고에서 2억3000만 달러를 착복했는지, 이를 폭로한 세르게이가 어떤 상황에 처했는지를 설명했다. 두 가지 버전을 만들었다. 하나는 러시아어, 다른 하나는 영어 버전이었다. 영상은 우리가 시도했던 여러 방법 중에 가장 분명하고 이해하기 쉬웠다. 나는 이 영상이 공개되면 큰 반향을 일으킬 것이라고 예상했다.

하루라도 빨리 이 영상을 온라인에 올리고 싶었지만, 먼저 세르게이의 허락을 받아야 했다. 이 영상이 가져올 파문에 가장 크게 노출되는 사람은 바로 그였기 때문이다. 세르게이의 변호사에게 영상 대본의 사본을 보낸 후 그의 허락이 떨어지기를 걱정스러운 마음으로 기다렸다.

하지만 세르게이에게는 더 다급한 문제가 있었다.

2009년 여름, 세르게이의 건강은 심하게 악화되었다. 마트로스카야 티시나 병동에 근무하는 의사들은 그에게 췌장염과 담석증, 담낭염을 진단한 후 2009년 8월 1일자로 초음파 검사와 실행 가능한 수술을 처방했다.

하지만 예정된 검사가 있기 일주일 전, 실첸코 소령은 세르게이를 마트로스카야 티시나에서 부티르카로 이감하기로 결정했다. 부티르카는 경비가 삼엄한 구치소로, 소비에트 시절에는 굴라크로 가기 위한 중간 기착지였다. 이곳은 러시아 전역에 악명을 떨쳤다. 앨커트래즈미국 연방 주정부의 형무소로 쓰였던 곳으로 한번 들어가면 절대 나올 수 없다고 해서 '악마의 섬'이라는 별칭이 붙은 곳보다 심하면 심했지 덜하진 않았다. 무엇보다도 부티르카에는 세르게이의 병을 치료할 의료 시설이 전혀 없었다. 이곳에서 세르게이는 솔제니친의 작품『수용소군도』에 나올 법한 일들을 견뎌야 했다.

7월 25일 부티르카의 문을 통과하자마자 세르게이는 자신이 받기로 되어 있는 치료를 준비해달라고 교도소 당국에 요청했다. 하지만 당국은 그 말을 간단히 무시했다. 몇 주 동안 그의 몸은 감방에서 쇠약해져갔고 날이 갈수록 통증은 심해졌다.

8월 24일 오후 4시, 자리에 누울 수 없을 만큼 복통이 심했다. 명치와 가슴 곳곳에서 극심한 통증이 느껴졌다. 무릎을 당겨 몸을 공처럼 둥글게 만 후 좌우로 흔들 때에만 겨우 살 것 같았다. 그날 오후 5시 30분에 감방 동료 예리크가 심문을 마치고 돌아왔을 때, 세르게이는 조용히 흐느끼며 침대에서 몸을 둥글게 말고 있었다. 예리크가 왜 그러냐고 물었지만, 세르게이는 통증이 너무 심해서 대답할 수 없었다. 예리크가 의사를 불러달라고 소리쳤다. 교도관이 그 소리를 듣고 의사를 찾아보겠다고 약속했지만, 아무도 오지 않았다. 30분 후 예리크가 감방 창살을 쾅쾅 두들기며 교도관의 관심을 끌어보았지만, 여전히 아무 반응이 없었다.

한 시간 후 어떤 남자의 목소리가 들렸다. "어느 감방이야?"

예리크가 외쳤다. "267번이요! 빨리 좀 오세요!" 하지만 아무 일도 일어나지 않았다.

세르게이의 통증은 그로부터 몇 시간 동안 더욱 심해졌다. 그는 자신의 몸을 꽉 끌어안았다. 얼굴에는 눈물이 흘러내렸다. 그러다 밤 9시 30분이 되어서야 교도관 두 명이 나타나 감방 문을 열더니 그를 의무실로 데려갔다.

의무실에 도착한 세르게이는 간호사가 느긋하게 서류 작업을 마칠 때까지 30분을 더 기다려야 했다. 통증을 완화하기 위해 무릎을 가슴에 붙이고 웅크렸다. 드디어 서류 작업을 마친 간호사가 힐난하는 어조로 빽빽거렸다. "그래, 여기는 왜 왔죠?"

몸을 떨고 있던 세르게이가 이를 악물고 천천히 대답했다. "통증이 견딜 수 없이 심해요. 지난달에 여기 온 후로 몇 번이나 검사를 요청했는데 아무도 해주지 않았어요."

간호사가 버럭 짜증을 냈다. "검사를 못 받았다는 게 무슨 말이에요? 예전 구치소에서 받아놓고는!"

"맞아요. 그리고 치료와 수술을 처방받았어요. 그런데 여기선 아무것도 안 해주잖아요."

"여기 온 지 얼마나 됐죠? 고작 한 달이잖아요! 대체 뭘 바라는 거예요? 매달 치료를 받는 거요? 치료는 자유의 몸일 때 받았어야죠!"

"그때는 아프지 않았어요. 구치소에서 얻은 병이라고요."

"없는 얘기 지어내지 마요." 그러더니 간호사는 아무 치료도 해주지 않고 그를 돌려보냈다. 그러고는 덧붙였다. "치료가 필요하면 의사 선생님께 또 편지를 써요."

교도관들이 세르게이를 다시 감방으로 데려갔다. 시간이 지나 통증이 가라앉고 나서 토막잠에 들었다.

러시아 당국이 의도적으로 세르게이의 치료를 거부하고 있는 게 분명했다. 저들은 세르게이가 구치소에서 얻은 병을 무기로 이용하고 있었다. 담석증이 얼마나 고통스러운 병인지 알았던 것이다. 서양에서는 환자가 두 시간을 버티다 응급실까지 기어가면 의사들이 치료에 앞서 즉시 모르핀 1회분을 주사하지만, 세르게이는 진통제 한 번 맞지 않고 4개월 동안 담석증의 통증을 견뎌야 했다. 그건 상상도 못 할 고통이었을 것이다.

세르게이와 변호사들은 러시아의 모든 형법 기관·수사 기관·사법 기관에 치료를 부탁하는 간곡한 청원서를 스무 번 이상 제출했다. 청원서 대부분은 무시되었지만, 그나마 받은 답변들도 충격적이었다.

올레크 실첸코 소령은 이렇게 답변을 적었다. "진찰 요청을 전부 거절한다."

트베르스코이 지방 법원의 판사 알렉세이 크리보루치코는 이런 답변을 보내왔다. "치료 보류 및 학대에 대한 고발장을 검토해달라는 귀하의 요청은 기각되었습니다."

검찰청의 안드레이 페체긴은 이렇게 말했다. "검찰에서 개입할 이유가 없습니다."

세르게이의 구금 연장을 명령한 판사 가운데 한 명인 옐레나 스타시나 판사는 이렇게 말했다. "진료 기록과 구금 상태를 검토해달라는 귀하의 요청은 소송의 쟁점과 무관한 것으로 판결합니다."

세르게이가 이렇게 체계적인 고문을 받는 동안, 신분이나 소속 기관을 밝히지 않는 한 남자가 정기적으로 면회를 오기 시작했다. 이 남자가 올 때마다 교도관들은 세르게이를 감방에서 끌고 나와 통풍이 안 되는 창 없는 방으로 데려갔다. 면담은 짧게 끝났다. 그 남자가 전하는 메시지는 딱 하나였다. "우리가 하자는 대로 하시오. 안 그러면 상황은 점점 더 나빠질 거요."

그때마다 세르게이는 테이블 맞은편에 앉은 이 남자를 빤히 쳐다보며 그렇게 할 수 없다고 대답했을 것이다.

사람이 견딜 수 있는 고난이 어느 정도까지인지는 아무도 모른다. 나라면 그 상황에 어떻게 대처했을지 잘 모르겠다. 아마 세르게이 자신도 여기까지 오리라고는 생각지 못했을 것이다. 하지만 아무리 상황이 열악해도 그는 끝까지 위증을 거부했다.

세르게이는 독실한 신자였고 '거짓으로 증언하지 말라'는 하느님의 아홉 번째 계명을 어기지 않으려 했다. 그는 신념에 따라 어떠한 경우에도 자신이 저지르지 않는 죄는 인정하지 않을 것이며, 거짓말로 날 연루시키는 일도 없을 것이다. 그런 짓은 세르게이에게 어떤 신체적 고문보다 불쾌하고 고통스러운 일이었는지도 모른다.

여기 무고한 한 남자가 있다. 그는 사랑하는 사람들과 연락이 끊기고 법에 속았으며 행정 장벽에 퇴짜를 맞고 감옥에서 고문을 받았다. 그 와중에 얻게 된 병환은 점점 더 깊어졌다. 이렇게 지독한 상황에서 박해자들이 원하는 대로 해준다 한들 그를 탓할 사람은 없었지만 그는 그렇게 하지 않았다. 자신의 건강, 온전한 정신, 자유, 어쩌면 목숨까지 잃을 수 있는 상황임에도 이상 또는 신념을 버리면서 타협하려 하지 않았다.

그는 끝까지 굴복하지 않을 생각이었다.

2009년 11월 16일

세르게이가 이 악몽을 견딜 때 나는 멍한 상태로 살고 있었다. 휴일 아침이 최악이었다. 편안한 킹사이즈 침대에서 아침 일찍 잠에서 깨면 몸을 돌려 옐레나를 바라보았다. 침대 끝 너머에는 창문이 있었고 그 창문 너머로 런던 시내가 보였다. 나는 자유의 몸으로 편안하게 사랑을 받으며 살고 있었다. 사랑이 뭔지 직접 만지고 느낄 수 있었지만, 세르게이는 기억 속에만 존재했다. 구역질이 났다. 우리 가족의 공산주의 내력과 자본가가 되겠다는 나의 포부를 조화시키기 위해 러시아까지 갔지만, 순진하게도 이것 때문에 내가 좋아하는 누군가가 인질이 되리라고는 꿈에도 생각하지 못했다.

잠자리에서 나와 발을 질질 끌고 욕실로 가서 샤워기를 틀고 그 속으로 들어갔다. 뜨거운 물로 내 몸을 씻어내려 했지만, 씻기지가 않았다. 때는 떨어져나갔지만 죄책감이 타르처럼 내 몸을 뒤덮었다. 세르게이는 기껏해야 일주일에 한 번 샤워를 했고 가끔은 3주나 기다려야 할 것이다. 물은 차가웠고 비누는 있다고 하더라도 거칠었다. 감방은 악취가 코를 찔렀으며 건강은 점차 악화되고 있었다. 이를 떠올리니 몇 번이고 메스꺼움이 이는 걸 간신히 눌러 참았다. 오늘날까지도 욕실에 들어가면 여지없이 세르게이가 떠오른다.

그럼에도 아침마다 잠자리에서 일어나 샤워를 하고 내 가족을 어루만지고 세르게이의 상태에 대한 흉보를 들은 후 그를 위해 훨씬 더 열심히 싸웠다. 그의 상황이 점점 악화되고 있었다.

2009년 10월, 워싱턴과 뉴욕에 다시 가서 세르게이 사건을 알렸다. 특별히 관심을 갖는 사람은 없었지만 계속 시도했다. 어떻게든 세르게이의 일이 전 세계에 알려지도록 만들 방법을 찾아야 했다. 하지만 아무리 해도 뚜렷한 방법이 보이지 않았다.

그러다 런던행 야간 비행기에 탑승하려고 할 때 전화벨이 울렸다. 옐레나였다. 전화를 받은 후 그녀가 무슨 말을 꺼내기도 전에 말했다. "여보, 나 지금 비행기에 타려는 참인데, 나중에 통화해도 될까?"

"아니, 안 돼. 방금 내무부에서 정식 기소장을 발부했대!"

나는 다른 승객들이 지나갈 수 있도록 옆으로 비켜섰다. "세르게이를 상대로?"

"응." 그녀가 잠시 멈추었다. "그리고 당신도. 두 사람 모두를 쫓고 있어."

언제라도 일어날 수 있는 시나리오였지만, 막상 그런 말을 들으니 충격이었다. "정말 그렇게 한다고?"

"그래. 대대적인 공개 재판이 열릴 거야."

나는 잠시 기다렸다가 물었다. "그런 다음엔 어떻게 되는 거지?"

"예두아르트가 그러는데 세르게이는 6년형을 선고받고 당신은 궐석 재판으로 동일한 형을 받을 거래. 그런 다음엔 당신을 상대로 인터폴 적색 수배령을 발부하고 영국으로부터 당신 신병을 인도받는데."

인터폴 적색 수배령은 국제적인 체포 영장이다. 내 이름으로 이 영장이 발부되면 여권을 제시하는 순간 어느 국경 검문소에서나 구금될 것이다. 그럼 러시아에서 송환을 요청할 것이고, 이는 승인될 가능성이 높았다. 그렇게 되면 나는 러시아로 보내져 세르게이와 같은 시련을 겪을 것이다.

"빌, 즉시 저들의 거짓말에 반박하는 보도 자료를 내야 해."

"알았어." 재판에 회부될 수도 있다는 생각이 날 무겁게 짓눌렀다. 초조한 마음으로 다시 인파에 섞여 비행기로 걸어갔다. "비행기 안에서 자료를 써볼게. 착륙하면 바로 같이 검토해보자고."

"조심해서 와, 여보. 사랑해."

"나도 사랑해."

내 자리를 찾아 앉은 후 생각에 잠긴 채 앞쪽을 빤히 쳐다보았다. 앞으로 무슨 일이 닥칠지는 뻔했다. '브라우더와 마그니츠키, 탈세 혐의로 재판에 회부되다' 또는 '러시아, 빌 브라우더를 상대로 인터폴 적색 수배령을 발부하다' 같은 불쾌한 헤드라인 기사가 무더기로 쏟아질 것이다. 나의 반박은 이런 기사들의 마지막 문단에나 실릴 것이고, 알다시피 기사 말미는 사람들이 잘 읽지 않는다. 기본적으로 러시아 부패 경찰들의 작업 방식에는 이런 장점이 있었다. 저들은 자신의 공적 지위를 남용해 돈을 착복하고 희생자들을 공포에 떨게 하고는 수사 기관 소속이라는 지위가 부여하는 적법성 뒤에 숨어버렸다. 대부분의 나라에서 수사 기관은 공개적으로 거짓말을 하지 않기 때문에 언론은 늘 그게 진실이라도 되는 양 공식 성명서를 보도했다. 이게 우리에게는 큰 걸림돌이었다. 어떻게 해서든 진실을 알릴 방법을 찾아야 했다.

비행기가 순항 고도에 이르자 불이 꺼지며 취침 시간을 알렸다. 나는 자리에 편하게 있으려고 애썼다. 어둑한 '금연' 표시등을 빤히 쳐다보다가 불현듯 우리가 만든 유튜브 영상을 떠올렸다. 세르게이가 일주일 전에 영상을 올려도 좋다고 허락했으니 이제 내보낼 준비가 되었다. 나는 생각했다. 진실을 알릴 훨씬 더 좋은 방법이 있는데 뭐 하러 보도 자료를 내겠어?

런던에 착륙한 후 택시를 타고 서둘러 사무실로 갔다. 그런 다음 영상을 유튜브에 올렸다. '러시아 경찰의 사기 행각을 폭로한 허미티지'라는 제목이 붙여진 이 영상은 빠르게 사방으로 퍼져나갔다. 하루가 지나 이 비디오의 조회 수는 1만 1000회였고 사흘 후에는 2만 회가 넘었으며 일주일 후에는 4만 7000회를 넘어섰다. 복잡한 범죄와 인권 사례를 다룬 비디오치고는 꽤 높은 수치였다. 그 전까지는 45분씩 연달아 미팅하면서 한 명 한 명에게 우리 사건을 알려줘야 했는데, 이제는 수천 명이 한꺼번에 이 사건을 알게 되었다.

비디오가 게시되자마자 친구들과 동료, 지인들의 전화가 이어졌다. 그들은 진실이 크게 왜곡되었다는 데 놀라움을 감추지 못했다. 세르게이의 상황을 전해 듣긴 했지만, 이 영상을 볼 때까지는 솔직히 감을 잡지 못했다. 이런 전화에는 기자들의 것도 섞여 있었다. 이 영상은 빠르게 기사화되었다. 사람들은 러시아 내무부가 신뢰할 만한 경찰 조직이 아닌, 자신들의 자리를 이용해 대규모 금융 사기를 벌이는 관료 집단이라는 사실을 처음 알게 되었다. 이 영상 하나로 우리는 사건의 진실을 알리기 위한 첫 발판을 마련했으며 적들에게 역공세를 펼 수 있었다.

세르게이 역시 그간의 고문에도 불구하고 감방 안에서 용감하게 진실을 알리기 위해 애쓰고 있었다. 2009년 10월 14일, 그는 금융 사기에서 관리들이 맡았던 역할과 이후의 은폐 시도에 대해 추가로 설명하는 12페이지짜리 정식 증언을 내무부에 제출했다. 구체적인 이름과 날짜, 장소를 언급하는 등 꼬투리 잡힐 만한 여지를 남기지 않았다. 마지막에는 이렇게 썼다. "저는 수사팀의 모든 일원이 누군가의 명령을 받고 범죄 청부 업자 노릇을 하고 있다고 믿습니다."

이는 놀랄 만한 서류였다. 세르게이는 그걸 제출할 정도로 용감했다. 러시아에 대해 잘 모르는 사람에게 그가 한 일이 얼마나 위험한 건지 설명하기 쉽지 않다. 러시아 사람들은 이보다 훨씬 덜한 폭로에도 종종 살해당한다. 세르게이가 자신을 가둔 자들의 처분에 따라 움직이는 구치소에서 그자들에게 불리한 증언을 했다는 사실은 러시아 수사 기관의 부패를 폭로하고 주범을 뒤쫓으려는 그의 의지가 얼마나 단호했는지를 보여준다.

이 와중에 나는 대對 러시아 투자의 위험성에 대해 스탠퍼드 대학에서 큰 강연을 하게 되었다. 당시 열두 살이던 아들 데이비드도 데려갔다. 아들이 모교에 와본 적이 한 번도 없는 데다 당시 여러모로 상황이 좋지 않았기에 내 인생에서 행복했던 한때를 보낸 장소를 보여주고 싶었다.

샌프란시스코행 비행기에 오른 후 러시아에서 벌어지는 일들을 잠시 마음속에서 지워버리려 애썼다. 하지만 언제 어디서나 세르게이의 상황이 날 따라다니며 슬픔과 죄책감으로 짓눌렀다. 날 한숨 돌리게 할 수 있는 유일한 일은 그가 풀려나는 모습을 보는 것뿐이었다.

강연을 하면서 러시아에서 벌인 사업과 지난 한 해 동안 내 삶을 쏟아부었던 사건을 얘기했다. 허미티지 유튜브 영상도 보여주며 약간의 눈물도 자아냈다. 강연 후 데이비드와 나는 강당을 나와 따뜻한 캘리포니아 공기 속으로 걸어 들어갔다. 그 순간 나는 기분이 조금 좋아졌다. 인터넷으로 그 비디오를 본 사람이 수만 명이었지만, 영상을 감상하고 있는 사람들과 직접 교류한 건 처음이었다. 강당에 가득 들어찬 사람들이 세르게이 사건을 듣고 놀라며 얼마나 끔찍해하는지 직접 보고 들으니 나 혼자 외로운 싸움을 하고 있는 게 아니라는 위로가 되었다.

하지만 데이비드와 내가 캠퍼스를 걷고 있을 때 전화벨이 울렸다. 블라디미르 파스투호프였고 목소리가 좋지 않았다. "빌, 방금 정말 끔찍한 일이 있었어요."

"뭔데요?"

"방금 내 휴대전화로 문자가 왔는데, 러시아어예요. '뭐가 더 끔찍할까? 교도소 아니면 죽음?'이라고 적혀 있어요."

나는 주변을 서성거리기 시작했다. "변호사님을 겨냥한 말일까요?"

"모르겠어요."

"저나 바딤…… 아니면 세르게이를 겨냥한 걸까요?"

"모르겠어요. 그럴지도 모르죠."

"누가 보낸 건가요?"

"알 수 없어요."

"저들이 어떻게 번호를 알았을까요? 변호사님 번호는 아무도 모르잖아요."

"나도 모르겠어요, 빌."

데이비드가 걱정스러운 듯 날 쳐다보았고, 서성거리기를 멈추고 힘 없는 미소로 아들을 안심시키려고 애썼다. "누가 보낸 건지 추적할 수 있을까요?"

"어쩌면요. 한번 해볼게요. 또 다른 소식 있으면 바로 연락할게요."

"고마워요."

방금 전까지 품었던 긍정적 감정이 통화하는 60초 사이에 증발해 버렸다. 런던으로 돌아오는 여행은 길고 암울했다. 이 협박을 어떻게 받아들여야 할지, 누구를 겨냥한 문자인지, 또 어떻게 대처해야 할지 알 수 없었다. 문자 내용은 심각해 보였고 몹시 걱정스러웠다.

며칠 지나지 않아 블라디미르가 두 번째 문자를 받았다. 역시나 러 시아어로 되어 있었다. "기차, 밤새 달리는 기차, 기차, 멈출 줄 모르 는 기차." 블라디미르는 이 말이 러시아 죄수들 사이에서 유명한 시 구절이라고 설명해주었다. 이 시는 우랄산맥에 있는 굴라크들을 향해 쉴 새 없이 달리는 기차를 암시했으며 객차 안에 꽉 들어찬 이들은 결국 죽음을 향해 가는 것이었다.

며칠 후 나는 필립 풀턴이라는 오랜 고객에게서 뜻밖의 전화를 받 았다. 그는 가스프롬 시절 이후 가까운 친구이자 믿을 수 있는 벗이 었다. 그는 아내와 함께 런던에 와 있으니 옐레나와 아이들과 다 같이 만나자고 했다. 우리는 하비 니컬스^{영국계 고급 백화점} 5층 레스토랑에 서 훌륭한 브런치를 먹었다. 나는 몇 시간이나마 걱정을 내려놓았다. 필립 부부는 아이들을 귀여워해주었다. 즐거운 시간이었다. 인정하긴 싫지만 잠시나마 기분이 나아졌다. 문제가 사라지진 않았지만, 잠시 문제를 잊고 평범한 삶을 사는 척하는 게 그런대로 괜찮다는 걸, 어 쩌면 훨씬 더 바람직하다는 걸 깨달았다.

하지만 평화를 깨고 블라디미르가 다시 전화했다. "새로운 메시지가 왔어요, 빌."

"뭔데요?"

"영화 「대부」에서 인용한 구절이에요. '역사는 누구든 죽임을 당할 수 있다는 걸 우리에게 가르쳐줬다'예요."

"망할!" 내가 소리쳤다. 손이 떨리기 시작했다.

나는 완전히 평정심을 잃었다. 이튿날 아침 일찍 나는 블라디미르에게 온 문자 세 통을 타임스탬프와 함께 모아 스코틀랜드 야드의 대테러 수사대인 SO15에 신고했다. 그들은 수사팀을 보내 블라디미르와 나를 인터뷰했고 기술자들이 발신자를 추적했다. 각 전화는 미등록된 러시아 번호로, 이는 흔치 않은 일이었다. 러시아에서 미등록 번호를 사용할 수 있는 사람들은 FSB 요원뿐이라고 보안 전문가 스티븐 벡이 나중에 알려주었다.

세르게이는 11월 12일 목요일에 또다시 구속 적부 심사를 받기 위해 법정에 출석할 예정이었다. 법원에 가는 일은 절대 간단하지 않았다. 대개 새벽 5시부터 교도관들이 수감자들을 감방에서 끌어내 죄수 호송차로 데려갔다. 그런 다음 스무 명가량의 수감자를 그 절반만 태우도록 설계된 죄수 호송차에 몰아넣었다. 그로부터 몇 시간 동안, 사무관이 구치소 사무소에서 서류를 작성하는 사이 호송차는 주차장에 세워져 있었다. 세르게이를 포함한 수감자들은 이 빽빽하게 들어찬 호송차 안에 서서 기다리는 수밖에 없었다. 물이나 신선한 공기도 마실 수 없었으며 화장실도 갈 수 없었다. 이 동일한 과정이 법원 출석 다음에도 반복되었기 때문에 수감자들은 자정이 넘어서까지 침상으로 돌아가지 못했다. 온종일 먹지도 못해 최대 36시간까지 음식을 먹지 않고 견디기도 했다. 수감자들이 무혐의 선고를 받을 가능성은 거의 희박했기에 기본적으로 법원에 가는 일은 그 자체로 수감자의 의지를 꺾고 사기를 떨어뜨리기 위한 일종의 고문이었다.

그날 세르게이는 오전에 법원에 도착했다. 그는 복도로 끌려간 후 라디에이터에 수갑이 채워졌다. 그가 지난 2주 동안 준비한 고발장을 검토하고 있을 때, 실첸코가 나타나 히죽거리며 말했다. "당신이 요청한 서류는 법정에 넘겼소."

세르게이는 지난 6주 동안 다섯 번이나 사건 서류를 요청했다. 제대로 된 변론을 준비하려면 그 서류들이 필요했지만, 실첸코는 심사를 고작 10분 남겨두고 지금에서야 사건 파일에 그 서류들을 추가했다고 알렸다. 세르게이는 심사가 시작되기 전에 그 서류들을 보지 못했다. 이 상황을 충분히 받아들이기도 전에 교도관들은 그를 법정으로 데려가 피고인 철창에 넣었다.

세르게이가 앉자 그의 어머니와 이모가 방청석 첫째 줄에 앉아 있는 게 보였다. 그는 작게 손을 흔들어 보이며 태연한 척하려고 애썼다. 판사 옐레나 스타시나가 정숙하라고 명령했다. 제일 먼저 세르게이는 적절한 치료를 받지 못한 데에 대한 고발장을 읽었다. 스타시나 판사가 기각하자 이번에는 그의 사건 파일에 증거 조작이 이루어진 데에 대한 고발장을 읽었다. 이 역시 기각되었다. 다음으로 불법 체포에 대한 고발장을 읽기 시작하자 판사가 중간에 말을 끊으며 또다시 기각했다. 총 10건이 넘는 세르게이의 고발장이 모두 기각되었다. 실첸코가 법정에 제출한 '새로운 자료'를 검토할 수 있게 시간을 더 달라고 세르게이가 요청하자 판사는 그에게 조용하라고 명령했다.

그러나 세르게이는 조용히 있기는커녕 철창 안에서 일어나 아픈 사람답지 않은 우렁찬 목소리로 스타시나가 법을 어기고 자신의 권리를 침해하고 있다고 비난했다. 그러고는 마지막으로 이렇게 말했다. "제 권리를 옹호하기 위해 고발장을 제출했지만 법정에서 아무 이유 없이 이를 무시했으니 저는 오늘 심사에 참여하지도, 귀를 기울이지도 않겠습니다." 그는 자리에 앉아 판사에게서 고개를 돌렸다. 하지만 심사는 그를 빼놓고 진행되었다. 판사는 꿈쩍도 하지 않았다. 사안 몇 건을 살펴보더니 쌀쌀맞게 세르게이의 구금 연장을 결정했다. 심사가 끝나자 교도관들이 세르게이를 데리러 철창에 들어왔다. 그는 가족들에게 웃음을 지을 힘조차 없었다.

세르게이는 복도로 끌려가 다시 묶였다. 그의 변호사도, 가족도 면회가 허락되지 않았다. 그의 어머니와 이모는 그에게 손을 흔들며 사랑한다는 말을 전하기 위해 그를 부티르카로 데려갈 호송차를 추운 바깥에서 몇 시간 동안 기다렸다. 하지만 밤 9시가 되도록 죄수 호송차는 보이지 않았다. 추위와 절망, 슬픔이 두 사람을 집어삼켰다. 결국 두 사람은 포기하고 집으로 돌아갔다.

나는 이튿날 아침에 이 사실을 전해 들었다. 옐레나에게도 말해주자 그녀가 괴로워했다. "뭔가 불길해, 빌. 정말이지 불길해."

나도 같은 마음이었다.

"부티르카에 사람을 보내야 해. 오늘 사람을 보내서 세르게이를 만나야 해." 그녀가 고집을 부렸다.

하지만 그럴 수 있는 사람이 없었다. 유일하게 세르게이를 면회할 수 있는 그의 변호사도 지금은 교외로 떠나서 월요일까지 돌아오지 않을 예정이었다.

그날 밤 12시 15분에 내 블랙베리 휴대전화에서 음성메시지 알람이 울렸다. 내 블랙베리로 전화를 거는 사람은 아무도 없었다. 아무도 이 번호를 알지 못했다. 나는 옐레나를 쳐다보고는 음성메시지를 연결했다. 한 남자가 한참 무지막지하게 구타당하는 소리가 들렸다. 그는 비명을 지르며 애원하고 있었다. 녹음은 약 2분간 계속되다가 울부짖는 소리 중간에 끊겼다. 나는 옐레나에게 메시지를 들려주었다. 그다음 잠을 이룰 수 없었던 우리는 침대에 앉아 온갖 소름끼치는 시나리오를 떠올렸다.

해가 뜨자마자 나는 모든 지인에게 전화를 걸었다. 다들 무사했다. 내가 전화할 수 없는 사람은 세르게이뿐이었다.

2009년 11월 16일 월요일, 세르게이의 변호사 드미트리는 그를 만나러 부티르카에 갔다. 그러나 교도소 관리들은 세르게이의 '몸 상태가 너무 좋지 않아 감방에서 나올 수 없다'며 면회를 거절했다. 드미트리가 세르게이의 진료 기록을 요청하자 실첸코에게 가보라고 했다. 그에게 사본을 요청해보았지만, 그는 이 기록이 '수사팀의 내부 사안'이라며 세부 사항을 전혀 알려주지 않았다.

저들이 드미트리를 의도적으로 따돌리고 있었다. 세르게이는 그저 '몸이 아픈 것'만이 아니었다. 췌장염과 담석증, 담낭염을 몇 달째 치료하지 않은 탓에 끝내 몸이 버티지 못하고 위독한 상태까지 갔을 것이었다. 부티르카 교도소 관리들은 수차례 치료 요청을 거절하다가 결국 그날 응급 치료를 받을 수 있게 세르게이를 마트로스카야 티시나의 진료소로 보냈다.

그러나 마트로스카야 티시나에 도착한 그는 병동으로 가지 않고 독방으로 끌려가 침대에 수갑으로 묶였다. 잠시 후 그 방에 완전 무장한 교도관 여덟 명이 들어왔다. 세르게이는 선임 교도관에게 그의 변호사와 검사에게 연락해줄 것을 요구했다. 세르게이가 말했다. "내가 이곳에 온 건 수사 기관 관리들이 착복한 54억 루블을 폭로했기 때문이오." 하지만 교도관들이 그곳에 온 건 그를 돕기 위해서가 아니라 구타하기 위해서였다. 그들은 고무 몽둥이로 세르게이를 사정없이 내리쳤다.

1시간 18분 후, 민간인 의사가 도착해 세르게이 마그니츠키가 바닥에 쓰러진 채 죽어 있는 걸 발견했다.

이제 그의 아내는 남편의 목소리를 듣지 못하고 그의 어머니는 아들의 부드러운 미소를 보지 못하며 그의 아이들은 아버지의 부드러운 손길을 느끼지 못할 것이다.

세르게이는 수감 일기에 이렇게 썼다. "날 구속한 건 구속의 법적 목적과 무관하다. 이건 단지 내가 의뢰인의 이익과 조국의 이익을 옹호한다는 이유로 부과된 처벌이다."

세르게이 마그니츠키는 자신의 이상을 지키려다가 살해되었다. 그는 법을 믿었기에 살해되었다. 주변 사람들을 사랑해서, 또 러시아를 사랑해서 살해되었다. 그의 나이, 서른일곱이었다.

카틴 숲의 원칙

1940년 4월, 제2차 세계대전 초기에 벨라루스에 상주하고 있던 바실리 미하일로비치 블로힌이라는 소비에트 NKVD* 요원에게 폴란드군 전쟁 포로들을 최대한 많이 처형하라는 임무가 떨어졌다. 블로힌은 능률적으로 이 임무를 처리하기 위해 포로들에게 자신의 운명을 알리지 않고 포로 수용소에 특별한 오두막을 짓게 했다. 입구와 출구가 있고 사방이 모래주머니로 둘러싸인 곳이었다. 포로들은 한 번에 한 명씩 입구를 통해 오두막에 끌려온 후 무릎을 꿇었다. 그럼 블로힌이 권총을 포로의 뒤통수에 대고 쏘았다. 그리고 시신을 출구로 끌어내 트럭에 실었다. 트럭이 가득 차면 숲속의 집단 매장지에 시신을 버렸다.

블로힌의 임무 수행력은 탁월했다. 그는 해가 뜰 때부터 질 때까

---

* KGB와 FSB의 전신.

지 지칠 줄 모르고 일했다. 초반에는 표준 규격의 소비에트 제식 권총을 사용했지만, 나중에는 독일제 발터 PPK로 바뀌었다. 이 권총은 반동이 적어서 손이 많이 아프지 않았다. 블로힌은 5월 한 달 동안 7000명 정도의 폴란드군 포로를 살해했다. 사형 집행인으로서 많은 사람을 죽였지만, 그럼에도 그는 폴란드 대학살 사건의 가해자 중한 사람에 불과했다. 이 학살 사건은 스탈린이 지시하고 소비에트가 후원했으며 총 2만2000명의 죽음으로 끝났다. 희생자 대다수는 카틴숲에 묻혔다.

전쟁이 끝나고 집단 매장지가 발견되자 소비에트 연방은 독일인들이 이 잔혹 행위를 저질렀다고 주장했다. 전쟁 당시 독일이 온갖 끔찍한 일을 저질렀다는 건 세상이 다 아는 일이었기에 이 거짓말은 대단히 그럴듯했다. 이 주장을 뒷받침하기 위해 소비에트 연방은 증거를 날조하고 공식 보고서를 발표했으며 그 유명한 뉘른베르크 재판을 포함해 수많은 곳에서 자신들의 주장을 반복했고, 사람들은 이를 의심없이 받아들였다. 그러다 수십 년이 지난 1990년 초에야 소비에트 연방이 붕괴 직전에 놓이고 더 이상 은폐할 수 없게 되자 카틴 숲의 진실을 시인했다.

혹자는 21세기에는 러시아 정부가 이런 행동을 멈췄을 것이라고 생각할지 모른다. 그러나 블라디미르 푸틴이 2000년에 다시 정권을 잡으면서 이 거짓말과 날조의 기계를 해체하는 대신 오히려 더 강력한기계로 개조했다.

세르게이 마그니츠키를 살해한 일은 아주 좋은 예일 것이다. 우리는 이 기계의 부품이 하나하나 어떻게 돌아가는지 목격할 좀처럼 드문 기회를 얻었다.

2009년 11월 17일 새벽, 해가 뜨기도 전에 세르게이의 어머니 나탈리야가 아들에게 음식과 약 꾸러미를 전달하기 위해 부티르카 교도소로 향했다. 한 주에 한 번씩 하는 방문이었다. 그녀는 5시 30분에 작은 옆문에서 다른 수감자 가족들과 모여 있었다. 교도소는 매주 화요일 오전 9시와 11시에만 물품을 받아주어서 가족들은 일찌감치 도착하곤 했다. 이 기회를 놓치면 다음 주까지 기다려야 했다. 수감자 대부분은 이 꾸러미가 없으면 살 수 없었고, 이를 잘 아는 나탈리야는 절대 늦지 않았다.

그날 아침, 줄은 천천히 줄어들었다. 나탈리야는 좁고 눅눅한 통로에서 50명 남짓 되는 다른 가족들과 밀치락달치락했다. 이 통로를 따라가면 두 교도관이 꾸러미를 접수했다. 마침내 9시 40분에 그녀의 차례가 되었다. 그녀는 전달할 물품이 적힌 서식을 교도관에게 건넸다.

여자 교도관이 서식을 보더니 거들먹거리며 고개를 저었다. "이 수감자는 이제 이곳에 없어요. 어젯밤에 마트로스카야 티시나로 이감됐어요."

"거기 병원으로요?" 나탈리야가 초조하게 물었다. 며칠 전 법정 심사에서 본 세르게이의 쇠약한 몰골이 떠올랐다. 그녀는 아들의 건강을 걱정하며 상태가 위급하지 않기를 바랐다.

"몰라요." 교도관이 정색하며 말했다.

나탈리야는 물품 꾸러미를 옆구리에 끼고 서둘러 나왔다. 그러고는 지하철에 올라타 10시 30분에 마트로스카야 티시나의 소포 접수대에 도착했다. 다행히 줄을 선 사람은 세 명뿐이었다. 그녀는 자신의 차례가 되자 담당자에게 말했다. "제 아들 세르게이 마그니츠키가 여기 있다고 들었는데요."

업무 일지를 살펴보지도 않고 교도소 관리가 대답했다. "네, 아주 심각한 상태로 어젯밤에 이곳으로 이송됐어요."

나탈리야는 공포에 질렸다. "지금은 괜찮나요? 무슨 일이 있었던 거죠?" 담당자가 한동안 대답하지 않았다. 그러더니 입을 뗐다. "유감스럽지만 그는 어젯밤 9시에 사망했어요."

나탈리야가 비명을 질렀다. "뭐…… 뭐라고요? 왜요?"

"췌장 괴사, 복막 파열, 독성 쇼크로 사망했어요. 고인의 명복을 빕니다." 담당자가 침착하게 말했다.

나탈리야의 몸이 떨리기 시작했다. 한 발짝도 움직일 수 없었다. 비통해하며 접수대에 몸을 기대었다. 두 눈에 눈물이 고였다.

"부인, 옆으로 비켜주세요. 다음 분이 기다리고 계시잖아요." 담당자가 차갑게 말했다.

나탈리야는 몸을 움직일 수조차 없었다.

"옆으로 비켜주셔야죠." 담당자가 다시 한번 말하더니 구석에 놓인 딱딱한 플라스틱 의자 하나를 가리켰다. 나탈리야는 그 손짓을 따라 힘없이 의자로 갔다. 줄 서 있는 사람들이 어찌할 바를 모른 채 그녀를 빤히 쳐다보았다. 나탈리야는 한동안 감정을 주체하지 못했다. 몇 분 후 겨우 기운을 차리고 근처에서 일하는 세르게이의 변호사 드미트리에게 전화를 걸었다. 15분 후 드미트리가 도착했을 때 나탈리야는 맥없이 주저앉아 있었다. 드미트리가 나서서 당직 의사를 불러달라고 했다. 몇 분 후 의사 가운을 입은 남자가 나타났다. 그는 사인을 읊어주며 세르게이의 시신이 11호 영안실로 옮겨졌으니 더 자세한 내용을 알고 싶으면 그곳으로 가보라고 말했다.

그날 아침 7시 45분, 모스크바 시각으로 10시 45분에 집 전화벨이 울렸다. 나는 수화기를 들었다. 예두아르트가 다급하게 러시아어로 말해서 전화기를 옐레나에게 넘겨주었다. 그녀가 가만히 듣더니 숨을 헐떡였다. 두 눈에 눈물이 차올랐다. 그러더니 비명을 지르기 시작했다. 러시아어도 영어도 아니고, 원시적인 울부짖음 같았다. 누군가가 이런 소리를 내는 건 처음 들어보았다.

세르게이가 죽었다는 말을 전해 들은 나는 자리에서 벌떡 일어나 철창 안에 갇힌 야생 동물처럼 같은 자리를 계속 맴돌았다.

세르게이의 죽음은 악몽에서조차 생각해보지 못한 일이었다. 어떻게 대처해야 할지 몰랐다. 누가 칼로 창자를 찌르는 양 몸에 통증이 느껴졌다.

몇 분간 숨을 헐떡이며 서성거리다 눈물을 삼킨 후 평정심을 되찾고 전화 몇 통을 걸었다. 제일 먼저 블라디미르에게 연락했다. 그는 항상 무엇을 해야 하고 어떤 말을 해야 하며 누구에게 연락해야 할지 알았다. 하지만 이번만큼은 아니었다. 소식을 전했을 때 수화기 건너편에서는 침묵만이 돌아왔다. 마침내 그가 힘없이 속삭였다. "빌, 정말 끔찍한 일이네요."

샤워도 하지 않고 바지만 입고 셔츠를 움켜쥐고 서둘러 현관을 나가 택시를 타고 사무실로 갔다. 내가 제일 먼저 도착했지만, 20분이 채 되지 않아 모두가 복장이 흐트러진 채 비통한 얼굴로 도착했다.

큰일이 닥쳤을 때 처음 어떻게 대처했느냐에 따라 결과도 완전히 달라진다. 우리는 재빨리 영어와 러시아어로 보도 자료를 작성했다. 거기에 세르게이가 준비한 40페이지짜리 수기 문서도 포함시켰다. 고문과 치료 방해, 교도소 당국의 극심한 학대에 대해 상세히 적힌 문서였다. 그런 뒤 우리는 사람들이 이번엔 제발 관심을 가지길 기도하며 전송 버튼을 눌렀다.

다행히 이번에는 모두가 관심을 가졌다.

대부분의 주요 신문에서 이 사건을 보도했고 러시아 당국에 전화해 해명을 요청했다. 내무부의 보도 담당관은 이리나 두두키나라는 40대 초반의 통통한 금발 여자였는데, 전화가 빗발치자 즉시 이 사건에 대한 내무부의 입장을 발표했다. 그녀는 앞서 교도소 관리가 나탈리야에게 말했던 췌장 괴사와 독성 쇼크로 세르게이가 사망한 것이 아니라 '심부전 증세'로 죽었으며 '폭력의 흔적은 전혀 없었다'고 전했다.

여기서 끝이 아니었다. 그날 늦게 두두키나는 내무부 홈페이지에 다음과 같은 공식 성명서를 발표했다. '사건 파일에는 마그니츠키가 자신의 건강 상태에 대해 제출한 고발장이 없으며 그의 급작스러운 죽음은 수사관들에게도 충격이었습니다.'

새빨간 거짓말이었다. 그의 사건 파일에는 고발장이 넘쳤을 뿐만 아니라 실첸코 소령과 다른 고위 관리들이 그의 치료를 거부한 구체적인 정황도 담겨 있었다. 세르게이의 사망 시각과 장소에 대해서도 거짓말을 했다. 세르게이가 마트로스카야 티시나의 응급 병동 침상에서 의사들의 소생 노력에도 불구하고 밤 9시 50분에 사망했다고 주장했지만 이는 현장에 처음 도착한 민간인 의사의 말과 전혀 달랐다. 그 의사는 세르게이가 독방 바닥에서 밤 9시경에 죽었다고 말했다.

나는 그때까지 세르게이의 어머니나 부인을 알지 못했다. 지금까지는 세르게이와 직접 연락하거나 그가 투옥된 동안에는 그의 변호사와 연락했다. 하지만 이제 그의 가족과 나는 영원히 떼어놓을 수 없는 사이가 되었다.

11월 17일, 먼저 어머니인 나탈리야에게 전화를 걸었다. 바딤이 통역을 해주었다. 나는 깊은 애도의 뜻을 전하고 내가 세르게이의 죽음에 책임을 느끼고 있으며 그녀에게 힘이 되어주겠다는 말을 전하고 싶었다. 이 통화는 내 생애 가장 힘겨운 대화 중 하나였다. 나탈리야는 슬픔을 가누지 못했다. 외동이었던 세르게이는 그녀에게 세상의 전부였다. 그녀는 말을 하려고 할 때마다 울음을 터트렸다. 그녀를 더 아프게 할 생각은 없었지만, 내가 세르게이를 대신해 그녀와 가족들을 돌봐줄 것이라는 사실을 알려주고 싶었다. 더 중요하게는, 세르게이를 고문하고 죽인 사람들이 반드시 법의 심판을 받도록 만들 것이라고 말해야 했다. 그때까지 나는 편히 쉬지 못할 것이다.

불행히도 내가 세르게이의 가족을 도우러 모스크바에 갈 순 없어서 그의 가족이 암울한 사후 처리를 할 때 함께할 수 없었다. 그의 가족은 독립적인 법의학자를 국가 부검에 참여시켜달라고 요구했지만, 검찰이 즉시 거부하며 말했다. "우리 법의학자들은 모두 독립적으로 일합니다."

그날 늦게 나탈리야는 11호 영안실로 갔다. 그곳에 도착한 그녀는 영안실에 시신이 너무 많아서 세르게이의 시신은 냉장 시설에 보관되지 않았으며 즉시 매장하지 않으면 부패될 것이라는 말을 전해 들었다. 나탈리야가 종교 의식을 치르도록 시신을 가족에게 내줄 수 있는지 묻자 관리가 딱 잘라 거절했다. "시신은 묘지로만 내보낼 수 있습니다."

세르게이의 가족은 이튿날 장례식을 준비해야 했다. 나탈리야는 세르게이의 아내, 이모와 함께 검은색 양복과 빳빳하게 다린 하얀색 셔츠, 파란색 줄무늬 넥타이를 전달하기 위해 영안실로 갔다. 마지막으로 한 번 더 아들의 얼굴을 볼 수 있기를 바랐다. 검시관이 마지못해 허락했다. 그는 세 사람을 이끌고 계단을 내려가 복도를 따라 지하실의 어느 방으로 들어갔다. 어둡고 포르말린과 시체가 뒤섞인 역겨운 냄새를 강하게 풍겼다. 15분 후 검시관이 세르게이의 시신이 놓인 이송용 카트를 끌고 오더니 말했다. "이제 작별 인사를 하세요."

시신은 하얀색 시트로 목까지 덮여 있었다. 나탈리야는 동방 정교회 전통에 따라 장례식에 앞서 그의 손가락 사이에 끼워줄 양초를 들고 있었다. 시트를 걷어 내린 그녀는 아들의 손가락 관절이 시퍼렇게 멍들고 손목에 깊게 찢어진 상처가 있는 걸 보고 깜짝 놀랐다. 이 모습에 세 여자는 평정심을 잃고 감정을 주체하지 못했다. 세 사람은 세르게이의 이마에 입을 맞추고 상처투성이 손을 꼭 쥐며 울부짖었다. 그런 다음 검시관에게 세르게이의 옷을 건네주고 떠났다.

2009년 11월 20일, 11호 영안실에서 갈색 나무관이 나와 밴에 실렸다. 가족은 밴을 따라 모스크바 동북부에 있는 프레오브라젠스키 묘지로 갔다. 세르게이의 친구들이 차량에서 관을 끌어내 이송용 카트에 실었다. 장례 행렬이 장지로 향했다. 세르게이의 많은 친구와 가족들이 큰 꽃다발을 들고 따라갔다. 관이 장지 근처에 안전하게 놓이자 뚜껑을 열어 관 아랫부분에 기대놓았다. 세르게이의 차림은 완벽했다. 빳빳한 면 수의가 가슴 부분까지 감싸고 있고 혈색도 좋았다. 손목과 손가락 관절에 폭력의 흔적이 역력했지만, 그의 표정은 평온했고 그 모습 그대로 땅속에 묻힐 터였다.

세르게이의 가족과 친구들은 차례대로 작별 인사를 한 후 붉은색 장미를 그의 발아래 놓았다. 세르게이의 아내 나타샤와 어머니 나탈리야는 그의 머리맡에 하얀색 장미 화관을 놓았다. 두 사람은 하염없이 울었다. 그런 뒤 관 뚜껑이 도로 닫히고 세르게이는 땅속에 묻혔다.

세르게이가 죽던 순간부터 러시아의 모든 법 집행 기관이 은폐의 꽃을 피웠다. 11월 18일, 러시아 수사 위원회는 다음과 같이 발표했다. '마그니츠키의 사망 후, 범죄 수사에 착수할 만한 어떠한 위법 사유도 찾지 못했습니다.' 장례식 후 사흘이 지난 11월 23일에는 러시아 검찰총장실에서 '관리들이 부정행위를 저지르거나 법을 어긴 정황을 발견할 수 없습니다. 마그니츠키는 급성 심부전으로 사망했습니다'라는 성명문을 발표했다. 마지막으로 11월 24일에는 마트로스카야 티시나 소장이 이렇게 공표했다. '어떠한 위법 행위도 발견되지 않았습니다. 마그니츠키의 사망에 대한 모든 수사를 종결하고 그의 사건 파일을 기록 보관소로 보내야 합니다.'

하지만 세르게이의 죽음이 그렇게 덮일 리 없었다. 수감자들은 각자 자신만의 방식으로 수감생활을 견디기 마련인데, 세르게이의 경우는 모든 내용을 기록하는 것이었다. 358일간의 수감생활 중 그와 변호사들이 450건의 형사 고발장을 제출하고 누가 언제 어디서 그에게 무슨 짓을 어떻게 했는지 아주 세세하게 기록했다. 이 고발장들과 그후 드러난 증거를 감안할 때, 세르게이에 대한 살인은 지난 35년간 러시아에서 벌어진 인권 침해 사례 중 관련 증거가 가장 많은 사건이었다.

세르게이가 죽은 후 며칠 동안 나는 완전히 감정을 억눌렀다. 러시아에서 일종의 정의를 찾으려고 최선을 다했지만, 다들 이구동성으로 범죄를 부인하니 의욕이 완전히 꺾였다. 11월 25일 저녁 퇴근한 다음 옐레나와 함께 식탁에 앉아 있었다. 손으로 머리를 감싸쥐고 두 눈을 감았다. 옐레나가 여느 때처럼 토닥여주거나 무슨 말을 하며 위로해주길 바랐다. 하지만 그때 그녀의 정신은 딴 데 가 있었다.

내가 고개를 들었을 때 그녀는 자신의 휴대전화로 열심히 이메일을 읽고 있었다. "무슨 일 있어?"

그녀가 손을 들어 올리더니 좀더 읽고서 대답했다. "메드베데프가 방금 세르게이의 죽음에 대한 수사를 요청했어!"

"뭐?"

"메드베데프 대통령이 수사에 착수한다고!"

"정말이야?"

"응. 인권 위원회 위원으로부터 이 사건에 대한 보고를 받은 후 검찰총장과 법무부 장관에게 조사를 지시했대."

옐레나가 그 말을 하자마자 내 휴대전화가 울렸다. 블라디미르였다.

"빌, 메드베데프 기사 봤어요?"

"네. 옐레나와 읽고 있었어요. 어떻게 생각해요?"

"난 말이죠, 이자들이 하는 말은 절대 안 믿어요. 하지만 조사해서 나쁠 일이야 있겠어요?"

"저도 같은 생각이에요." 내가 말했다. 비록 세르게이가 죽었다는 사실은 바꿀 수 없었지만, 최소한 이런 조치는 악의 기반에 금이 갈 수도 있다는 걸 의미했다. 어쩌면, 정말 어쩌면 러시아는 세르게이 사건에 카틴 숲의 원칙을 적용하지 않을지도 모른다.

2주 후인 12월 11일, 메드베데프의 대변인은 세르게이의 죽음에 대한 '결과로' 교도소 관리 스무 명이 해고될 것이라고 발표했다. 이 소식을 들은 나는 세르게이의 고문자들이 자택에서 체포되어 세르게이가 갇혔던 감방에 똑같이 수감되는 모습을 그려보았다.

불행하게도, 그날 늦게 바딤이 암울한 표정으로 서류를 쥐고 내 책상으로 다가왔다.

"그게 뭐지?" 내가 턱으로 서류를 가리켰다.

"해고된 교도소 관리 명단이에요. 스무 명 중에 열아홉 명이 세르게이와 아무 관련도 없는 사람들이에요. 어떤 사람들은 블라디보스토크나 노보시비르스크 같은 멀리 떨어진 교도소에서 일했고요." 두 곳 다 모스크바에서 수천 킬로미터 떨어져 있었다.

"세르게이와 어떤 식으로든 연관된 사람은 한 명도 없는 거야?"

"한 명 있어요. 그래도 순 엉터리예요. 연막을 치는 게 뻔해요."

범죄 부인과 거짓 해고 외에, 12월 28일에 나온 모스크바공공감시위원회MPOC 보고서에 대한 대응도 문제였다. 비정부 조직인 MPOC는 모스크바 교도소에서 일어나는 만행과 의문사를 조사하는 일을 맡는다. 세르게이가 죽은 직후 이 단체는 발레리 보르스체프를 필두로 세르게이의 사망에 대해 독립적인 조사를 실시했다. 보르스체프는 세르게이와 조금이라도 연관된 교도관과 의사, 수감자를 인터뷰했으며, 팀원들과 함께 세르게이의 고소장과 그에 대한 공식 파일을 읽었다. 이들이 내린 결론은 명확했다. MPOC 보고서는 '당국이 세르게이의 치료를 조직적으로 거부하고 신체적·정신적 고문을 가했으며 국가가 그의 생존권을 침해하고 수사관과 검찰관, 판사들이 그의 고통에 일조했으며 세르게이의 사망 이후 국가 관료들이 그의 고문과 죽음에 관한 진실을 감추었다'고 진술했다. 그리고 대통령 행정실, 법무부, 검찰총장실을 포함한 정부 기관 다섯 곳에 이 보고서를 제출했다.

하지만 어느 곳에서도 답변은 오지 않았다.

『노바야 가제타』가 세르게이의 무편집 수감 일기를 1면에 싣고 모두가 그 기사를 읽었다는 사실은 러시아 당국에 그다지 중요하지 않았다. 세르게이가 죽은 후 그의 이름이 러시아에서 1148건의 기사에 언급되고 서양에서 1257건의 기사에 언급된 사실도 개의치 않았다.

세르게이에 대한 살인이 러시아인 모두가 받아들인 사회 계약에 위배된다는 사실도 중요하지 않았다. 그 사회 계약이란 정치든 인권 문제든 체첸 공화국에 관한 것이든 간에 쟁점이 되는 사안에 관여하지만 않으면 누구나 인생을 즐기며 독재 정권의 열매를 맛볼 수 있다는 것이다.

러시아 당국은 은폐에만 너무 몰두한 나머지, 세르게이의 사연에 담긴 인간적인 측면을 무시했다. 세르게이는 아침에 스타벅스 커피를 사 마시고 가족을 소중히 여기며 좁은 사무실에서 세무 업무를 보던 그저 평범한 중산층 조세 변호사였다. 그에게 닥친 유일한 불운은 정부의 대규모 비리를 우연히 알게 된 후 조국을 사랑하는 마음으로 그 비리를 폭로한 것뿐이었다. 이 때문에 그는 평범한 삶에서 끌려나와 러시아에서 가장 음울한 소굴에 수감된 후 천천히 그리고 조직적으로 고문을 당하고 죽음에 이르렀다.

러시아인이면 누구든 세르게이 마그니츠키처럼 될 수 있었다.

러시아가 카틴 숲의 원칙을 깨고 국가가 주도해 거대한 거짓말을 일삼는 행동을 관두길 바랐지만, 그 기대는 빗나갔다. 매스컴의 밝은 조명 아래서도 악은 시들지 않았다.

그러니 세르게이를 위한 정의를 세우고자 한다면 러시아 밖에서 그 방법을 찾아야 할 것이다.

32

카일 파커의 싸움

하지만 무슨 수로 정의를 앞세워 러시아에서 일어난 고문과 살인을 서양에서 밝혀낼 수 있을까?

분명 영국 정부는 도움이 되지 않을 게 뻔했기에 시야를 넓힐 필요가 있었다. 다음으로 눈을 돌린 곳은 미국이었다.

2010년 3월 초 워싱턴 D.C.에 여러 건의 약속을 잡아두고 3월 2일에 방문했다. 워싱턴은 이슬비가 내렸고 추웠다. 나의 첫 미팅 상대는 일류 형사 전문 국제 변호사인 조너선 와이너였다. 개인 법률 사무소를 차리기 전까지 조너선은 국무부에서 마약 및 수사 담당 부차관보를 지냈는데, 워싱턴에서는 흔히 '마약계와 폭력배계의 부차관보'로 통했다. 그는 마약 밀매 업자 및 러시아 마피아와 관련한 미국 외교 방침을 책임졌으며, 유능하고 정말 만만찮은 상대였다.

3월 3일 아침, 시내에 있는 조너선의 사무실로 갔다. 그의 명성을 듣고 클린트 이스트우드처럼 키가 훤칠하고 다부지게 생긴 인물을 상상했던 나는 그의 사무실에 도착했을 때 잘못 찾아온 것이 아닌가 하고 생각했다. 내 앞에 서 있는 사람은 168센티미터의 키에 머리가 벗겨지고 얼굴이 길고 좁은 중년 남성으로, 대학 시절 내가 좋아했던 경제학 교수를 연상시켰기 때문이다. 내가 기대했던 범죄와 맞서 싸우는 슈퍼 영웅의 모습과는 거리가 멀었다.

조너선이 날 자신의 사무실로 안내했다. 자리에 앉자 그가 예의 바르게 사건의 전말을 얘기해달라고 요청했다. 그는 주기적으로 메모를 휘갈기며 말없이 내 말에 집중했다. 내 이야기가 끝나자 그가 입을 뗐다. 그때부터 나는 그가 어떻게 평판을 쌓았는지 확인할 수 있었다.

"상원 외교 위원회에는 가보셨습니까?"

"아뇨. 가봐야 하나요?"

"네, 명단에 넣으십시오." 그는 메모 옆에 체크 표시를 했다. "그럼 하원 수사 위원회에는 가보셨습니까?"

"아뇨. 거기가 뭘 하는 데죠?" 나 자신이 무능하게 느껴지는 순간이었다.

"무제한에 가까운 소환권을 갖춘 위원회입니다. 거기도 명단에 넣으십시오. 미국 헬싱키 위원회는 생각해보셨습니까?"

"네, 마지막 날 방문할 예정이에요." 시험에서 아예 낙제한 건 아니라는 생각에 기분이 조금 좋아졌다. 오늘 처음 만난 사람이었지만 어떻게든 그의 인정을 받고 싶었다.

"좋습니다. 거기도 중요합니다. 미팅 후 제게 결과를 알려주십시오." 그는 메모에 또다시 체크 표시를 했다. "국무부는요? 그곳 사람도 만날 예정입니까?"

"네, 내일이요. 카일 스콧이란 사람이에요. 러시아 부서를 담당하고 있죠."

"거기서부터 시작이죠. 당분간 그 사람보다 더 높은 사람은 만나지 못할 겁니다. 그래도 현재로선 진행 상황이 좋습니다. 중요한 건 카일 스콧에게 어떤 말을 할 건지죠." 조너선이 잠시 멈추었다. "뭐라고 할지 계획이 있으십니까?"

그의 질문을 받으면 받을수록 내가 지금 뭘 하고 있는지 정확히 모른다는 게 점점 더 분명해졌다. "글쎄요, 세르게이에게 일어난 일을 들려줄 생각이었는데요." 내가 얌전하게 대답했다.

조너선이 마치 어린아이를 상대하듯 자애로운 미소를 지었다. "빌, 스콧에겐 이미 당신과 세르게이에 대한 상세한 보고서가 있을 겁니다. 미국 정부의 정보력이면 그 사건에 대해 브라우더 씨보다 더 많은 걸 알고 있을 수도 있어요. 상대가 국무부인 만큼 이 미팅의 주 목적은 피해 수습입니다. 그 사람들은 이 상황이 정부가 발 벗고 나설 만큼 심각한지 알아내려고 할 겁니다. 브라우더 씨의 목표는 그렇다는 걸 그 사람들에게 보여주는 거고요."

"알겠습니다. 그럼 어떻게 해야 하죠?"

"그건 브라우더 씨가 그 사람들에게 뭘 원하는지에 달려 있죠."

"제가 원하는 건 세르게이를 죽인 사람들이 죗값을 치르게 하는 거예요."

조너선은 몇 초간 턱을 문질렀다. "러시아를 발칵 뒤집어놓고 싶다면 포고령 7750호를 시행해달라고 하십시오. 국무부가 외국의 부패 관리들에게 비자 제재를 가하도록 하는 법령이죠. 부시 대통령이 2004년에 제정한 겁니다. 이 제재를 가하면 러시아인들의 신경을 긁게 될 겁니다."

7750호 아이디어는 훌륭했다. 비자 제재는 러시아 사기꾼들에게 크나큰 타격이 될 것이다. 공산주의가 막을 내리자 러시아 부패 관리들은 전 세계로 퍼져나가 몬테카를로부터 베벌리힐스까지 5성급 호텔이란 호텔은 죄다 채우고 오늘이 생애 마지막 날인 양 돈을 써댔다. 미국 정부를 설득해 이들의 여행을 제한할 수 있다면 큰 충격을 가할 수 있을 것이다.

"국무부가 그렇게 하려고 할까요?" 내가 물었다.

조너선이 어깨를 으쓱했다. "물론 그러진 않겠지만 시도해볼 가치는 있습니다. 사실 7750호는 발효된 적이 거의 없지만, 엄연히 법으로 정해져 있는 거예요. 게다가 브라우더 씨가 증거를 내밀었을 때 국무부에서 어떤 핑계를 대면서 시행이 불가하다고 둘러댈지 보는 것도 재미있겠죠."

나는 자리에서 일어섰다. "그럼 그렇게 해보죠. 정말 감사합니다." 천군만마를 얻은 기분으로 조너선의 사무실을 나왔다. 미국에서 나는 여전히 외부인에 불과했지만, 이제 최소한 계획이 갖춰졌고 동맹자도 얻었다.

이튿날 국무부 건물에 도착했다. 소박하고 각진 건물은 미국 외교력의 중심지라기보다 길쭉한 벽돌집에 가까워 보였다. 지루한 보안 검색 절차가 끝나자 카일 스콧의 비서가 맞아주더니 리놀륨이 깔린 칙칙한 복도로 날 이끌었다. 그녀의 검은 하이힐이 리드미컬하게 딸깍거렸다. 마침내 우리는 '러시아국'이라는 이름표가 붙은 문 앞에 도착했다.

비서가 문을 열더니 손을 내밀었다. "들어가시죠." 작은 방으로 들어가자 그녀가 안쪽에 있는 사무실로 날 안내했다. "국장님이 금방 오실 겁니다."

일반적으로 안쪽 사무실은 연공서열이 높은 사람들이 사용하지만, 안쪽 사무실이라는 것 말고는 딱히 카일 스콧의 지위를 보여주는 징표가 없었다. 그의 사무실은 책상, 2인용 소파, 작은 커피 테이블, 의자 몇 개로 꽉 찰 정도로 비좁았다. 나는 소파에 앉아 기다렸다.

몇 분 후 카일 스콧이 보좌관을 데리고 들어왔다. "안녕하십니까, 브라우더 씨." 카일은 키와 나이가 나와 비슷하고 양미간이 좁았다. 그가 입은 하얀색 셔츠와 붉은색 넥타이, 회색 정장은 미국 정부 관료의 표준이었다. "만나러 와주셔서 정말 감사합니다." 사려 깊게도 그는 미팅을 요청한 사람이 나라는 점을 드러내지 않았다.

"아뇨. 시간 내주셔서 저야말로 감사하죠."

"브라우더 씨가 아주 기뻐할 만한 걸 가져왔습니다." 그가 미소를 지었다. 회색 정장 바지에 선홍색 실크 스카프를 목에 두른 보좌관이 메모를 시작했다. 스콧은 몸을 돌려 책상에서 두툼한 마닐라 서류철을 집었다. 조너선의 예상대로 저 서류철에는 세르게이와 나에 대한 모든 보고 자료가 들었을 것이다. 스콧이 무릎을 붙이고 그 위에 서류철을 놓더니 거기서 종이 한 장을 꺼냈다.

나는 호기심이 일었다. "그게 뭔가요?"

"브라우더 씨, 매년 국무부에서는 인권 보고서를 발표하는데 올해 보고서에는 마그니츠키 사건에 대해 두 단락에 걸쳐 아주 강력하게 실렸습니다."

국제 인권 감시 기구나 국제 사면 위원회 같은 기관에서는 이 보고서에 자신들의 사건을 넣기 위해 전문가들을 두고 1년 내내 전략을 짠다고 들었는데, 그렇게 노력하지도 않은 내게 지금 카일 스콧이 보고서를 내밀고 있었다.

다른 사건이었다면 이는 효과적인 대처 방법일 수도 있겠지만, 우리에게는 아니었다. 러시아 정부는 미국 정부의 인권 보고서에 적힌 두 단락에 그다지 신경 쓰지 않을 것이다. 대형 범죄를 버젓이 은폐하는 러시아인이 유일하게 신경 쓰는 것, 저들의 관심을 끌 수 있는 것은 실생활에 미치는 결과였다.

카일 스콧이 반응을 기대하며 날 쳐다보았다.

"내용을 볼 수 있을까요?"

그가 종이를 내밀었다. 두 단락은 상당히 인상적이었지만, 그저 말에 불과했다.

스콧을 쳐다보며 예의 바르게 말했다. "이거 정말 대단하네요. 정말 감사드립니다. 하지만 제가 부탁드리고 싶은 건 따로 있습니다."

스콧이 심기가 불편한 듯 자세를 고쳐 앉았고 메모하던 보좌관이 고개를 들고 훔쳐보았다. "그게 뭔가요?"

"사실 말이죠, 국장님. 마그니츠키 사건에 아주 적합한 미국 법령이 있다는 걸 알게 됐습니다. 외국 부패 관리들의 미국 입국을 금지할 때 사용할 수 있는 포고령 7750호 말입니다."

그가 뻣뻣한 자세로 바로 앉아 방어적으로 물었다. "그건 저도 알고 있습니다. 헌데 그 금지령이 어떻게 이 사건에 적용된다는 거죠?"

"세르게이를 죽인 자들은 부패를 저지른 게 확실하니 이 포고령으로 다스릴 수 있는 거 아닌가요? 국무 장관께서 저들의 미국 입국을 금지해야 합니다."

내가 말한 것보다 세 배는 길게 보좌관이 열심히 받아 적었다. 이건 이 사람들이 예상했던 미팅의 방향과 달랐다. 조너선 와이너의 예상이 맞았다. 카일 스콧이 내게서 듣고자 했던 말이 아니었다. 버락 오바마가 2009년 대통령이 된 이후 러시아에 대한 미국 정부의 기조는 유화 정책이었다. 이를 위해 미국 행정부는 '리셋reset'이라는 새로운 표현도 만들어냈다. 리셋 정책은 러시아와 미국의 단절된 관계를 처음으로 되돌리려는 조치였지만, 실질적으로는 러시아가 무역관계나 핵 군축 등 다양한 사안에 우호적으로 나온다면 미국이 먼저 불쾌한 주제를 꺼내지 않겠다는 뜻이었다. 물론 보고서 몇 단락에 인권 침해에 대한 미국 정부의 '우려'를 표할 수는 있지만, 미국의 주요 정책은 러시아에 절대적으로 제동을 걸지 않는 것이었다.

내가 요구하는 사항은 이 정책과 완전히 상충했기에 스콧의 입장이 난처해졌다. "죄송합니다만, 브라우더 씨. 7750호가 어떻게 마그니츠키 사건에 적용된다는 건지 여전히 모르겠군요." 그가 얼버무렸다.

그의 입장이 곤란하다는 걸 알았지만, 물러나지 않고 더 강하게 밀어붙였다. "어떻게 그렇게 말씀하실 수 있죠? 이 관리들은 러시아 국민에게서 2억3000만 달러를 착복하고, 그 사실을 고발한 사람을 살해했습니다. 착복한 돈은 모두 세탁했고 이제는 정부 일각에서 진실을 은폐하려고까지 하고 있어요. 7750호는 이런 사건을 대비해 만든 겁니다."

"하지만 브라우더 씨…… 그자들이 범죄를 저질렀다고 증명하는 건 불가능할 겁니다." 그가 단호하게 말했다.

나는 평정을 잃지 않으려고 노력했지만, 점점 더 힘들어졌다. "방금 보여주신 두 단락에 그 관리들 몇 명의 이름이 정확히 언급되지 않았습니까." 내가 날카롭게 지적했다.

"전…… 전……."

내 목소리가 커지기 시작했다. "국장님, 이건 소련 붕괴 이후 가장 관련 증거가 많은 인권 침해 사건입니다. 여러 러시아 관리가 세르게이의 죽음에 관여했다는 건 이미 밝혀졌습니다. 원하시면 기꺼이 설명해드리죠."

미팅이 점점 스콧이 예상하지 않은 방향으로 흘러가고 있었기에 그는 이제 끝내길 원했다. 그가 손짓을 하자 보좌관이 필기를 멈추고 일어섰다. 나도 일어섰다. "죄송합니다, 브라우더 씨." 그가 날 문 쪽으로 안내하며 말했다. "다른 미팅에 가봐야 해서요. 이 문제는 다음에 논의하기로 하죠. 지금은 시간이 없어요. 와주셔서 다시 한번 감사합니다."

당분간 그의 사무실을 다시 찾을 일이 없다는 걸 뻔히 알면서도 그와 악수를 했다. 그의 보좌관이 한마디 말도 없이 어색하게 건물 밖까지 배웅해주었다.

좌절스럽고 속상한 마음으로 국무부를 나왔다. 국회 의사당 근처에 있는 다음 미팅 장소를 향해 동쪽으로 가다가, 내가 청회색 하늘 아래 내셔널 몰을 따라 거닐고 있는 걸 문득 깨달았다. 고작 스무 살쯤 된 청년 둘이서 파란색 블레이저와 베이지색 바지를 입고 설전을 벌이면서 내 쪽으로 걸어왔다. 얼굴에 아직 여드름이 있는 것으로 보아 어려 보였지만, 그럼에도 이곳 워싱턴에서 뭔가 할 일이 있는 듯했다. 여기는 내 세상이 아니었다. 도대체 내가 뭐라고 워싱턴에서 변화를 이끌어낼 수 있다고 생각한 걸까? 내가 얼마나 무지하고 무능력한지는 조녀선을 만났을 때 드러났고 카일 스콧과 불편한 만남을 가지면서 분명해졌다.

그날 몇 건의 미팅이 더 이어졌지만, 혼란스러운 상태에서 진행되었고 그 어디서도 실질적인 결과를 내지 못했다. 머릿속에는 온통 런던 집으로 돌아가고 싶다는 생각밖에 없었다.

마지막 약속이 남아 있었다. 이번 약속 상대는 미국 헬싱키 위원회의 카일 파커였다. 세르게이가 살아 있을 때 오바마 대통령의 브리핑 폴더에 세르게이의 사건을 넣지 못하게 만든 당사자이기에 열렬한 환영을 기대하진 않았다. 다만, 조너선 와이너가 미팅 명단을 검토하면서 이 위원회가 중요하다고 언급해서 가는 것뿐이었다.

내 기억 속 카일 파커는 나이에 비해 훨씬 더 많은 것을 아는 듯한 지친 눈을 가진 30대 초반의 남자였다. 또한 러시아어를 완벽하게 구사했고 러시아에서 일어나는 모든 일을 확실하게 파악하고 있었다. 의회 인권 위원회보다 CIA에서 일한다면 제 능력을 십분 더 발휘할 것 같은 인물이었다.

D 거리에 있는 포드 하우스 오피스빌딩으로 향했다. 건축미라곤 찾아볼 수 없는 이 볼품없는 회색 건물은 미국 의회의 중심에서 멀리 떨어져 있었고 분명 미국 정부 청사 가운데 최악의 부동산인 듯했다. 건물 안으로 들어가면서 이곳이 주류 권력에 속하지 못하고 재정적 지원을 받지 못하는 의회 기관을 모두 집어넣어둔 곳이라는 느낌을 강하게 받았다.

카일 파커가 보안 담당 부서에서 날 맞이하더니 책장에 온갖 종류의 소비에트 기념품이 진열돼 있는 난방이 약한 회의실로 데려갔다. 그는 어색하게 침묵하며 테이블 상석에 앉았다. 내가 숨을 들이마시며 침묵을 깨려고 하자 그가 불쑥 끼어들었다.

"빌, 작년에 세르게이를 돕는 일에 발 벗고 나서지 못해 얼마나 죄송한지 몰라요. 세르게이가 죽고 난 뒤 고인에 대한 생각을 얼마나 자주 한다고요."

예상치 못한 말이었기에 나는 잠시 멈칫했다. "우린 노력하긴 했어요, 카일."

그러자 그가 지금 생각해도 놀라울 만큼 워싱턴 사람답지 않은 말을 했다. "세르게이가 죽은 후 당신이 쓴 조문글을 집에 가는 지하철 안에서 읽고 또 읽었어요. 정말 비통했죠. 넉 달 전에 당신이 도와달라고 애원하러 왔었는데. 그래서 지하철에서 울었어요. 집에 가서 아내에게 읽어줬는데 아내도 울더군요. 이 일을 시작하고 이렇게 끔찍한 사건은 처음이에요."

어안이 벙벙했다. 정부 쪽 사람이 이렇게 정에 이끌려 인간적으로 말하는 걸 한 번도 들어본 적이 없었다. "카일, 뭐라 해줄 말이 없네요. 그 사건은 내게도 끔찍한 일이었어요. 요즘 내가 아침에 눈을 뜨는 건 오로지 세르게이를 죽인 자들을 뒤쫓기 위해서예요."

"알아요. 그래서 제가 도우려는 거고요."

나는 숨을 깊게 들이마셨다. 이 카일이란 남자는 워싱턴에서 만난 여느 누구와도 달랐다.

그에게 국무부에서 겪었던 일을 말하려 했지만, 그러기 전에 카일이 일방적으로 아이디어를 내놓기 시작했다. "빌, 세르게이의 불법 체포와 고문, 죽음에 연루된 사람들의 명단을 만들고 싶어요. 쿠즈네초프와 카르포프 같은 내무부 깡패부터 세르게이의 간청을 무시한 의사, 구금을 승인한 판사, 러시아 국민의 돈을 착복한 세무 공무원까지 세르게이의 죽음에 책임이 있는 사람들을 모두 알려주세요."

"그건 어렵지 않아요, 카일. 정보도 확보했고 그걸 뒷받침할 문서도 있어요. 하지만 그걸로 뭘 하려는 거죠?"

"우선 모스크바에 보낼 의회 진상 조사단을 꾸린 후, 명단에 오른 사람들에게 연락해 마그니츠키 사건을 논의하자고 미팅을 잡도록 미국 대사관에 요청할 거예요. 그들이 미팅을 수락할지는 모르겠지만, 미국이 마그니츠키의 죽음에 이렇게 세심한 관심을 보인단 걸 알면 러시아 당국도 적잖이 당황할 거예요."

"좋은 생각이긴 하지만 여러모로 순조롭진 않을 거예요. 그보다 그 명단을 다른 식으로 활용해보면 어떨까요?"

"말씀해보세요."

나는 조너선 와이너가 얘기한 포고령 7750호와 국무부에서 스콧과 했던 미팅에 대해 얘기해주었다. 카일이 내 말을 모두 받아 적었다. "아주 좋은 생각인데요." 그가 펜 끝으로 메모장을 톡톡 쳤다. "그 스콧이란 분의 반응은 어떻던가요?"

"좋지 않았어요. '7750'이란 말을 듣자마자 화제를 돌리며 애매하게 말하더니 절 사무실 밖으로 쫓아냈어요."

"그럼 이렇게 해보죠. 제가 카딘 상원의원한테 얘기해서 클린턴 장관에게 7750호를 발동하라는 편지를 쓰도록 해볼게요."

카일이 말을 멈추더니 내 눈을 똑바로 보았다. "그 사람들이 미국 상원의원도 똑같이 대하는지 보자고요."

러셀빌딩 241호

런던으로 돌아오자마자 팀원들을 모아 워싱턴에서 있었던 일을 들려주었다. 팀원들에겐 이런 희소식이 필요했다. 그동안 우리가 러시아를 상대로 했던 노력은 모두 성과를 내지 못했다. 워싱턴에서 겪은 일을 전부 얘기하며 비자 제재 아이디어와 카딘 상원의원이 힐러리 클린턴에게 편지를 쓸 거라고 알려주었다.

"사장님, 이게 얼마나 대단한 일인지 알고 계시죠? 이 일이 성사되면 미국 정부를 우리 편으로 두게 되는 거예요!" 이반이 외쳤다.

이 소식은 팀원 가운데 특히 러시아인들의 사기를 진작하도록 만들었다. 체호프, 고골리, 도스토옙스키의 작품에서 그랬듯, 또한 세르게이도 한때 내게 상기시켜줬듯 러시아에는 해피엔딩으로 끝나는 이야기가 없다. 러시아 사람들은 고난과 고통, 절망에 익숙하다. 그들에게 성공과 정의는 낯선 단어다. 이런 사고는 많은 러시아인에게 세상은 나쁘고 항상 나쁠 것이며 상황을 바꾸려는 시도는 모두 실패하기 마련이라는 뿌리 깊은 운명론을 심어주었다.

하지만 지금 카일 파커라는 젊은 미국인이 이 운명론에 도전장을 내밀었다.

하지만 일주일이 지나고 2주, 3주가 지나도록 카일에게서 아무 소식도 들려오지 않았다. 이반과 바딤, 블라디미르는 운명론적 사고 방식으로 되돌아갔고, 셋째 주 무렵에는 나조차도 이 러시아인들의 침울함에 감염되고 있었다. 혹시나 카일을 불안하게 만들까봐 수화기를 들고 싶은 충동을 억눌렀다. 시간이 지날수록 그와 생각이 통했다는 확신이 점점 더 옅어졌다.

그러던 2010년 3월 말, 더 이상 기다릴 수가 없었다. 카일의 전화 번호를 누르자 마치 전화기만 바라보고 있었던 사람처럼 첫 신호음에 그가 바로 전화를 받았다.

"안녕하세요, 카일. 나 빌 브라우더예요. 귀찮게 해서 죄송한데 혹시 카딘 상원의원님이 편지를 보냈는지 궁금해서요. 그렇게만 된다면 큰 변화가 생길 거예요…… 아니 상황이 완전히 달라질 거라고 생각해요."

"죄송하지만 여기 일이 항상 일정대로 흘러가는 건 아니에요. 하지만 걱정 마세요, 빌. 조금만 기다려줘요. 전 이 일에 진지해요."

"알았어요. 그렇게 해볼게요." 거의 마음을 놓지 못한 채 일단 대답했다. "혹시 내가 도울 수 있는 일이 있으면 무엇이든 얘기해줘요."

"그럴게요."

나는 카일이 진심으로 세르게이의 죽음에 충격을 받았다고 믿었지만, 또 그만큼 조금만 기다려달라는 그의 말이 내 기대를 천천히 저버리기 위한 방법이라고 생각했다. 워싱턴의 대다수 정부 인사가 제재를 원치 않아 결국 카딘도 편지를 보내지 않을 것이라고 확신했다.

몇 주가 지난 어느 금요일, 나는 옐레나와 데이비드를 데리고 레스터 스퀘어에 영화를 보러 갔다. 세르게이의 일과 관련 없이 보내는 몇 안 되는 순간이었다. 영화는 내 상황에 꼭 맞는 로만 폴란스키 감독의 정치 스릴러 「유령작가」였다. 어둠 속에 앉아 영화 예고편을 감상하며 팝콘을 먹고 있을 때 휴대전화 진동이 울렸다. 발신 번호를 보았다. 카일 파커였다.

나는 옐레나에게 금방 다녀오겠다고 속삭인 후 로비로 나갔다.

"여보세요?"

"빌, 좋은 소식이 있어요. 다 준비됐어요. 월요일 아침에 클린턴 장관한테 갈 거예요."

"편지가요? 그 일을 하고 있는 거예요?"

"네. 지금은 마무리 작업을 하는 중이에요. 한 시간 있다가 전송해줄게요."

전화를 끊었다. 나는 영화를 '보았지만' 정신이 딴 데 팔려 내용을 거의 이해하지 못했다. 영화가 끝난 후 서둘러 집으로 간 나는 컴퓨터로 달려가 힐러리 클린턴 앞으로 보낸 편지를 인쇄했다. 편지를 양손에 움켜쥐고 몇 번이나 읽었다.

편지의 글은 아름답고 간결했으며 설득력 있었다. 편지의 마지막 단락은 다음과 같았다.

이에 이 범죄에 연루된 모든 사람과 그 가족 및 친인척의 미국 비자 특혜를 당장 거둬들여 영구 철회하기를 촉구하는 바입니다. 그렇게 함으로써 고 마그니츠키 씨와 유가족에게 잃어버린 정의를 되찾아주고, 러시아를 비롯한 세계의 부패 관리들에게 미국이 부패 및 그 폐해 방지에 진지하다는 중요한 메시지를 전할 수 있을 것입니다.

곧바로 카일에게 전화했다. "정말 놀랐어요. 이게 우리에게 얼마나 큰 의미인지 모를 거예요."

"제가 한다고 했잖아요, 빌. 전 진심이었어요. 세르게이가 죽은 걸 알고 얼마나 가슴이 무너졌다고요. 꼭 고인의 희생이 헛되지 않게 만들고 싶어요." 카일이 약간 갈라진 목소리로 말했다.

"이제 어떻게 되는 거죠?"

"편지가 월요일에 클린턴에게 갈 거예요. 편지를 보내자마자 위원회 홈페이지에도 게시할 거고요."

"훌륭하네요. 그럼 월요일에 얘기합시다. 주말 즐겁게 보내요."

그날 밤 잠이 드는 데 거의 두 시간이 걸렸다. 카딘이 정말 편지를 보낼까? 마지막 순간에 마음을 바꾸진 않을까? 만일 편지가 국무부에 간다면? 클린턴은 어떻게 나올까? 러시아인들은 어떻게 나올까?

월요일 아침이 왔다. 나는 일찍 사무실에 나가 책상에 앉아서 헬싱키 위원회 홈페이지를 열었다. 아직 아무것도 올라와 있지 않았지만, 런던은 워싱턴보다 5시간이 빨랐기에 편지가 발표되기에는 아직 이른 시간이었다.

런던 시각으로 정오에 다시 홈페이지를 확인했지만, 여전히 아무것도 없었다. 사무실을 서성거리다가 보니 미국 헬싱키 위원회 홈페이지를 강박적으로 확인하는 사람은 나만이 아니었다. 바딤과 이반, 블라디미르도 컴퓨터 화면에 위원회 홈페이지를 띄워놓았다. 하지만 우리가 아무리 새로 고침 버튼을 눌러도 똑같은 페이지만 계속 나타났다.

그러다 마침내 오후 2시 12분, 워싱턴 시각으로 오전 9시 12분에 새로운 페이지가 떴다. 거기에는 카딘 상원의원이 힐러리 클린턴 국무부 장관에게 보내는 편지와 함께 쿠즈네초프와 카르포프의 얼굴 정면 사진이 떡하니 올라와 있었다. 편지에는 세르게이의 죽음과 세금 사기 사건에 연루된 관리 60명의 명단이 첨부돼 있었고, 각 이름 옆에는 소속 부처와 직급, 생년월일, 마그니츠키 사건에서의 역할이 적혀 있었다. 카딘은 이 60명에 대한 비자 특혜를 영구 철회해달라고 요청했다.

의자 깊숙이 몸을 묻었다.

편지 얘기는 진짜였다. 그 편지가 여기, 세계인의 눈앞에 있었다. 마침내 세르게이를 죽인 자들에게 책임을 묻기 위한 조치가 이루어졌다. 컴퓨터 화면을 응시하면서 목이 메었다. 세르게이가 우리를 내려다보고 있다면, 수감 중 절절히 써내려간 자신의 애달픈 편지가 드디어 응답을 받으려 한다는 걸 알리라.

10분도 되지 않아 러시아 뉴스 매체들이 이 내용을 보도하기 시작했고, 30분도 되지 않아 서양 언론들이 이를 인용 보도했다. 그날이 끝날 무렵에는 새로운 용어가 만들어져 회자되었다. 바로 카딘 명단이었다.

이전까지 러시아에서는 아무도 벤 카딘을 몰랐지만 2010년 4월 26일 이후로는 이 메릴랜드 상원의원이 미국에서 가장 중요한 정치인이라는 게 사회적 통념이 되었다. 러시아의 인권운동가와 야당 정치인들은 시류에 편승해 오바마 대통령과 EU 상임 의장에게 카딘 명단을 지지하는 편지를 썼다. 러시아인들은 로널드 레이건 이후 러시아의 인권 문제에 이렇게 단호하게 행동하는 외국 정치인을 본 적이 없었다. 안타깝게도 러시아에서 일어나는 잔악 행위 대부분은 바깥 세상에 전혀 알려지지 않았고, 드물게 알려진 경우에도 외국 정부가 거의 대응을 하지 않았다. 그런데 지금 갑자기 미국 상원의원이 러시아 관리 60명에 대해 인권 침해 행위에 연루된 일로 미국 비자 철회를 요구하고 있었다. 전례가 없는 일이었다.

이에 러시아 국민은 환호를 보냈지만 푸틴의 고위 관리들은 졸도할 지경이었다. 푸틴의 주요 부관들은 지위를 이용해 어마어마한 부자가 되었고 그 과정에서 대부분 끔찍한 짓도 서슴지 않았다. 이론상 카딘 명단은 그자들이 장차 처벌을 받을 수 있게 포문을 연 것이었다. 이 명단은 저들의 삶을 통째로 바꾸어놓을 수 있었다.

적어도 초기에는 저들이 걱정할 필요가 없었다. 다시 워싱턴 얘기로 돌아가면, 카딘의 편지에 아무 대응도 하기 싫었던 국무부는 그냥 편지를 쥐고 앉아 카딘을 무시했고 그렇게 문제가 알아서 사라지기를 바랐다. 하지만 그런 일은 없었다. 국무부가 카딘 상원의원을 무시하면 카일도 압박의 강도를 높일 생각이었다. 그는 5월 초 내가 미 하원의 톰 랜토스 인권 위원회 앞에서 마그니츠키 사건에 대해 증언하는 자리를 마련해주었다.

공청회는 5월 6일에 국회 의사당 서남쪽에 있는 레이번 하우스 오피스빌딩에서 열릴 예정이었다. 처음 가보는 곳이었기에 어떤 곳인지 감을 잡기 위해, 공청회 시작은 아침 10시였지만 시간을 넉넉히 두고 도착했다. 인디펜던스 로에서 안으로 들어가 의회 경찰 몇 명이 배치된 작은 보안 검색대를 통과한 후 2255호실로 가서 안을 휙 둘러보았다. 회의장은 위원들이 앉을 연단, 초청 연사들이 자리할 긴 테이블 두 개, 연사 뒤로 약 75명이 앉을 수 있는 방청석으로 구성된 큰 방이었다. 위원장인 짐 맥거번 매사추세츠 의원은 아직 도착하지 않았지만, 보좌관과 위원회 직원 등 몇몇 사람이 방을 서성이며 한담을 나누고 있었다. 나는 복도로 나와 세르게이의 이야기를 머릿속으로 되짚어보았다.

다시 회의장으로 들어가자 연사 테이블에 작은 종이가 접힌 채 뒤집힌 V자 모양으로 놓여 있었고 언론인 보호 위원회, 국제 인권 감시 기구, 국제 보호 센터 등 명망 있는 인권 단체의 대표들이 나와 있었다. 전문 인권운동가들 사이에 사업가인 내가 혼자 끼어 있으니 위화감이 들었다.

방청석을 보니 한쪽에 카일 파커가 앉아 있었다. 그때 맥거번 의원이 들어왔다. 맥거번은 탈모 증세가 두드러졌지만 유쾌하고 소년 같은 얼굴을 한 기분 좋은 사람이었다. 그는 연사들과 일일이 악수를 하며 보스턴 억양으로 인사를 했다. 그가 우리에게 앉으라고 하자 바로 공청회가 시작되었다.

첫 번째 연사는 러시아에서 박해받은 기자들을 옹호하는 사람이었다. 그녀는 한 성명서의 일부분을 낭독했으며, 러시아 정권의 범죄를 폭로한 기자들에 대한 살인 및 유죄 판결에 대해 정확한 수치를 들어 설명했다. 증언하는 내용이 극악무도한 데다 정책 이슈에 대한 이해가 밝아 보여서 나도 모르게 주눅이 들었다. 나는 그저 한 사건, 한 남자에 대해 얘기할 참이었고 낭독할 성명서도 없었다.

다음 연사는 국제 인권 감시 기구에서 나온 사람이었다. 그녀는 러시아 권리 남용 사례를 길게 늘어놓으며 동일한 취지의 발언을 여러 번 반복했다. 또한 안나 폴릿콥스카야Anna Politkovskaya 정부의 인권 탄압을 고발하다 2006년에 의문사한 기자와 나탈리야 예스테미로바Natalia Estemirova 푸틴의 체첸 정책을 비난하고 러시아군의 인권 침해를 폭로하던 인권운동가의 살해 사건을 비롯해 여러 악명 높은 사건을 언급했다. 두 사건 모두 잘 알고 있었던 나는 이 연사에게 깊은 감명을 받았다. 연설이 마무리되자 나 자신이 한참 부족하다는 생각이 들었다.

그러나 회의장에 흩어져 있는 점잖은 위원회 직원들의 표정은 무덤덤했다. 그들에게 공청회는 일상이었기에 이런 이야기는 전혀 새롭지 않아 보였다. 그들은 화면에 코를 박고 엄지로 열심히 블랙베리 키패드를 두드리느라 첫 연사가 연설을 마치고 다음 연사가 나오는 것도 거의 알아차리지 못했다.

마침내 내 차례가 되었다. 나는 통계도, 성명서도, 제도 개선 과제도 없었다. 불안하게 일어나 재킷의 소맷동을 잡아당기고 이야기를 시작했다. 나를 간단하게 소개한 뒤 세르게이가 겪은 심각하고 어두운 이야기를 들려주었다. 이야기 도중 맥거번 의원의 눈을 똑바로 응시했고 그도 날 가만히 바라보았다. 공청회에 모인 사람들에게 세르게이가 어떻게 범죄를 적발하고, 무엇을 증언한 후 체포됐으며 얼마나 가학적인 고문을 당하고 결국 어떻게 살해를 당했는지 차근차근 설명했다. 직원들은 더 이상 블랙베리를 두들기지 않았다. 나는 세르게이의 살인자들에게 비자 제재를 가할 수 있도록 카딘 의원을 지지해달라는 부탁과 함께 연설을 마무리했다. 끝으로 이렇게 덧붙였다. "세르게이 마그니츠키의 사건은 한 개인의 사건에 불과하지만, 러시아에는 이런 사건이 수천수만 건 존재합니다. 그 가해자들의 행동을 저지하고 그들에게 면책권이 없다는 걸 보여주지 않는다면 그들은 계속 그런 일을 저지를 겁니다."

자리에 앉아 손목시계를 흘끗 보았다. 내 연설은 8분이 걸렸다. 나는 테이블 위로 양손을 반듯하게 내려놓고 주위를 둘러보았다. 인권 운동가 몇 명을 포함한 여러 명의 눈에 눈물이 글썽였다. 누군가가 무슨 말이라도 해주기를 기다렸지만 장내는 조용했다.

약 20초 후 드디어 맥거번이 두 손을 깍지 끼고 몸을 앞으로 숙이며 말했다. "전 영광스럽게도 거의 2년간 이 위원회의 공동 의장을 맡아 굉장히 많은 걸 배웠답니다. 하지만 때때로 우리는 과도한 통계와 사실로 인해 정작 진실을 느낄 수 있는 인간적 능력을 잃어버리는 것 같습니다, 브라우더 씨. 그런 점에서 오늘 이 자리에 나와 마그니츠키 씨의 이야기를 들려주어 얼마나 감사한지 모릅니다. 정말 비극적인 사건입니다. 살인을 저지른 자들이 이 나라에 여행을 오고 또 사업에 투자한다는 건 용납할 수 없는 일입니다. 마땅히 책임이 뒤따라야 합니다. 그래서 저희는 힐러리 클린턴에게 편지를 보내는 것으로 끝내는 게 아니라 법안을 도입해 그 60명의 이름을 기록하고, 이를 위원회에 상정해 의회의 정식 추천을 받은 다음 통과시켜 행정부에 이게 결과라고 선언할 생각입니다. 이렇게 하지 않으면 아무 일도 일어나지 않을 겁니다. 그렇게 하겠다고 약속드립니다."

공청회가 끝났을 때 카일과 나는 한마디도 하지 않고 회의장에서 걸어 나왔다. 방금 짐 맥거번이 마그니츠키 법을 도입하겠다고 약속했던가? 맞다, 그랬다. 이건 내 기대를 뛰어넘는 일이었다.

계단을 내려오면서 내가 입을 뗐다. "카일, 카딘 의원이 상원에서 이 일을 해줄까요?"

카일이 걸음을 멈췄다. "방금 전 공청회 결과를 고려할 때 안 할 이유가 없을 것 같은데요, 빌."

그날 오후 늦게 카일이 전화를 걸어왔고, 카딘 의원이 기꺼이 상원의 첫 공동 발의자가 되어주기로 했다고 알려주었다. 어느새 세르게이의 이름을 딴 미국 법, 일명 세르게이 마그니츠키 법이 만들어질 작지만 실질적인 기회가 생겼다.

그러나 법을 구상하는 단계와 현실화하는 단계 사이에는 할 일이 많았다. 우선 카딘과 맥거번이 제출할 문서가 필요했다. 이 문서가 준비되면 상원과 하원에서 각각 위원회의 승인을 받게 된다. 그런 후 상원과 하원에서 각각 전체 투표를 실시하고 양원에서 모두 그 법안이 통과되면 대통령에게 보내 서명을 받아야 한다.

의회에 제출되는 입법안 수는 하루 수천 건이지만 그중 수십 건 정도만 의회를 통과해 법이 된다. 따라서 카딘과 맥거번이 제출할 입법안은 비판의 여지 없이 철저하게 작성되어야 했다. 카일은 그해 여름 내내 입법안 작성에 매달렸고 그러면서 나와 둘도 없는 친구가 되었다. 우리는 매일, 가끔은 하루에 두 번씩 얘기를 나누면서 미국 제재 조치에 대해 최대한 많이 공부했다.

9월 초쯤, 쓸 만한 입법안이 준비되었다.

카일이 입법안을 보낼 때 내가 물었다. "카딘 의원께서 상원 투표 일정을 언제쯤 잡을 수 있을까요?"

"그렇게 간단하지 않아요. 워싱턴에선 법안을 통과시키려면 양당의 지지가 필요해요. 따라서 우선은 이 법안의 공동 발의자가 돼줄 영향력 있는 공화당 선임 상원의원을 찾아야 해요. 그런 다음에야 절차를 밟을 수 있어요."

"카딘 의원이 그런 분을 찾을까요?"

"그렇겠죠. 하지만 일을 빨리 진행시키고 싶다면 직접 나서서 찾아보는 것도 좋을 거예요. 세르게이와 얽힌 개인적 일화들이 아주 설득력 있으니까."

이 일을 운에만 맡겨놓고 싶진 않았기에 카일과 통화를 끝낸 후 공동 발의자가 돼줄 만한 공화당 상원의원 명단을 살펴보기 시작했다. 그러던 중 한 이름이 눈에 확 들어왔다. 바로 존 매케인이었다.

교도소에서 고문당하는 일이 얼마나 괴로운지 진정으로 이해할 만한 상원의원이 있다면 바로 존 매케인이었다. 베트남 전쟁 당시 해군 전투기 조종사였던 그는 전투기가 격추되면서 포로가 되었고 5년간 포로 수용소에 갇혀 고문을 당하다가 풀려났다. 그러니 분명 세르게이가 겪은 공포를 이해할 것이고 기꺼이 도와주고자 할 것이다.

하지만 도대체 어떻게 존 매케인과의 미팅을 잡을 것인가? 워싱턴은 철통 보안이 이루어지는 데다 상대가 중요한 사람일수록 접근하기가 힘들다. 그래서 로비스트라는 업계가 생긴 것이다. 매케인을 소개해줄 사람을 이리저리 알아보자 사람들은 마치 100만 달러를 거저 달라고 하는 사람처럼 날 쳐다보았다.

하지만 바로 그때 날 도와줄 만한 사람이 떠올랐다. 그녀의 이름은 줄리애나 글러버로, 적갈색 웨이브 머리에 흠잡을 데 없는 스타일과 느긋한 태도를 겸비한 키 크고 매력적인 여성이었다. 2006년 러시아 비자가 철회된 직후에 친구의 소개로 줄리애나를 만났다. 그녀는 이탈리아 레스토랑인 카페 밀라노의 단체 만찬에 날 초대했다. 식사가 끝날 무렵 그녀와 명함을 주고받았지만, 호텔로 돌아와 명함 속 이름을 검색한 후에야 내 옆에 앉았던 여자가 워싱턴에서 가장 영향력 있는 로비스트 가운데 한 명이라는 사실을 알았다.

줄리애나는 이력이 대단했다. 딕 체니 부통령의 언론 담당 비서로 일하다가 존 애슈크로프트 법무 장관의 선임 정책 보좌관으로 일했으며, 이후 애슈크로프트가 자신의 법률 회사인 애슈크로프트그룹의 워싱턴 사무소를 운영하기 위해 관직에서 물러날 때 같이 나왔다. 또한 그 능력을 인정받아 2002년에는 『엘르』가 선정한 워싱턴에서 가장 영향력 있는 여성 10인에 뽑혔다.

줄리애나도 내 이름을 검색해본 후 내가 러시아 정부와 겪고 있는 문제를 안 모양이었다. 그녀는 내게 전화해 자신이 힘닿는 데까지 도와주겠다고 제안했다. 그때부터 우리는 친구가 되었다. 세르게이가 죽었을 때 줄리애나와 존 애슈크로프트도 바로 전화해 애도의 뜻을 전했다. "자네가 얼마나 상심이 클지 아네, 빌. 하지만 자네 곁엔 우리가 있다는 거 잊지 말게. 자네나 세르게이의 가족을 도울 만한 일이 있으면 언제든 전화만 주게." 애슈크로프트가 말했다.

지금 도움이 필요했다. 존 매케인과 만나려면 도움이 절실했다.

줄리애나에게 전화해 상황을 설명하자 그녀가 선뜻 매케인과의 만남을 성사시켜주겠다고 했다. 그게 그녀에겐 그토록 쉬운 일인가? 전화를 끊고 10분 후에 그녀가 전화를 주었다.

"빌, 매케인 상원의원께서 9월 22일 3시 15분에 뵙자는군요."

그랬다. 그녀에겐 쉬운 일이었다.

9월 21일에 워싱턴으로 날아가 이튿날 오후에 내가 묵는 호텔에서 줄리애나를 만났다. 우리는 택시를 타고 의회에 가서 보안을 통과한 후 매케인 의원의 집무실인 러셀빌딩 241호로 갔다. 매케인이 상원에서 차지하는 위상을 보여주듯, 그의 집무실은 좋은 입지에 위치했을 뿐만 아니라 천장 높은 방들이 연달아 붙어 있었다. 우리는 이름을 밝힌 후 비서의 안내를 받아 대기실로 갔다. 매케인의 최고 외교 정책 보좌관인 크리스 브로스가 문에서 우리를 맞아주었다. 상원의원을 기다리면서 우리는 한담을 나누었다. 30분 후 매케인 상원의원이 우리를 만날 준비가 되었다는 말을 전해 들었다.

매케인은 진심 어린 악수와 따뜻한 미소로 우리를 맞아주었다. 우리는 그의 안내를 따라 사무실로 들어갔다. 가죽 소파와 따스한 조명, 빈 공간이 없는 긴 책장으로 편안하게 꾸며진 방이었다. 확실히 미국 서부의 느낌이었다. 높은 천장과 책상 뒤쪽의 큰 창문이 없다면 피닉스에 사는 어느 애서가 간부의 안락한 집으로 착각할 법했다. 나는 소파에 앉았고 매케인은 커피 테이블 상석에 걸터앉았다. 그가 목을 가다듬고 말했다. "와줘서 고맙습니다, 브라우더 씨. 러시아 문제로 날 만나고 싶어했다고요?" 아마 그는 내가 러시아에서의 사업 문제로 로비를 하리라 예상했을 것이다.

나는 세르게이에 대한 이야기를 시작했다. 곧 매케인은 이 미팅이 다른 미팅과 성격이 다름을 알아차렸다. 2분도 지나지 않아 그가 손을 들더니 세르게이의 체포 날짜를 물었다. 나는 질문에 대답한 후 이야기를 계속했다. 얼마 안 되어 그가 또 말을 가로막고 세르게이의 수감 환경을 설명해달라고 요청했다. 나는 답변했고 또다시 말이 가로막힐 때까지 이야기를 이어나갔다. 이런 식으로 15분이 지나갔다. 그의 비서가 머리를 내밀며 다음 미팅이 준비됐다고 알렸다. 나는 얼어붙었다. 아직 마그니츠키 법의 공동 발의자가 돼달라는 부탁을 하지 못했다.

"브라우더 씨와 더 얘기할 시간이 필요하네." 매케인이 부드럽게 말했다. 비서가 사라지자 매케인이 다시 내게로 관심을 돌렸다. "계속 말해봐요."

그가 시키는 대로 했다. 질문과 답변이 몇 차례 더 이어졌다. 또

15분이 지나자 비서가 다시 나타났다. 이번에도 매케인이 점잖게 물러가라는 손짓을 했다. 이 과정을 한 차례 더 반복한 후 모든 이야기가 끝났을 때 시계를 보니 나는 매케인의 사무실에 거의 한 시간가량 앉아 있었다.

"빌, 세르게이 이야기는 충격적이네요. 정말 끔찍해요. 그런 일에 연루되다니 세르게이도, 당신도, 다른 사람들도 모두 안쓰럽네요."

"감사합니다, 의원님."

"말해봐요. 내가 어떻게 도와주면 좋을지."

나는 카딘과 맥거번, 마그니츠키 입법안에 대해 얘기한 후 이렇게 부탁했다. "카딘 의원님은 민주당원이기 때문에 영향력이 큰 공화당원이 이 법안의 공동 발의자가 되어준다면 큰 도움이 될 겁니다. 의원님께서 그 발의자가 되어주셨으면 하는 바람입니다."

매케인이 의자에 등을 기댄 채 차분하고 생각에 잠긴 표정을 지었다. "당연히 그렇게 해야지요. 그 정도도 못 해주겠어요?" 그가 미팅 내내 옆에 앉아 있던 보좌관 크리스 브로스에게 고개를 돌렸다. "크리스, 당장 카딘 상원의원과 협의해 날 그 법안의 공동 발의자로 넣게." 매케인이 다시 날 보았다. "세르게이가 진정한 친구를 뒀네요. 아무리 친구라도 이렇게 나설 사람은 많지 않지요. 그 점에 깊은 경의를 표합니다. 내 힘이 닿는 데까지 세르게이를 위해 정의를 찾도록 도와줄게요. 행운이 함께하길 빕니다."

러시아 언터처블

내가 워싱턴을 오가며 정치 쪽에 힘쓰는 동안, 팀원들은 런던에서 러시아 쪽을 살폈다.

2009년 10월 첫 유튜브 영상이 게시된 후, 평범한 러시아인들이 자발적으로 전화나 이메일을 통해 우리 사건과 관련된 정보를 주었다. 그중 하나는 예카테리나 미헤예바라는 젊은 여성에게 온 것이었다. 그녀는 우리에게 소름끼치는 이야기를 들려주었다.

이 경찰 집단은 우리만 희생양으로 삼은 게 아니었다. 그녀의 말에 따르면 우리에게 했던 방식 그대로 경찰 두 명이 남편의 사무실을 압수 수색했다. 그 후 남편 표도르는 체포되어 세르게이가 유치됐던 경찰서로 끌려갔지만 그곳에 억류되지 않고 바깥에 있던 차로 호송되었다. 뒷좌석으로 떠밀려 들어간 표도르는 아무 설명도 듣지 못한 채 모스크바에서 48킬로미터 떨어진 곳으로 끌려갔고, 곧 자신이 인질로 잡혔음을 깨달았다. 예카테리나는 납치범 한 명이 빅토르 마르켈로프였다고 말해주었다. 그는 2007년 우리가 탈취당한 회사들을 소유했던 그 살인 전과범이었다.

그 집에 도착하자마자 납치범들은 표도르의 상사에게 전화를 걸어 석방 조건을 알렸다. 2000만 달러였다. 예카테리나도 납치범의 전화를 받았다. 그 납치범은 경찰에 신고하면 표도르가 무사하지 못하는 것은 물론 그녀를 찾아가 윤간을 할 것이라고 협박했다. 예카테리나는 무서웠지만 용감하게도 그 협박을 무시하고 다른 경찰 부대에 연락했다. 그 경찰 부대는 남편의 위치를 알아낸 후 그 집을 압수 수색해 표도르를 풀어주고 마르켈로프와 공범들을 구속했다.

불행하게도 그녀의 이야기는 거기서 끝이 아니었다. 한 달 후 표도르는 일전의 경찰들에게 다시 체포되어 납치범 한 명과 같은 감방에 수감되었다. 그곳에서 그가 무슨 일을 겪었고 누가 그 일에 관여했는지 알 순 없지만, 표도르는 결국 사기죄로 유죄 선고를 받아 모스크바에서 800킬로미터 떨어진 키로프 지역의 어느 포로 수용소에서 11년 형을 살게 되었다. 예카테리나는 서른네 살이었고 어린아이 둘을 키우고 있었다. 그녀의 가족은 둘로 찢어졌다. 하루아침에 그녀는 혼자서 아이들을 키워야 했고, 그 사이 남편은 옥살이를 하며 수척해졌다.

우리의 상대가 위험한 자들이란 건 알았지만, 그녀의 이야기를 들으니 무슨 일이 있어도 쿠즈네초프와 카르포르 같은 경찰들을 막아야겠다는 생각이 들었다. 그때부터 우리 팀은 온 힘을 다해 쿠즈네초프와 카르포프를 옥죌 수 있는 일을 찾아 나섰다. 계좌 입출금 내역서, 법원 기록, 판결문, 등기 서류, 편지, 소송 사건 등을 뒤지며 두 사람이 가진 자산이 얼마인지 확인했다. 계속 파보면 뭔가 나올 거라고 확신했다. 쿠즈네초프와 카르포프는 수입이 월 1500달러도 안 되었지만 비싼 양복을 입고 고급 시계를 차고 고급 승용차를 몰았다. 두 사람의 낭비벽에 대한 증거를 찾아낸다면 싸움에서 크게 유리해질 것이다.

우리는 러시아에서 기업의 권력 남용 캠페인을 할 때 사용했던 데이터베이스에서 두 사람의 이름을 찾으면서 조사를 시작했다. 불행하게도 두 사람의 이름으로는 아무것도 나오지 않았다. 하지만 그들의 부모 이름을 검색하자 놀랄 만한 정보들이 나왔다. 쿠즈네초프와 카르포프의 부덕함은 놀라웠다. 경찰관이라는 신분을 감안하면 더더욱 그랬다.

가장 흥미로운 발견 중 하나는 쿠즈네초프 어머니의 이름으로 등록된 재산, 즉 모스크바의 샹젤리제라 할 수 있는 쿠투좁스키 대로 바로 옆에 위치한 고급스런 빌딩의 154제곱미터짜리 아파트였다. 빅토리 공원이 내려다보이고 시세로 약 160만 달러인 곳이었다. 또한 쿠즈네초프의 아버지는 캐피털 콘스텔레이션 타워라는 빌딩에 있는 약 75만 달러의 84제곱미터짜리 아파트의 등기 명의인이었다. 이런 고가의 재산 외에도 모스크바 바로 외곽인 노긴스키 지구에 부모 명의의 땅이 세 곳 있었는데, 시가로 거의 18만 달러였다.

서류상 이 모든 부동산 소유는 합법적이었지만, 쿠즈네초프 부모님의 월수입은 겨우 4500달러로 이 재산들을 설명하기에는 턱없이 모자랐다. 우리가 보기에 이 현상을 설명할 만한 건 단 하나뿐이었다. 이 부동산을 구입한 자금이 아들 아르템에게서 나왔다는 것이다. 쿠즈네초프 가족은 비싼 건물과 땅만 소유한 게 아니었다. 모스크바 교통 경찰국 자료에 따르면, 쿠즈네초프의 어머니는 6만5000달러짜리 신상 랜드로버 프릴랜더를 소유하고 그의 아내는 11만5000달러짜리 레인지로버와 8만1000달러짜리 메르세데스 벤츠 SLK 200을 소유했다.

러시아 출입국 관리 데이터베이스는 쿠즈네초프의 생활에 대해 훨씬 더 흥미로운 사실을 보여주었다. 2006년부터 아르템과 아내는 글로벌 제트족처럼 세계를 여행했다. 5년에 걸쳐 두바이, 프랑스, 이탈리아, 영국을 포함한 여덟 국가에 30차례 이상 다녀왔다. 키프로스에 갈 때는 전용기를 타기까지 했다. 우리가 조사한 바에 따르면, 쿠즈네초프 가족이 소유한 자산의 총 가치는 대략 260만 달러였다. 합리적으로 따져봤을 때, 쿠즈네초프가 이 돈을 벌려면 내무부 공식 봉급으로 145년간 일해야 했다.

카르포프에 대한 조사 결과도 못지않게 충격적이고 패턴이 동일했다. 연금 수혜자인 카르포프 어머니의 명의로 93만 달러짜리 고급 아파트, 신상 아우디 A3와 포르셰 911이 있고, 그의 명의로 메르세데스 벤츠 E280이 있었다. 또한 여행 기록을 조사해보니 그는 2006년부터 영국, 미국, 이탈리아, 카리브해 지역, 스페인, 오스트리아, 그리스, 키프로스, 오만, 두바이, 터키를 여행했다. 뿐만 아니라 모스크바의 최고급 나이트클럽을 드나들며 매력적인 여성들, 잘 차려입은 친구들과 사진을 찍고 다녔다. 인터넷에 활짝 웃는 자기 얼굴 사진을 올린 것으로 보아 이런 생활이 공개되는 걸 꺼리지 않는 듯했다.

정말 가증스러운 자들이었다. 두 사람이 으리으리한 집에 사치스러운 휴가를 즐기고 고급 승용차를 몬다는 걸 알면 러시아 국민은 아마 졸도할 지경이 될 것이다. 이런 이미지는 어떤 신문 기사나 라디오 인터뷰보다 파급력이 더 클 것이다. 이 중간급 경찰들이 어떤 식으로 자신들의 주머니를 채우는지 알려야 했다. 아침에는 비루하게 경찰

일을 하면서 밤에는 미슐랭 선정 고급 레스토랑을 드나들게 할 순 없었다.

유튜브 영상을 더 만들기로 결정했다. 이번에는 아르템 쿠즈네초프와 파벨 카르포프가 주연이었다. 바로 일에 착수한 결과 2010년 6월에 비디오가 완성되었다. 그때 워싱턴에서는 마그니츠키 법 초안이 작성되고 있었다. 이제 이 영상을 퍼트릴 적기만 기다리면 되었다.

그 적기는 세르게이의 체포를 인가했던 내무부 장군 올레크 로구노프가 세르게이의 체포와 죽음을 정당화하기 위해 선전활동을 시작할 때 찾아왔다. 유명 라디오 방송에 출연한 로구노프는 세르게이가 수감된 동안 압력을 받았는지에 대한 질문에 무난하게 답했다. "증언을 확보하는 게 수사관의 일입니다. 이건 세계 어느 나라나 똑같습니다." 마치 세르게이가 겪은 일이 세계 어디서나 일상적으로 일어나는 일인 양 말했다.

저들이 은폐에 속도를 올리고 있었기에 우리도 뭔가를 해야 했다. 그래서 6월 22일에 쿠즈네초프의 비디오를 유튜브에 올렸다. 동시에 러시아 언터처블www.russian-untouchables.com 감히 건드릴 수 없는 러시아 사람들이라는 뜻이라는 새로운 웹사이트를 열고, 세계인이 볼 수 있도록 쿠즈네초프의 사치를 뒷받침하는 문서와 증거를 게재했다.

첫날 쿠즈네초프의 비디오는 조회 수가 5만을 넘었다. 이는 세금 사기를 폭로한 첫 유튜브 영상의 총 조회 수를 뛰어넘는 수치였다. 일주일도 되지 않아 17만 명이 쿠즈네초프의 비디오를 보았고, 이 영상은 러시아에서 정치 관련 비디오 부문 1위를 차지했다. 러시아 주간지 『뉴 타임스』 잡지는 '중령을 위한 전용기'라는 제목의 기사를 대대적으로 발표했다. 쿠즈네초프의 재산 축적은 굉장히 흥미로운 기삿거리였기에 영국 밖에서 일어나는 일은 거의 보도하지 않는『선데이 익스프레스』조차 이에 관해 논평 기사를 냈다.

사람들이 쿠즈네초프의 비디오에 대해 이야기를 하고 블로그에 글을 쓰고 하는 동안, 러시아 운동가들은 독자적으로 활동을 시작했다. 쿠즈네초프의 빌딩에 가서 그의 이름이 적힌 곳마다 세르게이의 사진을 붙여두었다. 우리가 유튜브 영상을 내보내기 직전, 재미슨 파이어스톤도 러시아 당국에 지속적인 압박을 가하기 위해 검찰총장실과 내무부 내사과에 쿠즈네초프의 설명되지 않는 재산을 고발했다.

증거가 너무 명백했음에도 당국은 쿠즈네초프를 중심으로 단합했다. 그들은 내무부 부장관 알렉세이 아니친의 말을 빌려 쿠즈네초프의 재산을 조사하는 건 "우리 소관이 아니다"라는 답변을 내놓았다.

쿠즈네초프의 비디오에 대한 공식적인 반응은 없었지만, 비디오가 저들의 신경을 건드린 것만은 확실했다. 2010년 7월 11일, 파벨 카르포프는 나와 동료들을 명예 훼손으로 러시아 당국에 고소했다. "빌 브라우더, 예두아르트 하이레트디노프, 재미슨 파이어스톤, 세르게이 마그니츠키는 저와 아르템 쿠즈네초프의 평판에 흠집을 내고 자신들의 범죄를 은폐하기 위해 정보 캠페인을 벌였습니다. 뿐만 아니라 회사 탈취와 세금 환급, 마그니츠키의 죽음으로 유일하게 이득을 본 자는 빌 브라우더입니다." 파벨 카르포프의 설명이었다.

그렇다. 지금 카르포프는 내가 세르게이의 죽음에 책임이 있다고 말하고 있었다.

카르포프는 이 공격으로 내가 물러설 거라고 예상했겠지만, 오히려 정반대였다. 카르포프가 고소장을 제출했다는 사실을 알자마자 우리는 그를 주인공으로 한 비디오를 내보냈다. 이 비디오는 쿠즈네초프의 비디오의 영상미를 훨씬 더 능가했다. 그가 소유한 부동산과 자동차 사진이 실렸을 뿐만 아니라 모스크바 전역의 나이트클럽, 레스토랑, 디스코텍에서 놀다가 찍힌 사진도 다수 포함되었다. 이 경찰의 실생활을 알면 정직한 중산층 러시아인들은 충격을 받지 않을 수 없었고, 실제로도 그랬다.

재미슨은 카르포프를 상대로 또 다른 형사 고발장들을 제출했다. 이번에는 내무부 내사과에서 쿠즈네초프와 카르포프를 신문했지만, 결국 자신들은 두 사람의 부모 수입까지 조사할 권한이 없을뿐더러 두 사람에게서 아무 잘못도 찾지 못했다고 주장했다.

쿠즈네초프와 카르포프는 러시아 수사 기관이 건드리지 않는 '언터처블'이었는지 모르지만, 여론의 법정에서는 결코 그렇지 않았다. 석달도 지나지 않아 40만 명 이상이 두 사람의 비디오를 보았다. 러시아 당국이 어떻게 거짓말을 늘어놓든, 누구라도 그 말에 반박할 수 있었다. "그건 그렇다 치고, 쿠즈네초프와 카르포프가 부패한 게 아니라면 그 많은 재산은 어떻게 모은 거죠? 거기에 대해 설명 좀 해줄래요? 어떻게 그렇게 부자가 된 건가요?"

35

스위스 계좌

그해 8월, 데이비드를 데리고 전원으로 떠나 부자끼리 주말을 보냈다. 하루는 콘월영국 잉글랜드 서남부에 있는 주에 있는 절벽 옆길을 따라 하이킹을 하고 있는데, 뜻밖의 선물이 굴러 들어왔다. 재미슨 파이어스톤이 전화로 알려준 선물이었다.

그는 너무 흥분한 나머지 말을 제대로 잇지 못했다. "나예요, 빌. 기쁜 소식 하나 들려줄까요?"

"그런 거라면 늘 환영이죠." 가파른 길에서 벗어나 숨을 고르는 동안 데이비드가 그늘 아래로 가서 물을 마셨다. "무슨 일인데요?"

"방금 어떤 사람한테서 이메일을 받았는데, 모스크바 제28 세무서의 어떤 관리가 세금 환급 사기로 수백만을 챙겼다는 증거를 자신이 가지고 있대요."

"이메일을 보낸 사람이 누구죠?"

"알레한드로 산체스라는 사람이에요."

"이름을 들으니 러시아 사람 같진 않은데요. 허튼소리일 수도 있잖아요."

"글쎄요. 그런데 이메일로 스위스 은행 입출금 내역서와 역외 회사 조세 피난처에 설립되는 일반적인 회사 서류도 보냈어요."

"거기에 뭐라고 적혀 있죠?"

"환급 수표에 서명한 세무서 관리 이름이 올가 스테파노바인데, 그 여자 남편 것으로 보이는 은행 계좌로 전신 송금을 한 게 여러 건 있어요."

"굉장한데요! 가짜는 아니겠죠?"

"모르겠어요. 그런데 그 산체스란 사람이 우리가 관심이 있으면 만나주겠다고 하는데요."

"그렇게 해도 괜찮겠어요?"

"물론이죠." 재미슨이 그게 뭐 어떠냐는 듯 말했다. 그 많은 일을 겪고도 그는 낙천성을 잃지 않았다. "걱정 말아요, 빌."

전화를 끊고 나는 물을 몇 모금 마셨다. 데이비드와 함께 고개를 숙이고 계속 길을 따라 올라갔지만, 해변이 내려다보이는 아름다운 경치는 거의 눈에 들어오지 않았다. 머리가 빠르게 돌아가고 있었다. 우리 캠페인에는 이런 변화가 필요했지만, 재미슨을 위험한 곳으로 내보내는 게 걱정이었다.

안전한 곳은 어디에도 없었지만, 특히 런던은 러시아인 소굴이었다. 2006년, 전직 FSB 요원이자 잘 알려진 푸틴의 혹평가였던 알렉산드르 리트비넨코는 미 대사관 바로 길 건너편에 있는 밀레니엄 호텔에서 FSB 요원들에게 독살되었다.

재미슨과 산체스는 이메일을 몇 번 더 주고받은 후 2010년 8월

27일에 만나기로 했다. 일단 둘이서 만난 후 산체스의 말이 진실이면 바딤을 그 자리에 불러 서류를 검토하게 할 계획이었다.

산체스는 메이페어의 웨스트버리 호텔에 있는 폴로 바에서 만나자고 제안했는데, 불길하게도 이곳은 리트비넨코가 독살된 장소와 가까웠다. 끔찍한 일이 벌어질까 두려웠던 나는 보안 요원인 스티븐 벡에게 연락해 대책을 마련하게 했다.

스티븐은 만남 장소를 점검한 후 네 명의 요원을 투입해 재미슨과 바딤을 보호하기로 결정했다. 두 요원은 전직 특수 부대원 출신이었고 두 요원은 전직 영국 정보원 출신이었다. 27일 오후 2시 30분에 이 네 사람은 한 명씩 폴로 바에 들어갔다. 전략적으로 두 명은 출구 쪽에, 한 명은 미팅이 이루어지는 테이블 근처에, 한 명은 바 끝에 자리를 잡았다. 네 요원은 주변과 완벽하게 조화를 이루었다. 예전 도체스터 호텔 미팅에서 사기꾼이 했던 것처럼 감시 장비가 사용될 경우를 대비해 한 요원은 그와 같은 장비를 탐지해 전파를 방해할 수 있는 장치를 소지하고 있었다. 또한 리트비넨코가 폴로늄이라는 독성이 매우 강한 방사성 동위원소로 독살된 만큼 한 요원은 가이거 계수기 방사선 측정기로 미리 방사선이 없는지 꼼꼼히 확인했다. 상황이 험악해지면 스티븐의 부하들이 서둘러 재미슨과 바딤을 그곳에서 빠져나오게 할 예정이었다.

약속 시간보다 빨리 도착한 재미슨은 유리와 철골로 된 여닫이문을 통해 폴로 바로 들어갔다. 천장이 낮은 아르데코풍의 라운지를 지나 예약한 테이블까지 걸어간 후 낮고 묵직한 파란색 벨벳 의자 하나에 등을 벽 쪽으로 돌리고 앉았다. 엠파이어스테이트 빌딩 사진이 그의 어깨 위로 걸려 있었다. 전략상 그 위치는 스티븐이 볼 때 그 바에서 가장 안전한 장소였다. 재미슨은 관광객 무리 속에서 경호원들을 찾아보려고 했지만 막막했다. 긴 대리석 바에서는 바텐더가 마티니를 흔들어 불투명 유리잔에 따르고 있었다. 종업원이 작은 쟁반에 무료 스낵을 가져왔다. 그는 훈제 아몬드를 쳐다보고는 먹을 생각을 접었다. 그러고는 레몬 한 조각을 얹은 다이어트 콜라를 주문했다. 콜라가 나오자 그는 건드리지 않고 테이블에 그대로 두었다. 어디에 독이 들었을지 몰랐다.

산체스는 15분 늦게 도착했다. 40대 초반에 약 178센티미터였고 배가 나왔으며 황갈색 스포츠재킷과 검은색 바지를 입고 하얀색 셔츠에 넥타이는 매지 않았다. 갈색 머리카락은 헝클어져 있었고, 우유빛 피부에 눈빛은 초조해 보였지만 강렬했다. 입을 떼자마자 그가 알레한드로 산체스가 아니라는 사실이 분명해졌다.

"가명을 쓴 걸 용서해주십시오, 파이어스톤 씨. 조심해야 해서 그랬습니다." 그가 러시아어로 말했다.

"이해해요." 혹시 바에 있는 사람들이 모두 산체스의 경호원은 아닌지 궁금해하며 재미슨도 러시아어로 대답했다.

"제 이름은 알렉산드르 페레필리치니입니다."

페레필리치니가 의자에 털썩 앉자 재미슨이 손짓으로 종업원을 불렀다. 페레필리치니가 녹차를 주문하는 사이 그를 가늠하려고 애썼다. 그건 페레필리치니도 마찬가지였다. 녹차가 나왔다.

페레필리치니가 말했다. "시간을 내주셔서 고맙습니다."

"당연히 시간을 내야죠. 당신이 알려줄 정보에 관심이 아주 많으니까요."

페레필리치니가 찻잔을 들어 조심스럽게 한 모금 마시고는 잔을 내려놓았다. 두 남자는 어색한 침묵 속에서 서로를 쳐다보았고, 정적을 깨고 페레필리치니가 말했다. "쿠즈네초프와 카르포프에 관한 영상을 보고 연락드렸습니다. 마그니츠키의 죽음은 정말 충격이었죠. 러시아 국민이 아무리 부패에 무감각하다고 해도 무고한 사람을 고문해 죽음에 이르게 하는 건 지나친 처사죠."

헛소리 마! 재미슨은 생각했다. 요즘 이런 고상한 원칙을 갖고 사는 러시아인이 드물다는 걸 알았다. 러시아에서 모든 건 돈으로 통했다. 돈을 벌고 보관하며 아무에게도 뺏기지 않는 게 가장 중요했다. 페레필리치니의 진짜 의도가 뭔지 알 순 없었지만, 세르게이의 일을 안타깝게 여겨 이 자리에 앉아 있는 건 분명 아니었다.

"이메일로 보내준 정보는 훌륭하긴 하지만 아직 불완전해요. 혹시 증거가 될 서류를 더 가지고 있나요?"

페레필리치니가 대답했다. "네. 하지만 저한테 있는 건 아닙니다."

재미슨이 의자에 등을 기댔다. 다이어트 콜라 속 얼음이 녹으면서 움직였다. "제 동료 한 명이 합석해도 될까요? 보내주신 서류를 검토해보고 싶어서요. 무슨 서류인지 알아야 어떤 게 더 필요한지 말해줄 수 있거든요."

페레필리치니가 합석에 동의했다. 재미슨이 호주머니에서 전화기를 꺼내 바딤에게 문자를 보냈다. 바딤은 모퉁이만 돌면 바로 있는 곳에서 대기하고 있었다. 2분 후 그가 출입문을 밀고 들어오더니 테이블로 와서 자신을 소개했다.

바딤이 앉자 재미슨이 페레필리치니의 서류를 꺼냈다. 바딤은 서류를 휙휙 넘겨보며 물었다. "제가 좀 살펴봐도 되겠습니까?"

"물론이죠. 이건 올가 스테파노바의 남편 블라들렌 스테파노프가 소유한 크레딧 스위스 은행 입출금 내역서입니다." 페레필리치니가 페이지 중간의 한 줄을 가리켰다. "보십시오, 5월 26일에 150만 유로가 송금된 기록이 있습니다. 6월 6일자엔 170만 유로가 송금됐고, 6월 17일자엔 130만 유로가 송금됐죠." 그가 여러 다른 거래 건도 손가락으로 짚었다. 2008년 5월과 6월을 통틀어 710만 유로가 이 계좌로 송금되었다.

재미슨이 서류를 곁눈질하며 물었다. "이런 자료는 대체 어디서 구했죠?"

페레필리치니가 불편한 듯 자세를 바꾸었다. "그냥 제가 좀 아는 사람들이 있다고 해두죠."

둘은 이런 태도가 못마땅했지만, 페레필리치니를 겁먹게 하고 싶지는 않았기에 더 캐묻지 않았다.

바딤이 서류를 훑어보았다. "아주 유용한 서류이긴 하지만, 입출금 내역서 어디에도 블라들렌 스테파노프의 이름은 나오지 않아요. 그런데 어떻게 이 계좌가 그와 관련이 있다는 거죠?"

"간단합니다. 그건 블라들렌이 소유한 키프로스 소재 회사의 계좌거든요." 페레필리치니가 블라들렌의 이름이 적힌 소유권 증명서를 가리켰지만, 그의 서명은 없었다.

바딤이 안경을 내려 썼다. 13년 넘게 기업 사기를 조사해온 그는 확실한 증거를 찾을 때까지는 모든 게 거짓이라고 가정한 채 조사에 임했다. "감사하지만 블라들렌이 실제로 이 회사의 소유주라는 증거 없이는 일을 진행하기가 어렵습니다. 그자의 서명이 담긴 소유권 증명서 사본이 필요합니다."

"알겠습니다. 이건 그저 첫 미팅을 갖기 위해 보낸 자료였습니다.

다시 만날 의향이 있으시다면 그때 요청하신 자료를 가지고 오겠습니다." 페레필리치니가 말했다.

"네, 그러는 게 좋겠군요." 재미슨이 대꾸했다. 그것으로 미팅이 끝났다. 악수를 나눈 후 페레필리치니는 자리에서 일어나 떠났다.

바딤이 사무실로 돌아와 미팅 결과를 보고할 때 나는 의심스러운 듯 말했다. "신용 사기 같은 거 아냐?"

"어쩌면요. 하지만 그 사람 말이 사실이라면 저들이 어떻게 세금 환급 사기로 자기 잇속을 챙기는지 알아낼 수 있어요."

"좋아. 그럼 페레필리치니가 약속한 걸 가져오는지 보자고."

그들은 일주일 후에 다시 만나기로 했다. 이번에는 블라디미르 파스투호프도 합류했다. 그는 앞이 잘 보이지 않는 대신, 놀라운 육감으로 사람을 꿰뚫어보았다. 바딤과 블라디미르는 폴라 바에서 페레필리치니를 만났다. 페레필리치니는 약속대로 크레딧 스위스 은행 입출금 내역서와 함께 블라들렌 스테파노프의 서명이 담긴 키프로스 회사 소유권 증명서 사본을 가져왔다.

바딤과 블라디미르가 사무실로 돌아와 그 서류를 보여줬을 때 나는 시큰둥했다. 서류는 알아보기 힘든 서명이 그려진 한낱 종잇장처럼 보였다. 그런 서류를 만들거나 위조하는 일은 식은 죽 먹기였다.

"이게 뭐지? 거의 알아볼 수가 없는데."

"스테파노프의 회계 감사원한테서 나온 서류예요." 바딤이 대답했다.

두 사람이 너무 쉽게 페레필리치니를 믿는 듯했다. "이게 누구 서명인지 어떻게 알아? 정말 그 사람을 믿어도 돼?"

"네. 그 사람은 진심인 것 같아요."

"변호사님 생각은 어떠세요?"

"나도 그 사람에게 믿음이 가요. 우릴 속이는 것 같진 않아요."

그로부터 몇 주 동안 페레필리치니와 계속 만나면서 우리는 흥미로운 사실 몇 가지를 알게 되었다. 스위스 계좌 외에도, 페레필리치니는 스테파노프 부부가 두바이 앞바다에 있는 야자나무 모양을 본뜬 거대한 인공 섬 팜주메이라Palm Jumeirah에 방 여섯 개짜리 빌라 한 채와 고급 아파트 두 채를 구입했다고 말해주었다. 이 부동산의 시가는 약 700만 달러였다. 또한 이 부부는 모스크바 교외에 러시아 최고의 상류 사회에서나 볼 법한 2000만 달러의 가치가 있는 대저택을 지었다. 이 부부의 은행 계좌의 돈과 부동산을 모두 합치면 대략 4000만 달러 가까이 되었다.

이런 지출이 얼마나 사치스럽고 터무니없는지 보여주기 위해 바딤은 스테파노프 부부의 납세 신고서를 구했는데, 그 서류에 따르면 2006년부터 이들 부부의 평균 연 소득은 겨우 3만8281달러였다.

너무 훌륭한 정보였기에 유튜브 영상으로 만들면 분명 많은 사람에게 퍼져나가리라 확신했다. 또한 러시아 언터처블 명단에 올가 스테파노바를 추가해 러시아 엘리트층을 속속들이 흔들어놓을 생각이었다.

하지만 한 가지 문제가 있었다. 페레필리치니의 이야기는 그냥 훌륭한 게 아니었다. 지나치리만큼 너무 훌륭했다.

FSB에서 일하는 페레필리치니가 내 신용을 무너뜨리기 위해 이런 고도의 작전을 짰다고 해도 믿을 만큼 그럴싸했다. 모두 저들의 각본일지도 몰랐다. 그럴듯한 사연을 지닌 인물을 만들어내 표적에게 귀중한 정보를 전달하게 하고, 때를 기다리다가 표적이 이 정보를 대중에게 폭로하면 그때 이 정보가 허위임을 보여주려는 것인지도 몰랐다.

이 시나리오대로 전개된다면 우리가 지난 3년간 전 세계의 기자 및 정부와 쌓아온 신뢰가 와르르 무너질 것이고, 머지않아 정책 입안자들도 이런 의문을 제기할 것이다. "왜 우리가 중요한 러시아와의 관계까지 희생하면서 이 거짓말쟁이를 도와주는 거지?"

스테파노프 부부에 대한 유튜브 영상을 만들려면 페레필리치니의 말이 진실이라는 확신이 필요할 뿐만 아니라 그가 어떻게 정보를 얻는지도 알아야 했다.

페레필리치니는 오랫동안 이 점을 숨겼지만, 마침내 경계를 풀었다. 그는 자신이 스테파노프 부부를 비롯한 여러 러시아 부자를 관리하는 프라이빗 뱅커고액 자산가의 자산 관리를 도와주는 금융 회사 직원였다고 밝혔다. 페레필리치니는 프라이빗 뱅커로 잘나가다가 2008년 시장 폭락 때 스테파노프 부부에게 대규모 손실을 입히면서 곤경에 빠졌다고 한다. 이 손실을 받아들이지 못한 스테파노프 부부는 돈을 빼돌린 혐의로 페레필리치니를 고소한 후 빚을 갚을 것을 요구했다. 그가 손실을 보장하려 하지 않자 올가 스테파노바는 세무 서장이라는 지위를 이용해 페레필리치니를 탈세 혐의로 형사 고발했다.

페레필리치니는 체포를 피하기 위해 즉시 러시아에서 도망쳤다. 가족과 함께 서리에 있는 셋집으로 이주해 남의 눈에 띄지 않게 지냈다. 그러다 쿠즈네초프와 카프포프의 유튜브 비디오를 보고 한 가지 방안을 생각해냈다. 우리를 설득해 스테파노프 부부에 관한 러시아 언터처블 비디오를 만들면 스테파노프 부부가 곤경에 빠지면서 자신의 문제가 해결되리라 여긴 것이다.

블라디미르에게 말을 전해 들은 나는 그제야 납득했다. 마침내 그가 준 정보를 비디오로 만들 준비가 되었다.

그런데 페레필리치니와 가까워질 무렵, 정보원 아슬란에게서 새로운 메시지가 도착했다. '쿠즈네초프와 카르포프의 비디오에 K청이 분노함. 허미티지와 브라우더를 상대로 새로운 대규모 작전 계획 중.'

우리가 추가 설명을 요청했지만, 아슬란은 더 이상 자세한 얘기를 전하지 않았다. 페레필리치니가 FSB 음모의 일부일지도 모른다는 두려움이 다시금 아우성쳤다. 어쩌면 모든 일이 그들의 계획에 따라 진행되고 있는지도 몰랐다. 이 정보가 얼마나 훌륭한지는 중요하지 않았다. 비디오를 만들기 전에 우리가 FSB의 덫에 무턱대고 빠지는 게 아니라는 사실을 거듭 확인해야 했다.

36

세금 공주

2010년 가을, 우선 페레필리치니가 우리를 속이는 게 아니라는 사실을 확인해야 했다.

먼저 스테파노프 부부의 모스크바 교외 부동산을 찾아낸 우리는 곧 부부의 교외 대저택이 지어진 약 6000제곱미터의 부지가 블라들렌 스테파노프의 여든다섯 살 어머니의 소유라는 사실을 알아냈다. 연금 수급자였던 그의 어머니는 연 수입이 3500달러였지만, 어찌된 일인지 시가 1200만 달러의 이 땅을 쥐고 있었다. 게다가 매입 시기도 건물이 지어지기 전이었다. 나중에 스테파노프 부부가 이곳에 건물을 지었다. 모스크바에서 손꼽히는 건축가 한 명을 고용해 총 1100제곱미터에 달하는 현대적인 건물 두 채를 설계한 후 독일산 화강암과 건축용 유리, 광택을 낸 금속으로 집을 지었다. 사진으로 봤을 때 그 저택은 러시아의 중간급 세무 관리가 아닌 일류 헤지펀드 매니저가 소유할 법한 집처럼 보였다.

다음에 우리는 두바이로 눈을 돌렸다. 우선 온라인 부동산 데이터 베이스를 이용해 그곳의 빌라가 76만7123달러에 구입되었고, 정말 블라들렌 스테파노프의 명의로 되어 있다는 걸 확인했다. 불행하게도 합쳐서 600만 달러가 넘는 다른 아파트 두 채는 아직 공사 중이어서 등록되어 있지 않았다. 우리가 그 아파트의 존재를 아는 건 스테파노프 부부의 스위스 계좌에서 빠져나간 전신 송금 때문이었다.

스위스 계좌는 이 모든 걸 하나로 이어주는 끈이었다. 스위스 계좌는 사치스러운 부동산 매입에 사용됐을 뿐만 아니라, 페레필리치니의 증언에 따르면 세금 환급 사기가 일어날 무렵 송금된 현금 1000만 달러 이상을 묵혀두는 수단이었다. 스위스 계좌가 진짜라는 걸 확인할 수 있다면 올가 스테파노바와 그녀의 남편에 관한 러시아 언터처블 영상을 만들어 모스크바 하늘을 환히 밝힐 수 있을 것이다.

이제 모든 것이 스위스 계좌의 진위에 달려 있었다.

크레딧 스위스에 직접 그 입출금 내역서가 진짜인지 문의하면 좋겠지만, 스위스 은행 직원들은 비밀을 엄수하기 때문에 아무 말도 해주지 않을 것이다. 크레딧 스위스에서 일하는 지인들에게 부탁해도 별 도움을 받지 못할 게 뻔했다. 기밀 사항인 고객 정보를 누설하는 일은 해고당할 만한 위법 행위인 데다, 날 위해 그런 위험을 감수해줄 만한 지인도 없었다.

유일하게 남은 방법은 스위스 당국에 고소장을 제출해 그 결과를 확인하는 것이었다. 변호사가 고소장을 작성했고, 보낼 준비가 됐을 때 나는 답변을 듣는 데 얼마나 걸릴 것 같은지 물었다.

"글쎄요. 3개월에서 1년은 걸릴 거예요." 변호사가 대답했다.

"3개월에서 1년이요? 그건 너무 긴데요. 스위스 당국을 재촉할 방법이 없을까요?"

"없어요. 경험상 스위스 당국의 일처리는 더뎌요. 시작하기 전까진 시작한 게 아니죠."

1월과 2월이 아무 소식 없이 지나가고 3월도 마찬가지였다. 스테파노바 부부의 비디오는 2011년 3월 중순에 완성됐고 전에 만든 어떤 비디오보다 더 훌륭했다. 나는 서둘러 밀고 나가고 싶었지만, 스위스 당국이 날 가로막고 있었다.

그러던 3월 말, 우리는 러시아인들의 은폐가 완전히 새로운 방향으로 전개되고 있다는 걸 알게 되었다. 러시아 당국은 뱌체슬라프 흘레브니코프라는 흉악 전과범에게 세금 환급 사기에 연루된 죄로 유죄 선고를 내렸다. 저들이라면 전과자 100명에게 사기죄를 뒤집어씌워 구속하는 일도 얼마든지 가능했기에 그건 별로 놀랍지 않았다. 중요한 건 공식 선고문에 적힌 내용이었다. 선고문에 따르면, 세무 공무원들은 아무 잘못이 없으며 다만 '속임수'와 '꾐'에 빠져 2007년 크리스마스이브 하루 동안 러시아 역사상 가장 큰 단일 세금 환급을 승인한 것이었다.

올가 스테파노바 같은 세무 공무원들이 말이다.

나는 결심했다. 더 이상은 안 된다. 저들이 계속 이런 식으로 거짓말하게 그냥 둘 순 없다. 페레필리치니의 정보는 훌륭하다. 그건 나도 알고 스위스 당국도 알고 곧 세계도 알 것이다.

스테파노바 부부의 비디오는 2011년 4월 20일에 공개되었다. 반응은 즉각적이고 어마어마했다. 예전의 어떤 비디오보다 더 큰 반응이었다. 첫날 조회 수가 20만이 넘더니 며칠이 지나자 거의 36만에 육박했다. 그 달이 끝날 무렵에는 50만 명 이상이 그 영상을 보았다. 올가 스테파노바는 세금 공주로 세계적인 유명세를 탔으며, 러시아 각처의 기자들이 그녀와 남편에 대해 열변을 토하며 기사를 내보냈다. 러시아 국영 TV방송 가운데 하나인 NTV는 블라들렌 스테파노프의 여든다섯 살 어머니까지 감시했다. 그의 어머니는 소비에트 아파트 단지의 가축우리 같은 단칸방에서 살고 있었다. 명의상 그녀의 소유로 되어 있는 호화로운 부동산에 대해 묻자 그녀는 일주일에 한 번 청소부가 와서 집을 청소해주는 대가로 자신의 이름을 쓰게 해주었다고 대답했다. 백만장자 스테파노프는 자신의 노모조차 제대로 돌보지 않았던 것이다.

금상첨화로 우리가 비디오를 내보내고 사흘 후에 스위스 법무상이 스테파노프 부부의 크레딧 스위스 계좌를 동결했다고 발표했다. 우리도 모르는 사이에 스위스 당국은 우리 고소장을 접수하자마자 돈세탁 건에 대한 전면적인 형사 소송을 시작했다.

나는 불명예를 완전히 벗은 기분이었다. 페레필리치니의 정보는 진짜였고, 스위스 계좌에 묶인 그들의 돈은 동결되었다. 우리는 범죄자의 급소를 찔렀다. 그곳은 다름 아닌 그들의 은행 계좌였다.

소시지 제조 과정

우리가 만든 유튜브 영상이 러시아 부패 관리들의 허를 찌르긴 했지만, 러시아 당국의 평정을 무너뜨릴 만한 진정한 한 방은 미국이 제재 법안을 통과시키는 것이었다.

2010년 가을, 페레필리치니와 접촉하고 있을 무렵 카일 파커가 마그니츠키 법안 작성을 마쳤고, 9월 29일에 벤 카딘, 존 매케인, 로저 위커, 조 리버먼 의원이 상원에 이 법안을 제출했다. 법안은 간결하고 직설적이었다. 세르게이 마그니츠키의 불법 체포·고문·죽음에 관여하거나 그가 밝혀낸 범죄에 연루된 사람은 누구나 이름을 공개하고 미국 입국을 금지하며 미국 내 자산을 동결한다는 내용이었다.

이 법안이 제출된 사실이 알려지자 러시아 당국은 몹시 분노했으며 이 일을 막을 방법을 궁리해야 했다.

러시아 당국은 세르게이의 사망 1주기를 일주일도 남겨놓지 않은 11월 10일에 첫 기회를 잡았다. 그날은 러시아 경찰의 날이었기 때문에 내무부는 뛰어난 경찰관을 치하하기 위한 연례 시상식을 열었다. 수상 내역 35건 가운데 5건이 마그니츠키 사건의 핵심 인물들에게 돌아갔다. 파벨 카르포프와 교도소에서 세르게이의 고문을 기획한 올레크 실첸코에게 최고의 수사관 상이 수여되고, 세르게이가 죽은 직후 충복처럼 온갖 거짓말을 지껄였던 내무부 대변인 이리나 두두키나에게 특별 감사 상이 수여됐다.

그리고 나서 닷새 후, 내무부는 자신들의 주장을 밀어붙이기 위해 '마그니츠키 사건에 대한 새로운 사항을 밝히는' 기자 회견을 열었고, 두두키나가 주재했다. 그녀는 탈색한 머리카락이 전년보다 좀더 길고 가지런했지만, 여전히 통통하고 피곤해 보였으며 아래턱을 움직이는 모양은 복화술사의 인형을 연상시켰다. 그녀는 A4 종이 20장을 테이프로 붙여 만든 임시 포스터를 펼치더니 화이트보드에 붙였다. 숫자와 단어들이 뒤죽박죽 섞여 있고 글자가 너무 작아서 알아볼 수 없었지만 그 포스터는 세르게이가 사기를 저질렀고 2억3000만 달러의 세금 환급을 받았다고 '증명하는' 자료였다. 기자들이 포스터 내용에 대해 아주 기본적인 질문을 던져도 두두키나에게서 믿을 만한 답변이 전혀 나오지 않아서 현장에 있던 사람들은 그 자료가 모두 날조된 것임을 확실히 알았다.

이 같은 공격적인 작전은 조악했지만, 우리가 제안한 법안이 저들의 신경을 건드렸다는 걸 확인해주었다. 이를 알아차린 사람은 나만이 아니었다. 러시아 인권 침해에 희생된 많은 사람도 그렇게 인식했다. 법안이 제출된 이후 피해자들은 워싱턴을 방문하거나 마그니츠키 법안의 공동 발의자들에게 편지를 써서 다음과 같은 메시지를 전했다. "당신들이 푸틴 정권의 아킬레스건을 찾아냈습니다." 그리고 한 사람씩 요청했다. "마그니츠키 법안에 제 형을 죽인 자들도 넣을 수 있을까요?" "우리 어머니를 고문한 자들을 명단에 넣을 순 없나요?" "제 남편을 납치한 자들은요?" 등등 끝이 없었다.

이 법안을 발의한 상원의원들은 곧 자신이 거대한 싸움에 발을 들였음을 깨달았다. 이들은 21세기 권위주의 체제에서 일어나는 인권 침해에 맞설 새로운 무기를 무심코 발견했다. 그 수단은 바로 특정인을 겨냥한 비자 제재와 자산 동결이었다.

10여 건이 넘는 이런 요청을 받은 카딘 의원과 공동 발의자들은 상의 후 법안 내용을 확장해 마그니츠키 법에 65개의 단어를 추가하기로 결정했다. 새로 추가된 말은 세르게이를 박해한 사람들 외에도 러시아에서 인권 침해를 저지른 자들을 모두 마그니츠키 법으로 다스린다는 내용이었다. 그 65개의 단어 덕분에, 정의를 찾기 위한 나의 싸움은 모두의 싸움이 되었다.

이 수정안은 올가 스테파노바의 비디오를 올리고 한 달이 채 되지 않아 2011년 5월 19일에 공식적으로 제출되었다. 이후 러시아 활동가들이 의회에 몰려와 법안 통과를 촉구했다. 이들은 만나는 상원의원마다 서명하라고 압박했다. 이 활동가 중에는 유명한 체스 그랜드마스터이자 인권운동가인 가리 카스파로프, 러시아 야당 지도자 알렉세이 나발니, 러시아 환경운동가 예브게니야 치리코바도 있었다. 나는 이 운동가들을 모집할 필요가 없었다. 이들은 제 발로 나타났다.

이런 움직임은 훌륭한 성과를 냈다. 매달 서너 명의 상원의원이 추가로 서명하면서 상원의 공동 발의자 수가 빠르게 늘어났다. 의원들은 쉽게 설득되었다. 이 법안에 맞서 러시아의 고문과 살인을 찬성하는 로비는 전혀 진행되지 않았다. 진보적인 민주당원이든 보수적인 공화당원이든, 러시아 고문자와 살인자들의 미국 입국 금지에 반대표를 던질 상원의원은 단 한 명도 없었다.

마그니츠키 법안에 엄청난 가속도가 붙고 있었기에 아무도 그 기세를 막을 수 없을 듯했다. 국무부의 카일 스콧이 내 말을 가로막던 날부터 이 법에 단호하게 반대해온 행정부는 이제 입장이 난처해졌다. 이 법을 공개적으로 반대하면 러시아를 두둔하는 것처럼 보일 것이고, 그렇다고 공개적으로 지지하자니 오바마가 추진하는 러시아와의 '리셋' 정책이 좌초될 수 있었다.

따라서 다른 해결책을 생각해내야 했다.

2011년 7월 20일, 국무부가 속내를 드러냈다. '의안 번호 S.1039호 세르게이 마그니츠키 법안에 대한 행정부의 소견'이라는 제목으로 상원에 전언을 보낸 것이었다. 국무부는 이를 공개하지 않을 생각이었지만, 하루도 안 되어 새어나갔다.

나는 전언의 사본을 받아 초조하게 훑어보았다. 워싱턴이 얼마나 위선적인지 보여주는 문서였다. 국무부의 주된 논지는 마그니츠키 법안에 언급된 제재는 이미 집행권을 통해 행사되고 있는데 애써 새 법을 통과시킬 필요가 있느냐는 것이었다. 교묘하게도 국무부는 상원의원들의 수고를 덜어주는 척했다. 마그니츠키를 죽인 자들이 이미 미국 입국을 금지당했기에 상원에서 그 법안을 지지할 필요가 없으며 마그니츠키 법은 불필요한 법이라는 것이다.

이게 잘된 일인지 판단이 서지 않아 카일 파커에게 전화해 그의 생각을 물었다.

"우리도 이해가 안 가요, 빌. 카딘 의원이 국무부에 연락해 비자 제재 명단에 누가 올랐는지 알아보라고 해서서 그렇게 했는데, 저쪽에서 말을 안 해주더군요.”

“몇 명이 명단에 있는지 정도는 알려줬겠죠?”

“아뇨. 그것도 얘기를 안 해줘요.”

“자산 동결은요?”

“자산 동결에 대해선 입장이 분명해요. 그건 지지하지 않는대요.”

“그래서 카딘 의원님 반응은요?”

“변한 건 없어요. 국무부 의견과 상관없이 계속 마그니츠키 법을 밀고 나갈 거예요.”

2011년 8월 8일, 카딘은 행정부의 입장을 공개적으로 거부한 후 마그니츠키 법안 통과에 헌신하겠다는 뜻을 다시 한번 굳히며 『워싱턴 포스트』에 '세르게이 마그니츠키의 살인자들이 져야 할 책임'이라는 제목으로 강한 어조의 기고문을 실었다. 오바마와 카딘은 같은 당 소속이었기에 이는 그의 결의가 얼마나 단호한지 보여주는 중요한 신호였다. 공개적으로 대통령에게 도전장을 내민 것과 같았다.

행정부는 카딘의 글을 읽고 더욱 불안해진 듯했다. 백악관은 러시아인들의 심기를 건드려 '리셋'이 무산되는 일을 방지하기 위해 카딘과 공동 발의자들에게 연락해 이 법안을 러시아만이 아니라 전 세계에 적용하자고 제안했다.

상원의원들은 그 제안을 반겼다. 세르게이 개인을 위한 법안으로 시작해 세계 인권법이라는 역사적인 작품이 탄생하는 순간이었다.

카딘은 이 법안을 상원 전체 표결에 부치는 데 여념이 없었다. 하지만 그 전에 마지막 장애물을 통과해야 했다. 바로 상원 외교 위원회였다. 모든 법안은 상원 위원회를 통과한 후에야 본회의에서 투표를 거칠 수 있었고, 마그니츠키 법안은 비자 발급 금지를 포함하고 있어 외교 위원회를 거쳐야 했다. 이 법안은 지지자가 굉장히 많은 데다 상원의 반대도 없었기에 이는 단순한 형식상의 절차처럼 보였다.

카딘은 외교 위원회 위원장인 존 케리 상원의원에게 9월 9일에 열리는 다음 위원회 업무 회의 때 이 법안을 안건에 추가해달라고 요청했다. 하지만 케리가 거절했다. 카딘은 10월 12일 회의를 앞두고도 동일한 요청을 했지만, 이번에도 케리는 이를 공론화하지 않았다. 이유가 확실하진 않았지만 케리에게 어떤 문제가 있는 듯했다.

그 사이 우리는 모스크바에서 섬뜩한 소식을 들었다. 세르게이의 어머니 나탈리야가 마침내 당국의 승인으로 세르게이의 부검 보고서를 볼 수 있게 되었는데, 복사가 허락된 자료 중에는 세르게이가 사망한 직후 시신을 찍은 사진 여섯 장도 포함돼 있었다. 예상하지 못한 일도 아니었지만, 다리와 손에는 멍이 심하게 들어 있었고 손목에는 깊게 베인 상처도 있었다. 나탈리야가 영안실에서 아들의 시신에서 봤던 것과 동일한 상처였다. 또한 나탈리야는 11월 16일 밤 완전 무장한 교도관들이 세르게이에게 고무 몽둥이로 때리는 것을 인가한 마트로스카야 티시나 소장의 서명이 담긴 공식 문서도 복사했다.

우리가 아는 사실, 즉 세르게이가 국가 폭력으로 죽었다는 사실은 이제 부인할 수 없었다. 증거 자료들이 이를 뒷받침하고 있었다.

이 사진과 서류를 본 나탈리야는 러시아 당국에 살인에 대한 수사를 해달라고 고소장을 제출했다. 하지만 늘 그랬듯 이 고소장 역시 기각 처분을 받았다.

나탈리야와 통화하면서 내가 해줄 수 있는 위로는 어떻게든 미국에서 정의를 찾겠다는 말뿐이었다. 그리고 최선을 다하겠다고 약속했다. 비록 그자들이 세르게이에게 한 짓에 비하면 미국 여행을 금지하고 계좌를 동결하는 것 정도는 한없이 부족한 처벌이었지만, 아예 처벌을 받지 않는 것보다는 나았고 그것이 그때까지 우리가 내세운 명분이었다.

2011년 11월 29일, 상원 외교 위원회는 다음 업무 회의를 소집했다. 그날 위원회 홈페이지에 안건이 올라오자 이번에는 세르게이의 이름을 찾을 수 있기를 바라며 링크를 클릭했다. 스크롤을 내렸다. 첫 번째 안건은 '메콩강 유역 보호를 요구하는 결의안'이었다. 스크롤을 좀더 내리자 다음 안건이 나왔다. '튀니지의 평화로운 재스민 혁명과 관련하여 상원의 의향을 전달하는 결의안'이었다.

스크롤을 맨 아래까지 내렸지만 마그니츠키는 없었다.

즉시 카일에게 전화했다. "대체 어떻게 된 거죠? 마그니츠키 법안이 보이지 않잖아요."

"모르겠어요. 우리도 알아보려는 참이에요."

나는 무대 뒤에서 추악한 타협이 진행되고 있다는 의심이 들기 시작했다. 케리가 우리를 방해하고 있는 듯했다. 분명 문제는 케리에게 있었기에 내가 직접 만나 세르게이의 이야기를 전하면 매케인과 맥거번처럼 마음을 바꿀지도 모른다고 판단했다.

줄리애나에게 전화를 걸었다. 그녀가 상원의원들과 만남을 주선하면 항상 성공했지만, 케리를 상대로는 실패했다. 대신 그녀는 케리의 러시아 문제 자문가인 제이슨 브루더를 만나게 해주었다.

워싱턴으로 날아간 뒤, 줄리애나와 함께 더크슨 상원 오피스빌딩으로 가서 외교 위원회실 밖에서 브루더를 만났다. 아래턱 수염을 짧게 깎은 30대 남자인 브루더가 우리를 위원회실로 안내했다. 큰 방에 탁자와 책상이 U자 모양으로 배치되어 휑뎅그렁했다. 편안히 앉을 수 있는 마땅한 장소를 찾지 못해 우리는 각자 방청석에서 의자를 끌고 와 바닥 중앙에 작은 원을 만들어 앉았다.

브루더에게 시간을 내주어 고맙다고 말한 후 세르게이의 이야기를 시작했다. 세 문장을 말하자 브루더가 내 말을 끊었다.

"네, 네. 그 사건에 대해선 이미 알고 있습니다. 그런 일이 있었다니 저도 몹시 화가 납니다. 세르게이와 유가족에게 마땅히 정의를 찾아 줘야겠지요."

"그래서 우리가 여기까지 온 겁니다."

"잘 들으십시오. 이 일에 대해 많은 생각을 했습니다. 상원의원님과 전 정말 마그니츠키 사건에 도움을 드리고 싶습니다."

"잘됐네요. 그럼 이제 케리 의원님께서 이 법안을 위원회 심사에서 통과시켜주는 건가요?"

브루더가 의자에 등을 기댔다. 의자가 삐걱거렸다. "글쎄요. 마그니츠키 법안으로 이 문제를 해결하는 건 적절하지 않은 듯합니다."

또 시작이군. 카일 스콧을 비롯한 미국 정부의 신경질적인 출세주의자들을 떠올렸다. "적절하지 않다는 게 무슨 뜻이죠?"

그러자 그가 국무부에서 늘 내놓는 지긋지긋한 답변을 거의 토씨 하나 틀리지 않고 반복했다. 반박하려 했지만 그는 들으려고 하지 않았다.

"잘 들으십시오, 브라우더 씨. 이 사건은 우리에게도 중요합니다. 다음에 케리 의원님께서 러시아 대사를 만나면 직접 마그니츠키 이야기를 꺼내도록 힘써보겠습니다."

러시아 대사에게 그 얘기를 꺼낸다고? 지금 장난하자는 거야? 세르게이의 이름이 세계 주요 신문마다 1면을 장식했다고! 러시아 대통령과 수석 관료들은 어떻게든 마그니츠키 사건의 결과를 축소하려고 애쓰는데, 지금 한가하게 러시아 대사와 대화를 나누겠다고? 그게 도움이 된다고 생각한단 말인가?

나는 작은 소리로 욕을 하며 미팅 장소를 나왔다.

케리는 마그니츠키 법안이 좋고 나쁘고를 떠나 이 법안 자체를 반대하고 있었다. 워싱턴에 떠도는 소문에 따르면, 존 케리가 이 법안을 막고 있는 이유는 딱 한 가지였다. 그는 힐러리 클린턴의 후임으로 국무 장관이 되고자 했다. 그 자리를 꿰차기 위한 조건 중 하나가 마그니츠키 법안이 상원 위원회에서 절대 빛을 보지 못하게 하는 것이었다.

그로부터 몇 개월 동안 마그니츠키 법안과 관련해 아무 일도 일어나지 않았다. 그러다 2012년 봄에 예기치 못한 선물이 도착했다. 20년 가까이 협상한 끝에 그해 8월에 마침내 러시아가 세계무역기구 WTO 가입을 승인받게 되었다. 러시아가 WTO 회원국이 되는 순간, 다른 회원국들은 관세나 다른 비용을 치르지 않고 동일한 조건으로 러시아와 무역을 할 수 있었지만 단 한 국가만 예외였다. 바로 미국이었다. 잭슨-배닉 개정 조항 때문이었다.

1970년대 중반에 시행된 이 법률은 소비에트 연방이 소비에트에 거주하는 유대인을 이주하지 못하게 한 데 대한 벌로 무역 제재를 부과했다. 그래도 요지부동이었던 소비에트는 몇 년 후 제재의 대가가 너무 크다는 걸 깨닫고 결국 유대인 150만 명이 러시아를 떠나도록 허락했다.

시간이 흘러 더 이상 소비에트 연방은 존재하지 않았고 러시아 거주 유대인들도 자유롭게 이주할 수 있었지만, 잭슨-배닉 조항은 아직도 법전에 올라 있었다. 이 법을 그대로 두면 보잉항공기 전문 업체, 캐터필러세계적인 중장비 제조 회사, 포드, 소고기 수출 업체 같은 미국의 산업이 대 러시아 무역에서 다른 WTO 회원국들과 동일한 혜택을 누리는 데 걸림돌이 될 수 있었다.

미국 경제를 고려해 잭슨-배닉 조항은 폐기해야 했으며, 오바마 행정부도 이 생각에 전적으로 동의했다. 대통령 권한으로 잭슨-배닉 조항을 폐지할 수 있다면 그렇게 했겠지만, 법을 폐기하려면 의회 법령이 필요했다.

행정부가 잭슨-배닉 조항 폐지운동을 벌이는 동안, 나는 워싱턴을 배회하고 있었다. 아침나절에 여러 미팅을 한 후 줄리애나와 나는 하트 오피스빌딩의 지하층 복도에 있는 스낵바에서 쉬고 있었다. 엉성하게 만든 알루미늄 테이블에 앉아 샐러드를 먹는데 줄리애나가 내 팔을 톡 치며 조심스럽게 복도 쪽을 가리켰다. 마그니츠키 법안의 공동 발의자 중 한 명인 조 리버먼 상원의원이 몇몇 보좌관과 함께 지나가고 있었다.

줄리애나가 소곤거렸다. "빌, 리버먼 의원님이에요. 가서 잭슨-배닉 조항 문제를 상의해보는 게 좋겠어요."

"네? 지금요? 복도를 걸어가고 계시는데 제대로 된 대화나 할 수 있겠어요?"

필요한 순간에는 적극적으로 행동하라고 배웠지만, 지금까지도 나는 무턱대고 낯선 사람에게 들이대는 걸 불편해한다. 상대가 끊임없이 대중의 공세를 받는 인물이라면 더더욱. 하지만 줄리애나는 내가 불편해하는 걸 뻔히 알면서도 무시하고 자리에서 일어나 날 의자에서 거의 끌어내다시피 했다. "어서요, 빌. 가서 얘기해봐요." 우리는 복도를 가로질러 리버먼 상원의원 쪽으로 걸어갔다.

리버먼의 말소리가 들리는 거리까지 다가가자 줄리애나가 손을 내밀며 말했다. "의원님, 방해해서 죄송합니다만 빌 브라우더 씨를 소개할까 합니다. 마그니츠키 법안 캠페인을 시작한 분이죠."

리버먼과 보좌관들이 멈춰 섰다. 상원의원들은 수백 가지 일을 한꺼번에 처리하기 때문에 때로는 누가 어떤 일에 관련돼 있는지 떠올리는 데 몇 초가 걸린다. 마그니츠키 법안이라는 단어가 머리에 들어오자 그의 얼굴이 밝아졌다. "아, 브라우더 씨." 그가 날 돌아보았다. "만나서 반갑습니다. 이렇게 중요한 일을 해줘서 고맙습니다."

리버먼이 날 안다는 사실에 으쓱했다. "의원님의 지지 없이는 아무 성과도 낼 수 없었을 겁니다." 내가 솔직하게 말했다. "그런데 한 가지 문제가 있습니다. 행정부가 잭슨-배닉 조항 폐지를 요구하고 있는 걸 아실 겁니다."

"그럼요, 그 얘기는 들었어요."

"행정부가 역사적으로 중요한 인권법을 폐지하려는 동시에 마그니츠키 사건을 막고 있는 건 비양심적인 일이라고 생각합니다."

그는 잠시 생각하더니 말했다. "전적으로 옳은 말이에요. 뭔가 대책을 세워야겠어요."

"방법이 있을까요?"

"이건 어떤가요? 행정부가 계속 마그니츠키 법을 반대하면 우리도 잭슨-배닉 폐지를 반대한다고 하는 거죠. 존과 벤, 로저*도 분명 이 일에 뜻을 모아줄 거예요."

---

* 매케인, 카딘, 위커 상원의원.

"제대로 먹히겠군요. 고맙습니다."

"아니에요, 빌, 이런 일을 해줘서 내가 더 고마워요." 리버먼이 말했고, 보좌관들을 돌아보더니 그중 한 명에게 자신이 잊지 않고 편지를 쓰게 해달라고 당부한 후 가던 길을 갔다. 줄리애나와 나는 그 자리에 그대로 서 있었다. 복도의 부산스런 소음이 주변에서 윙윙거렸다.

몇 초 후 내가 줄리애나를 돌아보며 물었다. "정말 된 건가요?"

"그럼요. 워싱턴에선 이런 식으로 일이 성사돼요, 빌. 축하해요."

약속한 대로 며칠 후 리버먼을 비롯한 마그니츠키 법안의 초기 공동 발의자들은 상원 재정 위원회 위원장인 맥스 보커스 몬태나주 상원의원에게 편지를 썼다. 마그니츠키 법안이 통과되려면 외교 위원회가 길을 터주어야 했듯, 잭슨-배닉 조항을 폐지하려면 재정 위원회의 승인이 필요했다. 그 편지에는 다음과 같이 적혀 있었다. '마그니츠키 법안이 외교 위원회 심사를 통과하지 못한다면, 우리 의원들은 잭슨-배닉 조항의 폐지를 강력하게 반대할 것입니다.' 상원의 운영 방식을 감안할 때 이는 거부권이나 다름없었다.

보커스 상원의원에게는 잭슨-배닉 조항의 폐지가 절실했다. 몬태나주의 유권자 다수는 소 목축 업자나 소고기 수출 업자였다. 그들은 세계에서 여섯 번째로 큰 미국 소고기 수입국인 러시아에 다른 나라와 동등한 조건으로 자신들의 스테이크와 햄버거를 팔기를 원했다.

따라서 잭슨-배닉 조항을 폐지하는 유일한 길은 마그니츠키 법안을 통과시키는 것뿐이었다. 얼마간의 숙고 끝에 상원은 두 법안을 하나로 결합하기로 결정했다. 우선 하나로 합친 법안을 상원 외교 위원회에 보내 마그니츠키 사안을 통과시키고, 그런 다음 재정 위원회에 보내 잭슨-배닉 조항 폐지를 승인받은 후 마침내 이 법안을 본회의에 상정해 표결에 부쳤다.

'소시지와 법을 만드는 과정은 모르면 모를수록 밤에 잠을 더 잘 잔다'라는 유명한 표현이 있다. 우리 인권 캠페인은 어쩔 수 없이 몬태나주의 소 목축업자와 러시아 인권운동가, 보잉 비행기 판매원과 희한한 동맹관계를 맺어야 했지만, 이로써 법안 통과를 막고 있던 장애물이 모두 사라진 듯했다.

잭슨-배닉 폐지가 수포로 돌아갈 수도 있다는 사실을 알고 케리 의원은 제동 장치에서 발을 뗐다. 2012년 6월 26일, 그는 오로지 마그니츠키 법을 승인할 목적으로 상원 외교위원회 회의를 소집했다. 나는 그 현장을 보기 위해 워싱턴으로 날아갔다. 회의는 일반 시민들도 볼 수 있게 개방했고 오후 2시 15분에 시작할 예정이었다. 나는 명당에 앉기 위해 45분 일찍 국회 의사당에 도착했다. 그런데 놀랍게도 보안대 앞에 300명 이상이 줄을 서서 입장을 기다리고 있었다. 기자와 운동가, 학생 자원봉사자, 상원 직원, 러시아 대사관 관리 등 웬만한 사람은 모두 그 자리에 온 듯했다.

나는 줄 끝에 섰다. 몇 분 후 누군가가 내 이름을 부르는 소리가 들렸다. 우리 캠페인에 자원했던 컬럼비아대 졸업반 학생이었다. 그는 친구에게 자리를 맡아달라고 부탁하고 내 쪽으로 오더니 말했다. "브라우더 씨, 저와 함께 앞으로 가시죠."

그 학생을 따라 사람들을 추월하는데, 국회 의사당 경찰관 한 명이 우리를 멈춰 세우더니 말했다. "이봐요, 이게 대체 무슨 짓이죠?"

좀 무안해진 나는 아무 말도 하지 않았다. 그런데 그 학생이 흥분하며 말했다. "경찰관님, 이분이 마그니츠키 법안을 시작한 당사자입니다. 그러니 맨 앞줄에 서야죠."

"이 사람이 뭘 했는지는 상관없어요." 경찰관이 날 손가락으로 가리켰다. "맨 끝으로 가세요."

"하지만……"

"맨 끝으로 가란 말 안 들려요!"

나는 그 학생에게 괜찮다고 말한 후 원래 자리로 걸어갔다. 나와 안면이 있는 러시아 대사관 관리가 날 보고 히죽 웃었다. 내가 내쳐지는 모습이 고소한 모양이었다.

마침내 위원회실 밖 복도에 이르자 어마어마하게 많은 사람이 모여 있는 게 보였다. 위원회실의 수용 인원은 60명 정도였기에 입장이 어려울 듯했다. 2시 15분 정각이 되자 갈색 머리에 목소리가 우렁차고 권위적이며 짤막한 키에 체격이 다부진 여자가 문을 열었다. 그녀는 언론인들을 큰소리로 불렀다. 족히 3분의 1은 되는 사람들이 앞으로 밀려갔다. 나는 그들에게 휩쓸려가려 했다. 하지만 자신의 직분에 충실한 이 무서운 여자가 날 막아서더니 물었다. "신분 증명서가 어디 있죠?"

"어…… 없는데요. 하지만 전 마그니츠키 법안과 관련이 많은 사람이라서 이 자리에 꼭 있어야 해요."

그녀는 '시도는 좋았어요'라고 말하려는 듯 고개를 절레절레 흔들더니 뒤쪽 군중을 가리켰다.

별 수 있겠는가? 또다시 이방인이 된 것 같은 기분으로 슬그머니 그 자리에서 빠져나왔다. 내가 줄 뒤로 물러났을 때 상원의원들과 보좌관들이 갑자기 나타났다. 군중이 둘로 갈라지며 길을 내줬고 사방에서 카메라 플래시가 터졌다. 마지막으로 벤 카딘 의원이 도착했지만, 그는 날 알아채지 못했다. 하지만 그의 선임 보좌관 프레드 터너가 날 알아보았다.

문 앞에 이르자 프레드가 멈춰 서서 문지기에게 뭐라고 말했다. 그가 내 쪽을 가리키자 그 여자가 내게 다가와 말했다. "브라우더 씨, 정말 죄송합니다. 자리를 안내해드릴 테니 저를 따라오시죠."

그녀를 따라 사람이 꽉 들어찬 방에 들어섰다. 상원 위원회실 중 가장 화려하게 장식된 방이었다. 그녀가 마지막 남은 빈 의자로 날 안내했다.

케리 상원의원이 옆문으로 들어와 정숙을 명했다. 그는 여기까지 오고 싶지 않았다는 분위기를 솔솔 풍겼다. 회의가 시작되자 케리 의원이 미국은 완벽한 나라가 아니며 이 자리에 나온 의원들은 '우리 미국이 남을 지적하고 설교하는 일이 없도록 유념하고 이런 일을 할 때는 어느 정도 스스로를 되돌아봐야' 한다는 이상한 연설을 늘어놓았다.

케리 의원이 다른 몇몇 상원의원에게 발언권을 넘겨주자 모두 이 법안에 지지하는 발언을 했다. 발언이 끝나자 케리 의원이 카딘을 직접적으로 언급하며 말했다. "저는 이 법안을 완성품으로 보지 않을뿐더러 이 법안이 완성품이란 평가를 받는 것도 원치 않습니다." 그러고는 보스턴 브라민미국 매사추세츠 보스턴을 기반을 둔 백인 상류층처럼 거들먹거리는 목소리로 어떻게 마그니츠키 법안이 잠재적으로 기밀 정보를 위태롭게 할 수 있는지에 대해 주저리주저리 말을 늘어놓았다. 또한 '불법을 저지른 사람들의 명단을 발표하는 일은 합법적'이지만, '광범위한 수준의 정보 형평성을 전제로 한 이런 상세한 정보 제공이 가져올 의도치 않은 결과가 걱정스럽다'고 밝혔다.

케리의 입에서 나오는 애매한 외교 용어는 그가 어쩔 수 없이 이

자리에 나왔고 이 불가피한 사안을 납득하지 못했다는 걸 분명히 보여주었다. 그가 한 모든 말은 이 법안이 다음 의회로 넘어가도록 표결을 연기하려는 꼼수처럼 보였다. 만약 그렇게 된다면 소시지를 만드는 이 과정을 처음부터 다시 시작해야 할 터였다. 모든 것이 지금 이 순간에 달려 있었다. 초선 상원의원인 카딘은 27년 경력의 상원의원이자 민주당의 실세인 케리에게 맞설 것인가?

케리가 웅얼거리며 말을 마치자, 모두의 눈이 카딘에게 향했다. 발언에 앞서 마음의 준비를 하는 카딘의 표정이 초초해 보였다. 하지만 그는 입장을 바꾸지 않았다. 이 법안을 나중으로 미룰 순 없다며 즉각적인 표결을 요구했다. 결론 없는 논쟁이 5분간 이어진 후 케리 의원이 카딘의 말을 중간에 끊고 물었다. "더 논의할 거 있습니까? 더 발언하거나 토론할 사항 있습니까?"

방 안이 조용했다.

케리가 표결을 요구했다. 반대하는 목소리는 전혀 들리지 않았다. 케리가 만장일치로 결정됐음을 알린 후 회의를 끝냈다. 총 15분이 걸렸다. 모두가 줄을 지어 위원회실을 나갔다.

하늘을 나는 기분이었다. 2009년 11월 16일 이후 나는 세르게이를 잊지 않게 하는 일에 헌신했다. 2012년 6월, 세계 최강국 미국의 수도 워싱턴에 세르게이 마그니츠키라는 이름을 모르는 사람은 단 한 명도 없는 듯 느껴졌다.

38

말킨 대표단

모두가 마그니츠키 법안의 순조로운 통과를 바라는 듯했다. 경제계, 인권운동계, 오바마 행정부, 공화당원, 민주당원도 모두 합류했다. 앞을 가로막는 방해물이 있으리라 상상하기 힘들었다.

그런데 공동 법안이 상원 재정 위원회에 제출되기 2주도 남지 않은 2012년 7월 9일, 러시아 정부가 이 법안을 무산시키기 위해 마지막 발악을 시도했다. '마그니츠키 사건에 대한 국정 조사 결과'를 알려주기 위해 워싱턴에 고위급 대표단을 보낸 것이었다. 이들은 미국 의회와 러시아 의회가 합동 위원회를 꾸려 이 사건을 재검토하고 싶다는 뜻을 내비쳤지만, 진짜 속내는 케리처럼 이 법안이 다음 의회로 넘어가 천천히 수명이 다하도록 법안을 늦추는 데 있었다.

이 대표단은 러시아의 상원이라고 할 수 있는 연방 회의 의원 4명으로 구성되었고, 『포브스』 세계 부자 순위 1062위에 오른 러시아의 부호이자 국회 의원인 비탈리 말킨이 이끌었다.

말킨에 대해 검색해보니 2009년 캐나다 정부가 밝힌 '초국가적 범죄에 연루된 사람' 명단에 이름을 올리고 캐나다 입국을 금지당한 인물이었다. 어떻게 이런 사람이 워싱턴 대표단을 이끌 수 있는지 이해가 되지 않았다. 그러다 말킨이 미국 의회 도서관에 100만 달러를 기증한 일을 기념해 국회 의사당 계단에서 악수를 하고 있는 사진을 발견했다. 워싱턴에서는 100만 달러로 관용까지 살 수 있는 듯했다.

평판이 좋지 못한 인물이지만, 성실한 미국 의원들은 이 러시아 국회 의원이 들고 온 마그니츠키 사건에 대한 '새로운 정보'가 뭔지 알고자 할 것이다. 보나마나 FSB의 위조와 날조가 섞인 설명이겠지만, 미국 의원들이 30분 브리핑으로 그걸 알아내기는 힘들 것이다.

7월 9일 하루 동안 여러 의원 사무실에 전화해 누가 러시아 대표단을 만나기로 했는지 알아냈다. 카일에 따르면 카딘 의원은 거절했지만 매케인과 위커, 맥거번 의원은 마지못해 수락했다고 한다. 또한 카일은 러시아 대표단이 대통령이 주재하는 국가 안전 보장 회의와 국무부와도 접견한다고 알려주었다. 말킨 대표단은 미팅이 모두 끝나면 7월 11일 러시아 대사관에서 기자 회견을 열고 '마그니츠키 사건의 새로운 사항'을 발표할 예정이었다.

말킨 대표단의 미팅은 대부분 7월 10일에 진행되었다. 워싱턴 지인들에게 미친 듯이 연락해 미팅이 어떻게 됐는지 결과를 들으려고 했지만, 운이 따라주지 않았다. 심지어 카일과도 통화가 되지 않았다.

이튿날 다시 연락하고 싶었지만, 안타깝게도 7월 11일은 가족들과 비행기를 타고 샌디에이고로 여행을 떠나는 날이었다. 시기가 좋지 않았지만 여행을 취소할 생각은 없었다. 러시아와의 악연이 시작됐을 때 옐레나에게 약속했듯, 러시아인들 때문에 우리 생활이 망가지는 일은 없게 할 생각이었다.

우리는 정오에 비행기에 올랐다. 나는 정신이 완전히 딴 데 팔려 있었지만, 그래도 어떻게든 옐레나와 함께 아이들을 돌보았다. 자리에 앉아 제시카와 인형 놀이를 하는 사이 비행기가 천천히 이동하며 이륙했다. 비행기가 더 높이 올라가자 제시카가 불쑥 물었다. "아빠, 마그니츠키가 누구야?"

제시카에게 정식으로 세르게이 이야기를 한 적은 없었지만, 아이에게 세르게이는 일상에서 곧잘 듣는 단어 가운데 하나였다. 곰곰이 생각한 후 대답했다.

"세르게이 마그니츠키는 아빠 친구야."

"그 아저씨한테 무슨 일이 있었어?"

"그래. 나쁜 사람들이 아저씨를 감옥에 가두고 못살게 굴면서 거짓말을 하라고 강요했어."

"그래서 아저씨는 거짓말을 했어?"

"아니, 안 했어. 그래서 나쁜 사람들이 아저씨를 괴롭히고 가족도 못 만나게 했어."

"그 사람들은 왜 아저씨가 거짓말하길 바란 거야?" 우리 사이에 있는 팔걸이에 기린 인형을 놓고 이리저리 흔들며 아이가 물었다.

"자기들이 돈을 훔친 사실을 숨기고 싶었거든."

제시카의 손에 있던 기린 인형이 무릎에 툭 떨어졌다. 잠시 후 아이가 물었다. "그래서 마그니츠키 아저씨는 어떻게 됐어?"

"그게 말이지. 아저씨는 죽었어."

"거짓말을 안 하려고 해서?"

"그래. 거짓말을 하지 않아서 죽었어."

"아." 아이가 내뱉었다. 그러고는 기린 인형을 집어 자기 쪽을 보게 하더니 알아들을 수 없는 혼잣말을 했다. 나는 잠시 그대로 생각에 잠겼다. 그때 아이가 말했다. "아빠한테는 그런 일이 안 생겼으면 좋겠어."

나는 눈물을 삼켰다. "그런 일은 없을 거야. 약속할게."

"알았어." 안전벨트 착용 지시등이 꺼지자 제시카가 자리에서 일어나 옐레나에게 무언가를 말하러 갔다. 딸의 말은 충격이었다. 슬프기도 했지만, 무엇보다 화가 났다. 말킨 대표단이 워싱턴에서 무슨 일을 꾸미고 있는지 한시라도 빨리 알아내야 했다.

11시간 후 땅에 닿자마자 휴대전화 전원을 켜고 카일에게 전화하면서 최악의 경우를 생각하며 마음의 준비를 했다. 첫 신호음에 카일이 전화를 받았다. 이제는 나도 익숙해진, 평소의 무심한 목소리였다. "빌, 무슨 일이에요?"

"러시아 대표단이 와서 어떻게 됐어요? 법안은 아직 그대로죠?"

"물론이죠. 방해한답시고 나타났지만 완전히 엉터리였어요. 당신이 봤어야 하는 건데." 카일이 킥킥 웃으며 말했다.

말킨은 상원의원들에게 세르게이가 술주정뱅이에 건강이 좋지 않아 결국 '알코올 중독'으로 사망했다고 전했다. 정말이지 불쾌한 언사였다. 상원의원들도 이 말이 사실과 다름을 알았다. 세르게이가 고문과 구타를 당하고 제대로 된 치료를 받지 못해 사망했다는 보고서를 이미 여러 차례 읽은 상태였다.

말킨은 세르게이와 내가 사기꾼이라고 주장했다. 그는 상원의원들 앞에 러시아어로 된 증거 자료를 내려놓으며 우리 두 사람이 2억 3000만 달러를 훔쳤다는 '부정할 수 없는 증거'가 있다고 주장했다.

이런 계책은 아무에게도 통하지 않았다. 상원의원 대다수는 러시아 언터처블 비디오를 보고 쿠즈네초프와 카르포프, 스테파노바의 설명되지 않는 재산에 대해 알고 있었다. 스위스 돈 세탁 사건과 스테파노바의 남편 소유로 된 동결된 수백만 달러는 말할 것도 없었다. 상원의원들이 말킨에게 이런 불편한 진실을 상기시켜주자 그는 러시아 당국이 이 모든 혐의에 대해 조사했지만 아무 잘못도 찾지 못했다고 변명했다.

카일에 따르면 기자 회견은 더 가관이었다고 한다. 『시카고트리뷴』 기자가 세르게이가 완전 무장한 교도관들에게 구타를 당했다는 증거 자료에 대해 논평을 부탁하자 말킨이 오만하게 말했다. "그래요, 한두 번 걷어차이긴 했을 겁니다. 하지만 그것 때문에 죽은 건 아닙니다."

러시아인들은 온갖 소란과 구경거리를 만들어가며 마지막으로 발악했지만, 목표와 정반대되는 결과를 얻었다. 마그니츠키 법안에 대한 사람들의 관심이 사그라드는 대신 더 쏠리게 되었다. 우리 지원군은 바위처럼 튼튼했기에 마그니츠키 법안이 재정 위원회 심사를 통과하는 건 시간문제였다.

이변 없이 7월 18일에 마그니츠키 법안이 재정 위원회를 통과했다. 다음 단계는 상하 양원에서 전원 표결을 하는 것이었는데, 이는 하계 휴회 후에나 가능한 일이었다.

휴회 기간에는 상황이 잠잠해서 나는 몇 년 만에 처음으로 아이들과 제대로 휴가를 즐겼다. 마지막으로 언제 긴장을 풀고 쉬었는지 기억조차 나지 않았다. 아이들이 캠핑에 데려가달라고 졸랐다. 텐트 하나와 침낭 몇 개를 빌려 샌디에이고에서 북쪽으로 1시간 반 정도 운전해 가야 하는 팔로마산 주립 공원에 가서 밤을 보낼 야영지를 잡았다. 관리소에서 장작을 가져와 모닥불을 피우고 숲도 탐험했다. 요리는 데이비드가 했고, 우리는 저녁으로 스파게티와 토마토소스, 핫도그를 플라스틱 접시에서 덜어다 먹었다. 밤이 되자 나무 꼭대기에서 부엉이가 울고, 장작 타는 냄새가 공기 중을 가득 채웠다. 오랜만에 느끼는 행복이었다.

런던으로 돌아왔을 때 나는 마지막 일격을 가할 준비가 될 만큼 재충전된 상태였다. 하지만 러시아인들도 마찬가지였다. 여행에서 돌아온 첫날, 큰 등기 봉투가 도착했다. 안에는 205페이지짜리 파벨 카르포프 대 윌리엄 브라우더의 소송장이 들어 있었다. 게다가 소송 내용은 영국에서 가장 명망 높고 수임료가 비싼 로펌 가운데 하나인 올스왕의 편지지에 적혀 있었다. 카르포프가 날 영국 고등 법원에 명예 훼손으로 고소했다. 카르포프와 쿠즈네초프, 스테파노바에 관한 유튜브 비디오가 그의 명예를 훼손하고 도덕적 고뇌를 일으켰다는 주장이었다.

나는 웃지 않을 수 없었다. 뭐, 도덕적 고뇌? 지금 장난하나?

더 어이없는 건 카르포프의 월수입은 공식적으로 1500달러도 되지 않는데 그가 고용한 로펌은 시간당 600파운드를 청구하는 회사라는 사실이었다. 이 소송장을 작성하고 배송하는 데 카르포프의 몇 년치 봉급이 들어갔다는 의미였다.

이런 시도는 우리 캠페인을 잠재우려는 마지막 발악처럼 보였고 푸틴이 행정부에 지시한 사항과 정확히 일치했다. 2012년 3월 대통령으로 다시 선출된 푸틴은 5월에 복귀해 자신의 최우선 외교 방침 하나가 마그니츠키 법안이 미국에서 통과되지 못하게 막는 것이라는 행정명령을 발표했다. 어떻게 카르포프가 이런 비싼 로펌 서비스를 이용하는 기적을 이룰 수 있었는지 설명되는 대목이었다.

분명 올스왕에서는 기꺼이 이 사건을 맡으려고 했을 것이다. 언변이 유창한 변호사가 아무것도 모르는 러시아인들을 앞에 두고 100만 파운드를 들이면 빌 브라우더는 물론 마그니츠키 법안도 막을 수 있다고 으스대는 모습이 눈에 선했다. 하지만 올스왕에서 깨닫지 못한 사실이 있었으니, 영어도 할 줄 모르고 영국에는 휴가차 딱 두 번 와본 러시아 경찰관이 영국 명예 훼손 법정에 설 자격을 얻기는 힘들다는 것이었다.

변호사들을 고용해 반박에 나섰지만, 이것 때문에 마그니츠키 법안을 통과시키는 일을 소홀히 하지는 않았다. 9월 초 하계 휴회가 끝나고, 나는 카일이 업무에 복귀하자마자 전화를 걸어 언제 이 법안이 표결 처리될지 물었다.

카일이 웃었다. "빌, 지금은 대선 직전이라 한창 공약과 비방이 난무하는 시기예요. 마그니츠키 건은 양쪽이 모두 득을 보는 상황이라 지도부에서 선뜻 표결 일정을 잡기가 어려워요."

"하지만 이 법안은 양당의 전폭적인 지지를 받고 있잖아요. 워싱턴의 모든 의원이 동의안 사안 아니었나요?"

"바로 그게 문제예요, 빌. 지금은 선거전이 한창이기 때문에 만장일치가 나올 사안에 대해선 다들 얘기를 꺼리는 거예요. 정치판에서 남 좋은 일을 할 사람은 한 명도 없죠."

"그래서 표결은 언제쯤 된다는 거예요?"

"빨라야 11월 6일 이후예요."

속으로 계산해보았다. "그럼 대선이 끝난 후부터 의회가 폐회할 때까지 그 7주 동안 승부를 봐야 한다는 말이네요."

"7주도 안 돼요. 휴일까지 빼면 훨씬 더 적죠."

이렇게 지연되는 게 걱정스러웠지만 기다릴 수밖에 없었다. 9월과 10월에 나는 예전에 비하면 보잘것없어진 허미티지의 투자 사업이 어떻게 돌아가는지 점검했다. 펀드를 예전 상태로 되돌리려면 다달이 마케팅 목적으로 출장을 가고 투자 회의를 해야 했다. 하지만 회사를 일으켜야 한다는 마음과 세르게이를 위해 정의를 찾아야 한다는 마음이 싸우면 생각해볼 것도 없이 정의 쪽이 이겼다.

드디어 11월 6일 미국 대선이 치러졌다. 오바마는 밋 롬니를 가볍게 제쳤다. 나는 카일에게 전화해 마그니츠키 법안이 언제 표결 처리될지 다시금 물었다.

그의 답변은 놀라웠다. "안 그래도 전화하려던 참이에요. 방금 하원에서 다음 주 금요일에 표결에 부치겠다고 발표했어요."

"그게 정말이에요?"

"네. 드디어 하네요!"

나는 달력을 보았다. "그날이 11월 16일이니까……."

카일이 멈칫하더니 이 날짜의 의미를 깨달았다. 2012년 11월 16일은 세르게이의 사망 3주기였다. "네, 그날이네요." 그가 조용히 말했다. "그런데 문제가 하나 더 있어요. 하원에서 마그니츠키 법안을 러시아에만 적용하자고 주장하고 있어서 러시아 버전 법안으로 표결이 될 거예요."

카딘 상원의원은 마그니츠키 법안을 세계 버전으로 만들어 그 역사적 의미와 선례를 마련한다는 취지에 큰 열의를 보였다. 따라서 이 법안을 세계 인권법으로 지켜내기 위해 그는 어떤 도전도 불사할 생각이었다.

"그런데 카딘 의원님은 러시아 버전을 받아들이지 않을 거라는 얘기죠?"

"아마도요."

상원과 하원이 지지하는 버전이 서로 다르면 두 가지를 적절히 조화시켜야 하는데, 그러려면 시간이 더 필요했다. 하지만 우리에겐 그럴 시간이 없었다. 카딘이 포기하지 않으면 마그니츠키 법안은 수포로 돌아갈 수도 있었다.

당연히 나는 카딘의 세계 버전이 통과되기를 바랐다. 카딘이 제안한 것처럼 광범위하고 의미 있는 법에 세르게이의 이름이 오르는 것만큼 그를 기리는 이상적인 방법도 없을 것이다. 하지만 그보다는 어떻게든 법안이 통과되는 게 더 중요했다. 러시아 버전으로 법안이 통과될 수 있다면 그렇게 하는 게 맞다고 생각했다. 카딘도 그렇게 생각하기를 바랐다.

마침내 11월 16일이 되었다. 중요한 날이었다. 하원에서 마그니츠키 법안을 표결에 부쳤고 런던에서는 내가 「1시간 18분」이라는 연극의 초연을 주최할 예정이었다. 수상 이력도 있는 이 독자적인 작품은 러시아 극작가 옐레나 그레미나가 쓴 것으로, 세르게이의 생전 마지막 1시간 18분을 자세히 다루고 있다.

늦은 오후, 사무실 직원들은 한 명도 빠짐없이 미국 하원의 실시간 방송을 보기 위해 미국 연방 의회 중계방송 홈페이지에 접속했다. 투표에 앞서 의원들이 의원석에서 멋지게 세르게이 이야기를 이어가며 정의를 요구했다. 이 중차대한 순간이 바로 눈앞에서, 미국의 역사가 깊이 스며든 방에서 벌어지고 있었다. 그 방은 노예 제도를 폐지하고 여성에게 투표권을 주자는 헌법 수정 조항이 통과된 곳이자 획기적인 시민 평등권 법이 승인된 곳이었다. 그간의 노력이 우리를 이곳까지 이끌었다고 생각하니 경외감이 들었다.

마침내 투표가 시작되었다. 한 명 한 명 천천히 투표를 진행했다. 거의 모두가 찬성하는 쪽에 섰다. 반대표가 나올 때마다 우리 사무실에서 야유 소리가 터져나왔지만 그런 경우는 드물었다. 법안이 순조롭게 하원을 통과 중이었다.

호명 투표가 반쯤 진행됐을 때 내 전화기가 울렸다. 옐레나거나 하원 투표에 대해 얘기하려는 지지자이겠거니 생각하고 발신자도 확인하지 않은 채 전화를 받았다.

"빌, 저 마르셀이에요."

스위스 계좌에 대해 폭로한 러시아 내부 고발자 알렉산드르 페레필리치니에게 우리가 소개해준 회계사의 목소리였다. 마르셀은 마그니츠키 법안이나 당시 내가 하던 일에 전혀 관련이 없었기에 그의 갑작스러운 전화를 받고 놀랐다.

"안녕하세요, 마르셀. 나중에 통화해도 될까요? 지금 좀 바빠서요."

"방해해서 죄송해요. 빌. 그런데 중요한 일이에요."

"그래요. 무슨 일인데요?"

"솔직히 이 일을 알려야 할지 말아야 할지도 판단이 안 서요." 그가 아리송하게 말했다.

나는 중계방송에서 휙 고개를 돌렸다. "이 일이라니요?"

"다른 사람들한테 알리지 않는다고 약속해주세요. 사무실 직원들한테도요."

"그건 얘기 들어보고 결정할게요. 무슨 일이에요?"

"알렉산드르 페레필리치니가 죽었어요."

세르게이를 위한 정의

마르셀은 페레필리치니가 오후에 조깅을 하다가 자신의 집 앞에서 급사했다는 사실 외에 다른 정보는 모른다고 말했다.

이 소식을 받아들이는 데 몇 분이 걸렸다. 그의 집은 내가 앉아 있는 자리에서 32킬로미터도 채 떨어져 있지 않았다. 페레필리치니는 살해된 듯했다. 정말 살인이 맞다면 적들이 우리에게 위협을 가한 것이었다.

이 일을 다른 사람들에게 알리지 말라는 요청은 너무 터무니없었기에 나는 즉시 바딤과 블라디미르, 이반을 불렀다. 흉보를 전하자 세 사람은 엄청난 충격에 휩싸였다. 특히 작년에 페레필리치니와 가까워진 바딤과 블라디미르가 깜짝 놀랐다. 블라디미르는 의자에 털썩 주저앉아 내가 알아들을 수 없는 러시아어로 나직하게 혼잣말을 했다.

그때 사무실 유리벽 너머에서 허미티지 직원들이 환호성을 터트리며 서로 하이파이브를 했다. 나는 문을 열어 무슨 일인지 물었다. 비서가 날 돌아보더니 말했다. "마그니츠키 법안이 방금 365표 대 43표로 하원을 통과했어요!"

굉장한 소식이었지만, 축하할 기분이 아니었다. 방금 이 사건과 관련된 사람이 또 한 명 죽었다. 페레필리치니를 잃은 슬픔을 최대한 억누르고 직원들에게 가서 그동안 수고했다고 격려해주었다. 투표 결과와 다음 단계에 대한 얘기를 했다. 페레필리치니 일은 그 여파를 완전히 받아들일 때까지 입 밖에 내고 싶지 않았다.

내 자리로 돌아가 양손에 얼굴을 묻고 방금 들은 소식을 이해하려고 애썼다. 페레필리치니는 살해된 걸까? 살인자들이 아직도 영국에 있을까? 그자들이 날 뒤쫓을까? 이 일의 자초지종을 알 만한 사람들에게 당장 전화를 돌리고 싶었지만, 그럴 수가 없었다. 그날 밤 열릴 세르게이에 관한 연극을 주최하러 뉴 디오라마 극장에 가야 했다.

극장에 가서 부정적인 생각들을 마음속 깊은 곳으로 밀어내리려고 했다. 가까운 친구부터 하원의원, 정부 관리, 유명인, 예술가까지 런던 인권 사회에서 내로라하는 인물은 모두 모였다. 우리는 자리를 잡고 연극을 감상했다. 연극은 감동적이고 강렬했다. 연극이 끝난 후나는 특별 초청 손님 세 명과 함께 접이식 의자를 들고 무대에 올라 공개 토론회를 시작했다. 패널은 유명 극작가 톰 스토파드, 러시아 반체제운동가 블라디미르 부콥스키, 믹 재거의 전 부인이자 존경 받는 인권운동가 비앙카 재거로 구성되었다.

스토파드와 부콥스키는 1970년대에 스토파드가 희곡을 쓰게 된 사연을 이야기했다. 소비에트 정신병 교도소에 갇혀 있던 부콥스키는 이 연극 덕분에 풀려날 수 있었다. 두 사람은 세르게이의 예를 들어가며 지금도 러시아는 거의 변한 게 없다고 지적했다.

마지막 순서로 내가 관중에게 얘기했다. "러시아 상황은 정말 심각하지만, 오늘 아주 가느다란 빛줄기가 비쳤습니다. 바로 몇 시간 전에 미국 하원이 세르게이를 고문하고 살해한 자들에게 제재를 가하는 세르게이 마그니츠키 법안에 표결을 마쳤고, 자랑스럽게도 이 법안이 89퍼센트 찬성표를 얻어 통과되었습니다."

할 얘기가 남아 있었지만, 박수 소리에 말이 가로막혔다. 한 사람씩 자리에서 일어나더니 어느새 모두가 일어섰다. 이들은 우리 캠페인에 갈채를 보내고 있었을 뿐만 아니라 그 이상으로 작은 정의가 실현된 데 환호를 보내고 있었다. 감동이 밀려왔다. 그래서 나도 자리에서 일어나 모두와 함께 박수를 치기 시작했다.

극장을 나오면서 사람들과 악수를 하고 축하 인사를 받았지만, 머릿속은 온통 집에 가야 한다는 생각뿐이었다. 극장으로 가는 길에 옐레나에게 페레필리치니 이야기를 잠깐 했는데, 지금은 무엇보다도 그녀와 얘기를 나누어야만 했다. 집에 도착하니 옐레나가 소파에 앉아 거실 벽을 멍하니 응시하고 있었다. 사랑하는 사람의 얼굴에서 공포를 읽는 건 결코 좋은 일이 아니지만, 그날 밤 내가 옐레나에게서 본 건 분명 공포였다. 우리는 집에 있었고 아이들은 자고 있었다. 이론상 우리는 안전했지만, 분명 페레필리치니도 자신의 집에서 그렇게 생각했을 것이다.

이튿날 아침, 변호사 메리와 상담한 후 최대한 빨리 경찰에 알리는 게 좋겠다고 결론을 내렸다. 이 사건이 러시아 고위급의 부패와 조직 범죄와 관련이 있다는 사실을 경찰에 알려야 했다. 페레필리치니는 그냥 급사한 게 아니었다.

메리가 편지를 작성했다. 러시아의 대규모 돈 세탁 사건을 폭로한 증인인 페레필리치니가 2006년의 알렉산드르 리트비넨코처럼 독살을 당했을지도 모른다고 강조하며 경찰이 최대한 빨리 독극물 분석을 해야 한다고 촉구했다.

토요일에 팩스로 이 편지를 보냈지만 일요일까지 아무 답변도 듣지 못했다. 그래서 월요일에 웨이브리지 경찰서에 전화를 걸었다. 당직 경관이 메리의 편지를 받았다고 확인해주었지만, 희한하게도 페레필리치니라는 이름의 사망자는 기록에 없다고 말했다.

나는 말도 안 되는 얘기라고 생각해 메리에게 사정을 잘 아는 윗사람과 얘기해보라고 부탁했다. 그녀가 전화를 몇 통 더 걸었다. 그러자 경찰 측에서 페레필리치니가 11월 11일에 집 근처에서 사망했다고 확인해주었다. 하지만 더 자세한 사항은 얘기하기를 꺼려했다. 메리가 수사에 도움이 될 만한 정보를 가지고 있다고 말해도 경찰 측에서는 그녀의 전화번호만 받아두고 필요한 일이 있으면 연락하겠다고 했다.

수요일에도 경찰의 연락은 오지 않았다. 그날 나는 마르셀을 통해 페레필리치니의 사후 검사 결과가 미상으로 나왔다는 얘기를 들었다. 검시관도 사인을 알아내지 못했다. 심장 발작도 아니고 뇌졸중도 아니고 동맥류도 아니었다. 페레필리치니는 그냥 죽었다.

죽기 직전 페레필리치니는 자신이 처리 대상 명단에 올라 있고 살인 협박을 받았다고 말했다. 이 점으로 보아 러시아 암살범은 지금도 영국을 활보하고 있을 가능성이 컸다. 암살범이 페레필리치니를 해치운 거라면 우리도 안심할 순 없었다.

메리는 며칠 동안 끈질기게 경찰을 괴롭혔지만 경찰은 여전히 미동도 하지 않았다. 머리끝까지 화가 난 나는 그녀에게 경찰이 움직이게 하려면 어떻게 해야 하는지 물었다. 그녀의 조언은 간단했다. "언론에 알려요." 일반적으로 변호사들은 이런 상황에서 언론을 멀리하라고 조언하지만, 이 사건은 공적인 문제인 데다 경찰이 묵묵부답이었기에 다른 선택의 여지가 없었다.

나는 『인디펜던트』의 탐사 보도 기자에게 연락해 전말을 얘기한 후, 페레필리치니가 우리에게 준 서류와 내 말의 진위를 확인할 수 있는 전화번호 목록을 건넸다. 이틀 후『인디펜던트』는 '러시아 대규모 사기 사건의 열쇠를 쥐고 있던 주요 정보 제공자가 주검으로 발견되다'라는 제목의 기사를 실었다. 페레필리치니의 얼굴이 신문 1면 전체를 차지했고, 다섯 페이지에 걸쳐 사건의 전말을 설명했다. 이 기사는 영국 전역의 텔레비전 방송과 라디오, 신문을 도배했다. 러시아 조직 범죄자들이 런던 거리에서 버젓이 보복을 자행한다는 사실에 모두가 겁을 먹었다.

기사가 나간 직후 경찰이 드디어 우리 사무실에 강력계 형사 두 명을 보내 팀원들과 면담했다. 그리고 페레필리치니가 죽은 지 21일이 지났을 때 시신에 독극물 분석을 실시했지만, 너무 늦은 조치였다. 사인이 독살이라면 지금쯤 전혀 감지가 되지 않을 것이었다.

대대적인 수사가 진행되고 언론이 집중적인 관심을 보였기에 페레필리치니를 죽인 자들은 분명 겁을 먹고 숨어버렸을 것이다. 아직 안심할 수 있는 단계는 아니었지만, 나는 이제 공황 상태에서 벗어나 내 일에 다시 집중할 만큼 편안해졌다.

이제 며칠 후면 워싱턴에서 상원 투표가 열린다. 현장에 가서 그 모습을 직접 볼 수는 없었지만, 하버드 강연과 뉴욕 미팅 건 때문에 미국에 가야 하긴 했다.

12월 2일 일요일에 보스턴으로 날아갔다. 비행기에서 내려 휴대전화를 켜자 카일이 보낸 긴급 메시지가 떴다. 나는 입국 심사장으로 걸어가며 그에게 전화를 걸었다.

"빌, 무슨 일이에요?" 카일이 물었다.

"메시지 보고 전화했어요. 무슨 일 생긴 거예요?"

"어쩌면요. 마그니츠키 법안을 러시아 버전이 아닌 세계 버전으로 유지하자는 상원의원이 많아요."

"그럼 어떻게 되는 거죠?"

"이제는 카딘 의원님만 그러는 게 아니에요. 카일 의원과 레빈 의원을 필두로 점점 더 많은 의원이 세계 버전을 고집하고 있어요."

"상원에서 이 법안을 반대하는 의원은 없다고 생각했는데요."

"투표가 진행되는 건 분명해요. 다만 어떤 버전을 올릴지 합의를 보지 않으면 해리 리드 의원이 표결 일정을 잡지 않을 거예요." 상원 다수당 대표를 언급하며 카일이 말했다. "시간이 없어요."

"내가 도와줄 일이 있나요?"

"네. 카일 의원과 레빈 의원의 측근 의원들을 만나 왜 러시아 버전으로 가야 하는지 설득해보세요. 저도 카딘 의원님을 설득할게요."

"알았어요. 앞으로 며칠은 보스턴과 뉴욕에서 꼼짝도 못 하지만, 그렇게 해볼게요."

입국 심사장에 도착하기 전 복도에 멈춰 서서 줄리애나와 통화를 했다. 그녀는 카일처럼 크게 걱정하지는 않았지만, 월요일 아침 일찍 해당 의원들의 외교 정책 보좌관들에게 연락해보겠다고 약속했다.

나는 입국 심사와 세관 검사를 통과한 후 호텔로 갔다. 이튿날 아침에는 하버드 경영 대학원으로 향했다. 러시아에서의 내 경험을 주제로 진행되는 사례 연구 수업에 참석하기 위해서였다. 학생들이 차례대로 돌아가며 자신들이 러시아에서 투자했다면 어떻게 했을지 발표했다. 나는 뒷줄에 조용히 앉아 내가 당시에 참고했더라면 좋았을 아이디어가 있는지 지켜보았다. 이 사례 연구는 우리 사무실이 압수수색을 당한 2007년을 기점으로 했기에 학생들은 사법 문제는 빼고 오로지 포트폴리오 관리와 주주 행동주의만 다뤘다. 뉴스를 찾아보지 않는 이상 그 후에 무슨 일이 일어났는지 학생들은 전혀 알 수 없었을 것이다.

강의 후반에는 내가 강단에 서서 러시아인의 사기 행각과 세르게이의 체포, 고문, 죽음에 대해 전말을 이야기했다. 순식간에 강의실 분위기가 바뀌었다. 이야기가 끝날 무렵에는 학생 몇 명이 울고 있었다.

하버드 강의를 마치고 알도 무사치오 교수가 건물 밖까지 날 배웅하면서 경영 대학원에 부임한 이래 사례 연구 발표 후 학생들이 우는 모습을 보기는 처음이라고 말했다.

쉴 겨를도 없이 뉴욕으로 건너갔다. 워싱턴의 상황을 확인해보니, 줄리애나와 카일의 노력에도 다들 아무런 변화가 없었다. 레빈은 요지부동이었고 카딘은 속내를 드러내지 않았다.

12월 4일 밤, 일찍 잠자리에 들었지만 시차에 적응하지 못한 데다 상원을 둘러싼 불확실한 막판 상황으로 인해 새벽 2시에 잠에서 깼다. 다시 잠이 오지 않으리란 걸 알았기에 나는 샤워를 하고 호텔 가운을 입은 후 노트북 컴퓨터 앞에 앉아 마그니츠키를 검색했다.

제일 처음 검색 결과로 나온 건 카딘 상원의원실에서 내보낸 보도 자료였다. 밤늦게 게시된 자료였다. 링크를 클릭해 읽어보았다. 카딘이 세계 버전에 대한 고집을 버리고 타협을 선택했다. 이로써 투표가 진행될 수 있었다.

12월 6일 목요일 스케줄을 비우고 컴퓨터 화면에 C-SPAN을 띄운 후 호텔 방에 홀로 앉아 기다렸다. 방을 서성이다 룸서비스를 시켰다. 드디어 정오경에 상원에서 마그니츠키 법안 투표를 시작했고, 빠르게 투표가 진행되었다. 투표 절반이 집계되자 법안 통과가 확실해졌다. 최종 결과는 92표 대 4표였다. 레빈과 세 상원의원만 반대표를 던졌다.

현장 분위기는 허무할 만큼 무미건조했다. 폭죽이나 악단도 없고 그저 호명 투표를 한 후 다음 사안으로 넘어갔다. 하지만 그 의미는 어마어마했다. 2009년 이래 1만3195건의 법안이 제출되었지만, 386건만이 위원회 심사를 통과한 후 표결을 통해 법이 되었다. 우리가 큰일을 해낸 것이다.

이 일은 세르게이의 용기와 나탈리야의 애정, 카일의 헌신, 바딤의 넘치는 재기, 블라디미르의 지혜, 줄리애나의 지력, 옐레나의 사랑이 있었기에 가능했다. 그 역할이 크고 작고를 떠나 이반, 조너선, 재미슨, 예두아르트, 페레필리치니 등 여러 사람 덕분에 가능한 일이었다. 세르게이를 죽인 자들에게 벌을 내려야 한다는 우리의 작은 생각이 뿌리를 내리고 이렇게 자라났다. 세르게이의 사연에는 성서적인 메시지가 담겨 있었고, 이 모든 역사가 펼쳐지는 모습을 지켜보며 나는 신앙인이 아니지만 어쩌면 하느님이 이 사건에 개입한 건지도 모른다는 느낌을 강하게 받았다. 이 세상은 고통으로 가득하지만, 세르게이의 비극처럼 묵직한 울림을 주며 사람들의 가슴속에 각인되는 경우는 드물다.

하지만 애초에 이런 일이 없어야 했다. 누가 뭐래도 세르게이가 아직 살아 있기를 바랐다. 하지만 세르게이는 죽었고, 그 무엇도 그를 되살릴 수 없었다. 그럼에도 그의 희생은 헛되지 않았다. 그 희생은

러시아를 병들게 하던 무처벌이란 비눗방울을 터뜨렸고, 이로써 그와
그의 가족이 자랑스러워할 만한 유산이 되었다.

모욕하는 자, 모욕당하는 자

마그니츠키 법안이 마침내 통과되고, 한동안 나는 어안이 벙벙했다.

하지만 그런 사람이 또 있었으니, 바로 블라디미르 블라디미로비치 푸틴이었다.

지난 몇 년간 푸틴은 크렘린에서 편안히 앉아 있었다. 미국 의회에서 어떤 결정을 내리든 오바마 대통령이 마그니츠키 법안을 반대하리라 믿었기 때문이다. 전체주의 국가의 수장인 푸틴에게 미국 대통령의 반대는 이 법안이 결코 통과할 리 없다는 굳은 확약과도 같았다. 하지만 푸틴이 간과한 사실은 미국은 러시아가 아니라는 것이었다.

단순하게 생각하면, 러시아는 마그니츠키 법안을 통과시킨 미국에 냉전 시대의 첩보원 교환 같은 보복성 맞대응을 해야 했다. 미국이 러시아 관리에게 제재를 가했으니 러시아도 똑같이 하는 식으로 말이다. 그럼 이야기가 간단히 끝난다.

하지만 푸틴은 그런 식으로 대응하지 않았다. 대신 마그니츠키 법안이 상원을 통과하자마자, 미국을 몰아세우고 실질적인 고통을 안겨 줄 방법을 찾기 위해 대대적인 탐색 작업을 시작했다.

푸틴의 기관원들이 방안을 내놓기 시작했다. 첫 번째는 러시아 내 시티그룹 자산 35억 달러를 압류하자는 것으로, 이 결의안이 실제로 의회에 상정되었다. 분명 확실한 보복성 조치였지만 말도 안 되는 생각이었다. 러시아가 시티그룹의 자산을 압류하면 미국도 자국 내 러시아 자산을 압류할 것이기 때문이었다. 적들은 이 방안을 포기하고 다음으로 넘어갔다.

저들이 내놓은 다음 방안은 북부 보급로 봉쇄였다. 이 경로는 미국이 군사 장비를 아프가니스탄으로 이동시킬 때 사용했다. 미국이 아프가니스탄으로 물자를 반입하는 방법은 파키스탄을 거치거나 러시아를 거치는 방법 두 가지뿐이었기 때문에 푸틴은 이 경로의 중요성을 잘 알았다.

하지만 문제가 있었다. 러시아가 이 경로를 차단하면, 펜타곤 장성들도 세계 지도를 펼쳐놓고 러시아의 전략적 이익을 빼앗을 만한 약점을 노릴 것이기 때문이었다. 보나마나 그곳은 시리아가 될 것이다. 푸틴 정부는 시리아의 독재자 바샤르 알아사드를 지탱하는 일에 많은 자원을 쏟아 부었기에 이 투자를 위태롭게 하는 일은 절대 하지 않을 것이다. 그래서 이 방안도 빠르게 철회되었다.

푸틴은 돈이나 군사 문제가 결부되지 않으면서도 미국을 곤란하게 할 방안을 찾아야 했다.

2012년 12월 11일, 내가 마그니츠키 법안의 캐나다 버전을 지지하려고 토론토에 방문했을 때 그 방안이 수면 위로 떠올랐다. 캐나다 정책 입안자와 기자들 앞에서 강연을 하고 있었는데, 질의응답 시간에 젊은 기자가 일어나더니 물었다. "오늘 러시아 두마Duma* 의원들이 러시아 아이들의 미국 입양을 영구 금지하는 법안을 발의하겠다고 발표했습니다. 이에 대해 한 말씀 해주시겠어요, 브라우더 씨?"

나는 이 소식을 그때 처음 들었다. 어떤 답변을 해야 할지 곤욕스러웠지만, 잠시 생각한 후 대답했다. "러시아 고아들을 볼모로 삼는 건 푸틴이 할 수 있는 가장 비양심적인 일 중 하나일 겁니다."

이 공격에 마음이 복잡해졌다. 그때까지 러시아와 나의 싸움은 이분법적이었다. 그래서 편을 고르기가 아주 간단했다. 진실과 정의의 편에 서든지 러시아 고문자와 살인자의 편에 서든지 하면 되었다. 그런데 이제 진실과 정의의 편에 서면 무고한 러시아 고아들이 피해를 입을 수 있었다.

지난 10년간 미국은 6만 명이 넘는 러시아 고아를 입양했기에 러시아 의회에 상정된 입양 금지령은 의미심장했다. 러시아는 병에 걸린 아이들, 특히 에이즈, 다운증후군, 척추뼈 갈림증에 걸린 아이들부터 미국 입양을 금지하기 시작했다. 이 아이들 가운데 일부는 새로운 미국인 부모가 제공하는 치료를 받지 않으면 목숨을 부지하지 못할 것이다.

푸틴의 이런 조치는 러시아 아이들이 가족 일원으로 오기를 기다리는 미국 가정을 괴롭히는 일일 뿐만 아니라 자국의 힘없는 고아들을 벌주고 잠재적으로 살해하는 일이었다. 이를 비정한 처사라고 일컫는 건 그나마 말을 고르고 또 골라서 하는 것이었다. 그야말로 악랄한 조치였다.

* 러시아 의회의 하원.

푸틴은 목적을 달성했다. 미국인들이 원하는 것 가운데 자신이 통제하고 없애버려도 앙갚음을 당할 염려가 없는 것을 찾아냈다. 무엇보다도 마그니츠키 캠페인을 지지하는 데 따른 도덕적 대가를 치르게 할 방법을 찾아냈다.

푸틴은 미국의 거센 반응은 예상했지만, 러시아의 어떤 벌집을 건드렸는지는 알지 못했다. 다른 건 모두 비난한다 해도 아이들에 대한 러시아인들의 사랑만큼은 비난하기 어렵다. 러시아는 세계에서 유일하게 빽빽 우는 아이를 고급 레스토랑에 데려가도 누구 하나 눈총을 주지 않는 국가다. 한마디로 러시아인들은 아이들을 떠받든다.

하지만 이런 사랑도 푸틴을 막지 못했다. 오바마 대통령이 마그니츠키 법안에 서명한 날인 12월 14일, 입양 금지법이 러시아 의회에서 낭독되었다.

그런데 얼마 안 가 아주 뜻밖의 곳에서 역풍이 불어왔다. 입양 금지법이 의회에 상정된 후 푸틴의 최고위 측근 몇 명이 다른 노선을 취하기 시작했다. 첫 타자는 사회부총리 올가 골로데츠로, 『포브스』에 "이 법이 통과되면 고가의 수술이 필요한 중증 질환 어린이들은 입양 기회를 잃을 것이다"라고 밝혔다. 러시아의 재무 장관 안톤 실루야노프도 트위터에 의견을 남겼다. "아이들에게 고통을 주는 보복의 논리는 옳지 않다." 끔찍한 정책을 시행했던 푸틴의 오른팔인 외무 장관 세르게이 라브로프조차 "이는 옳지 않으며, 결국 두마에서 균형 잡힌 결정을 내릴 것이라 확신한다"고 말했다.

푸틴은 자기 사람들을 능수능란하게 휘어잡는 인물이다. 따라서 이런 전례 없는 반대 의사 표명을 감안할 때 입양 금지법 배후에 있는 사람은 푸틴이 아닐 수도 있었다. 그렇다면 하루빨리 입양 금지법에 반대하는 사람들이 승리하기를 바라고 기도했다. 무방비 상태에 있는 아이들을 이 싸움에서 건져내야 했다.

푸틴은 좀처럼 자기 속내를 드러내지 않는 인물로, 세계에서 가장 수수께끼 같은 지도자 가운데 한 명이다. 불가측성이야말로 그만의 작업 방식이다. 그는 이런 식으로 선택지를 열어두는 반면, 절대 싸움에서 물러나거나 약점을 보이지 않는다. 따라서 그가 측근들의 반동에 어떻게 반응할지 예측할 순 없었지만, 2012년 12월 20일 푸틴이 4시간짜리 연례 기자 회견에 나설 때 그의 의도가 더 분명하게 드러날 터였다. 이런 연출성 행사에서는 무대 앞에 카메라 불빛들이 길게 늘어서고, 대부분의 질문이 국가의 후원을 받거나 자기 검열을 거친 기자들이 불쾌감을 주지 않도록 주의하며 미리 준비되기 마련이었다. 대개 모든 일이 각본대로 흘러가지만, 푸틴으로서는 입양 금지에 대한 자신의 속내를 처음으로 보여줘야 하는 자리이기도 했다.

나는 사무실에서 생방송으로 기자 회견을 지켜보았다. 푸틴이 어떤 말을 하는지 통역해주려고 바딤과 이반이 합류했다. 첫 질문은 『스노프』라는 러시아 잡지에서 나온 기자 크세니야 소콜로바의 입에서 나왔다. "미국의 마그니츠키 법에 대응해 두마에서 러시아 고아의 미국 입양을 규제한다고 발표했는데요. 가난하고 힘없는 고아들이 이런 정치 싸움에 이용된다는 게 신경 쓰이지 않으십니까?"

크고 각진 책상에 앉아 있던 푸틴이 자세를 바꿔 최대한 방향을 틀었다. 그는 침착하게 보이려고 애썼지만, 첫 질문부터 각본에서 벗어난 듯했다. "마그니츠키 법이 러시아 연방에 악의적인 조치라는 건 의심할 여지가 없습니다. 그리고 여론 조사 결과 러시아 국민 대다수가 러시아 어린이의 외국 입양을 지지하지 않았습니다." 그리고 미국의 과오가 러시아의 혐오스러운 행동을 정당화하기라도 한다는 듯 관타나모 수용소, 아부그라이브 교도소, CIA 비밀 교도소 이야기로 넘어갔다.

기자 회견이 시작된 지 3시간이 흘렀을 때 푸틴이 받은 50건 남짓 되는 질문 가운데 6건이 세르게이 마그니츠키와 러시아 고아에 대한 질문이었다. 푸틴은 화난 기색이 역력했다.

행사가 끝나갈 무렵, 마지막으로 『로스앤젤레스타임스』의 세르게이 로이코 기자가 일어나 발언했다. "각하께서도 언급하셨던 세르게이 마그니츠키 이야기로 돌아가겠습니다. 러시아는 그 사건에 대해 답변할 시간이 3년이나 있었습니다." 그는 세르게이의 죽음에 대한 수사를 언급하고 있었다. "무슨 일이 있었던 거죠? 경찰에게 넘어간 그 2억3000만 달러는 지금 어디 있죠? 그 돈을 고아원을 재건하는 데 쓸 수도 있었을 텐데요."

회견장에서 박수갈채가 터져나왔다. 푸틴은 할 말을 잃었다. "왜 다들 박수를 치는 겁니까?" 그가 따지듯 물었다. 푸틴에게 그런 경험은 처음이었을 것이다. 언론이 보란 듯이 그에게 반기를 들고 있었다. 푸틴이 결국 자제심을 잃었다. 그는 목소리를 깔고 눈살을 찌푸리며 말했다. "마그니츠키는 고문으로 죽지 않았습니다. 고문당한 일 자체가 없습니다. 그의 사인은 심장 발작입니다. 게다가 여러분도 알다시피 세르게이는 인권운동가가 아닌 브라우더의 변호사였고 브라우더는 러시아에서 경제 범죄를 저지른 혐의를 받고 있는 인물입니다."

나는 가슴이 철렁했다. 내 이름이 푸틴의 가느다란 입술에서 흘러나오는 순간 내 인생이 바뀌었다. 지금껏 푸틴은 내 이름을 거론한 적이 없었다. 기자들에게 두 번이나 공개적인 질문을 받았을 때도 항상 날 '그 자'라고 지칭했다. 이름을 언급해 적이 중요한 사람처럼 보이게 하는 일은 하지 않았다. 푸틴이 내 이름을 언급하자 나는 오싹함을 느꼈고 앞으로 닥칠 일에 단단히 각오를 다져야 했다.

바로 이튿날 두마에서 입양 금지법에 대한 표결을 진행했다. '균형 잡힌' 결정을 하리라는 라브로프의 바람과 달리, 하원의원 420명이 찬성표를 던졌고 7명만이 반대했다. 일주일 뒤인 12월 28일에 블라디미르 푸틴이 입양 금지법에 서명했다. 마그니츠키 법안은 미국에서 공식적인 법이 될 때까지 2년 반이 걸렸지만, 러시아의 반反 마그니츠키 법은 2주 반밖에 걸리지 않았다.

이 새로운 법이 제정됨과 동시에 가슴 아픈 상황이 연출되었다. 미국 입양이 확정됐던 러시아 고아 300명이 세계 반대편에 마련된 자신의 방을 영원히 보지 못하게 되었다. 이 아이들의 절절한 사연이 사진과 함께 외신을 통해 퍼져나갔다. 아이들을 기다리고 있던 양부모들은 미국 의회로 몰려가 외쳤다. "우린 국제 정치에는 관심 없다. 우리 아이들을 돌려달라!" 나는 이 부모들의 말에 더 없이 공감했다.

입양 금지법이 발효되자마자 내게 기자들의 전화가 이어졌다. 기자들의 질문은 하나같이 똑같았다. "이 고아들과 이들을 기다리는 미국 가족의 고통에 책임을 느끼십니까?"

나는 대답했다. "아뇨, 책임을 느껴야 할 사람은 푸틴입니다. 겁쟁이가 아니고서는 힘없는 아이들을 인간 방패로 삼지 않을 겁니다."

이렇게 생각하는 사람은 나만이 아니었다. 1월 14일 러시아 설날에 푸틴을 질타하는 플래카드와 집에서 만든 푯말을 들고 사람들이 모스크바 링 대로에 모여들기 시작했다. 경찰의 삼엄한 경계 속에서 시위자들이 거리를 행진했고, 인파가 점점 불어나 결국 약 5만 명에 이르렀다. 다른 시위와 다르게 이번 시위의 참가자들은 그동안 정치에 적극적으로 나섰던 사람들이 아니었다. 할머니, 교사, 아빠의 어깨에 올라탄 아이 등 평범한 모스크바 시민이었다. 이들이 든 푯말에는 다음과 같은 말들이 적혀 있었다. 부끄러운 줄 알아라! 거짓말은 그만! 두마가 아이들을 잡아먹는다! 헤롯!(이 법은 헤롯의 법으로 통했다. 헤롯은 그리스도의 탄생을 두려워해 베들레헴의 젖먹이를 모조리 죽이도록 지시한 잔혹한 유대의 왕이었다.)

푸틴은 보통 시위를 무시했지만, 이번 시위는 대규모인 데다 아이들을 살리는 데 목적이 있었기에 무시할 순 없었다. 입양 금지법을 철회하진 않았지만, 국영 고아원 시스템에 수백만 루블을 투자하겠다고 발표했다. 그 돈이 수혜자들에게 제대로 돌아갈지는 의문이었지만, 이 시위로 푸틴의 입장이 얼마나 난처했는지는 분명히 알 수 있었다.

그러나 이 일로 푸틴은 돈보다 훨씬 더 소중한 걸 잃었다. 바로 그동안 유지했던 무적無敵의 아우라였다. 모욕은 푸틴에게 화폐나 다름없었다. 그는 이를 이용해 자신이 원하는 걸 얻고 사람들이 자기 처지를 자각하게 만들곤 했다. 적이 실패할 때까지는 성공한 게 아니며 적이 비참해질 때까지는 행복할 수 없다는 게 푸틴의 지론이다. 푸틴의 세계에서 모욕하는 사람은 절대 모욕당할 일이 없었다. 그런데 입양 금지를 발표한 후 이 같은 일이 자신에게 일어났다.

푸틴 같은 사람이 모욕을 당하면 어떻게 할까? 지금까지 수없이 그랬듯 자신을 모욕한 상대를 철저히 짓밟는다.

불행하게도 그 상대는 바로 나였다.

적색 수배령

2013년 1월 말, 또다시 다보스 세계경제포럼을 찾았다. 포럼 둘째 날 콘퍼런스 센터 밖에서 눈 속을 터벅터벅 걷고 있는데, 누군가 쾌활한 목소리로 날 불렀다. "빌! 빌!"

고개를 돌리자 털 달린 모자를 쓴 키 작은 여자가 내 쪽으로 힘차게 걸어오고 있었다. 여자가 가까이 와서야 얼굴을 알아보았다. 아주 오래전 모스크바에서 시단코 사건을 보도한 기자 크리스티아 프릴랜드였다. 그녀는 이제 로이터통신의 대기자大記者였다.

그녀가 내 앞에 와서 멈췄다. 추위에 볼이 상기돼 있었다.

"반가워요, 크리스티아!"

"마침 잘 만났네요." 그녀가 황급히 말했다. 보통 때 같으면 양 볼에 입을 맞추고 안부를 전했겠지만, 그녀는 분명 내게 해줄 중요한 말이 있는 듯 보였다.

"무슨 일이에요?"

"빌, 방금 메드베데프와 비공개 브리핑을 하고 나오는 길인데, 당신 이름이 거론됐어요."

"뭐, 놀랄 일도 아니죠. 요즘 러시아에서는 날 못 잡아먹어 안달이니까."

"안 그래도 그 말을 하려던 참이었어요. 메드베데프가 한 말을 전해줘야 할 것 같아서요. 잠시만요." 그녀가 주머니에게 기자 수첩을 꺼내 종이를 획획 넘기더니 멈췄다. "여기 있네요. 어떤 기자가 마그니츠키 사건에 대해 물으니까 메드베데프가 이렇게 대답했어요. 그대로 인용할게요. '네, 세르게이 마그니츠키가 죽은 건 안타까운 일입니다. 그런데 빌 브라우더는 멀쩡히 살아서 마음대로 돌아다니고 있죠.'" 그녀가 날 올려다보았다. "메드베데프가 이렇게 말했다니까요."

"일종의 협박인가요?"

"저한텐 그렇게 들렸어요."

공포가 뱃속에서 똬리를 틀었다. 크리스티아한테 고맙다고 말한 후 콘퍼런스 센터로 들어갔다. 그녀가 전해준 불길한 소식이 뇌리에서 떠나지 않았다. 그럼에도 미팅을 계속 이어나갔고, 4일째 되던 날 다른 기자 네 명이 불러내 크리스티아와 똑같은 이야기를 했다.

러시아 사람들에게 여러 번 협박을 받긴 했어도 총리*에게 협박을 받기는 처음이었다. 내 목숨이 위험하다는 건 알았지만, 이제 그 위험 수준이 한 단계 올라갔다. 런던으로 돌아오자마자 보안 전문가 스티븐 벡에게 연락해 나의 신변 보호 수준을 대폭 끌어올렸다.

이 협박은 푸틴과 그 측근들의 사고를 보여주기도 했다. 단지 신변

---

* 대통령 임기를 마친 후, 2012년 5월 메드베데프는 총리직으로 돌아갔다.

에 해를 가하겠다는 것뿐만 아니라 모든 방법을 동원해 내게 피해를 주겠다는 협박으로 들렸다.

먼저 러시아 당국은 탈세 혐의로 날 신문하기 위해 궐석 재판 날짜를 발표했다. 다년간 날조를 통해 날 겁박하고 굴복시키려고 했지만 실패하고, 마그니츠키 법안이 통과되면서 벼랑 끝에 몰리자 저들이 꺼내든 카드였다.

러시아에 있지도 않은 사람을 재판에 회부하는 건 아주 드문 일이었다. 러시아가 서양인을 상대로 궐석 재판을 실시한 건 소비에트 이후 이번이 두 번째였다. 하지만 거기서 끝이 아니었다. 황당하게도 저들은 세르게이 마그니츠키를 상대로도 재판을 걸려고 했다.

그렇다. 자신들이 죽인 사람을 재판에 회부하려 했다. 역사상 가장 광적인 대량 살상범 중 한 명이자 최소 2000만 명의 러시아인을 죽음에 이르게 한 스탈린조차 죽은 사람을 재판에 회부할 만큼 비굴하진 않았다.

하지만 2013년 3월, 블라디미르 푸틴은 정확히 그런 일을 했다.

그는 법의 역사를 새로 쓰고 있었다. 유럽에서 마지막으로 고인이 고발당한 시기는 서기 897년으로, 가톨릭교회가 포르모수스 교황에게 사후 유죄 선고를 내린 후 손가락을 자르고 시신을 테베레강에 던졌다.

푸틴의 악랄함은 거기서 멈추지 않았다. 재판이 시작되기 며칠 전부터 국영 텔레비전 방송인 NTV에서 나에 관한 한 시간짜리 다큐멘터리 「브라우더 리스트」를 황금 시간대에 편성해 공격적으로 홍보했다. 나는 그 다큐멘터리 방송을 볼 생각이 없었지만, 블라디미르가 전화해 요약해주었다. "순전히 피해망상에서 나온 얘기던데요, 빌."

그 방송에 따르면, 세르게이와 나는 탈세 혐의로 기소되었고, 특히 나는 1998년 루블 평가 절하에도 책임이 있었다. 또한 IMF가 러시아에 제공한 차관 48억 달러를 훔치고 내 사업 파트너 에드몬드 사프라를 죽인 범죄자이자 영국 MI6 요원이었다. 게다가 세르게이 마그니츠키를 죽인 살인범이었다.

이 내용에 화가 날 법도 했지만, 날조가 너무 서툴러 이 다큐멘터리를 본 시청자조차 믿을 것 같지 않았다. 그러나 러시아 당국에게 신뢰성은 중요하지 않은 듯했다. 저들이 하는 일은 모두 시대착오적인 각본에서 나왔다. NTV 제작진은 2012년에도 푸틴의 재선 이후 벌어진 시위운동을 변질시키려고 이와 비슷한 다큐멘터리를 제작했다. 또한 유명한 반反 푸틴 펑크 밴드 푸시 라이엇Pussy Riot 러시아 여성 펑크록 인디밴드로, 2012년 2월 반푸틴 시위를 벌여 유명세를 탐에 관한 다큐멘터리를 만들기도 했다. 두 다큐멘터리가 방송되고 난 뒤 그 주인공들은 체포 후 수감되었다.

세르게이와 나의 재판은 3월 11일 트베르스코이 지방 법원에서 이고리 알리소프 판사의 주재로 열렸다. 마그니츠키의 가족과 나는 그 재판에 상관하지 않았으므로 법원에서는 우리 의사와 무관하게 국선 변호사 두 명을 임명했다. 두 변호사는 우리가 자신들을 선임한 게 아니란 걸 깨닫고 발을 빼려고 했지만, 재판에 참석하지 않으면 변호사 자격을 박탈하겠다는 협박을 받았다.

서양의 모든 정부와 의회, 매스컴, 인권 단체는 이를 끔찍한 정의의 실패로 여겼다. 재판이 시작되고 검사들이 빈 철창 앞에서 몇 시간 동안 웅얼거리는 모습이 중계되었고, 우리는 두려운 마음으로 시청했다.

푸틴이 이렇게까지 하는 이유를 모두가 궁금해 했다. 이 재판이 열리면서 러시아의 국제적 평판은 바닥을 쳤으며 이로써 푸틴이 얻을 건 별로 없었다. 내가 러시아 교도소에 수감될 가능성은 거의 없었고 세르게이는 이미 죽었다.

하지만 여기에는 뒤틀린 심사가 작용했다. 푸틴의 판단에 따르면, 세르게이와 나에 대한 법원 판결이 나오면 자국 버전의 마그니츠키 법안을 고려 중인 유럽 정부를 방문해 이렇게 말할 수 있었다. "어떻게 러시아에서 유죄 선고를 받은 범죄자의 이름을 딴 법을 시행할 수 있죠? 브라우더란 사람도 동일한 범죄로 유죄 선고를 받았는데 어떻게 그 사람의 말을 들을 수 있습니까?" 세르게이가 3년 전에 죽었다는 사실이나 그가 정부의 대규모 부패를 폭로한 후 수감된 상태에서 살해됐다는 사실 같은 귀찮은 사항은 절대 푸틴의 방정식에 들어가지 않았다.

재판은 얼마간 진행되다가 도중에 서서히 중단되었다. 두 국선 변호사가 결국 법정에 나타나지 않았기 때문이다.

나는 이를 어떻게 받아들여야 할지 몰랐다. 어차피 재판 결과는 푸틴의 명령에 따라 미리 결정되고 통제되었기에 이 변호사들이 자유의지로 법정에 나타나지 않았다고 보기는 어려웠다. 푸틴이 스스로 연출한 이 굴욕적인 볼거리에서 빠져나가려고 이런 고상한 방법을 생각해낸 게 아닐까 짐작했다.

하지만 푸틴은 여기서 멈추지 않고 한술 더 떴다. 4월 22일, 러시아 당국은 새로운 범죄 혐의를 공표하고 나에 대한 체포 영장도 발부했다.

왠지 대단한 일처럼 보이지만, 나는 저들이 의도한 만큼 동요하지 않았다. 내가 영국에서 체포될 가능성은 없었다. 영국 정부는 이미 이런 처사를 '학대적'이라고 판단하고 내 신병을 인도해달라는 러시아의 요청을 모두 거절했다. 어떤 문명국도 날 러시아에 인도할 일은 없을 것이다. 그래서 러시아 정부의 이어지는 공격에도 불구하고 캠페인과 내 생활을 계속해나갔다.

5월 중순 나는 인권 사회의 다보스라 할 수 있는 오슬로 자유 포럼에 강연자로 초대받았다. 행사 당일, 300명 앞에 서기 직전에 나는 비서가 보낸 긴급 메시지를 받았다. '인터폴'이라고 적힌 제목이었다.

메시지를 바로 열어서 읽었다. '사장님, 방금 연락을 받았는데 사장님을 체포하려고 인터폴 지명 수배령이 발부됐대요! 영장 사본을 첨부할게요. 가급적 빨리 사무실로 전화주세요!'

재빨리 사본 파일을 열었다. 두말할 것 없이, 러시아인들이 인터폴에까지 손아귀를 뻗은 것이었다.

이 서류를 읽고 몇 초 만에 나는 무대로 불려나갔다. 애써 웃음을 지으며 조명 아래로 걸어가 10분 동안 나와 러시아, 세르게이에 대해 지금껏 수없이 했던 이야기를 반복했다. 인터폴에 관한 생각을 가까스로 몰아내고 무사히 강연을 마쳤다. 박수갈채를 받은 후 로비로 나가 즉시 런던의 내 변호사와 통화했다. 그녀는 인터폴 수배를 받으면 국경을 넘어갈 때마다 체포될 수 있다고 설명해주었다. 수배령의 발효 여부는 전적으로 내가 방문하고 있는 나라에 달려 있었다.

당시 나는 노르웨이에 있었고, 상황이 다소 복잡해질 여지가 있었다. 이 나라의 인권 보호 수준은 세계 일류급이긴 했지만, 러시아와 오랫동안 국경을 공유하고 있었기에 이 상황에서 어떻게 나올지 예측할 수 없었다. 옐레나에게 전화해 상황을 얘기하고 최악의 경우를 대비하게 했다.

집에 가는 가장 빠른 비행 편을 예약한 후 짐 가방을 들고 오슬로 공항으로 향했다. 한 시간 반 정도 일찍 도착해 스칸디나비아 항공 데스크에서 탑승 수속을 밟았다. 출국 심사 시간이 임박하자 천천히 긴 복도를 따라 노르웨이 출국 심사대로 향했다.

예전의 예두아르트와 블라디미르처럼 지명 수배자로 국경을 넘어 가려고 하니 미칠 듯이 초조했다. 지금부터 펼쳐질 앞날이 머릿속에 그려지기 시작했다. 내가 여권을 건네면 관리소 직원이 인터폴 체포 영장을 확인하고 놀란다. 나는 노르웨이 구금실에 갇힌다. 이후 몇 달을 초라한 감방에서 보내며 내 인도 절차에 맞서 지리멸렬한 재판을 이어간다. 결국 노르웨이가 러시아의 압력에 굴복하고 나는 싸움에서 진다. 그리고 모스크바행 비행기에 실려 끌려간다. 그 후 내가 겪게 될 공포에 대해서는 생각조차 하기 싫었다.

출국 심사대에 다른 승객은 없었다. 젊은 스칸디나비아 남자 두 명이 유니폼을 입고 따분한 기색으로 양쪽에 앉아 있었다. 왼쪽 남자 쪽으로 향했고, 내가 여권을 건네면서 두 직원의 대화가 중단되었다. 왼쪽 남자가 무심코 여권을 받아들더니 내 사진이 있는 페이지를 열었다. 그러고는 내 얼굴을 흘끗 보더니 여권을 덮고 도로 건네주었다.

다행히 여권을 스캔하지 않아 인터폴 수배 메시지가 뜨지 않았다.

그걸로 끝이었다. 나는 여권을 받아 비행기로 향했다.

영국에 도착해서는 상황이 달랐다. 영국 국경 단속국에서는 모든 여권을 스캔했고 내 것도 예외가 아니었다. 하지만 영국 정부는 이미 내 사건에 관해 러시아의 어떤 요청도 따르지 않기로 결정했다. 인터폴 수배령 때문에 입국 심사가 몇 분 더 걸리긴 했지만, 확인이 끝나자 출입국 관리소 직원은 여권을 건네며 날 보내주었다.

비록 영국은 안전했지만, 러시아 당국의 바람대로 나는 이곳을 벗어날 수 없었다. 저들은 적색 수배령을 발령해 내 발을 묶어두고, 그럼으로써 마그니츠키 법안이 유럽으로 퍼져나가는 걸 막을 수 있으리라 단언했다.

선택의 여지가 없었다. 인터폴에 정면으로 대응해야 했다. 노르웨이에서 돌아온 날 나는 이 체포 영장에 대해 보도 자료를 발표했다. 반응은 즉각적이었다. 기자와 정치인들이 인터폴에 연락해 왜 러시아 편에 섰는지 이유를 묻기 시작했다. 일반적으로 인터폴은 누구에게도 해명할 책임이 없지만, 내 사건에 쏟아지는 관심으로 인해 다음 주에 내 운명을 결정지을 특별 회의를 열기로 결정했다.

나는 그다지 희망을 갖지 않았다. 인터폴은 정적을 뒤쫓으려는 권위주의적 정권에 협조하기로 유명했다. 많은 경우 인터폴은 잘못된 선택을 했다. 가장 터무니없는 예는 제2차 세계대전에 앞서 나치가 독일 제국에서 도망친 주요 유대인들을 잡도록 도와준 일이었다. 그 외에도 인터폴이 관여한 충격적인 사례는 적지 않았다.

인터폴의 특별 회의가 열리기 전날, 『데일리텔레그래프』에서 날 옹호하며 '인터폴은 진실과 정의를 위해 싸우는가, 악당들을 돕고 있는가?'라는 기사를 내보냈다. 칼럼니스트 피터 오본은 이 글에서 나의 사례를 들어가며 인터폴이 러시아 같은 불량 국가 때문에 여러 번 잘못된 길을 갔노라고 주장했다. '인터폴이 FSB에 동조해 빌 브라우더에게 불리한 결정을 할 가능성이 높다. 하지만 국제 여론의 법정에서 피고는 브라우더가 아니라, 세계에서 가장 고약한 정권에 협조한 인터폴일 것이다.'

이틀 후인 2013년 5월 24일, 책상에 앉아 이 책을 쓰고 있을 때 변호사에게서 전화가 왔다. 그녀는 인터폴이 나에 대한 적색 수배령을 거둬들인다는 이메일을 보냈다고 전했다.

한 시간 후 인터폴이 홈페이지에 러시아의 요청을 거절한다는 내용을 발표했다. "인터폴 사무 총국은 독립적인 인터폴 수사 기록 감독 위원회의 권고에 따라 윌리엄 브라우더와 관련한 모든 정보를 삭제했습니다." 단정적이고 전례를 찾기 어려운 결정이었다. 인터폴이 수배령을 거둬들이는 경우는 드물었으며, 설령 거둬들인다고 해도 그 사실을 절대 공개하지 않았다.

이 같은 결정에 푸틴은 더욱 분노했을 것이다. 또다시 세르게이와 나로 인해 공개적으로 망신당했기 때문이다. 인터폴이 우리 손을 들어준 이상, 푸틴은 세르게이에 대한 사후 재판을 강하게 밀어붙여만 했다.

알리소프 판사가 재판을 재개하고 2013년 7월 11일에 재판 결과가 나왔다. 그날 아침 판사는 덥고 비좁은 법정에 앉아 판결을 내릴 준비를 했다. 국선 변호사 두 명도 기소 검사 두 명과 함께 그 자리에 있었다. 베레모와 검은색 유니폼을 입은 교도관이 여섯 명 있었지만, 지켜야 할 피고나 나중에 호송해갈 피고가 없었기에 불필요한 형식상의 절차로 참석한 것이었다.

알리소프 판사는 거의 속삭이는 목소리로 판결문을 읽어내렸다. 고개조차 들지 않았다. 푸틴이 꾸며낸 세르게이와 나의 죄를 모두 읽는 데 족히 한 시간은 넘게 걸렸다. 결국 세르게이와 나는 거액의 탈세 혐의로 유죄 선고를 받았고 나는 징역 9년을 선고받았다.

모든 게 쇼였고 포툠킨 법정Potyokin court '거짓으로 가득한 법정'이라는 뜻으로 '포툠킨 마을'에서 파생됨. 포툠킨 마을은 1787년 러시아의 예카테리나 여제가 새로 합병된 크림반도를 시찰하러 갔을 때 그 지방을 다스리던 그리고리 포툠킨이 빈곤하고 누추한 모습을 감추려고 가짜 마을을 만들어 마치 그곳이 번영한 것처럼 눈속임한 데서 유래됨이었다. 이것이 러시아의 현주소다. 부패한 판사가 주재하고 아무 생각 없는 교도관이 지키고 섰으며 진짜 재판처럼 보이기 위해 변호사를 허수아비처럼 세워두면서 정작 철장 안에는 피고가 없는 그런 고루한 곳. 거짓말이 군림하는 곳. 2 더하기 2는 5가 되고 흰색이 검은색이 되며 위는 아래가 되는 곳. 너무나 당연하게 유죄 판결이 내려지고 죄가 기정사실이 되는 곳. 저지르지도 않은 죄로 외국인이 궐석 재판을 받고 유죄 선고를 받는 곳.

국가에 살해된 무고한 남자, 죄라고는 조국을 너무 사랑한 것밖에 없는 남자가 죽어서까지 고통받는 곳.

바로 오늘날의 러시아다.

소회를 밝히며

여기까지 읽은 독자라면 지금 내 마음 상태가 어떨지 궁금할 것이다.

세르게이가 죽은 후 상심이 너무 컸던 나머지 나 자신에게 어떠한 감정도 허락하지 않았다. 오랫동안 감정의 수도꼭지를 단단히 잠가둔 채 감정이 조금이라도 흘러나오려 하면 최대한 빠르게 틀어막곤 했다. 하지만 여느 정신과 의사가 말하듯, 슬픔을 피한다고 슬픔이 사라지는 건 아니다. 결국 그 감정은 출구를 찾아 밖으로 터져나오기 마련이며, 억누르면 억누를수록 더욱 갑작스레 나타난다.

세르게이가 죽은 지 거의 1년이 되는 2010년 10월에 마침내 감정의 수도꼭지가 터졌다. 네덜란드 다큐멘터리 영화 제작자 두 명이 세르게이 관련 영화를 만들도록 도와줄 때의 일이었다. 나는 두 사람이 세르게이 사건과 관련 있는 사람들을 모두 만날 수 있게 도와주었다. 그들은 우리를 한 명 한 명 인터뷰한 후 영화를 만들었고, 세르게이 사망 1주기인 11월 16일에 전 세계 8개국의 의회에서 첫 상영할 예정이었다. 상영일이 다가올수록 나는 각국 의원들에게 보여줄 만큼 영화가 훌륭할지 의문이 들었다. 급하게 만든 영화였기에 고품질이 나오지 않을 것 같았고 득보다는 해가 많을까봐 걱정했다.

이런 초조함을 알아챈 제작자들은 내 걱정을 누그러뜨려주려고 1차 편집본을 보여주기 위해 10월에 나와 바딤을 네덜란드로 초대했다.

우리는 암스테르담에서 동남쪽으로 한 시간가량 떨어진 작은 마을 오스테르베이크에 도착한 후 영화 제작자 중 한 명인 한스 헤르만스의 집으로 갔다. 영화를 보여주기 전 그는 작은 부엌에서 네덜란드 전통 음식인 에담 치즈와 자반 청어를 점심으로 대접한 후 우리를 거실로 안내했다. 우리가 바닥 쿠션에 앉았을 때 공동 제작자 마르틴 마트가 영화를 틀었다.

「세르게이를 위한 정의Justice for Sergei」라는 제목이 붙은 이 영화를 감상하기는 쉽지 않았다. 이미 다 아는 내용이었지만, 완전히 새로운 시각으로 세르게이의 이야기를 보여주었다. 그가 겪은 끔찍한 시련 외에도 구금되기 전의 삶이 조명되었다. 두 아들에게 쏟은 헌신, 문학에 대한 애정, 즐겨듣던 모차르트와 베토벤 음악까지. 이런 세세한 내용은 그의 구금생활을 묘사하는 장면보다 더 견디기 힘들었다. 영화 마지막에 세르게이의 이모 타티야나가 그의 무덤에 다녀온 얘기를 할 때는 가슴이 미어졌다. 그녀는 묘지에서 나와 전철역에서 수레국화를 팔고 있는 여자를 지나치면서 든 생각을 말했다. "아주 애처로워 보이는 여자였어요. 처음엔 그 여자를 지나쳤다가 세르게이라면 이렇게 했겠구나 싶어 뒤돌아서 꽃을 사러 갔어요. 그 녀석은 엄마랑 걷다가도 비닐 봉투를 파는 여자를 보면 꼭 하나를 사가곤 했거든요. 그 여자가 '어떤 걸로 줄까요?' 물으면 세르게이는 '아무도 안 사가는 걸로 주세요'라고 대답했죠."

이 인터뷰가 영화 속 마지막 대사였지만, 궁극적인 메시지는 아니었다. 잠시 후 핵심을 찌르는, 즉 영화란 무엇인지 보여주는 대목이 나왔다. 마지막 장면이 화면에서 서서히 사라지면서 기타와 클라리넷을 연주하는 소리가 흘러나오더니 오래된 홈비디오에서 따온 클립 영상이 나타나며 세르게이가 나타났다. 여름철 가족들과 모여 잔을 들어 올리며 건배하는 모습, 휴가지에서 폭포를 들여다보는 모습, 아파트 현관문에 서서 만찬 손님들을 즐겁게 해주는 모습, 단짝 친구와 야외에서 식사를 하며 농담하며 웃고 카메라를 가리키는 모습, 거기에 세르게이가 있었다. 그를 사랑했고 여전히 사랑하는 사람들의 가슴과 기억 속에만 남아 있는 모습으로.

그동안 마음의 고삐를 놓으면 내가 감당할 수 없는 일이 생길까봐 감정을 꾹꾹 눌러 담고 있었다. 그런데 오스테르베이크의 어느 집 거실에서 그 고삐가 풀리며 한없이 눈물이 흘러나왔다. 나는 울고 또 울었다.

더할 수 없이 참담했지만 마침내 고통을 마주하게 되어 후련하기도 했다. 한스와 마르틴, 바딤은 어찌할 바를 모른 채 말없이 앉아 눈물을 참았다.

마침내 나는 평정을 되찾고 눈물을 닦았다. "영화를 다시 봐도 괜찮을까요?" 내가 조용히 물었다.

"물론이죠." 한스가 대답했다.

다시 한번 영화를 감상하며 나는 좀더 눈물을 흘렸다. 그때 비로소 치유가 시작되었다.

슬픔에는 다섯 단계가 있는데, 가장 중요한 단계는 고통을 인정하는 것이라고 한다. 맞는 말이다. 하지만 살인을 저지른 사람들이 죗값을 받지 않고 뻔뻔스럽게 호의호식하며 살고 있었기에 세르게이를 잃은 슬픔에서 헤어나기가 더욱 힘들었다.

내게 조금이나마 위안이 된 건 끝까지 포기하지 않고 정의를 찾기 위해 노력했다는 사실이었다. 의회 결의안이 채택되고 보도 기사가 실리고 자산이 동결되고 범죄 수사에 진척이 있을 때마다 조금씩 슬픔을 덜어갔다.

또한 세르게이의 이야기가 많은 사람의 삶을 바꾼 걸 지켜보며 평안을 얻었다. 러시아에서 일어난 여느 잔악 행위들과 달리, 세르게이의 피살은 러시아인들의 냉소적인 태도에 변화를 가져왔다. 이제 러시아 전역의 교도관들은 또 다른 마그니츠키가 탄생해 자신들에게 책임을 물을지도 모른다는 생각에 지나치게 악랄한 행동은 주저한다. 이제 러시아의 인권 침해 희생자들은 정의를 호소할 곳이 생겼다는 생각에 자신들을 괴롭힌 관리들을 벌주기 위한 '마그니츠키 명단'을 만들어간다. 이제 러시아는 국가적 보호의 테두리 밖에 있는 고아들에게 관심을 가질 수밖에 없게 되었다. 이제 마그니츠키 제재라는 개념은 러시아의 우크라이나 침범에 맞서기 위한 중요한 도구로 사용되고 있다. 무엇보다 세르게이의 사연은 러시아 국민뿐만 아니라 전 세계 수백만 사람들에게 블라디미르 푸틴 정권의 잔인한 맨 얼굴을 보여주었다.

이 이야기는 러시아 국외 문제도 바꾸어놓았다. 러시아 당국은 날 쫓는 일에 너무 욕심을 부리다가 여러 국제 기관에서 입지를 잃었다. 러시아는 이례적으로 인터폴에 나에 대한 적색 수배령을 발령해달라고 재요청했지만, 이번에도 거절을 당했다. 나에 대한 인권 침해 문제로 인해 러시아에서 요청하는 인터폴 적색 수배령은 더 이상 자동으로 가동되지 않는다.

러시아는 명예 훼손 싸움에서도 보기 좋게 졌다. 영국 고등 법원은 파벨 카르포프 소령이 제기한 명예 훼손 사건에서 전례가 없는 결정을 내렸다. 카르포프의 소송을 단호하게 기각하고, 장래에 또 카르포프 같은 이가 전체주의 정권을 비판하는 자를 침묵시킬 요량으로 영국 법정을 어지럽히는 일이 없도록 선례를 남김으로써 영국의 법 역사를 새롭게 썼다.

그러나 이런 성과에도 내 친구나 동료들은 왜 이 싸움을 계속하는지 잘 이해하지 못하기도 한다.

2012년 여름 어느 토요일, 내 오랜 친구 장 카루비가 우리 집을 방문했다. 우리는 즐겁게 저녁을 먹으며 그동안 하지 못한 사업 얘기와 가족 얘기를 했다. 그런데 내가 부엌에서 차를 끓이고 있을 때 그가 오더니 단 둘이 얘기를 나눌 수 있는지 물었다. 나는 응접실로 그를 데려가 문을 닫았다. 카루비가 자리에 앉더니 말했다. "빌, 우린 오랫동안 친구로 지냈네. 그래서 너무 걱정되네. 자넨 사랑스러운 가족도 있고 사업가로도 성공했어. 하지만 아무리 애를 써도 세르게이를 되살릴 방법은 없네. 그러니 더 나쁜 일이 생기기 전에 그만 멈추는 게 어떻겠는가?"

처음 듣는 얘기가 아니었다. 게다가 내 아이들이 아빠 없이 자라는 상상을 하면 세상에 그보다 속상한 일은 없다. 그 생각이 날 괴롭힌다. 아이들의 학교에 가거나 공원에서 함께 놀 때마다 나는 앞으로 몇 번이나 더 이런 시간을 보낼 수 있을지 문득 궁금해진다.

하지만 그때마다 세르게이의 아이들을 떠올린다. 특히 두번 다시

아버지의 얼굴을 보지 못할 작은 아들 니키타를 생각한다. 또한 나보다 훨씬 더 위험한 상황에 있었지만 소신을 굽히지 않았던 세르게이를 떠올린다. 그런 상황에서 내가 굽힌다면 난 뭐가 되겠는가?

"난 끝까지 가야 해요, 장. 그렇지 않으면 아무것도 하지 않았다는 생각이 독처럼 퍼져 날 안에서부터 갉아먹을 거예요."

내가 용감해서 이런 일을 하는 건 분명 아니다. 나는 남보다 용감한 사람도 아니고 보통 사람들처럼 두려움을 느낀다. 하지만 직접 겪어보니 두려움이라는 감정은 그 정도에 상관없이 오래 지속되는 법이 없다. 얼마 후면 두려움은 잦아든다. 교전지역에 살거나 위험한 직업을 가진 사람들이 얘기하듯, 우리 몸은 장시간 두려움을 느낄 능력이 없다. 두려운 일을 많이 맞닥뜨릴수록 거기에 단련된다.

이제 나는 푸틴이나 그 측근들이 언젠가 날 죽일지도 모른다는 가능성을 안고 살아가야 한다. 다들 그렇듯 나는 죽음에 대한 동경도 없고 저들이 날 죽이도록 내버려둘 마음도 없다. 그래서 여러 보호 장치를 마련해두었고, 그중 하나가 바로 이 책이다. 내가 살해되면 독자 여러분은 그게 누구의 소행인지 알 것이다. 또한 내 적들이 이 책을 읽는다면 여러 사람이 범인을 알고 있다는 사실을 깨달을 것이다. 그러니 정의를 실현하고 싶은 내 마음에 공감하거나 세르게이의 비극적 운명에 연민을 느낀다면 부디 이 이야기를 널리 알려주기 바란다. 그 단순한 행동이 세르게이 마그니츠키의 정신을 살아 있게 하고 어떤 경호 군단보다도 날 안전하게 지켜줄 것이다.

사람들이 자주 묻는 마지막 질문은 정의를 위해 싸우면서 입은 손실이 아깝지 않느냐는 것이다. 나는 어렵게 일군 사업을 잃었고 많은 '친구'를 잃었다. 친구들은 내 캠페인이 자신들의 경제적 이익에 타격을 줄까봐 두려워 나와 거리를 두었다. 그리고 마음 편히 여행할 자유도 잃었다. 언젠가 공항에서 체포되어 러시아로 인도될지도 모른다는 두려움이 늘 따라붙는다.

그럼 이런 손실이 날 무겁게 짓눌렀을까? 희한하게도 그렇지 않았다. 한쪽에서 무언가를 잃은 대신, 다른 한쪽에서 무언가를 얻었다. 경제적 이유로 날 떠난 허울뿐인 친구들 대신, 나는 세상을 변화시키기 위해 애쓰는 탁월한 사람들을 만났다.

끝까지 세르게이의 편에 섰던 브뤼셀의 정치부 기자 앤드루 레트먼을 만날 수 있었다. 그는 절뚝거리는 다리로 5년이 넘도록 마그니츠키 사건과 관련한 유럽연합 집행 위원회의 회의에 참석해 위원회 관리들이 이 문제를 숨기지 못하도록 눈에 불을 켜고 사건 보고를 했다.

또한 일흔 살의 러시아 교도소 인권운동가 발레리 보르스체프도 만났다. 그는 세르게이가 죽은 지 이틀 내에 독립적인 권한을 이용해 세르게이가 수감되었던 여러 교도소를 찾아가 수십 명의 관리를 인터뷰한 후, 신변의 위협에도 불구하고 모순되는 진술들과 러시아 당국의 거짓말을 폭로했다.

그리고 세르게이 마그니츠키를 살해한 러시아 경찰들을 처음으로 공개 비난한 여든여섯 살의 러시아 인권운동가 류드밀라 알렉세예바도 만났다. 그녀는 세르게이 어머니의 곁을 지키며 형사 고소장을 몇 번이나 제출했고, 고소장이 계속 기각되는데도 포기하지 않았다.

이 임무를 수행하면서 인간애에 대해 완전히 새로운 시각을 갖게 해준 사람들을 수백 명이나 만났다. 월가에서 인생을 보냈더라면 절대 알지 못했을 감정이었다. 만약 스탠퍼드 경영 대학원에 다닐 때 누군가 내게 헤지펀드 매니저로서의 삶을 포기하고 인권운동가가 되는 게 어떻겠느냐고 물었다면, 나는 그 사람을 이상한 사람처럼 쳐다봤을 것이다.

하지만 25년이 지난 지금, 나는 그렇게 살고 있다. 물론 예전의 삶으로 돌아갈 수도 있었다. 하지만 이 새로운 세계를 보고 겪은 이상, 다른 일을 하는 건 상상도 할 수 없다. 사업을 한다고 해서 잘못된 삶을 사는 건 아니지만, 그 세계는 흑백TV와 같은 느낌이다. 하지만 어느 순간 화면이 넓은 컬러TV가 생기면서 내 삶이 더 풍요롭고 충만하고 만족스러워졌다.

그렇다고 후회가 없는 건 아니다. 분명 세르게이는 더 이상 우리 곁에 없다. 모든 걸 처음으로 되돌릴 수 있다면 나는 애초에 러시아에 가지도 않았을 것이다. 세르게이를 되살릴 수 있다면 내가 이룬 사업적 성공도 기꺼이 내놓을 것이다. 나는 순진하게도 외국인이기 때문에 러시아의 야만적 시스템에 영향을 받지 않을 것이라고 믿었다. 비록 나는 무사하지만, 내 행동 때문에 누군가가 죽었고 그 무엇으로도 그를 되살릴 순 없다. 대신 그를 위해 값진 유산을 만들어내고 그의 가족을 위해 정의를 찾는 일을 계속할 순 있다.

2014년 4월 초, 나는 세르게이의 아내 나타샤와 아들 니키타를 데리고 유럽 의회에 갔다. 마그니츠키 사건에 관여한 러시아인 32명에게 제재를 가하는 결의안의 투표를 지켜보기 위해서였다. 유럽 의회가 공개적인 제재 명단에 관해 투표를 진행하기는 역사상 이번이 처음이었다.

1년 전 나는 세르게이의 가족을 런던의 조용한 교외로 이주시켰다. 이곳이라면 니키타가 일류 사립 학교에 다닐 수 있었고 나타샤도 더 이상 위험을 경계할 필요가 없었다. 세르게이의 가족은 그의 죽음 이

후 처음으로 안전하다고 느꼈다. 나는 28개국에서 온 700명이 넘는 유럽 의원들이 세르게이를 죽인 자들을 규탄하는 모습을 지켜보면 두 모자의 치유에 도움이 될 듯했다.

2014년 4월 1일 오후, 우리는 런던에서 브뤼셀행 유로스타를 탔다. 칼레에 있는 영불 해협 터널에서 빠져나올 때 유럽 의회에 참석한 한 보좌관으로부터 긴급 전화가 왔다. "빌, 유럽 의회 의장에게 방금 편지가 도착했는데 발신인이 미국의 한 대형 로펌이에요. 제재 명단에 오른 일부 러시아인을 대신해 보냈어요. 유럽 의회가 이 러시아인들의 권리를 침해하고 있다면서, 투표를 취소하지 않으면 소송을 걸겠다고 협박하고 있어요."

"뭐라고요? 권리를 침해한 건 바로 그자들이에요! 정말 어처구니없네요."

"저도 동감이에요. 하지만 내일 아침 10시까지 유럽 의회 의장에게 법률 의견서를 제출하지 않으면 투표가 취소될지도 몰라요."

그때가 벌써 저녁 6시였기에 갑자기 스케줄을 변경하고 밤을 꼴딱 새워 확실한 법률 의견서를 써줄 일류 변호사를 찾기는 불가능해 보였다.

포기할 수도 있었지만, 그 순간 기차 창문에 얼굴을 대고 빠르게 이동하는 프랑스 전원 지대를 응시하는 니키타가 보였다.

그 아이는 세르게이 마그니츠키의 어린 시절을 쏙 빼닮았다.

"알겠어요. 어떻게든 해볼게요." 내가 대답했다.

나는 객차 사이의 공간으로 갔다. 7년 전 모스크바 사무실이 압수수색을 당한 걸 알고 이반과 함께 앉아 대책을 논의하던 바로 그 장소였다. 그리고 전화와 메시지로 연락을 시작했다. 한 시간 동안 13통이나 전화를 걸었지만 아무도 연락이 닿지 않았다. 나는 이 일을 세르게이의 가족에게 어떻게 설명할지 고민하며 내 자리로 돌아왔다.

자리에 앉기 직전에 휴대전화가 울렸다. 런던에 사무실을 둔 변호사 제프리 로버트슨으로, 내 메시지를 받고 전화하는 것이었다. 인권 사회에서 제프리는 신과 같다. 그는 처음부터 우리와 함께했고, 영국에서 가장 거침없고 열렬히 마그니츠키 법안을 세계 버전으로 만드는 데 앞장섰다.

나는 상황을 설명하며 연결 불량으로 전화가 끊기지 않기를 기도했다. 다행히 전화는 끊기지 않았다. 통화를 마무리할 때쯤 그가 물었다. "이건 언제까지 필요하죠?"

분명 그는 2주 정도 시간이 있으리라 예상했을 것이다. 나는 주춤하며 대답했다. "내일 아침 10시요."

"아." 그가 놀란 듯했다. "많이 중요한 일인가요, 빌?"

"네. 세르게이의 아내와 아들이 지금 저와 함께 브뤼셀로 가고 있어요. 내일 투표를 보러 가는 거죠. 러시아의 방해로 이 일이 틀어지면 두 사람의 상심이 클 거예요."

수화기 반대편에서 침묵이 흘렀다. 제프리는 밤을 새워 의견서를 쓸지 고민 중인 듯했다.

"빌, 내일 오전 10시까지 보내줄게요. 러시아인들이 마그니츠키의 가족에게서 이걸 빼앗아가게 둘 순 없어요."

이튿날 아침 정확히 10시 정각에 제프리 로버트슨이 법률 의견서를 발송했다. 이 의견서는 러시아인들의 주장을 조목조목 반박했다.

나는 어제 통화한 보좌관에게 전화해 의견서가 충분한지 물었다. 그는 완벽한 것 같다고 대답했지만, 유럽 의회 의장이 그날 오후 투표를 강행하도록 설득될지는 장담할 수 없다고 했다. 나는 서양에서 일어나는 모든 정치적 음모로부터 나타샤와 니키타를 보호하기 위해 많은 일을 했듯이 그날도 그럴 수 있기를 기도했다.

오후 4시에 나는 유럽 의회 입구에서 나타샤와 니키타를 만나 본회의장의 발코니석으로 안내했다. 우리 밑에는 의원석 751석이 넓은 반원 모양으로 펼쳐져 있었다. 자리에 앉아 헤드폰을 쓰고 유럽 의회에서 제공하는 약 스무 개의 동시 통역 채널을 돌려보았다.

오후 4시 30분에 마그니츠키 결의안을 발의한 에스토니아 유럽의회 의원인 크리스티나 오율란드가 갑자기 발코니석에 나타났다. 그녀는 숨을 헐떡이며 제프리 로버트슨이 작성한 의견서에 모두가 납득해 투표가 예정대로 진행될 것이라고 말했다.

그런 뒤 크리스티나는 결의안을 제출하러 사라졌다. 우리는 반원 모양의 의원석 사이에서 자주색 옷을 입은 그녀를 발견했다. 그녀는 일어서서 발언을 시작했다. 그동안 들었던 수많은 연설처럼 세르게이의 사연과 러시아 정부의 은폐에 대한 이야기가 이어졌다. 그러다 예상치 못한 일이 벌어졌다. 크리스티나가 우리 쪽을 가리키며 말했다. "친애하는 의장님, 오늘 방청석에 고 세르게이 마그니츠키의 아내와 아들, 옛 상사인 빌 브라우더 씨가 와 있습니다. 이 손님들을 따뜻하게 맞아주셨으면 합니다."

그러자 뜻밖에도 회의실을 가득 채운 700명 남짓한 의원 전원이 자리에서 일어나 우리 쪽을 바라보며 박수갈채를 퍼부었다. 의례적인 박수가 아니라 진심을 담은 우레와 같은 박수가 쏟아졌고 거의 1분간 이어졌다. 나타샤의 눈에 눈물이 차오르는 모습을 보며 나는 목이 메고 팔에 소름이 돋았다.

투표가 진행되었다. 반대표는 한 표도 없었다. 단 한 표도.

이 책 초반에 나는 폴란드 주식을 사서 열 배가 뛰었을 때가 투자 일을 시작하고 가장 기분 좋았던 때라고 말했다. 하지만 그날 브뤼셀의 방청석에 앉아 세르게이의 가족과 함께 유럽 최대의 입법 기구에서 세르게이와 유가족이 겪은 부당함을 인식하고 규탄하는 모습을 지켜보며 느낀 감정은 그 어떤 경제적 성공에 비할 수 없이 백배 천배 더 기분이 좋았다. 예전의 나는 주식 시장에서 대박 종목을 찾는 것이 인생의 하이라이트라고 생각했지만, 지금은 부당한 세상에서 정의를 찾는 것만큼 내게 만족감을 주는 일도 없다.

감사의 말

내가 세르게이 마그니츠키를 위해 정의를 실현한 것에 관해 적들은 수많은 억측을 쏟아냈다. 러시아 정부는 내가 CIA 요원이라서, MI6 첩보원이기 때문에, 미 의회와 유럽 의회의 모든 의원에게 뇌물을 먹일 만한 억만장자였기에, 혹은 세계를 장악하려고 하는 시온주의유대인들의 민족 국가 건설을 위한 민족주의운동 음모의 일부이기 때문에 캠페인이 성공했다고 비난했다. 하지만 진실은 훨씬 더 간단하다. 이 캠페인이 효과가 있었던 건 양심이 살아 있는 사람이라면 누구나 세르게이의 사연을 듣고 도와주고 싶어했기 때문이다.

많은 분이 공개적으로 도와준 덕분에 이 책을 쓰면서 그분들께 감사의 마음을 전할 수 있었다. 하지만 책에 언급된 분들 외에도, 이 캠페인의 성공을 위해 뒤에서 묵묵히 일해준 분이 많다. 책에서 이 모든 분께 감사하다고 말하고 싶었으나 마그니츠키를 공개적으로 지지하는 사람들을 따라다니는 러시아 당국의 협박과 괴롭힘, 위험에 그들을 노출시키지 않기로 결정했다. 언젠가 그들의 기여에 감사의 표시를 할 때가 오겠지만, 러시아 조직 범죄와 푸틴 정권의 보복 위협이 사라져야 비로소 가능할 것이다.

지금으로서는 이 캠페인에 시간과 에너지를 쏟아준 모든 분이 나의 고마운 마음을 알아주기만 바랄 뿐이다. 미국·캐나다·유럽 전역의 모든 정치인, 유럽 의회·유럽 회의 의회·유럽 안보 협력 기구의 모든 분, 나와 함께 정의를 위해 싸워주고 종종 무료로 일해준 변호사들, 진실을 알리기 위해 지칠 줄 모르고 용감하게 일해준 기자들, 자국의 정부가 행동하도록 압박해준 전 세계 NGO와 개인, 더 나은 조국을 만들기 위해 신변의 위협을 무릅쓰고 용감하게 싸워준 러시아 운동가들, 오랜 시간 날 지지해준 친구와 동료들, 마지막으로 마그니츠키의 이야기에 감동을 받고 어떤 식으로든 걱정하는 마음과 위로를 표현해준 모든 분께 전하고 싶다. 어떻게 표현할 길이 없을 정도로 내가 여러분의 기여와 노고를 소중히 여긴다는 사실을 말이다. 여러분의 노력 하나하나가 모여 변화를 이끌어낼 수 있었다. 여러분이 없었다면 그 어느 것도 이루어낼 수 없었을 것이다.

마지막으로, 이 이야기의 진정한 영웅인 마그니츠키 가족에게 감사하고 싶다. 비극을 겪으며 우리는 친구가 되었지만, 세르게이를 다시 살릴 수만 있다면 그 무엇이든 내놓고 싶은 심정이다. 또한 가족들이 내게 베풀어준 우정에 감사한다. 말할 수 없는 슬픔 앞에서도 그들은 놀라운 용기와 투지를 보여주었다. 분명 세르게이도 자랑스럽게 여길 것이다.

찾아보기

적색 수배령

초판 인쇄	2018년 3월 9일
초판 발행	2018년 3월 23일

지은이	빌 브라우더
옮긴이	김윤경
펴낸이	강성민
편집장	이은혜
편집	박은아 곽우정 김지수 이은경
편집보조	임채원
마케팅	정민호 이숙재 정현민 김도윤 오혜림 안남영
홍보	김희숙 김상만 이천희
독자모니터링	황치영

펴낸곳	(주)글항아리	출판등록 2009년 1월 19일 제406-2009-000002호
주소	10881 경기도 파주시 회동길 210
전자우편	bookpot@hanmail.net
전화번호	031-955-1934(편집부) 031-955-8891(마케팅)
팩스	031-955-2557

ISBN	978-89-6735-503-6 03300

글항아리는 (주)문학동네의 계열사입니다.

이 도서의 국립중앙도서관 출판시도서목록(CIP)은 서지정보유통지원시스템 홈페이지
(http://seoji.nl.go.kr)와 국가자료공동목록시스템(http://www.nl.go.kr/kolisnet)에
서 이용하실 수 있습니다. (CIP제어번호 : CIP2018006074)